식민지 조선과 일본군'위안부' 문제 자료집 Ⅲ

- 전시체제기 유언비어 통제 관계 -

• 이 책은 2020년도 동북아역사재단 기획연구 수행 결과물임(NAHF-2020-기획연구-9).

일제침탈사
자료총서 97

식민지 조선과 일본군'위안부' 문제 자료집 Ⅲ

- 전시체제기 유언비어 통제 관계 -

동북아역사재단 편

동북아역사재단
NORTHEAST ASIAN HISTORY FOUNDATION

| 발간사

일본이 한국을 침탈한 지 100년이 지나고 한국이 일본의 지배로부터 벗어난 지 70년이 넘었건만, 식민 지배에 대한 청산은 이루어지지 못하고 있다. 일본의 독도영유권 주장은 도를 넘어섰다. 일본은 일본군'위안부', 강제동원 등 인적 수탈의 강제성도 인정하지 않고 있다. 일본군'위안부'와 강제동원의 피해를 해결하는 방안을 놓고 한·일 간의 갈등은 최고조에 이르고 있다. 역사문제를 벗어나 무역분쟁, 안보위기 등 현실문제가 위기국면을 맞고 있다.

한·일 간의 갈등은 식민 지배의 역사를 어떻게 볼 것인가 하는 역사인식에서 기인한다. 역사는 현재와 과거의 대화이며 이를 기반으로 미래로 나아갈 수 있다. 과거 침략의 역사를 미화하면서 평화로운 미래를 말하는 것은 불가능하다. 식민 지배와 전쟁발발의 책임을 인정하지 않고 반성하지 않으면 다시 군국주의가 부활할 수 있고 전쟁이 일어날 위험성도 배제할 수 없다. 미래지향적 한일관계를 형성하고 나아가 동아시아의 평화와 번영의 기틀을 조성하기 위해 일본은 식민 지배의 책임을 인정하고 그 청산을 위해 노력해야 할 것이다.

식민 지배의 역사를 청산하기 위해서는 식민 지배는 어떻게 이루어졌는지 그 실상을 명확하게 규명하는 일이 긴요하다. 그동안 일본제국주의에 맞서 조국의 독립을 위해 헌신한 독립운동가들의 활동을 찾아내고 역사적으로 평가하는 일에는 상당한 성과를 거두었다. 반면 일제 식민침탈의 구체적인 실상을 규명하는 일에는 충분한 노력을 기울이지 못했다. 제국주의가 식민지를 침탈했다는 것은 너무나 당연한 사실로 여겨졌기 때문에, 굳이 식민 지배에서 비롯된 수탈과 억압, 인권유린을 낱낱이 확인할 필요가 없었는지도 모른다. 그러는 사이 일본은 식민 지배가 오히려 한국에 은혜를 베푼 것이라고 미화하고, 참혹한 인권유린을 부인하는 역사부정의 인식을 보이는 데까지 이르고 있다. 일제의 통치와 침탈, 그리고 그 피해를 종합적으로 조사하고 편찬할 필요성이 여기에 있다.

일제침탈사를 체계적으로 정리하는 일은 개인이 감당하기 어렵다. 이에 우리 재단은 한국학계의 힘을 모아 일제침탈사 편찬위원회를 꾸렸다. 편찬위원회가 중심이 되어 일제의 식민지 침탈사를 정치·경제·사회·문화 모든 방면에 걸쳐 체계적으로 집대성하기로 했다. 일제 식민침탈의 실체를 파악하기 위해 2020년부터 세 가지 방면으로 사업을 추진하고 있다. 하나는 일제침탈의 실상을 구체적이고 생생한 자료를 통해서 제공하는 일로서 〈일제침탈사 자료총서〉로 편찬한다. 다른 하나는 이들 자료들을 바탕으로 연구한 결과물을 〈일제침탈사 연구총서〉로 간행한다. 그리고 연구의 결과를 대중들이 이해하기 쉽게 〈일제침탈사 교양총서〉를 바로알기 시리즈로 간행한다. 자료총서 100권, 연구총서 50권, 교양총서 70권을 기본목표로 삼아 진행하고 있다.

〈일제침탈사 자료총서〉에서는 정치·경제·사회·문화 모든 방면에 걸쳐 침탈의 역사를 자료적 차원에서 종합했다. 침략과 수탈의 역사를 또렷하게 직시할 수 있도록 생생한 자료를 제공하는 데 목표를 두었다. 그동안 관련 자료집도 여러 방면에서 편찬되었지만 원자료를 그대로 간행한 경우가 많았다. 이번에 발간되는 자료총서는 해당 주제에 대한 침탈의 실상을 체계적으로 이해할 수 있는 구성방식을 취했으며, 지배자의 언어로 기록되어 있는 자료들을 독자들이 쉽게 읽을 수 있도록 모두 번역했다. 자료총서를 통해 일제 식민 지배의 실체와 침탈의 실상을 있는 그대로 이해할 수 있게 되기를 기대한다.

2021년

동북아역사재단 이사장

| 머리말

김학순이 일본군'위안부' 문제를 전쟁범죄와 식민지 지배책임 문제로서 공개증언하고, 여기에 공감하는 청중이 모여 새롭게 전시 성폭력의 역사를 쓰기 시작한지 30년이 지났다. 여성의 관점과 소수자의 경험을 배제해 온 역사쓰기에 거리를 두고, 역사를 배우기보다 역사에서 배우는 것이 더욱 중요하다는 사실을 깨달아 온 시간이었다. 동시에 평화와 인권을 존중하는 미래를 만들기 위해서는 역사를 소비하는 데 그치기보다 각자가 역사쓰기에 참여하는 것이 중요하다는 사실을 깨닫는 시간이기도 했다. 개인의 자유의지와 자율적인 일상이 보장받는 개인의 권리란, 타인의 권리와 균형을 이뤘을 때 비로소 평화로운 상태에 이르기 때문이다. 따라서 타인의 위한 역사를 아는 것은 나를 위한 역사쓰기의 전제조건이며, 누구도 타자화하지 않는 역사쓰기를 하려면 각자의 역할과 책임을 공유하는 민주적인 공동체 사회를 지향해야 한다는 목적의식이 있어야 한다.

그리고 우리는 그 어려운 일을 해내기 위해 지난 역사에서 다양한 권력 주체들이 저질러 온 폭력과 여기에서 비롯된 인간의 고통을 배워야 한다. 피해자의 편에서 분노하고 가해자를 응징하기 위해서만이 아니다. 폭력을 낳는 구조와 그로 인해 이득을 얻는 주체를 직시하고 폭력을 재생산하는 구조를 해체하기 위해서이다. 동시에 폭력구조가 짜놓은 관계의 그물망에서 가해와 피해 사이 어디쯤에인가 배치되어 있는 우리를 해방시키기 위해서이다. 오늘날까지 지속된 폭력구조는 미래에도 이어질 것이며, 그로 인한 인간의 갈등과 고통은 끝이 나지 않을 것이기 때문이다.

《식민지 조선과 일본군'위안부' 문제 자료집》 시리즈는 군사주의와 식민주의, 그리고 가부장주의를 발판으로 '제국'을 지배했던 일제 권력이 어떠한 지배구조를 만들어내고 또 이를 어떻게 차별적으로 운용했는지 점검하면서 '위안부' 피해에 접근하고자 한다. 그간 일본군'위안부' 문제를 둘러싼 논의에서 조선인 '위안부'의 피해 성격 문제가 쟁점이 되어왔음에도 불구하고 역사적 실태 연구는 충분치 않았다. 이는 일차적으로 조선인 '위안부'의 피해 특성을 직접적으로 드러내는 역사자료를 찾기가 쉽지 않다는 현실 때문일 것이다. 그러나 동시에 우리가 얼마나 식민주의 및 젠더 관점으로 조선인 '위안부'의 피해를 이해하고자 노력해 왔는지에 대한 질문도 필요하다. 인식의 틀을 달리하면 기존의 자료를 새롭게 독해하여 전시 성폭력 피해에 대해 풍부하게 얘기할 수 있다. 일본군'위안부' 피해를 이해하기에 필요한 것은 새로운 자료가 아니라 새로운 관점과 방법론이다. 이를 위해 이 자료집 시리즈에서는 조선인 '위안부' 동원 배경과 피해를 이야기하기 위한 다섯 가지 주제를 설정하고, 관련 자료를 수집하고, 해당 주제와 관련되는 일본 정부의 자료도 함께 정리하였다.

식민지 조선은 제국 일본의 '외지(外地)'로서 법의 예외상태에 놓여 있었다. 따라서 그 역사적 특성을 이해하기 위해서는 교차하는 권력들과 이들 간의 공모에 의해 구축된 정치적, 경제적, 사회적 지배질서의 성격을 따져봐야 한다. 제국 본국에 견준 차별적인 법 적용뿐만 아니라 법의 불비(不備) 또는 권력에 의한 폭력의 관리 상태를 드러내며 식민주의가 어떻게 작동되고 있었는지 살펴봐야 하는 것이다. 나아가 제국 본국뿐만 아니라 또 다른 외지 지역들, 그 외 점령지나 실질적 식민지 지역들에 대한 권력 행사 방식을 더불어 살펴봐야 내셔널리즘 역사인식의 함정에 빠지지 않을 수 있다. 비교사의 접근으로 시공간을 가로질러 작동하는 권력들의 본질을 드러냄으로써 현재에도 엄습하고 있는 식민주의의 공세에 맞설 수 있는 것이다. 조선인 여성의 피해 실태를 살펴봄으로써 젠더와 탈식민주의 관점을 견지하겠다는 이 자료집이 일본 내부에서 일어났던 사례까지 포함하고 있는 이유는 바로 이 때문이다.

2020년에 발간한 자료집 제Ⅰ권 '중일전쟁 이후 일제의 도항 통제'에서는 중일전쟁 발발 이후 일본 정부와 조선총독부가 시행한 '불량분자' 도항 통제와 '위안부' 도항 관계 자료를 살펴보았다. 이 책으로 전시체제기 식민지 조선, 타이완과 일본의 여성이 '자발적인 의사'로 전쟁터로 가서 '위안부'가 된다는 것이 불가능하다는 사실을 드러냈다. 일본군과 일본 정부, 그리고 식민 권력이 '위안부'의 도항을 허가하는 과정에서 사용한 용어는 '작부'나, '여급', '조추', '나카이'였다는 사실도 확인할 수 있었다. 성적 서비스나 가사 서비스를 위해 일본이 여성의 일로서 합법화한 분야의 용어들을 활용하여 전쟁터의 '위안부' 공급을 비불법(非不法) 차원으로 관리한 것이다.

2021년에는 '제국 외 이송유괴 사건 관계' 자료와 '전시체제기 유언비어 통제 관계' 자료를 엮어 자료집 제Ⅱ권과 제Ⅲ권으로 내놓는다. 제국 일본의 영역을 넘어 인신매매되는 여성들의 피해 내용이 담긴 제국 외 이송유괴 사건 관련 형사판결문은 당시 사법 당국이 '위안부' 이송을 불법으로 인식하고 처벌한 실태를 보여주는 사례로서 주목되어 왔다. 전시체제기 언론 및 여론 통제의 시대에 '위안부' 동원과 관련되었다고 여겨지는 '유언비어' 처벌 자료들은 사기와 감언이설의 방법으로 '위안부'가 되어야 했던 식민지 여성의 동원 배경을 드러내는 자료로서 검토되어온 바다.

일본군'위안부' 문제를 해결하려고 노력해 온 30년이 넘는 시간 속에서 우리는 수많은 '자료 발굴'과 자료집의 발간, 그리고 데이터베이스의 구축 소식을 접해왔다. 그간의 수고와 노력이 없었다면 이 자료집 시리즈는 기획조차 어려웠을 것이다. 따라서 이 자료집의 발간도 그간의 성과에 빚지고 있다고 할 수 있다.

한편 수많은 자료 발굴과 연구 성과에도 불구하고 '팩트'를 내세우며 일본군'위안부' 피해와 그 책임을 부정하는 역사부정론자들의 공세가 더욱 높아지고 있는 현실에 주목한다. 이는 일본군'위안부' 진상규명이라는 과제가 자료의 '발굴'에서 '해석'으로 이행되었음을 시사한다. 그리고 우리는 어떠한 관점으로 자료를 해석하여 어떠한 미래를 만들어 가기 위한 '위안부' 역사쓰기를 할 것인가라는 질문에 맞닥트리고 있다. 이제 '위안부' 문제 해결이라는 당위를 외치기에 앞서, 그 해결의 길을 찾기 위해 우리에게 필요한 관점이 무엇인지 확인하고 그 바탕 위에서 '위안부' 역사를 구성해 나갈 때이다. 이 자료집 시리즈가 역사로부터 배우는 방법을 사유하는 데 밑거름이 될 수 있기를 바란다.

이 책을 엮는 데 많은 분들의 도움을 받았다. 필자가 동국대 대외교류연구원 재직 시절 인연을 맺고 연구 교류를 했던 김윤정, 천지명, 방광석 선생님이 읽기 까다로운 형사판결문 일부를 번역해 주었다. 함께 의논할 수 있는 번역자가 있어 필자의 작업이 외롭지 않았다. 또한 원고 교열과 편집을 맡아준 선생님은 수차례 검토하는 수고를 마다하지 않으면서 원고의 오류를 바로잡고 책을 보기 좋게 만들어 주었다. 필자를 믿고 아낌없이 출판 지원을 해준 재단 관계자 분들에게도 깊은 감사와 응원을 보낸다.

2021년 12월

동북아연구재단 연구위원 박정애

| 차례

일러두기

1. 용어 표기

- 당대 역사상을 보여 주는 용어는 가능한 한 그대로 사용했다. 단, 문장을 풀어쓸 필요가 있는 경우에는 풀어서 번역했다.
- '내지(內地)', '내지인(內地人)'은 '일본', '일본인'만을 지칭하는 용어이다. 따라서 원문 그대로 입력했다.
- '중국', '중국인'을 뜻하는 '지나(支那), 지나인(支那人)'은 원문 그대로 입력했다. 일본은 중국인이 그렇게 불리는 것을 싫어한다는 사실을 알면서도 공문서에 '지나', '지나인'이라는 표현을 사용했다. 당시 일본의 아시아 인식을 드러내는 말이라 생각한다.
- '아국(我國)'은 일본, 조선, 타이완 등을 포함한 말이다. 드물게 '우리 나라'라고 번역한 경우도 있지만, 대부분 식민지를 활용하는 일제의 입장에 거리를 두기 위해서 굳이 '아국'으로 번역했다. '황군(皇軍)', '제국영사관(帝國領事館)' 등 일본 측 관점을 드러내는 용어 또한 살려서 번역했다.
- '가시자시키(貸座敷)', '오키야(置屋)', '조츄(女中)', '나카이(仲居)' 등 일본의 역사나 정책에서 비롯된 말은 번역하지 않고 일본어 발음대로 표기하였다. 그 뜻은 본문 각주에서 설명했다.
- '봉공(奉公)'은 일본어 발음인 '호오코오'로 표기하거나 '일'로 번역하였다. '호오코오'는 멸사봉공(滅私奉公)의 '봉공'에서 비롯된 단어이다. 『日本国語大辞典』(japanknowledge.com)에 따르면 '호오코오'는 원래 국가 등을 위해서 힘쓰는 것, 무가 사회에서 가신이 주군을 위해 일하는 것 등을 의미한다. '타인에게 몸의 의지하여 섬긴다'는 뉘앙스로 인해 에도시대에는 생가를 떠나 타인의 집에서 일하며 돈을 버는 것을 '호오코오'라고 일컫게 되었다. 이 자료집에는 '창기호오코오(娼妓奉公)', '조츄호오코오(女中奉公)'라는 표현이 쓰인 자료가 포함되어 있다. 그간의 번역 사례에서는 '창기봉공', '여중봉공'이라고 표현한 경우가 많은데, 과연 이렇게 번역할 수 있을지 고민이 되었다. 자료집 Ⅰ에서는 이 말을 '일'이라고 굳이 번역하거나 기존 사례를 좇아 '봉공'이라고 표기하기도 하였으나, 역시 '호오코오'의 번역 문제는 논의가 필요해 보인다. 자율적인 계약에 의해 맺어지는 근대화한 고용관계를 표현하는 데에, 계급사회에서의 수직적 차별이 드러나는 표현이 그대로 쓰이면서 결국 강화된 내셔널리즘이 내포된 단어로 재구축된 과정을 보여줄 필요가 있다고 생각했기 때문이다. 이는 또한 '호오코오'라고 표현된 고용관계가 과연 각자의 이해가 고려된 자발적인 계약에 의한 것으로 볼 수 있느냐의 문제와도 연결된다. 이러한 이유로 '호오코오'라는 표현은 번역하지 않고 일본어 발음대로 남겨두었다.
- 주로 창기의 일을 말할 때 표현되는 '창기카교오(娼妓稼業)' 또한 그간 '가업'으로 번역되어 왔지만, 이는 한국어에 없는 말이다. '카교오'는 생계유지를 위한 일이라는 의미인데, 근대 일본에서 '창기카교오'라는 합성어가 하나의 단어처럼 사용되는 배경을 살펴보는 것이 중요하다. 창기제도는 곧 인신매매 제도라는 국내외의 비판이

있자 메이지 정부는 '창기해방령'을 공포하고 다시 '창기단속규칙'을 제정하는 과정 속에서 '생계를 위해 성매매일을 하는 여성과 포주의 계약은 인신매매가 아닌 합리적인 계약'이라는 해석을 해왔다. 근대 일본의 창기제도는 '창기의 필요에 의한 자발적인 계약 제도'라는 정치적 수사가 내포되었고 이에 '창기카교오'라는 말이 정착되었다. 이 자료집에서는 이를 '창기생업'으로 번역하여 용어가 등장한 역사적 배경을 드러내려 했다.

2. 지명 표기

- '신징(新京)', '모지(文司)' 등 지명 표기는 현지 지명의 발음 표기에 따랐다.

3. 이름 표기

- 일본인의 경우, 외래어 표기법에 따라 표기하고 한자를 병기했다. 실제로 불렸던 이름 표기를 알 수 없는 경우 일반적으로 사용하는 이름을 표기했다. 이 때문에 실제 사용된 이름과 표기가 다를 수 있는 점을 양해 바란다.
- 창씨개명한 조선인의 경우, 일본식이 아니라 한자음대로 표기했다. 실제로는 일본어 발음으로 불렸을 테지만 국책에 의한 창씨개명이었기 때문에 당대의 저항감을 반영할 필요가 있다고 판단했다.

4. 번호 표기

- 자료의 전체적인 순서나 배열, 일련번호는 편찬자가 매긴 것이다. 그러나 본문 내용의 번호나 형식은 원문을 그대로 따랐다. 一, 二, 三, (一), (二), (三) 등 원문의 번호를 그대로 입력했다. 단, 원문의 (イ), (ロ), (ハ)는 (가), (나), (다)로 번역했다.

5. 개인정보 입력

- 이 자료집에서 다루고 있는 자료는 때로 상세한 개인정보를 담고 있으며, 현재 소장처나 온라인으로 접근할 수 있는 데이터베이스를 통해 어렵지 않게 접할 수 있다. 이 때문에 자료에 드러난 정보를 최대한 공유하되 개인정보를 보호하기 위해 최대한 노력했다.
- 이름은 그대로 쓰되 한문 표기는 삭제했다. 창씨개명된 이름인 경우 한문을 병기하되 원래의 이름은 표기하지 않았다.
- 주소는 마을 단위까지 쓰고 번지 표기는 삭제했다. 전시 여성 동원에 대한 소문이 특정한 시기, 특정한 지역에서 발생하고 유통하는 흐름을 파악하기 위해 마을 단위까지 표기하는 것이 필요하다고 판단했다.

6. 일제강점기 신문기사 입력

- 국한문 혼용체 기사를 현대의 한국어로 입력했다. 원문에 쓰인 '산해관(山海關)', '장곡천(長谷川) 중장', '소화(昭和)12년' 등 고유명사의 한자음 표기를 그대로 옮겼다. 다만 가독성과 편의를 위해 한국어 맞춤법은 최대한 오늘날의 기준을 따랐다.

7. 해독 불가능한 글자 입력

- 원문이 보이지 않는 경우에는 '□□'로 입력했다. '○○'나 '…'로 입력한 것은 원문 그대로 입력한 것이다.

8. 자료 원문의 출처 및 소장처

원문 자료	출처 및 소장처	비고
Ⅰ. 조선총독부 경무국 자료	국사편찬위원회 한국사데이터베이스 (『치안상황』)	db.history.go.kr
	영인자료 (宮田節子 編・解說, 1988, 『一五年戦争極秘資料集⑥ 高等外事月報』, 不二出版)	
	국립중앙도서관 (『경무휘보』)	nl.go.kr
	서울대 중앙도서관 고문헌 디지털 콘텐츠 (『자계』)	primoapac01.hosted.exlibrisgroup.com/primo-explore/collectionDiscovery?vid=82SNU&collectionId=81704771320002591&lang=ko_KR
Ⅱ. 조선총독부 법무국 자료	국가기록원 (형사판결문)	기관 방문 조사 수집 국가기록원 독립운동관련판결문 아카이브 사이트(theme.archives.go.kr//next/indy/viewMain.do)
	국가보훈처 공훈전자사료관 (형사판결문)	e-gonghun.mpva.go.kr/user/IndepMeritsDataList.do
	국사편찬위원회 한국사데이터베이스 (「사상에 관한 정보」)	db.history.go.kr
	서울대 중앙도서관 (高等法院検査局思想部 編, 1943, 『大東亞戰爭勃發後ニ於ケル特殊犯罪調 : 造言飛語及不敬事件』, 高等法院検査局思想部)	기관 방문 조사 수집
Ⅲ. 관련 언론 보도	네이버 뉴스 라이브러리 (『동아일보』, 『조선일보』)	newslibrary.naver.com
	대한민국 신문 아카이브 (『매일신보』)	nl.go.kr/newspaper

해제

전시체제기 유언비어와 '위안부' 동원 문제

박정애 | 동북아역사재단 연구위원

이 자료집의 원래 제목은 '전시체제기 조언비어와 '위안부' 동원 관계 자료집'이었다. '유언비어' 보다는 식민지 시기에 쓰인 '조언비어(造言蜚語)'[1]라는 말을 사용하고 싶었다. 현재까지 쓰이고 있는 말인 '유언비어'는 뜬소문, 헛소문이라는 혐의가 반영된 채 유통되고 있기 때문에 일제가 전시(戰時) 시국 사회 유지를 위해 육해군 형법으로 처벌한 '조언비어죄'의 역사성을 반영하기가 어렵다고 생각했다.

1941년 고등법원 검사 마이바라 센(米原先) 또한 "법률에서 유언비어라는 말을 사용하는지…… 이러한 용법은 눈에 띄지 않는 것 같다. …… 전시 또는 사변이 있을 때 군사에 관한 유언비어는 육해군 형법에 따라 규율하고 있는데, 이것도 조언비어라고 하지 유언비어라는 용법은 쓰지 않는다"고 지적한 바가 있었다.[2] 그는 또한 "허위사실이라고 해도 완전히 진실에 반하는 경우뿐만 아니라, 오히려 진실과 허위가 결합해 있는 경우, 혹은 진실이 눈에 띄게 과장되어 있는 경우가 상당수 있으므로 이러한 것도 유언비어의 범주에 들어간다"라고 언급했다. 필자는 전시체제기, 곧 전쟁승리를 명분으로 모든 것이 통제되고 사회구조가 재배치되는 시기에 진실이 섞여 있는 이야기를 공권력이 허위나 과장이라고 판단하여 처벌하는 정책에 주목했다. 그리고 유언비어로 치부된 항간의 이야기가 전하는 '진실' 부분에 주목하고자 했다. 이 책의 독자들이 당대의 정치사회적 공기와 전시체제기를 버텨내는 사람들의 감각을 상상하기를 바랐고, 그 때문에 선입견을 일

---

1 '조언비어(造言飛語)'라는 한자와 같이 쓰인다.

2 이 책의 'Ⅰ-3-3) 고등법원 검사 마이바라 센(米原先), 「유언비어에 대하여」, 『경무휘보』 420, 1941. 4.'를 참조.

으키는 '유언비어'라는 말보다 우리에게 낯선 '조언비어'를 사용하고자 했다.

그러나 육해군 형법에서 주로 문제시했던 '조언비어'가 이 시기 일제 권력이 불온하게 여긴 항간의 이야기들을 대표하거나 아우르는 것도 아니었다. 이러한 말들은 육해군 형법 위반뿐만 아니라 경찰범처벌규칙, 조선임시보안령 위반, 안녕질서에 관한 죄 등에 의해 처벌되었고, 사유는 '유언부설(流言浮說) 유포', '허위사실 유포', '시국에 관한 유언비어 유포'로 각각 달랐기 때문에 결국 지금과 같이 제목을 변경하였다. 독자들에게 낯선 용어가 혼란을 일으킬 수 있다는 지적도 있었고, 위에 언급했던 마이바라 센 또한 "통틀어서 유언비어라는 말을 법률적으로 이해해도 지장 없다"고 견해를 밝히고 있는 것도 제목을 바꾸는 것에 영향을 미쳤다.

조선인 '위안부' 동원 문제는 역사부정론자들이 일본군'위안부'제도의 피해 자체를 부정하기 위해 주로 이용한 이슈였다. 현재 일본의 우파 세력들은 조선인 '위안부'가 '일본군에 의해 폭력적으로 납치되었다는 주장을 입증하는 사료가 없다' 혹은 '위안부와 정신대는 서로 다른 것인데 역사 이해가 부족한 한국인들이 거짓말로 억지주장을 한다'라는 등의 공격 프레임을 만들어서 반복적으로 정쟁(政爭)을 일으키고는 한다.

이 자료집의 문제의식과 연결되는 '위안부'피해부정론은 후자의 주장이다. '위안부'와 '정신대'가 다르다고 주장하거나 설명하는 많은 글들이 '위안부'를 1943년부터 여성노동력 동원정책으로 본격화된 '여자근로정신대'와 비교했다. 이 둘은 물론 서로 다른 범주의 용어이지만, 한편 식민지 조선에서 '정신대'와 '여자근로정신대' 또한 서로 일치하는 개념이 아니라는 사실 역시 인식해야 한다. 곧 1938년 총동원체제가 시작된 이후 근로보국대, 애국봉사대, 여자추진대 등의 이름으로 조선 여성에 대한 전시 사상 동원, 노동력 동원 등이 이루어졌다. 대상은 '미혼 여성'이라 범주화된 비혼 여성과 이혼 또는 상부(喪夫)한 독신 여성이었고, 이들을 조직화하는 데 앞장선 것은 애국반 반장이나 이장·구장 등이었다. 애국반 반장은 당시 '정신대'라고 불리기도 하였다.

그동안 식민 권력에 의해 정치적 주체로 인식되지 못했던 조선 여성들은 시국에 걸맞는 역할이 강요되는 분위기 속에서 정치의 장에 불려나왔고 '정신대로 가야한다'는 공포와 불안에 휩싸였다. 동시에 집을 떠나거나 일터를 떠나 소식이 끊기는 여성들이 눈에 띄게 늘어났다. 전쟁을 치르는 일본군의 행보에 관한 소문과 함께 전쟁터에서 보거나 들었다는 조선 여성들에 대한 이야기가 섞여 들어왔는데, 이 이야기를 발설하는 것은 시국 질서를 해친다는 이유로 고발과 처벌의 대상이 되었다. 일본 패전 후 한반도의 사람들은 비로소 '정신대로 끌려가 위안부가 되었다'라는 서사를 공공연하게 공유할 수 있었다.[3] '위안부' 동원은 식민지 조선의 여성들이 강제로 전시 공적 공간에 불려나가야 했던 시기에 은밀하고도 광범위하게 이루어졌다. 그리고 이에 대한 이야기를 하는 것이 금지된 상황 속에서 남은 사람들은 '유언비어'를 공유함으로써 본인의 의사에 반하여 전쟁터로 보내진 여성들의 피해에 대해 감각했던 것이다.

이 자료집은 식민 권력의 전시체제기 방침에 의해, 또는 속아서 전쟁터로 보내져 병사의 '성적 위안'이나 그 밖의 전쟁도구로 이용되는 여성의 피해에 대해 발설했다가 당국에 의해 불온언동으로 처벌받은 전시체제기 '유언비어죄' 자료를 정리한 것이다. 일본군이 저지른 성폭력 사건에 대해 발설했다가 처벌된 사례도 함께 엮었다.

변은진의 연구에 따르면 유언비어는 "전시파시즘기 식민지 조선의 사회 구조 아래 일제 정책의 한계와 조선 민중의 민족적 인식을 동시에 잘 보여주는 틀"이다.[4] 당국이 '시국을 해친다'며 불온시한 유언비어에는 전쟁 발발과 전시체제 전개에 따른 사람들의 불안과 불신이 반영되어 있었다. 처벌된 유언비어는 "개인의 이해관계나 신세 한탄에서부터 독립과 건국에 대한 희망까지 매우 다양한 내용으로 표출"되었는데, "식민지 파시즘이라는 제한된 시공간 속에서 유언비어는 민중들 간에 공동의 언로(言路)를 확보하여 조선인 내부의 결속을 강화하고 민족의식을 고무시키는 역할"을 했던 것이다.[5]

전시 유언비어의 이러한 성격을 반영하여, 한국 국가기록원은 현재 '독립운동 관련 판결문' 카테고리 안에서 관련 판결문 목록과 원문 자료를 제공하고 있다. 육해군 형법 위반, 조선임시보안령 위반, 안녕질서에 관한 죄 등 죄명을 검색하여 해당 자료를 볼 수 있다. 유언비어의 내용과 성격은 다양했는데, '천황 불경' 관계, 전쟁과 전시 동원정책 관계, 군대를 비판하는 반전(反戰), 반군(反軍) 사상 관계, 민족 차별과 조선 독립 관계 발언 자료들이 많았다. '위안부' 동원이나 전시 성폭력에 대한 '유언비어'는 반전과 반군 의식, 민족 차별에 대한 불안과 반발 의식이 반영된 발언 속에서 생산되고 유포되고 있었다. 일본군'위안부'는 국익을 위한 전쟁수행을 명분으로 일제 권력이 제도화한 존재였음에도 불구하고, 이에 대한 민들의 발언은 전쟁을 반대하고 '황군'의 명예를 훼손한다는 이유로 불온시했다는 점은 특기해 두어야 한다.

---

3 정신대와 '위안부' 용어의 착종 문제에 대해서는 박정애, 2020, 「총동원체제기 식민지 조선에서 정신대와 위안부 개념의 착종 연구: 정신대의 역사적 개념 변천을 중심으로」, 『아시아여성연구』 59(2) 참조.

4 변은진, 2013, 『파시즘적 근대체험과 조선민중의 현실인식』, 선인, 209쪽.

5 변은진, 2013, 위의 책, 220-221쪽.

한편, 국가기록원의 온라인 자료뿐만 아니라 기관 직접 방문을 통해서만 접할 수 있는 자료 또한 조사·수집하였다. 그 외에도 국사편찬위원회, 국립중앙도서관, 국가보훈처 등에 소장되어 있는 자료까지 수집·정리하였다. 이 자료집의 주제와 관련해 일본 오사카산업대(大阪産業大)의 후지나가 다케시(藤永壯)가 2013년에 「전시기의 '위안부' 동원의 '유언', '비어'를 둘러싸고」라는 연구논문[6]을 발표한 바가 있다. 그의 논문은 정신대에 잡혀가는 것을 피하기 위해 학교를 자퇴했던 윤정옥[7]의 기억으로부터 시작하여, 식민 당국이 '유언비어'로 단속했던 '위안부' 관계 소문에 반영된 당대 현실의 측면을 탐구하였다. 전시체제하 조선에서 일본의 국가권력에 의해 동원된 조선인 여성들이 병사에 대한 '성적 위안'을 강요당한다는 소문이 퍼져 적지 않은 사람들이 그것을 믿고 있었는데, 식민 당국은 소문이 허구여서가 아니라 군사상, 치안유지상 유해하다고 간주하여 처벌했다는 점에 주목하여 이 문제를 분석한다는 것이다. 그는 한국 국가기록원과 국사편찬위원회 소장 재판 관계 자료, 『사상휘보』, 『고등외사월보』 수록 재판 관계 자료, 신문기사 등을 광범위하게 활용했는데, 그 자료목록을 기초로 관련 자료를 확대 수집하여 이 자료집을 엮을 수 있었다.

식민지 조선에서 '위안부' 동원 관계 유언비어가 발생한 때는 중일전쟁 이후 일제 권력에 의한 일본군'위안부'제도가 본격화, 조직화된 시기와 맞물린다. 유언비어가 처음으로 확인되는 것은 1938년 봄 즈음부터인데, 이는 '위안부' 모집이 실제로 조선 각지에서 이루어지고 있었다는 사실을 뒷받침한다.[8] 후지나가 다케시에 따르면 '위안부' 관련 유언비어는 1938년 봄에 경상북도에서 발생해서 같은 해 가을까지 조선 남부, 중부, 동부 지역에 확산된 것으로 파악된다고 한다. 아울러 유언비어의 내용을 다음과 같이 정리했다. 첫째, 동원 대상은 젊은 미혼 여성과 과부에 한정되어 있다. 둘째, 동원 목적은 군에 대한 '봉사'이며, 그 종류는 크게 취사나 세탁, 재봉, 간호 등 병사의 뒤치다꺼리, 여성의 혈액이나 체액 이용, 병사에 대한 '성적 위안' 세 가지이다. 셋째, 이 소문이 공포가 되어 비혼 여성의 결혼이 급하게 이뤄지고 있다. 마지막으로 경찰, 구장, 헌병 등의 권력이 전시 동원을 위해 여성들을 조사하거나 또는 동원 주체가 되고 있다는 사례가 보인다. 그 주요 내용은 다음의 〈표 1〉을 참고할 수 있다.

---

6 藤永壯, 2013, 「戰時期のおける「慰安婦」動員の「流言」「飛語」をめぐって」, 『地域社會から見る帝国日本と植民地』, 思文閣出版.

7 '위안부' 문제 해결을 위한 활동가이자 연구자. 전 이화여대 영문과 교수. 전 한국정신대문제대책협의회 초대 공동대표. 전 한국정신대연구소 초대 소장. 1925년생으로, 자신은 1942년에 학교를 자퇴하여 '정신대 동원'을 피했는데 '전쟁터에 끌려갔던 또래 여자아이들은 어떻게 됐을까'라는 의문을 품고 1970년대부터 '위안부' 문제를 사회이슈화하기 위해 노력해 왔다.

8 藤永壯, 2013, 위의 논문, 728쪽.

〈표 1〉 '위안부' 관계 유언비어 주요 내용

연번	내용	지역	발생시기	출처
1	최근 15세 이상의 미혼 부녀자는 모두 중일(日支) 전선에 보내 군대의 취사 등 일을 시킨다는 내용을 김천경찰서 앞의 게시판에서 광고하고 있는 것을 지난번에 여기저기서 보았다. 나의 여동생도 15세였지만 다행히 친척 중에 경부(警部)인 숙부가 있었기 때문에 만주행을 피할 수 있었다.	경북 김천군	1938. 3.	I-1. 조선총독부 경무국 보안과, 『치안상황』 44-47 II-1-1) 형사판결문
2	의성군 봉성면 부락민들에게, 이번에 조선 내 미혼 부녀 및 과부는 군대에 취사를 해야 해서 강제적으로 운송되고 있다. 어느 지역에서는 이미 화물자동차 2대로 운송했으며, 지금 관헌이 운송자 조사를 하고 있으니 곧 당 지역에도 조사를 할 것이다.	경북 의성군	1938. 4.	I-1. 조선총독부 경무국 보안과, 『치안상황』 44-47
3	이번 사변에 출정하는 군인의 위안을 위해 16세 이상 20세에 이르는 처녀 및 16세 이상 30세에 이르는 과부를 강제적으로 잡아 모아 전쟁터에 보내 낮에는 취사 및 세탁의 노무를 시키고 밤에는 군인과 성적 관계를 맺게 하므로 이들 부녀자를 데리고 가는 자는 빨리 처치를 해야 한다.	경남 밀양군	1938. 5.	I-1. 조선총독부 경무국 보안과, 『치안상황』 44-47 II-1-3) 형사판결문
4	도회지에서는 경찰관이 15명 이상의 처녀(娘)를 강제적으로 잡아 전쟁터에 보내 군인에게 그 피를 마시게 하므로 딸(娘)을 가진 부모의 고통은 실로 딱하다.	경북 상주군	1938. 6.	I-1. 조선총독부 경무국 보안과, 『치안상황』 44-47 II-1-5) 형사판결문
5	일본에서는 15, 16세 처녀 3천 명을 모집하여 전지로 보냈는데 여전히 부족해 이번에는 조선에서 조선인 처녀 약 3천 명을 징집하여 전지로 보낼 것이기 때문에 어서 결혼을 시키는 것이 좋겠다.	충남 부여군	1938. 10.	II-1-23) 「가출옥의 건」
6	"제1선의 창기는 군인과 함께 전쟁에 참가하는 것이어서 실로 위험하여 이제부터는 어떠하든지 황군위안소의 창기는 되지 않겠다." 본 사람은 전기 창기 일을 하는 중에 하루 70명 정도의 손님을 받아야 하는 관계로, 신체에 무리가 생기고 식욕이 감퇴하고 복통 요통이 있어 신체가 쇠약하여 병으로 누워있는 바가 여러 차례여서 올해 8월 중순에 전차금을 모두 갚고 조선에 돌아온 것으로 판명되었는 바 유언허보를 한 동기에 관해서는 다시 창기로 팔릴 우려가 있어서 이를 피하기 위해 다시 중개자의 집에 가서 이 말을 했다고 한다.	서울 서대문	1939. 9.	I-2-2) 「시국 범죄의 경향」, 『고등외사월보』 4, 1939. 10. II-2-3) 경성지방법원 검사국, 「조언비어자 처벌에 관한 건」, 『사상에 관한 정보철』, 1939
7	현재 헌병대가 싱가포르 방면행 가시자시키(貸座敷) 영업자를 모집 중인데 이미 제1회분은 출발했고 제2, 제3, 제4회 정도까지는 헌병대에서 허가할 것이다.	평남 평양	1942. 3.	II-3. 고등법원 검사국 사상부, 『대동아 발발 후의 특수범죄 조사 조언비어 및 불경사건』, 1943

연번	내용	지역	발생시기	출처
8	공장에 여공을 모집하고 있는 남자는 처녀들을 남양군도에 보내어 병대의 취사 및 세탁을 시킨다. 이 부락의 사람들은 남양군도 전지의 장병들의 취사 및 세탁을 시키기 위해 처녀들을 모집하고 있다.	충북 청주	1943. 4.	Ⅱ-1-34) 형사판결문
9	일본 질소비료주식회사는 군부 직속의 군수공장으로서 다수의 여공을 고용하고 있다. 이번 조선에 징용령이 시행되어 일반 국민을 징용하게 되어 동 회사에서는 남녀 노무자 특히 16세 내지 19세 여자를 다수 징용하기 위해 전선 각도에 징용노무자의 관리 책임자를 파견했다. 나는 전남지구 담당책임자로서 광주에 왔다. 나는 만주 헌병대 위안소에 있는 자인데 이번에 다수의 14세 내지 25세 여자를 위안부로서 모집하러 광주에 왔다. 지금부터 각지를 순회해야 한다. 모집에 응하지 않을 때는 전부 강제징용하고 있다.	전남 광주	1944. 2.	Ⅱ-1-38) 형사판결문
10	미혼 여성은 황군위문대 혹은 적십자대(赤十字隊)로 계속 공출되는데, 결혼 승낙을 받은 여자들은 공출되지 않는다.	강원도 홍천	1944. 6.	Ⅱ-1-39) 형사판결문
11	수일 전 경주읍 봉황대 부근에 거주하는 여자 2명이 마지막 열차에서 내려서 경주역 앞을 지나가는데 갑자기 군인 2명이 나타나 그녀들을 붙잡으려고 하여 1명 여자는 도망쳤으나 다른 1명은 붙잡혀 군인 2명에게 교대로 강간을 당하였으나 수치심에 아무런 말도 하지 못하고 돌아왔다고 한다.	경북 경주	1945. 4.	Ⅱ-1-43) 형사판결문

"유언비어는 전황이나 정책 변화에 따른 민중 심리를 반영하는 하나의 창구"였으며, 이 때문에 중일전쟁이 일어난 직후나 태평양전쟁이 일어난 이후에 격증하는 경향을 보인다.[9] '위안부' 동원과 결부된 '유언비어'는 전황의 변화와 더불어 식민지 조선 내에서 여성 동원정책이 강화되는 1938년과 1941년에 눈에 띄게 늘어가는 특성을 보인다. 아울러 일본군의 새로운 점령지 확장에 따라 위안소 개설 지역이 늘어나면서 관련 '유언비어'도 지속되고 있다.

〈표 1〉 가운데 가장 주목되는 사건은 6번이다. 중국 난징의 '황군위안소'에 갔다가 돌아온 '위안

9 변은진, 2013, 앞의 책, 216쪽.

부' 당사자의 발언으로, 들은 내용이 아니라 직접 겪은 고초를 말하고 있다. 소문이 아니라 사실을 말하고 있다는 것이 당국에 의해 인정되었는데도 '조언비어죄'로 처벌되고 있는 것이다.[10] 이 사례는 '위안부' 피해를 둘러싼 기억과 기록이 당대 정권의 국익을 위한다는 관점에서 억압되거나 은폐되어 왔다는 사실을 말해준다. 이 사례에서 우리가 독해해야 할 역사적 진실은 당국에 의해 규정된 거짓말이 아니라 공문서에 담긴 피해자와 그 주변인의 고통과 공포이다. 이 때문에 '위안부' 역사쓰기는 기록을 그대로 인용하는 것이 아니라 관점을 가지고 해석하는 작업을 통해서 가능하다. 역사부정론자들의 주장 자체가 아니라 그 정치관, 세계관과 '위안부' 피해 부정의 말이 주조되는 '경로'에 집중해야 하는 이유이기도 하다. 한편 이 자료는 2000년대부터 국사편찬위원회 한국사데이터베이스에서 '위안소'라는 검색어를 넣어 쉽게 찾을 수 있는 자료였다. 이 자료가 포함되어 있는 문서철 『1939년 사상에 관한 정보철』은 경성지방법원 검사국이 관내 경찰서, 경찰부와 경무국으로부터 제공받은 정보를 편철한 것이다.[11]

마지막으로 이 자료집에 수록된 '유언비어'를 처벌한 법률의 내용은 〈표 2〉와 같다.

법령상의 여자근로정신대 개념에 집착하는 사람들은 '위안부와 정신대는 다르다'고 주장할 뿐 전시체제기를 기억하는 많은 한국 사람들이 어째서 정신대를 '위안부' 개념과 섞어서 이해하고 있는지에 대해서 질문하지 않는다. 그러나 한국 사회에서 오랫동안 공유되었던 '정신대로 끌려가 위안부가 되었다'는 서사는 한편으로 식민지 조선에서 벌어졌던 '위안부' 동원에 대한 역사적 진실을 말해준다. 식민지 조선의 여성은 전시 총동원체제기 이후 비로소 정치적 주체로 배치되었고, 각종 전시 동원에 강제되지 않을 수 없었으며, 많은 여성들이 사회적으로 화제가 될 만큼 동 시기에 전쟁터로 보내졌다. '총후(銃後)'라고 명명된 전시 후방에서 일본군에 의한 성 동원 및 성폭력은 드러내 말할 수 없는 주제였고, 사람들은 '유언비어'의 형태로 '위안부' 동원 및 전시 성폭력 문제에 항의했다. '유언비어죄'를 다룬 이 자료집을 통해 공문서가 삭제하거나 은폐한 '위안부' 피해의 이야기가 과거를 반복하지 않을 역사로서 새로 쓰여지길 바란다.

---

10 후지나가 다케시는 이 때문에 이와 같은 '유언비어' 사건이 주로 육군형법 위반으로 다뤄진 것에 비해서 이 사건은 경찰이 '동정할 만한 점이 있다'고 판단했기 때문에 경찰범처벌규칙에 따라 구류 7일이라는 비교적 가벼운 행정 처벌이 이루어졌다고 한다(藤永壯, 2013, 앞의 논문, 740쪽).

11 정병욱, 2014, 「경성지방법원 검사국 기록과 '사상부'의 설치」, 『기록학연구』 40, 113쪽.

〈표 2〉 '유언비어' 처벌 규정

연번	처벌 규정	내용	비고
1	경찰범처벌규칙	제1조. 다음 각호의 1에 해당하는 자는 구류 또는 과료에 처한다. …… 제1조의 21. 사람을 광혹하게 하는 유언부설 또는 허위의 보도를 한 자	조선총독부법령 제40호 (1912. 3. 25.)
2	육군형법	제99조. 전시 또는 사변의 때에 군사에 관한 조언비어를 하는 자는 3년 이하의 금고에 처한다.	법률 제48호(1908. 4.)
	해군형법	제100조. 전시 또는 사변의 때에 군사에 관한 조언비어를 하는 자는 3년 이하의 금고에 처한다.	법률 제48호(1908. 4.)
3	조선임시보안령	제1조. 이 영은 전시 언론, 출판, 집회, 결사 등의 단속을 적정하게 하여 안녕질서의 유지를 목적으로 한다. …… 제20조. 시국에 관한 유언비어를 한 자는 2년 이하의 징역, 금고 또는 2천 원 이하의 벌금에 처한다. 제21조. 시국에 관하여 인심을 혹란하는 사항을 유포한 자는 1년 이하의 징역, 금고, 구류 또는 1천 원 이하의 벌금이나 과료에 처한다.	조선총독부제령 제34호 (1941. 12. 26.)
4	안녕질서에 관한 죄 (개정 형법)	제105조의 3. 전시, 천재 기타의 사변의 때에 인심의 혹란 또는 경제상 혼란을 유발하는 허위의 사실을 유포하는 자는 3년 이하의 징역 또는 금고 또는 3천 엔 이하의 벌금에 처한다.	법률 제61호(1941. 3. 12.)

참고문헌

박정애, 2020, 「총동원체제기 식민지 조선에서 정신대와 위안부 개념의 착종 연구: 정신대의 역사적 개념 변천을 중심으로」, 『아시아여성연구』 59(2).

변은진, 2013, 『파시즘적 근대체험과 조선민중의 현실인식』, 선인.

정병욱, 2014, 「경성지방법원 검사국 기록과 '사상부'의 설치」, 『기록학연구』 40.

藤永壯, 2013, 「戰時期のおける「慰安婦」動員の「流言」「飛語」をめぐって」, 『地域社會から見る帝國日本と植民地』, 思文閣出版.

Ⅰ. 조선총독부 경무국 자료

1. 조선총독부 경무국 보안과, 『치안상황』 44-47, 1938
2. 조선총독부 경무국 보안과, 『고등외사월보』, 1939. 7.~1940. 9.
3. 경찰 잡지 기사

1. 조선총독부 경무국 보안과, 『치안상황』 44 - 47, 1938

지검비(地檢秘) 제1008호

1938년 6월 25일

경성지방법원 검사정
고등법원 검사장 귀하
경성복심법원 검사장 귀하

치안상황 송부의 건

앞 제목의 건을 조선총독부 경무국 보안과에서 별지 사본과 같이 통보함을 알립니다.

보고처
고등법원 검사장
경성복심법원 검사장

1938년 6월 10일

치안상황

조선총독부 경무국 보안과

<table>
<tr><th>연번</th><th>자료명</th><th>작성
연월일</th><th>관할서</th><th>피고인</th><th>피해
지역</th><th>내용</th></tr>
<tr><td rowspan="2">1</td><td rowspan="4">경계상황
(불온언동 및 유언비어 처벌표 3월 4월 중)

警戒狀況
(不穩言動及流言蜚語處罰表 三月四月中)</td><td rowspan="4">1938. 6. 10.</td><td colspan="4">一〇. 경계사항
불온언동 유언비어

불온언동 유언비어는 당국의 부단한 단속과 일반 민중의 시국 인식이 철저해짐에 따라 사변 당초에 비해 눈에 띄게 감소를 보이고 있다. 그럼에도 불구하고 지금 다음과 기록과 같이 불온언동을 함부로 하거나 또는 유언비어를 유포하여 양민을 현혹시키고 있는데 그 흔적이 끊어지지 않고 있음으로 민중의 계몽과 그 절명을 기하기 위해 엄하게 단속 중이다. 최근에 주요한 유언비어 및 처벌상황, 더불어 사변 후 본년 5월 말까지의 불온언동 유언비어 처벌표, 시국 관계 범죄표는 다음과 같다.</td></tr>
<tr><td>김천
경찰서</td><td>박팔갑</td><td>경북
김천군
부항면</td><td>최근 15세 이상의 미혼 부녀자는 모두 중일(日支) 전선에 보내 군대의 취사 등 일을 시킨다는 내용을 김천경찰서 앞의 게시판에서 광고하고 있는 것을 지난번에 여기저기서 보았다. 자신의 여동생도 15세였지만 다행히 친척 중에 경부(警部)인 숙부가 있었기 때문에 만주행을 피할 수 있었다고 말하고 김천군 부항면 조두성의 둘째 딸을 이때에 자신과 결혼시켜야 한다고 하면서 정교관계를 맺고 돈을 편취함.
•3월 9일 검거
•징역 1년 6월</td></tr>
<tr><td>2</td><td>대구
경찰서</td><td>도대근,
최대룡</td><td>경북
칠곡군
칠곡면
매천동</td><td>현재 살고 있는 마을인 칠곡면 매천동에서 17세 이상의 자녀를 조사하고 있다. 그 목적은 부상병에게 처녀(娘)의 피를 수혈하기 위해 강제적으로 지나(支那)에 수송하려는 것이다. 딸이 있는 자는 모두 낭패하고 배우자를 물색하기에 바쁘다고 함.
•3월 16일 검거
•구속 취조 중</td></tr>
<tr><td>3</td><td>의성
경찰서</td><td>박치학</td><td>경북
의성군
봉성면</td><td>의성군 봉성변 부락민들에게, 이번에 조선 내 미혼 부녀 및 과부는 군대에 취사를 해야 해서 강제적으로 운송되고 있다고 말함. 어느 지역에서는 이미 화물자동차 2대로 운송했으며, 지금 관헌이 운송자 조사를 하고 있음으로 곧 당 지역에도 조사를 할 것이라고 말을 함.</td></tr>
</table>

<table>
<tr><th>연번</th><th>자료명</th><th>작성
연월일</th><th>관할서</th><th>피고인</th><th>피해
지역</th><th>내용</th></tr>
<tr><td></td><td></td><td></td><td></td><td></td><td></td><td>•4월 3일 검거
•구류 15일</td></tr>
<tr><td>4</td><td></td><td></td><td>청송
경찰서</td><td>우남이</td><td>경북
청송군
진보면</td><td>청송군 진보면에서 옷감(反物) 행상 중 지금 의성 방면에서는 15세 내지 17세 정도의 처녀는 국가에서 강제적으로 연행하여 피를 뽑아서 군인 또는 군마에게 마시도록 한다고 함. 의성에서 어떤 처녀는 징발을 피해 익사한 사건이 있는데 경찰이 이를 부락민들이 모르게 비밀리에 매장했다고 함부로 말을 함.
•4월 24일 검거
•구류 14일</td></tr>
<tr><td rowspan="2">5</td><td rowspan="2">불온언동
유언비어의 상황
(불온언동 및 유언비어 처벌표 5월 중)

不穩言動流言蜚語ノ狀況
(不穩言動及流言蜚語處罰表 五月中)</td><td rowspan="2">1938. 8. 5.</td><td colspan="4">8. 불온언동 유언비어의 상황

불온언동 유언비어에 관해서는 계속해서 엄중 단속 중인 바 최근 당국은 전쟁터에 이송할 목적으로 조선 내 각지에서 미혼 부녀자를 징집하고 있다. 또는 최근 한창 저금을 장려하고 있는 것은 군사비가 부족하기 때문에 인민의 저금으로 그것을 보충하려고 한다. 또는 전쟁 종료 후에는 악성전염병(惡疫)이 유행하는 재해를 입을 것이다라는 등의 유언을 유포시키고 있어 엄중 단속 중이다. 본년 5월, 6월 중에 불온언동 유언비어의 처벌 상황표는 다음과 같다.</td></tr>
<tr><td>대구
경찰서</td><td>박춘,
정옥분,
임막랑</td><td>경북
대구</td><td>다음의 사람들은 자택과 기타의 장소에서 전후 수회에 걸쳐 다수인에게 “중일전쟁에 출정 중인 일본 병사는 매우 피로하여 활발하게 전쟁을 할 수 없다. 이에 원기회복책으로 조선인 처녀(娘)인 16세 이상인 자를 강제적으로 징발해서 전지에 수송하여 기계로 피를 취하여 병사의 팔에 주사하는 것과 함께 탄환을 피하기 위해 여자의 입에서 기계를 넣어 월경의 피를 취하여 그것을 군복에 칠하기 위해 징발하고 있으며 이미 어느 지방에서는 처녀 18명이 징발되었다”고 말함.
•5월 18일 검거
•5월 21일 육군형법 위반으로 송국</td></tr>
</table>

연번	자료명	작성 연월일	관할서	피고인	피해 지역	내용
6	불온언동 유언비어의 상황 (불온언동 및 유언비어 처벌표 5월 중) 不穩言動流言蜚語ノ狀況 (不穩言動及流言蜚語處罰表 五月中)	1938. 8. 5.	포항 경찰서	김원수(여)	경북 영일군 기계면 미현동	본인은 영일군 기계면 미현동 외 1개소에서 다수인에게 "14세 이상의 처녀는 모두 만주 및 지나 방면의 전쟁터에 보내 출정 군인의 취사, 세탁을 거들고 더불어 군인의 위안을 시키며 또 해당 처녀의 혈액을 군인에게 수혈한다" 운운의 유언을 함. •5월 27일 검거 •경찰범처벌규칙에 따라 구류 10일에 처함.
7			밀양 경찰서	장인식(여)	경남 밀양	"이번 사변에 출정하는 군인의 위안을 위해 16세 이상 20세에 이르는 처녀 및 16세 이상 30세에 이르는 과부를 강제적으로 잡아 모아 전쟁터에 보내 낮에는 취사 및 세탁의 노무를 시키고 밤에는 군인과 성적 관계를 맺게 하므로 이들 부녀자를 데리고 가는 자는 빨리 처치를 해야 한다" 운운함. •5월 24일 검거 •금고 4월
8				박금이(여)		위와 같음. •5월 24일 검거 •기소유예
9				장봉학		위와 같음. •5월 24일 검거 •금고 4월
10				강성옥		위와 같음. •5월 24일 검거 •금고 4월
11				김삼득		위와 같음. •5월 24일 검거 •기소유예

<table>
<tr><th>연번</th><th>자료명</th><th>작성
연월일</th><th>관할서</th><th>피고인</th><th>피해
지역</th><th>내용</th></tr>
<tr><td>12</td><td rowspan="2">불온언동
유언비어의 상황
(불온언동 및 유언비어 처벌표 6월 중)

不穩言動流言蜚語ノ狀況
(不穩言動及流言蜚語處罰表六月中)</td><td rowspan="2">1938. 8. 5.</td><td>포항
경찰서</td><td>박진형</td><td>경북
영일군
곡강면
조도동</td><td>영일군 곡강면 조도동에서 부락민 수명에 대해 "조선인 처녀 17, 18세의 자를 강제적으로 모집해서 만주 방면에 보내고 피를 짜서 전상병에게 수혈한다" 운운함.
•6월 8일 검거
•경찰범처벌규칙에 의해 구류 20일에 처함.</td></tr>
<tr><td>13</td><td>상주
경찰서</td><td>지수동</td><td>경북
상주군
화서면
하송리</td><td>상주군 화서면 하송리에서 부락민 수명에 대해 "도회지에서는 경찰관이 15명 이상의 처녀(娘)를 강제적으로 잡아 전쟁터에 보내 군인에게 그 피를 마시게 하므로 딸(娘)을 가진 부모의 고통은 실로 딱하다" 운운함.
•6월 21일 검거
•현재 취조 중</td></tr>
<tr><td rowspan="2">14</td><td rowspan="2">불온언동 및
유언비어의 상황
(불온언동 및 유언비어 처벌표 7월)

不穩言動及流言蜚語ノ狀況
(不穩言動及流言蜚語處罰表 七月)</td><td rowspan="2">1938.
10. 15.</td><td colspan="4">6. 불온언동 및 유언비어의 상황

불온언동 및 유언비어에 관해서는 계속해서 엄중 단속 중으로 그 건수도 점차 감소해 가고 있다. 본년 7월에 발생한 장고봉 사건은 일반 민중에게 커다란 충동을 주어 다음의 표와 같이 7, 8월 각종 유언비어를 증가시켰다. 동 사건은 이미 해결되고 민심이 안정했으므로 그 증가도 일시적 현상에 불과했던 것으로 생각된다.</td></tr>
<tr><td>함평
경찰서</td><td>한소사</td><td>전남
함평군
대동면
향교리</td><td>6월 19일 함평군 대동면 향교리 박정규의 처가 병이 나서 불렀을 때 같은 마을 김재윤의 처 김안순 외 2명에 대해서 "목하 관청에서는 40세 이하의 과부 및 처녀를 모집해서 전쟁터에 보내 취사를 시키거나 또는 병사에게 위안을 제공하는 외에 처녀는 그 피부를 벗겨 기름을 짜서 비행기에 사용한다"는 유언을 함.
•7월 6일 검거
•육군형법 위반에 의해 송국 중</td></tr>
</table>

연번	자료명	작성 연월일	관할서	피고인	피해 지역	내용
15	불온언동 및 유언비어의 상황 (불온언동 및 유언비어 처벌표 8월) 不穩言動及流言蜚語ノ狀況 (不穩言動及流言蜚語處罰表 八月)	1938. 10. 15.	군위 경찰서	배옥련	경북 군위군 산성면 삼산동	경북 군위군 산성면 삼산동 임현 내외 수 명에게 “이번에 병대의 취사를 시키기 위해 15세 이상의 처녀를 만주에 보내려고 함으로 당신의 아들 및 딸을 결혼시키는 것이 어떠한가”라고 말함. •7월 23일 검거 •8월 5일 육군형법 위반으로 송국
16			임실 경찰서	김분이	남원 방면 임실군 강진면 옥정리	본인은 8월 16일 오후 8시경 임실군 강진면 옥정리 박태주 집에서 같은 마을 송춘호 외 수 명에게 1. 남원 방면에서는 최근 한여름임에도 불구하고 혼인이 빈발하게 이루어지고 있는데 지나사변으로 인해 군부에 적당한 처녀를 징발하여 전쟁터에 보내고 있으므로 이를 피하려고 처녀가 있는 부모는 매우 우려하고 있다. 2. 동네에서는 35세 미만의 남녀를 집합시켜 달밤을 이용하여 훈련을 하고 있는데 이것은 일본이 패전하는 경우 전투원으로 삼기 위해서라고 전함. •8월 24일 검거 •취조 중
17			정읍 경찰서	박순경의 처, 이성녀	전북 정읍	8월 1일부터 동네 소학교에서 하계 과외강습회를 개최함에 장녀 박세모가 부모에게 무단히 수강하는 것을 기꺼워하지 않고 그것을 단념시킬 목적으로 8월 2일 오후 1시경 마을 황희남의 집에서 그의 처 박성녀의 면전에서 박세모에 대해 “□ 좋지만 후일 성적이 좋은 자들을 전쟁터에 보내 병대의 취사와 세탁 기타 잡무에 사용하는 것을 모르는가”라고 함부로 말한 외에 다음 날 동네 이기선의 어머니 이성녀에게 같은 언동을 함부로 함. •8월 10일 검거 •8월 12일 경찰범처벌규칙 구류 15일

<table>
<tr><th>연번</th><th>자료명</th><th>작성
연월일</th><th>관할서</th><th>피고인</th><th>피해
지역</th><th>내용</th></tr>
<tr><td>18</td><td rowspan="2">불온언동 및 유언비어의 상황
(불온언동 및 유언비어 처벌표 8월)

不穩言動及流言蜚語ノ狀況(不穩言動及流言蜚語處罰表 八月)</td><td rowspan="2">1938. 10. 15.</td><td>정읍
경찰서</td><td>신동규의
처, 유순옥</td><td>전북
정읍</td><td>정읍군 북면 남산리 곽일봉의 장녀 애기(15세)가 타인에게 신세를 지게 되어 그 집에 감에 이미 다른 사람을 고용 중인 것에 불감을 느끼고 곽의 처 김순례에게 “당신은 세상이 소란스럽게 되어 있는 것을 모르고 이런 때에 딸을 내지인의 집에 보내어 어찌려고 하는가. 지금 만주 방면 병대의 취사와 세탁, 기타 잡역에 사용하기 위해 조선인 처녀와 과부, 요리옥, 음식점의 고용녀 등을 모집 중인 것이 아닌가”라고 타인을 속이는 유언부설을 함.
•8월 20일 검거
•8월 24일 경찰범처벌규칙 구류 15일</td></tr>
<tr><td>19</td><td>곡성
경찰서</td><td>강성녀,
정소근아기</td><td>전북
장수</td><td>전북 장수에서는 최근 경찰관이 딸 3명이 있는 어떤 집에 와서 이들을 끌고 가며 딸 3명에게 밖으로 가자고 말했던 바 그중 2명은 밖으로 나가 강으로 몸을 날려 자살했고 다른 1명은 손을 내밀어 경찰관은 그 딸의 손에 펌프를 댔던 바 딸은 바로 죽었다고 운운함.
•8월 23일 검거
•8월 23일 경찰범처벌규칙
•강은 구류 29일
•정은 10일</td></tr>
</table>

2. 조선총독부 경무국 보안과, 『고등외사월보』, 1939. 7.~1940. 9.

1) 「시국 범죄의 경향」, 『고등외사월보』 1, 1939. 7.

二. 시국 범죄의 경향

이번 미증유의 중대 시국을 맞이하여 일반 민중의 시국 인식은 양호하다. 치안상 특히 우려할 만한 경향을 인정하지 않아서 시국에 대한 범죄도 사변 발생 당초 민심의 불안, 동요가 심했던 당시에 비해 현저하게 감소하고 있으나 또 일부에서는 별표와 같이 시국에 수반한 특수범죄가 발생하고 있다. 그리고 그 가장 다수를 점하는 유언(流言), 불온언동(不穩言動)은 거의 있을 수 없는 저급한 수준의 내용으로 냉정한 판단을 가지고 있다면 한번 돌아볼 가치도 없는 것이 많다. 그러나 민도(民度)가 낮은 산간벽지에서는 이와 같은 유언이 예상외의 반향을 일으키기도 하고 특히 국제 정세의 변동 등에 의해 민심의 불안과 동요의 기회로는 반향이 한층 큰 것이 있어서, 저급 경미한 요언(妖言)이라도 경시해서는 안된다. 엄중한 단속을 함과 함께 한편 민중에 대해 시국을 바르게 인식시켜, 이러한 유언에 미혹하지 않을 토대를 늘리는 것이 필요하다는 것을 통감하고 시국이 변한 이후 당국은 적극적으로 시국 인식운동에 힘쓰고 있다. 또 사변(事變)에 수반한 정치, 경제의 여러 문제 혹은 전쟁상황 등을 이용하여 순박한 민중 혹은 출정(出征) 군인의 유가족 등을 기만하여 사리를 채우려고 하고, 또는 민심을 지도해야 할 지위에 있으면서 그 지위를 사용하여 국방헌금, 기타의 기부금을 횡령하여 개인적으로 소비하는 것 같은 일은 극히 악질의 범죄이다.

사변 당초에는 재류중국인에 대한 반감에서 각종의 분쟁 혹은 박해 등의 사건이 한때 급격하게 증가하는 경향을 보였으므로, 이미 발생한 불행한 사태의 발발 등에 비추어 특히 세심한 주의를 기울이고 그 지도 단속을 담당하였다. 최근에는 살고 있는 중국인은 모두 신정권의 통솔 아래에 있어서 방공(防共), 친일만(親日滿)을 표방하고 있으므로, 적국인(敵國人)에 대한 관념을 점차 떨쳐 버려 조선인 대 중국인의 분쟁도 현저하게 감소하고 있다. 그러나 일부 불량 무리는 일부러 중국인에게 모멸적 태도로 내려다보고, 혹은 공갈적 태도로써 사적인 이익을 탐하려고 하는 것 같은 악랄한 행위를 표출하려고 하는 자의 흔적이 아직 끊이지 않는다.

시국 관계 특수범죄는 그 내용에서 특히 중대성을 갖는 것 같은 일도 없지 않지만 국민일치, 총후보국(銃後報國)에 매진하고 있는 현재, 시국을 가리지 않고 이와 같은 범행을 감히 하는 것은 그 본성을 극히 증오해야 하는 것이므로, 엄중한 단속을 함으로 자타가 혼란스러운 마음에서 벗어나 정신을 차리도록 타이르고 깨우치는데 힘쓰고 있다.

본년 1월 이후 6월 말까지의 사이에 이들 시국 관계의 범죄, 별표와 같음.

[부1(附一)] 불온언동 유언비어 처벌표[1]

1월

도명	불온언동 또는 유언의 주요 내용	검거 월일 형벌	서명(署名)	씨명
강원	1938년 9월 17일 저녁시간, 삼척군 소달면 전두리 농업 이맹대의 집에서 이맹대 외 2명에게, "최근 관청에서 미혼 여성을 찾아서 그의 몸에서 기름을 짜내 비행기의 기름으로 사용한다고 하는데, 미혼 여성의 징수를 면하기 위해 각지에서 결혼식을 거행하는 일이 있다"는 말을 들었는데, 자신도 이러한 결혼식에 참가하여 주식의 향응을 받았다고 하여 군사에 관한 조언(造言)을 함.	1월 13일 2월 25일 금고 4개월 '즉일 복죄함'	삼척서	김순대

2월

도명	불온언동 또는 유언의 주요 내용	검거 월일 형벌	서명(署名)	씨명
경기	결혼 전의 여자를 만주로 보내 피를 뽑고, 기름을 짜기 위해, 관청에서는 각지에 걸쳐, 미혼 여성의 조사를 실시 중인데, 이미 충북 단양군 영춘에서는 미혼 여성 1인에 대해 70원을 부모에게 지불하고, 트럭에 쌓아서 만주로 보낸다.	2월 15일 경찰범처벌규칙 위반 구류 7일	제천서	여 김순덕 60세

1 주제와 관계된 사건만 발췌함.

2)「시국 범죄의 경향」,『고등외사월보』 4, 1939. 10.

一. 시국 범죄의 경향

최근의 불온언동 유언비어 기타 검거상황은 다음의 표와 같지만, 불온언동 유언비어는 모두 황당무계의 떠도는 말로서 드러나게 악질적인 것이어도 사변이 장기화됨에 따라 이들 무지한 언동 중에 전쟁을 싫어하는(厭戰的), 또는 사변의 앞길에 쓸데없는 걱정을 품는 것과 같은 것이 있음은 민심의 동향 시찰 및 그 선도에 주의할 점이다.

기타 시국 범죄는 모두 시국을 이유로 금품을 사취 또는 횡령하는, 자못 악질의 범죄로서 이들은 피해 금액이 얼마 되지 않아도 민심에 미치는 악영향을 헤아리기 어려운 것으로서 철저한 단속을 요한다.

불온언동 유언비어 처벌표(9월)[2]

도명	불온언동 또는 유언의 주요 내용	검거 월일 형벌	서명(署名)	씨명
경성	난징(南京) 소재 황군위안소 창기가 되어 올해 8월 중순 조선으로 돌아왔는 바, 8월 28일 경성부 서대문정 2정목 121번지 서만규 집에서 "제1선의 창기는 군인과 함께 전쟁에 참가하도록 되어 실로 위험하다면 어떻게 해서든지 이제부터는 황군위안소의 창기는 되지 않겠다"고 군사에 관한 유언비어를 함.	9월 11일 경찰범처벌규칙 위반 구류 7일	종로서	여 신순재

2 주제와 관계된 사건만 발췌함.

3) 「시국 범죄의 경향」, 『고등외사월보』 12, 1940. 7.

불온언동 유언비어 처벌표(5월)[3]

<table>
<tr><th rowspan="2">도명</th><th rowspan="2">불온언동 또는 유언의 주요 내용</th><th>검거 월일</th><th rowspan="2">서명
(署名)</th><th rowspan="2">씨명</th></tr>
<tr><th>형벌</th></tr>
<tr><td>충남</td><td>5월 13일 대전 부내 끽다점 박한규의 집에서 일본군이 지나인 부락을 점령했을 때 여러 가지 물품 가축 등을 약탈 또는 지나인 미녀를 안고 잤다는 조언비어(造言蜚語)를 함부로 말하였음.</td><td>5월 13일
'6월 7일 송국'</td><td>대전서</td><td>양기석</td></tr>
</table>

---

3 주제와 관계된 사건만 발췌함.

3. 경찰 잡지 기사

1) 경무국장 담(談), 「유언비어 단속에 관하여」, 『경무휘보』 376, 1937. 8.

지난 7일 밤중에 베이핑(北平) 교외에 있는 루거우챠오(蘆溝橋)에서 중국 군대의 불법 사격이 발단이 되어 발발한 이른바 북지사변(北支事變)은 그 후 중국의 불신 행위의 반복으로 인해 결국 아국(我國)은 일부 부대를 북지에 파견하지 않을 수 없었습니다.

사변 발생 이래 조선 내 일반 주민은 시국의 중대성을 잘 인식하고 애국 마음이 타올라 도처에 후방의 적성(赤誠)을 피력하는 동시에 내선(內鮮) 각 방면의 유식자에 의해, 혹은 시국 간담회 또는 강연 등이 각지에 개최되어 거국일치의 결실을 보여주고 있습니다. 요즈음 조선 내에 치안은 잘 확보되어 민심 또한 매우 평온하게 지내고 있는 것은 국가를 위해 참으로 경축하지 않을 수 없는 일입니다. 그렇기는 하지만 시국의 진전에 따라 민심 일반과 긴장을 더함에 따라 매우 작은 부분이기는 하지만, 여러 가지 시국에 대해서 황당무계한 언변을 유포하고 일반 민중에게 불안감을 품게 하거나 혹은 쓸데없이 내선인 대 재류중국인 사이의 감정을 자극하고 또는 경제적 요언(妖言)을 풀어 경제계 교란을 유발하는 것과 같은 언동을 일부러 하는 자가 있는 것은 매우 유감스러운 바입니다.

시국의 특성상 유언(流言)은 곧바로 다른 데로 파급되어 예측할 수 없는 반향을 동반하여 예기치 않은 사태를 유발하는 기연(機緣)이 될 우려가 있기 때문에, 일반(一般)은 특히 그 언동에 주의함과 동시에 이러한 유언에 현혹되는 일 없이 올바른 시국 인식에 노력하길 바랍니다.

이러한 점은 감안하여 경찰 당국은 군헌(軍憲) 당국과도 긴밀한 연락을 유지하면서 민심의 불안 동요를 불러일으키거나 혹은 경제계의 불안을 유치(誘致)하는 것, 혹은 반전(反戰), 반국가적 의도가 있는 것, 기타 일반 민심을 어지럽히는 유언비어에 대해서는 단호한 단속을 가해서 시국 특성상 특히 엄벌로 다스릴 것을 각 도에 통첩했습니다.

이와 관련해서 국방 관계 여러 단체 등에서는 당국의 뜻을 잘 헤아려 나서서 이러한 유언비어의 방알(防遏) 시정(是正)에 협력할 것을 간절히 바랍니다. 그리고 일반 국민도 시국의 중차대한 현재의 정세를 충분히 인식하고, 특히 우리 조선의 지역적 중요성에 비추어 자중자계하고 경거를 삼가하며 내선일치 관민이 협력해서 후방의 적성을 피력함으로써 보국(報國)의 뜻을 다하기를 바라 마지 않습니다.

2) 평택경찰서 가쿠나이산(郭內山), 「유언비어의 사회학적 일 고찰」, 조선경찰협회 경기도지부, 『자계(自啓)』 120, 1937. 12.

유언비어란 단지 추상적으로 어디부터 어디까지가 유언비어라고 한계를 명시하는 것은 본디 불가능하지만, 확실히 그것은 사회생활에서의 변태적인 보도 형태이다. 변태적 보도 형태는 사회생활이 변태적인 상황에 처해 있을 때에 발생하고, 정상적으로 돌아갈 때 소멸한다. 그래서 변태적 보도 형태 발생의 사회적 호조건은 무언인지에 대해서는, 우리의 눈이나 귀, 기타 감각기관 및 이것의 연장이라고도 해야 할 기계 문명이 가져온 교통기관이나 라디오 신문, 전신, 전화와 같은 것의 기능 발휘 여하에 있는 것이다.

A. 이러한 기관들의 기능의 정지

B. 그 기능을 발휘하지만, 우리가 이러한 기관들로부터 차단당할 경우

C. 그 기능의 발휘가 매우 불충분한 경우

등이라고 할 수 있겠다.

지금 설령 우리가 이러한 상태 속으로 갑자기 옮겨진다고 하면, 그때 우리의 마음은 황당무계해서 가볍게 정리될 것이라도 그대로 받아들여서, 어떤 암시에도 쉽게 걸릴 것이라고 상상하기는 어렵지 않다.

그런 경우에서 나온 상태가 시작되기 이전에 혹은 이후에 우선 어떤 사실에 관해 단편적인 지식이 제공되고, 그리고 그 지식의 단편과 단편 사이에 틈이 있어 모순이 발생하여 도저히 그것만으로는 수미일관한 통일성 있는 보도 형태가 완성되지 않을 때에 그 단편적인 지식을 통일해서 이해할 수 있는 전체로 종합하기 때문에, 아무래도 상술한 어떤 사실에 부여할 수 없는 것과 결여

된 것, 즉 지식의 단편과 단편을 연결할 접합제를 만들어내야 할 필요가 있다.

이처럼 어떤 사실의 전체를 시종일관한 통일성 있는 것으로 만들기 위해 기억한 단편적인 지식에 줄 수 없는 것, 즉 접합제를 보전할 것은 우리의 상상력의 작용이며, 그 사실의 진상을 모조리 알고자 하는 대중의 의욕은 사회적 현실에 대해서 가지고 있는 이해의 깊이나 그 이전의 사회적 상황의 움직임에 따라 각자가 속하는 사회층과 그 사실과의 이해를 중심으로 보고 가장 적당하다고 생각되는 접합제를 결정하는 것이며, 이런 상상력의 작용 형태 여하에 따라 어떤 사실의 단편적 지식을 연쇄시키는 접합제는 사람에 따라 천태만상이기에, 사실은 여러 가지로 왜곡된다.

옛날 알렉산더 3세는 토지 배분을 요구하는 많은 농민 대표자를 어전에 불러서 지주의 소유권을 침해해서는 안 되는 이유를 설득해서 크게 위협한 적이 있는데, 그 후 농민들 사이에 전해진 이야기. "황제는 손가락으로 협박했는데, 그 손가락이 얼마나 컸나 하면…" "아니, 그래서 황제는 대관절 무엇을 분부하셨는데" "아 – 황제가 말씀하신 것이 말이야, 그건 조만간 토지를 나누어 주겠다는 말이야."

또 한 가지, 그것은 내가 알고 있는 R이라는 여자 교원과 S라는 남자 교원 사이의 항간에 떠도는 풍문. R은 어느 날 저녁 장보고 집에 오다가 S와 도중에 우연히 만나 이야기를 나누다 돌아왔다. 그것을 쳐다본 길거리의 사람 갑(甲) "R과 S는 사이가 좋네" 을(乙) "자네, 그야 당연히 좋지. 아무래도 연인이라든가" 병(丙) "너희는 참 둔감하네, 뭐…까지 진행 끝났다던데. 일전에도 M 공원에서 둘이서만 있는 걸 봤는데 보는 내가 다 조마조마했네."

이처럼 유언비어는 제각각 가장 그럴듯한 것을 가지고 모든 암시에 자기 마음을 열고 있다. 대중들 사이를 다양한 변태적 보도 형태를 가지고 떠돌아다니고, 그리고 자신의 의견으로 하거나 그런 것들을 다시 조합시켜서 새로운 계열을 만들며, 이 계열은 무한히 연장될 수 있는 것이다. 그에 따라 전체가 의외의 또는 놀랄만한 줄거리를 갖게 되어 사람들 사이에서 퍼져 나가고, 많은 대중들이 그 흐름에 관통당하고 연결되게 되면 그것은 확고부동한 유언비어이다.

이리하여 언어와 의견은 어디까지나 단순한 언어와 의견에 그칠 수 없는 것이다. 그것은 행동으로까지 발전하고 행동을 통해서 자기를 살리는 것이다. 그런데도 다양한 변태적 보도 형태를 가지고 자신의 의견으로 삼고, 혹은 그런 것들을 더 조합시켜서 새로운 계열을 만들어내며, 그 계열이 무한으로 연장될 때에 그 행동도 스스로 천태만상적인 행동 방침을 불러일으키는 것은 명백한 이치이다. 여차 문제가 진행될 때 사회의 통일과 안녕질서는 근본부터 위협당하는 것이다.

3) 고등법원 검사 마이바라 센(米原先), 「유언비어에 대하여」, 『경무휘보』 420, 1941. 4.

'헛소문을 퍼뜨리다'라는 말이 있다, 이것은 어딘가 모르게 애교가 있고, 게다가 어떤 종류의 골계미(滑稽味)마저 포함하고 있는데 '유언비어'라고 하면 무언가 엄청나게 일종의 스릴조차 느껴지고, 그 자획 또는 자음에서 받는 인상 자체가 벌써 어둡고 무겁다. '조언비어(造言飛語)'에 이르러서는 아무래도 군대식으로 각이 진 느낌이다.

유언비어라는 말은 상당히 옛날부터 사용되고 있는 중국의 말이라고 하는데 그 의미는 알 것 같기도 하면서 좀처럼 확실하지는 않다. 대체로 '무근(無根)의 풍설' 또는 '근거 없는 소문'이라는 식으로 해석되고 있는데, 단순히 그것으로 끝나지 않는 복잡한 색조와 맛을 가지고 있는 말이라고 생각한다. 법률에서 유언비어라는 말을 사용하는지 여부를 내가 조사한 범위 내에서는 이러한 용법은 눈에 띄지 않는 것 같다. 유언비어의 일반적 단속 규정으로 간주하고 있는 경찰범 처벌규칙 제1조 제21호도 "사람을 광혹(誑惑)시키는 유언부설(流言浮說) 또는 허보(虛報)를 한 자"라고 되어 있고, 유언비어라는 말은 쓰지 않고 있다. 전시(戰時) 또는 사변이 있을 때 군사에 관한 유언비어는 육해군 형법에 따라 규율하고 있는데, 이것도 '조언비어'라고 하지 유언비어라는 용법은 쓰지 않는다. 신용 및 업무에 관한 죄의 형법 제233조도 "허위의 풍설을 배포하고"라는 말을 사용하고 있다. 그리고 일전에 시행되었던 개정 형법 중에 안녕질서에 대한 죄의 제105조의 2 및 제105조의 3은 둘 다 "허위사실을 유포한 자"라고 되어 있고, 이에 대응하는 국방보안법 제9조에는 "치안을 해(害)할 만한 사항을 유포한 자"라고 되어 있다. 이처럼 여러 가지 용법을 하고 있으며, 각각 그 입법 목적에 따라서 용어가 다른 것처럼 단어의 의미도 꼭 동일하지는 않다. 지금 이 해석의 차이에 대해 여기에서 설명할 여유는 없지만, 우선 이상에서 나열한 것과 같은 것을 통틀어서 유언비어라는 말을 법률적으로 이해해도 지장 없다고 생각한다.

결국 유언비이는 사회적으로 중요한 의미를 갖고 있을 뿐 아니라, 법률 특히 형벌법규상에서도 상당히 중요한 역할을 하고 있다는 것을 알 수 있다. 유언비어라는 말 자체는 허위사실이라는 관념, 즉 무근성(無根性)과 그것이 인심(人心)을 불안하게 하는가 혹은 사람을 현혹하는가 하는 관념, 즉 유해성을 포함하고 있는지에 보인다. 유익하다고까지는 못해도 적어도 무해한 것도 있을 수 있다고 생각할 수 없는 것은 아니다. 그러나 적어도 단속 대상으로서 유언비어를 볼 경우는 그것이 유해하다는 것을 요건으로 해야 할 것이다. 또 허위사실이라고 해도 완전히 진실에 반하는 경우뿐만 아니라, 오히려 진실과 허위가 결합해 있는 경우, 혹은 진실이 눈에 띄게 과장되어 있는 경우가 상당히 있을 수 있으므로 이러한 것도 물론 유언비어의 범주에 들어간다고 생각할 수 있다.

이러한 유언비어라는 것이 대체 왜 발생하는 것일까? 교통이 발달하지 않고, 통신 보도기관이 불충분했던 시대에는 유언비어는 매우 드물게 발생했다. 결국 이러한 발달에 비례해서 유언비어가 증가해 온 것이며, 출판물 특히 신문지의 보급이 도리어 유언비어의 증가를 촉진하는 것처럼 관찰되고 있다. "검열의 엄격함은 유언비어 증가와 정비례한다"고까지 이야기될 정도이며, 출판이 왕성하면 그만큼 검열이 엄중해지고, 따라서 유언비어가 증가하는 현상이 발생한다. 최근 출판물 통제가 강력하게 요구되고 있는데, 유언비어와의 관계에서는 신중하게 고려해야 할 점이 있다고 느낀다. 물론 천하태평 만민 고복격양(鼓腹激壤)이라는 시대에는 유언비어 발생은 생각할 수 없는 일이며, 오늘날과 같이 광란노도(狂瀾怒濤)가 몰아치는 사회 인심이 거세게 동요하고 있는 시대야말로 실로 유언비어가 가장 잘 어울리는 온상을 제공한다. 이런 시대는 더욱더 언론 보도를 통제 금지할 필요성이 늘어난다. 그에 따라 유언비어가 더욱 횡행한다는 관계가 만들어지는 이치이다. 시미즈 이쿠타로(清水幾太郎) 씨는 통신 보도의 금지 또는 두절에 대한 민중의 굶주림이 유언비어 발생의 원인이라고 논하고 있는데 확실히 지당한 말이다. 천재지변 때문에 한때 보도가 두절된 경우 어떤 혼란이 드러나는지는 간토대지진의 예를 보면 금방 알 수 있고, 결국 유언비어는 언론 보도의 자연적 또는 인위적 억제와 민중의 본능 감정의 마찰에서 발생하는 것이 결론이라고 생각한다. 언론 보도가 어느 정도 억제되고 있으면 민중 심리는 매우 시기하고 의심하는 마음(猜疑心)이 깊어져서, 진실이 진실로 발표되더라도 액면 그대로 받아들이지 못하는 경향이 있다. '비밀'이라는 것에 대해서 민중이 품는 본능적인 감정을 무시하고 유언비어를 생각할 수 없는 것이다. 어떤 사항을 가장 신속하고 광범위하게 전파시키고 싶을 때에는 "이건 비밀인데"라는 전제를 두고 말하면 가장 효과적이라는 역설이 성립한다고 할 정도이니, 이러한 민중 심리의 약점을 잊고 언론 보도를 억제하는 것은 상당히 위험하며 도리어 역효과를 가져올 우려가 있다.

다음으로 유언비어가 가장 유언비어로서 특징과 장점을 발휘하는 것은 우선 그것이 '정말 같음'을 갖추고 있는 것이다. 전혀 있을 수 없는 일, 상식적으로 생각할 수 없는 일은 유언비어로서는 가치가 부족하다. 그래서 신기하거나 민중이 몰래 바라고 있는 사항을 건드리면 건드릴수록 유언비어는 맹위를 떨친다. 다만 그 '정말 같음'은 때와 장소에 따라서 큰 변화가 있음에 주의해야 한다. 정쟁 또는 큰 천재지변의 경우처럼 인심이 흥분전도(興奮顚倒)했을 경우에 평상시에는 어처

구니없어서 도저히 상대하지 않을 것 같은 사항이라도 '정말 같음'을 띠고 유언비어로 등장한다. 마찬가지로 내지(內地)에서는 유언비어가 되지 않을 사항이 반도(半島)에서는 훌륭한 유언비어로서 통용되는 경우도 생각할 수 있다. 우리 반도는 예로부터 유언비어의 나라였다고들 하며, 또 그 스피드는 급행열차보다도 빨랐다고 할 정도로 현재도 반도의 특수 사정으로 보아 여전히 유언비어에 대해서는 내지와 마찬가지라고 생각할 수 없지 않을까?

이상 내가 유언비어의 성질에 관해서 약간의 고찰을 시도했는데, 그렇다면 이것의 대책 여하라는 점이다. 유언비어가 인심을 불안하게 하고, 국가 사회의 치안 확보에 커다란 장애를 가져온다는 것은 말할 것도 없다. 특히 현 시국하에서는 한층 단속의 필요성을 통감한다. 그러나 유언비어라는 것이 대부분 자연발생적인 성질을 띠고 있을 뿐만 아니라, 앞에 서술한 바처럼 사회의 뒷길을 입으로 옮기는 방랑하는 그림자 같은 괴물이며, 이것을 파악하는 것 자체가 상당히 어렵다. 그리고 이것을 파악했을 때 이미 유언비어로서 전파되어 버린 후라면, 한두 사람을 검거 처벌한들 효과는 뻔하다. 현재만큼 유언비어 단속의 필요가 절실히 요구되고 있는 시대는 적다. 더욱이 현재만큼 그 발생 가능성이 많은 시대도 드물다는 모순이 필연적인 비극하에서 단속관의 고뇌는 실로 말로 표현할 수 없을 정도일 것이다. 언론 보도 통제를 얼마나 적절히 잘 하는가에 따라서 어느 정도 자연발생적인 유언비어의 방지는 가능할 것이라고 생각한다. 그렇다고 해도 단속관으로서는 현재 있는 그대로의 상태에서 그 절멸할 방법을 생각해야 한다.

반도에서 유언비어의 전파 속도는 급행열차보다도 빨랐다고 하는데, 가급적 빨리 그것을 파악할 것, 곧 유언비어가 될 가능성이 있는 사항을, 그것이 유언비어가 되기 전에 파악할 것, 바꿔 말하면 유언비어가 될만한 사항을 유포하는 자, 육해군 형법의 이른바 조어자(造語者)를 신속하게 검거하는 것이 가장 필요하다. 이를 위해서는 따로 새로운 방법이 있는 것이 아니라 결국 열심히, 세심하게 민정에 대한 사찰 내정(內偵)을 게을리 하지 말아야 한다는 것을 역설하는 것 말고는 없다.

그리고 주의해야 할 것은 개정 형법 및 국방보안법의 제정으로 악질 유언비어에 대한 벌칙이 매우 강력해졌다는 점이다. 특히 국방보안법에서는 그것이 "외국과 통모(通謀)하고, 또는 외국에 이익을 줄 목적을 가지고" 유언비어를 퍼뜨린 자, 즉 스파이에 의한 우리의 후방교란 공작이라고 인정되는 것에 대해서 최고 무기형을 내리게 되었다. (제9조, 제10조) 이전의 유럽 대전에서 독일이 무력전 그 자체보다도 오히려 영국의 이러한 모략공작에 패한 것은 세상이 다 아는 일이다. 지금 대전에서는 거꾸로 프랑스 기타 여러 나라가 독일의 모략공작에 당했다고 비판하는 식자(識者)가 많은 것 같다. 근대의 전쟁에서 사상적 모략공작은 이러한 사례가 있기 때문에 그 효과가 더욱 높게 평가되고 있으며, 당연히 우리 나라에 대해서도 맹렬한 공작이 시행되고 있는 점도 각오해야 한다. 이것이 국방보안법 제정의 중요한 목적 중 하나라고 믿는다. 자연발생적인 유언비어는 대체적으로 국내의 모든 사건에 대한 호기심에서 나온 것이 많다. 질적으로는 그다지 악질적인 것은 적다고 생각하지만, 스파이에 의해 작성 유포되는 것은 매우 악질적인 것이 교묘한 방법으로 정말 같은 가면을 쓰고 등장한다. 이러한 악질 유언비어의 단속은 유언비어 그 자체의 본질에서 보더라도, 또 그들이 쓰는 수단 방법이 매우 은밀하게 이루어지는 점에서 생각해 보더라도 매우 어렵다. 그러나 나라를 보호하기 위해서는 필사적으로 그러한 발생을 방지해야 한다. 그들의 마수에 걸려들어 만일 반도 치안을 교란하는 일이 생긴다면, 단속관으로서 참으로 통한스러울 따름이다. 유언비어의 단속에 대해서는 우선 그 본질 규명이 급선무라고 생각하고, 여러분들의 연구 재료로 삼기 위해 이 졸문(拙文)을 쓴 것에 지나지 않는다. 총총의 집필에 과오가 많을 것으로 생각되는데, 꾸짖어 바로 잡아주시면 다행이겠다.

1941년 3월

Ⅱ. 조선총독부 법무국 자료

1. 형사판결문
2. 경성지방법원 검사국, 「사상에 관한 정보」
3. 고등법원 검사국 사상부, 『대동아 발발 후의 특수범죄 조사 조언비어 및 불경사건』, 1943

1. 형사판결문

◎ '위안부' 관계 형사판결문

연번	법원	피고인	사건명	내용	시기 피해 지역	소장처 (문서철)
1	대구지법 김천지청	박팔갑	육군형법 위반	"15세 이상의 조선 처녀를 만주로 연행하여 군인의 취사부로 삼는다"는 유언비어 •징역 1년 6월	1938. 1. 경북 김천	국가기록원 (CJA0001657)
2	대구지법	최해암	육군형법 위반	대구 달성에 사는 친척에게 와서 "최근 동네의 순사가 17+세 이상의 처녀를 조사하여 이번 지나사변을 위해 일본 군대 중 다수의 부상병이 있는 곳에서 이들 부상병에게 처녀의 피를 주입하기 위해 동네 처녀를 모집하여 만주 방면으로 끌고 가서 그녀들의 피를 채혈하기 때문에 동네 처녀는 결혼을 서두르고 있다"고 조언비어 •금고 4월	1938. 3. 대구 달성	국가기록원 (CJA0001499), (수용자신분장, CJA0025146)
3	부산지법 밀양지청	장인식, 장봉학, 강성옥	육군형법 위반	처녀와 과부를 강제로 징집하여 전지로 보내어 낮에는 세탁, 취사 등 노무에 종사하고 밤에는 위안부가 된다고 말하였다. •각 금고 4월	1938. 3. 경남 밀양	국가기록원 (CJA0001699)
4	대구지법	정옥분	육군형법 위반	이번 지나사변에서 지나 및 만주 방면에 출정 중인 일본 군대는 전투의 결과 몹시 피로하여 특히 군인의 팔의 힘이 만족되는 활동을 하기까지 그 원기 회복의 방법으로 16, 17세의 조선 여자를 다수 징발하여 전지에 보내, 그 처녀들의 팔뚝에서 피를 채취하여 그것을 군인의 팔에 주사한다는 조언비어	1938. 3. 대구 달성	국가기록원 (수용자신분장, CJA0025146), (CJA0000876), (CJA0001501)

연번	법원	피고인	사건명	내용	시기 피해 지역	소장처 (문서철)
				적탄을 피하는 방법으로써 처녀들의 입에 기계를 삽입하여 월경의 피를 채취하여 그것을 군복에 칠한다는 조언비어. 이 때문에 시골 각지에서는 딸의 징발을 피하기 위해 결혼을 급히 치른다는 것, 결혼 계출 수속을 하는 식도 술잔 대신 물 잔을 놓고 간단하게 식을 치른다는 조언비어 • 금고 3월		
5	대구지법 상주지청	지수동	육군형법 위반	도회지에서는 순사가 15, 16세 이상의 여자를 체포해서 그 피를 뽑고, 그것을 만주 등의 전쟁터에 보내서 일본의 군인에게 음용시키고 있으므로 세상이 시끄럽고 안정되지 않는다. • 금고 6월	1938. 6. 도회지	국가기록원 (수용자신분장, CJA0025151)
6	광주지법 목포지청	한소사	육군형법 위반	김안순과 잡담 중에 지금 관청에서는 40세 이하의 과부, 처녀를 모집하여 전쟁터로 보내어 취사와 위안을 제공하고 난 후 처녀들은 그 가죽을 벗기어 기름을 짜서 비행기 기름으로 사용된다고 말하였다. • 금고 4월	1938. 6. 전남 함평	국가기록원 (CJA0002031)
7	부산지법 통영지청	박명기	육군형법 위반	청련암 동료 승려 유화수 등에게 조선에서 15세에서 17세의 조선인 처녀를 한 면에서 15명씩 모집하여 만주에 보내어 군복 만드는 일에 종사시킨다고 하였다. • 금고 2월	1938. 2. 경남 고성	국가기록원 (CJA0002246)
8	광주지법	김금례	육군형법 위반	전쟁에서 물에 독을 넣어 처녀를 연행하여 그의 피를 취하여 물 대신 병사에게 마시게 한다. • 금고 4월	1938. 8. 전남 화순	국가기록원 (CJA0002011)
9	전주지법	전학순	육군형법 위반	순창경찰서에서 순창 통안에 사는 양 아무개의 딸(17, 18세)을 전지에 연행하기 위해 조사했으므로 그녀는 걱정이 되어 3개월 동안 음식도 먹지 못하고 울기만 한다. • 금고 4월	1937. 8. 전북 순창	국가기록원 (CJA0001804)

연번	법원	피고인	사건명	내용	시기 피해 지역	소장처 (문서철)
10	광주지법	김병하	육군형법 위반	각지에서 15세가량의 아가씨를 조사하여 전쟁터에 보낸다는 말이 있었고 청년대, 일반대, 부인대 등을 조직하여 여러 가지 훈련을 시키는 것을 보니 이번 사변에 뽑힌 그들의 대원이 중국전쟁에 보내질 것으로 생각된다. • 금고 6월	1938. 10. 전남 장성	국가기록원 (CJA0002011)
11	광주지법 장흥지청	영막동, 송명심	육군형법 위반	육군에서는 출정병사 위문을 위하여 12세 이상 40세 이하 처녀와 과부를 징발하여 전쟁터로 보낸다는 말을 듣고 유포하였다. • 금고 4월, 집행유예 2년	1938. 10. 전남 영암	국가기록원 (CJA0002088)
12	광주지법	이남호, 나명주, 강봉기	육군형법 위반	나명주에게 "이번에 모집된 와카바야시 공장의 여공 4~5명은 만주에 가서 전쟁터에서 빨래, 음식을 하기 위하여 모집된 것이다"라고 말하였다. • 금고 4월	1938. 10. 광주	국가기록원 (CJA0002011)
13	광주지법	임자근이, 송규녀 (송자근이)	육군형법 위반	송규녀에게 "주재소에서 혼기에 있는 아가씨를 조사하여 중국의 전쟁터에 보내어 병사의 위문, 취사, 세탁물 등의 일을 하고 있다"라고 말하였다. • 각 금고 4월, 2년간 집행유예	1938. 10. 전남 광산	국가기록원 (CJA0002011)
14	광주지법 목포지청	조상금, 박장임, 강복순	육군형법 위반	손판임, 맹부임에게 "최근 정부에서는 16세에서 22세까지의 처녀, 과부를 사서 중국 전지에 보내어 출정 중 부상병 등에게 여성의 생혈을 채취하여 주사하고, 10인에 1명씩 나눠준다"고 말하였다. • 각 금고 4월	1938. 10. 전남 목포, 전남 무안	국가기록원 (CJA0002031)
15	대구복심 법원	고대악이	육군형법 위반	"중국, 만주 전쟁터에 처녀를 징발하여 보낸다"라고 하였다. • 금고 4월	1938. 10. 전남 구례	국가기록원 (CJA0000877)
16	전주지법 남원지청	오금례	육군형법 위반	동네 김수덕(14세 율북간이학교 제1학년 학생)에게 "최근 사변이 장기화되어 여학생을 앞세우고 일반 처녀를 뒤로 하고 만주에 보낸다"고 조언비어 • 금고 4월	1938. 10. 전북 순창	국가기록원 (CJA0001905)

연번	법원	피고인	사건명	내용	시기 피해 지역	소장처 (문서철)
17	전주지법 남원지청	서신영	육군형법 위반	서정문에게 "최근 임실 방면에서 조선 처녀를 다수 모집하여 만주로 보내 신체의 기름을 짜내어 군용 비행기에 사용한다"고 하였다. • 금고 4월	1938. 10. 전북 순창	국가기록원 (CJA0001905)
18	광주지법 장흥지청	한만옥, 이운선	육군형법 위반	"나주에서는 중국의 황군 위문을 위하여 처녀를 모집 중이니 딸을 빨리 시집보내라"고 말하여 조언비어를 하였다. • (한만옥) 금고 4월, 집행유예 2년 • (이운선) 금고 6월, 집행유예 3년	1938. 10. 전남 나주, 전남 영암	국가기록원 (CJA0002088)
19	광주지법 목포지청	김병도, 진덕찬, 정종채	육군형법 위반	"여자 수 명을 만주국, 중국에 수송하여 황군의 취사, 위문을 한다"고 말하였다. • 각 금고 3월	1938. 11. 전남 목포	국가기록원 (CJA0002031)
20	광주지법 장흥지청	백용갑, 주장옥, 조남순	육군형법 위반	1939년 8월 백용갑이 직업을 구하러 장흥군 유치면 덕산리에 와서 점심을 먹고 주장옥에게 "이 지방에는 결혼한 사람이 많지 않느냐. 순천 지방에는 결혼한 자가 많은데, 일본과 지나의 전쟁이 장기화되자 일본에서는 조선의 미혼 여자를 징발하여 지나에 보내 지나인과 결혼을 시키기 때문에 순천 지방에서는 이미 다수의 부녀자를 징발하여 자동차 2대로 지나에 보냈다"고 조언비어 • 각 금고 4월 • (주, 조) 집행유예 2년	1938. 11. 전남 장흥	국가기록원 (수용자신분장, CJA0002088)
21	광주지법	김금순, 정심이, 정금이	육군형법 위반	정심이에게 "아가씨, 부녀자 등을 강제로 전쟁에 보내어 전쟁터에서 병사를 위하여 빨래, 재봉, 취사 등을 하고 있다"라고 말하였다. • 각 금고 4월	1938. 11. 전남 광주	국가기록원 (CJA0002011)
22	대구지법	사카모토 하쿠마츠 (坂本百松)	육군형법 위반	1938년 10월 10일 오후 2시경 "일본 군인으로 전쟁터에서 강간 강탈을 한 자도 상당히 많은 것 같은데 이들은 젊은 자이므로 위와 같은 중대범과 비교해 군 당국은 그다지 책망하지 않는 듯하다"고 말함. • 금고 6월	1938. 10. 대구	국가기록원 (CJA0025159)

연번	법원	피고인	사건명	내용	시기 피해 지역	소장처 (문서철)
23	전주지법 군산지청	이송희	육군형법 위반	"일본에서는 15, 16세 처녀 3천 명을 모집하여 전지로 보냈는데 여전히 부족해 이번에는 조선에서 조선인 처녀 약 3천 명을 징집하여 전지로 보낼 것이기 때문에 어서 결혼을 시키는 것이 좋겠다"는 취지의 말을 하여 처벌되었다가 가출옥 됨. • 금고 4월	1938. 10. 충남 서천	국가기록원 (가출옥의 건, CJA0004543)
24	광주지법 목포지청	박상중, 권대홍	육군형법 위반	"처녀, 과부를 조사하여 만주 방면으로 보내려고 구장이 지금 조사 중이다. 전장에 보내어 황군의 위문, 취사, 세탁, 재봉 상병의 간호 등에 임하고 있다"는 조언비어를 하였다. • 각 금고 4월	1938. 12. 전남 무안	국가기록원 (CJA0002031)
25	대전지법 강경지청	이금순	육군형법 위반	"여공 모집이라 칭하며 젊은 여성을 모집해 젖과 피를 짜내 이를 중국 전쟁터에 있는 군인에게 보낼 것이고 마침내는 만주로 몸이 팔릴 것이다"고 말했더니 병성은 이를 두려워하여 여공이 될 것을 보류하겠다고 말하였다. • 금고 3월, 집행유예 2년	1938. 9. 충남 논산	국가기록원 (CJA0001113)
26	대구지법 김천지청	권재호	육군형법 위반	국경지대의 일본 군대는 절대적인 권력을 가지고 횡포한 행동거지로 많은 인간의 생명조차도 마음대로 하는 모양이다. • 금고 4월	1939. 3. 경북 선산	국가기록원 (CJA0001656), (수용자신분장, CJA0025161)
27	경성복심 법원 고등법원	양기석	육군형법 위반	일본군이 중국인 미녀를 안고 자게 한다. • 금고 10월	1940. 10. 충남 대전	국가기록원 (CJA0000585)
28	대구지법 대구복심 법원	하차기	육군형법 위반	경북에서 1941년 5월 도내 각 면을 난위로 남녀별로 청년대를 조직하여 시국하의 적당한 지도감독을 주기로 하고 면내 각 동에 그 적당한 자에 대하여 그 입대 권유를 개시하자, 피고인은 인근 서거동 산본인산에게 "최근 당국에서 17, 18세의 미혼 처녀를 모집하여 북만주에 연행하여 목하 전쟁 중인 일본군 장병을 위해 취사	1941. 7. 경북	국가기록원 (수용자신분장, CJA0017647)

연번	법원	피고인	사건명	내용	시기 피해 지역	소장처 (문서철)
				또는 위안을 하려고 계획 중이므로 빨리 딸 석순(16세)을 결혼시키라"고 조언비어 • 금고 4월		
29	광주지법 목포지청	김송죽	육군형법 위반	지난번 경성 방면을 여행 중 조선총독부에서 일선군대의 위안을 위해 경성지방의 14세부터 18세의 조선인 처녀를 강제로 모집하고 있는 것을 보았는데 목포에서도 같은 모집을 위해 조사할 것이다. 이를 피하기 위해서는 사람의 눈에 띄지 않도록 박남례를 자신의 집에 숨겨 두는 것이 상책이다. • 금고 4월	1941. 10. 전남 목포	국가기록원 (CJA0002034)
30	대구지법 경주지청	암전용수	육군형법 위반	"1942년 12월 10일경에 부산부 좌천정 40세의 조선인 아줌마 1명이 마침 산에 솔잎을 따러 간 곳에서 제복군인 4명이 올라와 그녀를 협박하고 강간. 집에 돌아와 아들이 그 사실을 알고 분개했다"는 조언비어 • 금고 4월	1943. 1. 부산 초량	공훈전자사료관
31	대구지법 김천지청	길본가우	조선임시 보안령 위반	이 부락에는 처녀 공출에 대하여 어떠한 말도 오지 않았는데 내 이웃 부락에서는 처녀 3명을 공출하게 되어서 붉은 종이 1장이 오면 만주로 가게 되었다. 그중 한 사람의 처녀는 운동으로 공출은 면하고 3인 후에 결혼식을 올렸고 다른 두 사람은 가야 한다. 당신도 처녀가 있으면 빨리 시집을 보내는 것이 좋다. • 징역 4월	1943. 7. 경북 선산	국가기록원 (CJA0001660)
32	대구지법	박우동	조선임시 보안령 위반	"시국 관계로 최근 미혼 처녀의 공출이 있어 우리 이웃의 최 노인의 막내 딸도 행선지를 모르고 공출되었다. 결혼도 못하고 공출되어 애석하다"고 조언비어 • 벌금 30원	1943. 9. 경북 성주	국가기록원 (CJA0001539)

연번	법원	피고인	사건명	내용	시기 피해 지역	소장처 (문서철)
33	대전지법 청주지청	윤수만	조선임시 보안령 위반	"최근 광업자는 여공을 모집하고 처녀를 돌려보낼 때에는 피를 빼고 돌려보내기 때문에 그 여자가 돌아온 후에는 곧 죽고 만다"는 조언비어 • 벌금 100원	1943. 8. 충북 보은	공훈전자사료관
34	대전지법 청주지청	박복례, 김분영, 김진월, 김정득, 이세종	조선임시 보안령 위반	"공장에 여공을 모집하고 있는 남자는 처녀들을 남양군도에 보내어 병대의 취사 및 세탁을 시킨다"고 조언비어. "지금 처녀들을 모집하고 있는 남자는 남양군도의 수비대의 취사 및 세탁을 시킨다. 또한 밤에는 처녀 1인이 대세의 병대가 머무는 방에 들어가 잠을 재운다"는 여공 모집에 관한 비어. "이 부락의 사람들은 남양군도 전지의 장병들의 취사 및 세탁을 시키기 위해 처녀들을 모집하고 있다"는 허구사실 유포 "이 부락의 사람은 남양군도 전지에 장병들의 취사 및 세탁을 위해 처녀들을 모집하고 있다"는 허구사실 유포 • (박복례, 김분영) 벌금 100원 • (김진월, 김정득, 이세종) 벌금 70원	1943. 12. 충북 청주	공훈전자사료관
35	전주지법 남원지청	장송홍길	조선임시 보안령 위반	1943년 11월 24일 "가까운 시일에 15세에서 20세 사이의 아가씨는 정부가 강제적으로 모아서 연행해 간다니 아가씨도 빨리 시집가는 것이 좋다"라고 함. • 징역 6월	1943. 11. 전북 장수	국가기록원 (CJA0001909)
36	전주지법	한규철	조선임시 보안령 위반	1943년 11월 중순 "전남 광주 및 정읍에서는 숫처녀의 공출이 활발히 이루어지고 있다. 지난번 칠보면에서도 숫처녀 2명이 공출되었다. 그 관계로 금년은 결혼이 많아질 것이다. 칠보면에 살고 있는 자기의 사촌 여동생도 빨리 결혼을 시킬 것이다." • 벌금 50원	1944. 3. 전북 임실	국가기록원 (CJA0001821)

연번	법원	피고인	사건명	내용	시기 피해 지역	소장처 (문서철)
37	전주지법	이진규	조선임시 보안령 위반	1944년 2월 9일 "전주에 가서 보면 처녀를 전부 공출시키고 있다. 김제에서도 가까운 시일에 처녀는 전부 공출시키려고 한다. 당신들도 빨리 고향에 돌아가서 시집가는 것이 좋겠다"라고 말함. • 벌금 50원	1944. 3. 전북 김제	국가기록원 (CJA0001821)
38	광주지법	오종기 (오봉근)	조선임시 보안령 위반	1944년 2월 16일 일본 질소비료주식회사는 군부 직속의 군수공장으로서 다수의 여공을 고용하고 있다. 이번 조선에 징용령이 시행되어 일반 국민을 징용하게 되어 동 회사에서는 남녀 노무자 특히 16세 내지 19세 여자를 다수 징용하기 위해 전선 각 도에 징용노무자의 관리책임자를 파견했다. 자신은 전남지구 담당책임자로서 광주에 왔다"는 내용을 말함. 1944년 2월 18일 "자신은 만주 헌병대 위안소에 있는 자인데 이번에 다수의 14세 내지 25세 여자를 위안부로서 모집하러 광주에 왔다. 지금부터 각지를 순회해야 한다. 모집에 응하지 않을 때는 전부 강제징용하고 있다"는 조언비어 • 징역 5년	1944. 3. 전남 광주	국가기록원 (CJA0002021)
39	대구지법 안동지청	송지명 (송산기봉)	조선임시 보안령 위반	"미혼 여성은 황군위문대 혹은 적십자대(赤十字隊)로 계속 공출되는데, 결혼 승낙을 받은 여사들은 공출되지 않는다"는 조언비어 • 징역 6월, 집행유예 2년	1944. 8. 강원도 홍천	국가기록원 (CJA0001583)
40	대전지법 강경지청	신옥순	조선임시 보안령 위반	1944년 6월 9일 "고향 마을의 여자 청년 두 사람도 이미 만주로 보내졌다. 지금도 많이 모집하고 있는 상황인데 딸을 갖고 있는 가정은 모두 감추고 있는 상황이다. 모집된 사람은 만주에 가서 군대에서 세탁을 할 것이다"라고 말함. • 벌금 50원	1944. 8. 부산	국가기록원 (CJA0001119)

연번	법원	피고인	사건명	내용	시기 피해 지역	소장처 (문서철)
41	대전지법 홍성지청	유광무	조선임시 보안령 위반	1944년 음력 10월 "현재는 여자도 남자와 똑같이 공장에 나가 일을 하지 않으면 안 된다. 최근 태안면에서도 여자 8명의 공출 명령이 있었고 그 때문에 안면도에서도 시끄럽다고 하는데 이런 때에는 처녀를 빨리 공장에 보내는 것이 좋다" 운운 • 벌금 300원	1944. 음력 10. 충남 서산	국가기록원 (CJA0001077)
42	광주지법 순천지청	방원치효, 초천용, 박팔용, 임용구	조선임시 보안령 위반	1944년 6월 26일 "흑산도에는 물 밑으로 다니는 적의 잠수함이 와서 대포로 포경회사의 일부를 격파하고 상륙하여 남자들을 모두 죽이고 부녀자들은 잡아서 강간 후 죽였다"는 내용을 말함. • (임용구) 징역 6월 • 그 외 각 벌금 1,000원	1944. 6. 전남	국가기록원 (CJA0002151)
43	대구지법 경주지청	중광두리, 평해필현, 길전귀희, 동본계향	안녕질서 에 관한 죄	1945년 4월 18일 오전 11시경 "수일 전 경주읍 봉황대 부근에 거주하는 여자 2명이 마지막 열차에서 내려서 경주역 앞을 지나가는데 갑자기 군인 2명이 나타나 그녀들을 붙잡으려고 하여 1명 여자는 도망쳤으나 다른 1명은 붙잡혀 군인 2명에게 교대로 강간을 당하였으나 수치심에 아무런 말도 하지 못하고 돌아왔다고 한다"라고 말함. • 각 징역 8월	1945. 4. 경북 경주	국가기록원 (CJA0001626)

1) 1938년형공제130호, 대구지방법원 김천지청(1938. 4. 30.)

1938년형공제130호(昭和十三年刑公第一三○號)

판결

본적: 불상
거주: 부정
바구니(籠) 행상, 박팔갑 (당 29세)

위 사람의 사기, 조언비어 피고사건에 대하여 당 법원지청은 조선총독부 검사 사무취급 조선총독부 재판소 서기 세키 다카노리(関高憲)가 관여하여 심리하고 다음과 같이 판결한다.

주문

피고인을 징역 1년 6월에 처한다.

이유

피고인은 어린 시절 버려져 경상북도 대구, 의성, 왜관, 김천 등 각지를 배회하며 걸식, 행상 등으로 입에 풀칠을 하고 있는 자이다.

제1, 김천군 부항면 안간리 조두성의 집이 외딴집으로 홀로 산속에 있고 다소 저축한 것이 있다는 것을 듣고 조두성을 속여 돈을 편취할 것을 계획하고 범의 계속하에 1938년 1월 상순경 조두성의 집에서 조두성에게 자신은 김천읍 부호 다카세(高瀨)의 집의 사무원으로 이번에 다카세의 사과나무 과수원의 사용 농민에게 가재도구를 나누어 주게 되었으니 이를 받기 위한 광주리(萩製籠)을 구입해 두라고 말하며 마치 부호 다카세의 사무원이라고 믿도록 하였다. 그 무렵 보증금, 양복 값 등 준비금 100원 정도를 제공하면 조두성의 둘째 아들 덕술을 다카세 측의 사무원으로 취직을 알선하겠다는 감언으로 허구의 사실을 말하여 조두성이 그 말을 오해하게 하였다. 그 무렵 여러 차례에 걸쳐 조두성의 집에서 조두성에게 합계 110원을 보증금 몸치장 비용 등의 명의로 받아서 속여 빼앗았다.

제2, 1938년 1월 16일 즈음 오후 1시경 위 조두성의 집에서 현재 만주 방면에서 지나병(支那兵)과 교전 중인 일본병은 밥 하는 여자(炊事婦)가 없기 때문에 매우 곤란하다. 최근 조선인 15세 이상의 미혼 처녀를 강제로 만주로 수송하여 일본 병사의 밥 짓는 여자로 사용한 일이 있었다. 이 집의 말순(조두성의 둘째 딸, 당시 15세)을 시집보내지 않으면 만주로 연행된다. 따라서 자신과 결혼시키는 것을 허락해 주면 만주로 연행되는 것을 피할 수 있다고 사실무근의 말을 해서 그 내용을 잘못 믿게 했다. 1월 20일 위 조두성 부부의 승인하에 말순과 정교관계를 맺은 이래 조두성의 집에서 동거하며 십 수 회 정교를 반복했는데, 위 허위 선전이 발각될 것을 걱정하여 그 무렵 위 부항면 안간리 구장 등 부락민에게 강력하게 위 사실이 진실이라고 강조했다. 육군이 미혼 처자를 징발하여 노역에 복무시키는 것처럼 말하여 현재 일지(日支)사변의 시기에 거국일치, 내선일체의 판국으로 선처할 때에 군사에 관한 조언비어를 하여 해당 지방 부락민을 미혹시켰다. 그리고 피고인은 예전 1925년 2월 15일에 공주지방법원 대전지청에서 사기 및 공갈죄로 징역 8월에 처해져 당시 위 형의 집행을 마친 자이다.

법률에 따라 피고인의 판시(判示) 행위 중 사기의 점은 형법 제246조 제1항 제55조에 해당하고 전과가 있으므로 동법 제56조 제1항 제57조에 의해 법정 가중을 한다. 조언비어의 점은 육군형법 제99조에 해당하는 바 위는 동법 제45조의 병합죄이므로 동법 제47조 제10조에 의해 무거운 전자의 형에 법정 가중을 하고 동법 제14조의 제한에 따른 범위 내에서 피고인을 징역 1년 6월에 처한다.

이에 주문과 같이 판결한다.

1938년 4월 30일

대구지방법원 김천지청

조선총독부 판사 나카자와 이치고로(中澤市五郎)

2) 1938년형공제797호, 대구지방법원(1938. 5. 11.)

1938년형공제797호(昭和十三年刑公第七九七號)

판결

본적 및 주거 : 경상북도 칠곡군 칠곡면 매천동
농업, 최해암(당 22세)

위 자의 육군형법 위반죄 피고사건에 관해 당 법원은 조선총독부 검사 미우라 세츠조(三浦節三)가 관여하여 심리하고 다음과 같이 판결한다.

주문

피고인을 금고 4월에 처한다.

이유

피고인은 칠곡군 칠곡면 매천동에 거주하며 소작 및 산지기를 하면서 생활을 영위하는 자이다. 1938년 3월 7일 정오경 대구부 달성정에 사는 종제 김두연의 집에 들려 그 안방에서 김두연 및 그 자의 어머니 최봉선 및 김두연의 친동생 김두홍에게 "최근 동네에서 순사가 17살 이상의 처녀를 조사하고 있는데 이번의 지나사변 때문에 일본 군대 가운데 많은 부상병이 생겼기 때문에 이들 부상병에게 처녀 피를 주입하기 위해 동네에서 처녀를 모집해 만주 방면으로 데려가 피를 뽑는다고 한다. 이 때문에 동네의 딸들은 결혼을 서두르고 있다"는 내용을 말하여 사변 시 군사에 관한 조언비어를 지어냈다.

증거를 살피건대 피고인은 앞의 판시와 같이 소작 및 산지기를 하며 생활을 하고 있다. 판시 일시 판시한 김두연의 집 안방에서 김두연과 그 어머니, 동생에게 판시 말미의 동네의 딸들이 결혼을 서두르고 있다는 점을 제외하고 나머지 판시 사실에 관해 사실이 아니라는 것을 잘 알고 있으면서 판시와 같이 말을 한 점은 피고인이 당 공판정에서 말한 공술로 분명하다. 그리고 앞서 기술한 동네의 딸들이 결혼한다는 등의 점에 관해서는 증인 김두연에 대한 검사의 심문조서 가운데 판시 일시, 판시 장소에서 피고인이 17세 이상의 처녀를 만주로 데리고 가 많은 부상병에게 그녀들의 피를 주입하므로 동네의 딸들은 서둘러 상대를 찾아 결혼은 서두르고 있다는 내용으로 한 말을 들었다는 공술기재에 따라 인정할 수 있다. 이상을 종합하면 판시사실은 증명이 충분하다.

법에 따라 피고인의 행위는 육군형법 제99조에 해당하므로 소정의 형기 범위 내에서 피고인을 금고 4월로 정하고 처단하기로 한다.

이에 주문과 같이 판결한다.

1938년 5월 11일

대구지방법원

조선총독부 판사 다케다 세이이치로(竹田誠一郎)

3) 1938년형공제376호, 부산지방법원 밀양지청(1938. 6. 24.)

1938년형공제376호(昭和十三年刑公第三七六號)

판결

본적 및 거주: 밀양군 단장면 사연리

무직, 장인식(52세)[1]

본적 및 거주: 밀양군 밀양면 고례리

농업, 장봉학(43세)

---

1 판결문의 피고인 세 명 위에 다음과 같은 인쇄가 되어 있다. "위 자는 1948년(檀紀 4281년) 9월 27일 대통령령 제8호 복권령에 의하여 복권함. 밀양검찰지청장".

본적 및 거주: 양산군 원동면 영포리
농업, 강성옥(62세)

위 사람들의 육군형법 위반 피고사건에 대하여 조선총독부 검사 다카하시 치요사쿠(高橋千代作)가 관여하여 다음과 같이 판결한다.

주문

피고인 3명을 각 금고 4월에 처한다.

이유

一. 피고인 장인식은 1938년 3월 31일 오후 6시경 밀양군 단장면 고례리 장호석의 집에서 이 마을 박금이에게 이번 지나사변에 출정하는 군인을 위안하기 위해 16세 이상 20세까지의 처녀와 16세 이상 30세까지의 과부를 강제적으로 모아서 전쟁터로 보내 낮에는 밥 짓기와 세탁의 노무를 시키고 밤에는 군인과 성적 관계를 하게 한다고 하니 이에 해당하는 자녀를 둔 자는 빨리 조치하지 않으면 안 된다는 내용의 군사에 관한 허구사실을 날조하여 말함으로써 조언비어를 하였다.

二. 피고인 장봉학은 그의 처인 위의 박금이로부터 위의 사실을 듣고 1938년 4월 9일 오후 6시경 양산군 원동면 영포리 조선종이(紙) 제조공장에서 강성옥과 이 마을 김삼득에게 같은 내용의 사실무근의 말을 함으로써 이번 지나사변의 군사에 관한 조언비어를 하였다.

三. 피고인 강성옥은 같은 날 오후 9시경 거주지 마을 김원갑의 집에서 이 마을 최영상 외 1명에게 피고인 장봉학에게 들은 위와 같은 내용의 사실무근의 말을 함으로써 이번 지나사변 시에 군사에 관하여 조언비어를 하였다.

법에 따라 피고인의 판시 행위는 육군형법 제99조에 해당함으로 그 형기 범위 내에서 각 금고 4월에 처한다.

이에 주문과 같이 판결한다.

1938년 6월 24일

부산지방법원 밀양지청

조선총독부 판사 서정국(徐廷國)

4) 1938년형공제1100호, 대구지방법원(1938. 6. 10.); 1938년형공공제227호, 대구복심법원(1938. 6. 27.)

1938년형공제1100호(昭和十三年刑公第一一○○號)

판결

본적: 경상북도 의성군 의성면 시신동
주거: 경상북도 달성군 달서면 내당동
무직, 정옥분(당 34세)

위 사람의 육군형법 위령죄 피고사건에 대하여 조선총독부 검사 미우라 세츠조(三浦節三)가 관여하여 다음과 같이 판결한다.

주문

피고인을 금고 3월에 처한다.

이유

피고인은 호주 정일봉의 처인데, 남편이 1937년경부터 한센병(癩患)에 걸렸기 때문에 약 4년 전 별거하고 칠곡군 양목면에 거주하는 한약상 최두갑과 정을 통하면서 최두갑으로부터 매월 생활비 약 10원을 받고 현재는 아버지 정차쾌의 집에서 살고 있는 자이다. 1938년 3월 하순 어느 날 오후 5시경 당시 피고인이 잠시 방을 빌려 살고 있던 대구부 동운정 김경덕의 집 자신의 방 툇마루에서 김경덕과 그의 처 김점락, 동거인 김분년과 피고인의 여동생 정복란 등에게

(一). 이번 지나사변에서 지나 및 만주 방면에 출정 중인 일본 군대는 전투의 결과 매우 피로하여 특히 군인의 팔 힘이 빠져 만족한 활동을 할 수 없게 되었기 때문에 그 원기 회복의 방법으로 16, 17세 정도의 조선 처녀(朝鮮娘)를 다수 징발하여 전쟁터에 보내 위 처녀의 팔에서 피를 뽑아 이를 군인의 팔에 주사한다고 말하였다.

(二). 또 적탄을 피하기 위한 방법으로 위 처녀들의 자궁에 기계를 삽입하여 월경의 피를 채취하여 이를 군복에 바른다고 말하였다.

(三). 달성군 성북면 산격동 방면에서는 이미 이 때문에 십 수 명의 조선 처녀가 징발되었다고 말하였다.

(四). 시골 각지에서는 처녀의 징발을 피하기 위해 결혼을 급하게 거행하거나 결혼 신고 수속을 하고 결혼식도 술잔 대신에 물 잔을 사용하여 간단하게 거행할 수밖에 없는 실례가 있다고 말하였다.

이상의 말로 사변의 시기에 군사에 관한 조언비어를 하였다.

법에 따라 피고인의 행위는 육군형법 제99조에 해당함으로 그 소정 형기 범위 내에서 피고인을 금고 3월에 처한다. 이에 주문과 같이 판결한다.

1938년 6월 10일

대구지방법원

조선총독부 판사 산페이 나오지(三幣直次)

1938년형공공제227호(昭和十三年刑控公第二二七號)

판결

본적: 경상북도 의성군 의성면 시신동

주거: 경상북도 달성군 달서면 내당동

무직, 정옥분(당 34세)

위 자의 육군형법위령죄 피고사건에 관하여 1938년 6월 10일 대구지방법원에서 언도한 판결에 대해 피고인이 공소신청을 하였으므로 당 법원은 조선총독부 검사 사토 히로시(佐藤豁)가 관여하여 심리하고 다음과 같이 판결한다.

주문

피고인을 금고 3월에 처한다.

이유

피고인은 1938년 3월 하순 어느 날 오후 5시경 당시 피고인이 방을 빌려 살고 있던 대구부 동운정 김경덕의 집 툇마루에서 마침 그곳에 자리하고 있던 김경덕과 그의 부인 김점락, 동거인 김분년과 피고인의 여동생 정복란의 4명에게,

이번 지나사변에서 지나 및 만주 방면에 출정 중인 일본 군대(육군을 말함)는 전투의 결과 매우 피로하고, 특히 군인의 팔 힘이 빠져 만족한 활동을 할 수 없게 되었기 때문에 그 원기 회복의 방법으로 16, 17세 정도의 조선 처녀를 다수 징발하여 전쟁터에 보내 위 처녀의 팔에서 피를 뽑아 이를 군인의 팔에 주사한다. 또 적탄을 피하기 위한 방법으로 위 처녀들의 자궁에 기계를 삽입하여 월경의 피를 채취하여 이를 군복에 바름으로 달성군 성북면 산격동 방면에서는 이미 이 때문에 십 수 명의 조선 처녀가 징발되었다. 이러한 이유로 시골 각지에서는 처녀의 징발을 피하기 위해 결혼을 급하게 거행하거나 결혼 신고 수속을 하고 결혼식도 술잔 대신에 물 잔을 사용하여 간단하게 거행할 수밖에 없다는 실례가 있다는 등의 허망한 사실을 말함으로써 사변의 시기에 군사에 관하여 조언비어를 하였다.

증거를 살피면 판시사실은 피고인이 당 공판정에서 한 위의 말이 허망하다는 점과 위 말 중에 소위 군대라는 것이 육군을 가리키는 것이라는 점을 제외하고 판시 동일한 내용의 자백, 원심 제1회 공판조서 중에 피고인의 공술로서 자신은 판시 내용의 이야기를 그 무렵 어머니에게서 들은 것뿐으로 이의 진실 여부를 알지 못하고 판시의 사람들에게 이야기한 것으로 그 내용이 진실이라고는 믿지 않았다는 내용의 기재, 검사의 피의자 정옥분 신문조서 중에 자신들이 말한 소위 일본군대는 여러 번 정거장을 통과하여 수송되고 있는 출정병을 지칭하는 것이라 생각하고 있다는 공술기재, 증인 김경덕에 대한 사법경찰관의 신문조서 중에 피고인은 1938년 3월 초부터 4월 말경까지의 기간에 증인의 집에서 방을 빌려 그의 여동생인 정복란과 함께 살고 있는데 판시 일시에 내당동의 자신의 집에서 돌아와 증인집 툇마루에서 자신 및 자신의 처 김점락, 정복란, 김갑송의 처 김분년에게 판시 내용의 이야기를 한 것이 틀림없고 이야기 중의 군인에 대하여는 육군 해군을 모두 말하는 것이 아니라 그때 이야기 상황에 비추어보면 육군을 지칭하는 것 같다는 내용의 공술기재가 있다. 이를 종합하고 살펴 인정할 수 있으므로 판시사실은 그 증명이 있다.

법률에 따라 위 피고인의 판시 행위는 육군형법 제99조에 해당함으로 그 형기 범위 내에서 피고인을 금고 3월에 처한다.

이에 주문과 같이 판결한다.

피고인의 공소는 이유 없다.

1938년 6월 27일

대구복심법원 형사 제2부

재판장 조선총독부 판사 하쿠다케 카즈(百武一)

조선총독부 판사 도요시마 마사미(豊島正己)

조선총독부 판사 나카가와 무네다카(中川宗孝)

5) 1938년형공제258호, 대구지방법원 상주지청(1938. 7. 14.)

1938년형공제258호(昭和十三年刑公第二五八號)

판결

본적: 경상북도 상주군 내서면 서원리

주거: 경상북도 상주군 화서면 신봉리

옷감 행상, 지수동(당 32세)

위 사람의 조언비어 피고사건에 대해 심리하고 다음과 같이 판결한다.

주문

피고인을 금고 6월에 처한다.

사실 및 이유

피고인은 직물류를 판매하기 위해 각지를 행상하고 있는 자인 바, 범죄 의사를 계속하여,

제1, 1938년 6월 6일 오전 11시경 경상북도 상주군 화서면 하송리 김만조의 집 앞뜰에서 김만조

및 그의 처 조송천과 잡담을 할 때, 그들에게 "이 지방은 산간으로 무풍지대이나 도회지에서는 순사가 15, 16세 이상의 여자를 체포해서 그 피를 뽑고, 그것을 만주 등의 전쟁터에 보내서 일본의 군인에게 음용시키고 있으므로 세상이 시끄럽고 안정되지 않는다"라는 허망의 언사를 함부로 했다.

제2, 같은 달 같은 날 오후 1시경 같은 면 같은 마을의 천변 부근에서 통행 중인 같은 마을 피씨 성 술갑 및 이씨 성 필순에게 앞서 이야기한 것과 같은 허망의 언사를 함부로 했다.

이로써 이번 지나사변에 즈음해서 군사에 관해 조언비어를 한 자이다.

법률에 따라 위 피고인의 행위는 육군형법 제99조 형법 제55조에 해당함으로 소정 형기 범위 내에서 양형한다.

이에 주문과 같이 판결한다.

이 건에는 조선총독부 검사 마쓰모토 카즈나리(松本一成)가 간여하다.

1938년 7월 14일

대구지방법원 상주지청

조선총독부 판사 스즈키 요시에(鈴木義衛)

6) 1938년형공제733호, 광주지방법원 목포지청(1938. 7. 29.)

1938년형공제733호(昭和十三年刑公第七三三號)

판결

본적: 목포부 북교동

거주: 전라남도 함평군 대동면 서호리

일용, 한소사(당 50세)

위 사람의 육군형법 위반 피고사건에 대하여 조선총독부 검사 미야이 신조(宮井親造)가 관여하여 심리하고 다음과 같이 판결한다.

주문

피고인을 금고 4월에 처한다.

이유

피고인은 위 주소지 전라남도 함평군 대동면 서호리에서 그의 딸 김영임(당시 18세)과 함께 살면서 날품팔이를 하는 한편 타인의 부탁을 받고 병을 낫게 하는 액막이를 하여 겨우 수입을 얻어 입에 풀칠을 하고 있는 자이다.

1938년 6월 19일 밤 함평군 대동면 향교리 박정규의 처 이막동이 불러 그녀의 집에 가서 아픈 아이를 위해 액막이를 하고 같은 날 밤 그 이웃인 향교리 김응오의 집에서 숙박하였다. 그 다음 날인 6월 20일 오전 8시경 피고인에게 자신의 자녀를 위해 위와 같은 방법으로 병을 낫게 하는 액막이를 의뢰하러 온 향교리 김안순(당 19세)에게 잡담 끝에 위 장소에서 조선어로 "현재 관청에서는 40세 이하의 과부 및 처녀를 모집하여 전쟁터로 보내어 밥을 짓게 하고 또는 병사의 위안으로 제공하고 난 후 처녀들은 그 가죽을 벗겨 기름을 짜서 비행기에 사용하는 기름으로 사용한다고 한다. 나는 딸 하나를 집에 남겨 놓고 왔음으로 빨리 집에 돌아가지 않으면 걱정이 된다"라고 말함으로써 이번 지나사변의 시기에 군사에 관한 조언비어를 하였다.

법에 따라 피고인의 행위는 육군형법 제99조에 해당함으로 그 소정 형기 범위 내에서 피고인을 금고 4월에 처한다.

이에 주문과 같이 판결한다.

1938년 7월 29일

광주지방법원 목포지청

조선총독부 판사 나카노 도라오(中野虎雄)

7) 1938년형공제457호, 부산지방법원 통영지청(1938. 7. 30.)

1938년형공제457호(昭和十三年刑公第四五七號)

판결

본적: 고성군 영현면 연화리
주거: 고성군 개천면 북평리 옥천사(玉泉寺) 내
승려, 박명기(당 42세)

피고사건: 조언비어(造言飛語)

주문

피고를 금고 2월에 처한다.
단 미결 구류 일수 30일을 본형에 산입한다.

범죄사실: 별지 기록과 같다.
적용법조: 육군형법 제99조, 형법 제55조 제21조

1938년 7월 30일

검사 사무취급 재판소 서기 모리나가 치카라(森永主税)

부산지방법원 통영지청

조선총독부 판사 고이데 키요카즈(小出清一)

범죄사실[2]

피고는 약 25년 전 고성군 개천면 북평리 옥천사에 들어간 이래 그 절의 승려가 된 한편 피고의 본적지에서 농업에 종사하고 있는 자이다. 장모 윤금순으로부터 "14세에서 16세의 조선인 처녀를 모집하여 만주로 보낸다고 한다"는 말을 듣고, 범의를 계속하여 1938년 2월 21일 오후 5시경 절 내의 청련암이라는 자기의 방에서 이 절의 승려 유화수에게, 다음 날 저녁 절 내에서 그 절의 소승 강동석에게 "이번 지나사변에서 많은 조선인 부녀자가 사망하여 이를 보충하기 위해 전 조선에서 15세에서 17세의 조선인 처녀를 한 면에서 15명씩 모집하여 이들을 만주국에 보내어 군복을 만드는 일에 종사시키려고 한다"고 전혀 허위의 사실을 말하여 이번 지나사변의 시기에 군사에 관한 조언비어를 한 자이다.

8) 1938년형공제1092호, 광주지방법원(1938. 9. 28.)

1938년형공제1092호(昭和十三年刑公第一〇九二號)

판결

본적: 불상
거주: 전라남도 광산군 서방면 신안리
무직, 김금례(당 49세)

위 사람의 육군형법 위반 피고사건에 대하여 당 법원은 조선총독부 검사 기라 쓰네기(吉良恒喜)의 관여하에 심리를 마치고 다음과 같이 판결한다.

2 별지 내용에 범죄사실이 기록되어 있다.

주문

피고인을 금고 4월에 처한다.

이유

피고인은 1938년 8월 23일에 전라남도 화순군 북면 수리 번지불상 과부 김필순의 집에 가서 같은 날 오후 8시경 그 집 마루에서 "최근 전쟁을 하고 있는 곳에 크게 건물을 지어 그곳에 과부를 끌고 가서 조로(女郎)로 만들고 또 전쟁을 하고 있는 곳은 물에 독이 들어가 있어 처녀를 그곳에 끌고 가서 그들의 피를 취하여 물 대신 병사에게 마시게 한다"고 근거 없는 말을 함부로 하였다.

이로써 이번 지나사변의 시기에 군사에 관하여 조언비어를 한 자이다.

위 사실은 당 공정에서 한 피고인의 판시와 같은 내용의 자백이 있을 뿐만 아니라 증인 김필순에 대한 사법경찰관 직무취급의 제1회 신문조서 중 김필순이, 1938년 8월 23일 오후 8시경 저녁식사 후 자신의 마루에서 김금례가 자신에게 "요사이 전쟁을 하고 있는 곳에 건물을 크게 짓고 있는데 과부를 그곳으로 끌고 가서 살게 하고 또 전쟁을 하고 있는 곳은 물에 독을 넣어 병에 걸리는데 처녀를 그곳에 끌고 가서 피를 취하여 병사에게 마시게 한다"고 말하였다. 자신은 크게 놀라 김금례에게 "오늘까지 과부로 지내왔지만 아무 일도 없었다"고 말하였다는 내용의 공술기재에 의하여 이를 인정한다.

판시사실은 이에 대한 증명이 충분하다.

법률에 따라 피고인의 행위는 육군형법 제99조에 해당함으로 그 소정 형기 범위 내에서 피고인을 금고 4월에 처한다.

이에 주문과 같이 판결한다.

1938년 9월 28일

광주지방법원

조선총독부 판사 아즈마사토 히데(東里秀)

9) 1938년형공제998호, 전주지방법원(1938. 10. 5.)

1938년형공제998호(昭和十三年刑公第九九八號)

판결

피고인의 본적, 주소, 신분, 직업, 씨명, 연령:
본적: 전라북도 순창군 구림면 전창리
주거: 전라북도 순창군 구림면 안정리
일용, 전학순(당 38세)

피고사실: 육군형법 위반「조언비어죄」

주문
피고인을 금고 4월에 처한다.

범죄사실 및 전과
피고인은 1937년 8월 20일경 임실군 강진면 옥정리 여인숙 박평중 집에서 같은 마을 박봉규 외 1명에게 "순창경찰서에서 순창 통안에 사는 양 아무개의 딸(17~18세)을 전쟁터에 끌고 가기 위하여 조사한 것 때문에 그녀는 걱정한 나머지 3일간 음식을 먹지 않고 계속해서 울었다"는 허구의 사실을 유포함으로써 현재의 지나사변의 때에 군사에 관하여 조언비어를 한 자이다.

적용법조: 육군형법 제99조
1938년 10월 5일 조선총독부 검사 하세가와 칸(長谷川寬) 관여 판결

전주지방법원

조선총독부 판사 하세가와 유우키치(長谷川勇吉)

10) 1938년형공제1121호, 광주지방법원(1938. 10. 7.)

1938년형공제1121호(昭和十三年刑公第一一二一號)

판결

본적: 전라남도 장성군 서삼면 금계리
거주: 전라남도 장성군 황룡면 아곡리
농업, 김병하(당 55세)

위 자의 육군형법 위반 피고사건에 대해 조선총독부 검사 김일룡(金一龍)이 관여하여 심리하고 다음과 같이 판결한다.

주문

피고인을 금고 6월에 처한다.

이유

피고인은 세상을 살아가는 지혜(世智)가 부족하고 거주하는 마을에서 농업에 종사하고 있는 자이다. 이번 지나사변의 때에 아무런 확실한 근거가 없음에도 불구하고

(一) 1938년 8월 5일 오후 1시경 전라남도 장성군 서삼면 취암리 면장 기형도의 집에서 기형도에게 "이전부터 각지에서 15세가량의 아가씨를 조사하여 전쟁터에 보낸다는 말이 있었는데 이번에 점점 청년대, 일반대, 부인대 등을 조직하여 여러 가지 훈련을 실시하는 것을 보니 만약 이번 사변이 길어지면 끝내 이들 대원을 지나(支那) 전쟁터에 보낼 것으로 생각한다"는 허망한 말을 제멋대로 했다.

(二) 이어서 같은 날 오후 4시경 위 전남 장성군 황룡면 신호리에 사는 피고인의 제종인 김병술의 집에 가서 김병술에게 "자신은 오늘 서삼면장에게 가서 근로보국대라는 것에 대해 여러 가지 설명을 듣고 왔는데 결국 납득이 되지 않았다. 현재 각 면에 조직되어 있는 부인대라는 것은 그 대

원인 부녀를 지나의 전쟁터로 보낼 목적이 아닌가라고 생각되니 너의 딸도 빨리 결혼시키는 것이 좋을 것이다"라고 말함으로써 육군 군사에 관한 조언비어를 한 자로 위 피고인의 행위는 범의 계속에 관계된 것이다.

위 범죄사실은 피고인이 당 공정에서 한 판시 내용의 공술 및 또한 (一)의 사실에 대해 사법경찰관 사무취급이 기형도에게 한 증인 신문조서 중 공술로 "나는 1925년 5월부터 서삼면장으로 근무하고 있던 자이다. 1938년 8월 5일 오래 알고 지낸 사이인 김병하가 서삼면 사무소 면장실에 와서 최근 황룡면에서는 청년대, 일반대, 부인대를 왕성하게 조직하고 있는데 서삼면은 어떤지 또 그 임무는 어떠냐고 물었다. 점심때가 되어서 김병하를 데리고 우리 집으로 가서 함께 점심을 먹고 있던 그날 오후 1시경 김병하가 나에게 이전부터 각지에서 15세 정도의 처녀(娘)를 조사해서 전쟁터로 보낸다는 얘기가 있다. 당국에서는 이에 대해 전혀 사실무근의 유언(流言)이라고 말하고 엄중단속을 하고 있다. 올봄 인가에도 어떤 부부가 이와 같은 이야기를 해서 서삼 주재소에 호출되어 아침부터 종일 학대를 받았다는 말도 있었다. 이번에 더욱 청년대, 일반대, 부인대 등을 조직하여 갖가지 훈련을 실시하고 있는 것을 보니 만약 이번 사변이 길어지면 끝내 이들 대원을 지나 전쟁터로 보낼 것이라고 생각한다. 만약 그렇게 되면 나는 결국 자녀를 모두 지나 전쟁터로 보내고 나 혼자가 될 것이니 군대의 조직에서 빼내고 후에 전쟁터로 보내지 않도록 하기 위해 자녀들을 죽은 것으로 신고할 테니 그렇게 수리하면 어떠냐"고 말했다는 내용의 기재,

(二) 사실에 대해 검사의 김병하에 대한 피의자 심문조서 중 공술로

"나는 1938년 8월 5일 서삼면장의 집에서 근로보국대라는 조직의 취지에 대해 여러 가지 설명을 들었는데 나로서는 어떻게 해도 납득이 가지 않아서 그 집에서 돌아오던 중 그날 오후 4시경 황룡면 신호리에 사는 제종 김병술의 집에 찾아가 그에게 '내가 오늘 서삼면장에게 가서 근로보국대라는 것에 대해 여러 가지 설명을 들었지만 결국 납득이 되지 않았다'는 내용을 말한 후 다시 '그러므로 현재 각 면에서 조직되고 있는 부인대 같은 것도 그 대원인 부녀를 지나의 전쟁터로 보낼 목적이 아닌가 하고 생각되니 너의 딸도 빨리 결혼시키는 편이 좋을 것이다'라고 말한 사실이 있다는 내용의 기재

사법경찰관 사무취급의 김병술에 대한 증인 신문조서 중 김병술의 공술로

"1938년 음력 7월 10일경 오후 4시 무렵 제종인 김병하가 우리 집에 와서 나에게 '너의 부락도 부인대를 조직하고 있느냐'고 얘기해서 '우리 부락도 부인대를 조직하고 있다'라고 답한 적이 있다. 다시 '그렇다면 너의 딸도 부인대에 들어갔냐'고 물어서 '그렇게 들어갔다'고 말했더니 다시 나

에게 '최근 당국에서 청년대든지 부인대이든지 조직하여 여러 훈련을 실시하고 있는 것은 과연 어떤 이유일까 의심스럽다. 시국은 점점 평온하지 않으니 어떻게 해서라도 빨리 결혼시켜 버려라'고 말했는데 이 세상에 그런 바보 같은 일이 있을 리가 없다고 생각하고 또한 그와 같은 일을 이야기하면 처벌받을 것이라고 생각했다"는 내용의 기재에 비추어 이를 인정할 수 있으므로 피고인의 판시 행위는 그 증명이 충분하다.

법률에 따라 피고인의 판시 행위는 육군형법 제99조, 형법 제55조에 해당함으로 소정 형기 범위 내에서 피고인을 금고 6월에 처하기로 한다.

이에 주문과 같이 판결한다.

1938년 10월 7일

광주지방법원

조선총독부 판사 김달호(金闥鎬)

11) 1938년형공제927호, 광주지방법원 장흥지청(1938. 10. 7.)

1938년형공제927호(昭和十三年刑公第九二七號)

판결

피고인의 본적, 거주, 신분, 직업, 씨명, 연령

본적: 불명

거주: 전라남도 영암군 도포면 수산리

일용, 영막동(당 40세)

본적 및 거주: 영암군 덕진면 장선리

농업, 송명심(당 43세)

피고사건: 육군형법 위반

주문

피고인 두 사람을 각 금고 4월에 처한다. 단 2년간 위 형의 집행을 유예한다.

범죄사실 및 전과: 별지 기록과 같음.

적용법조: 육군형법 제99조, 형법 제25조

1938년 10월 7일

조선총독부 검사 카바시마 넨타로(樺島年太郎) 간여 판결

광주지방법원 장흥지청

조선총독부 판사 김두일(金斗一)

범죄사실[3]

피고인 두 사람은 아국(我國)이 1937년 7월 사나운 지나를 응징하는 성스런 전쟁을 일으킨 이래 지나사변의 시기인 것을 알면서도

제1, 피고인 영막동은 1938년 8월 8일 오후 1시경 피고인 송명심의 집에서 그에게 "올해 8월 4일 화순군 능주면에 갔다 돌아오는 도중 나주군 반남면 지역 내의 도로상에서 어떤 조선인 남자 두 사람으로부터 황군의 위문을 위해 12세 이상 40세 이하의 처녀와 과부를 모집하여 만주로 보내기 때문에 금년 농번기 후 결혼하는 사람이 많다고 들었다"는 등 육군에서 출정병사의 위문을 위하여 부녀자를 징발하여 전쟁터로 보낸다는 내용의 말을 하여 군사에 관한 조언비어를 했다.

제2, 피고인 송명심은 1938년 8월 15일 저녁, 들에서 집으로 돌아와 그날 거주지 마을 구장이 피고인의 부락에 와서 12세 이상 40세 이하인 부녀자의 수를 조사하였는데 거주지 마을 이인화의 지시에 의하여 피고인의 딸 이삼녀(당시 15세)도 위의 조사표에 기재되었다는 내용을 듣자 피고

3 별지 내용에 범죄사실이 기록되어 있다.

인의 집에서 위 이인화에게 "어제 영막동에게 황군의 위문을 위하여 12세 이상 40세 이하의 처녀와 과부를 모집하여 만주로 보낸다고 들었는데 구장의 조사도 이것을 위한 것이다. 그런데 이삼녀는 나이는 15세이나 체구가 왜소하여 10세라고 말하여도 사람들이 이를 믿는데 너는 어찌하여 조사표에 기재하게 하였느냐"는 등의 위와 동일한 취지의 말을 하며 이인화를 질책함으로써 군사에 관한 조언비어를 한 자이다.

12) 1938년형공제1128호, 광주지방법원(1938. 10. 7.)

1938년형공제1128호(昭和十三年刑公第一一二八號)

판결

본적: 전라남도 광주부 서정
주거: 같은 곳
야채상, 이남호(당 25세)

본적: 전라남도 광주군 효지면 월남리
주거: 같은 곳
행상인, 나명주(당 22세)

본적: 전라남도 광양군 광양면 칠성리
주거: 전라남도 화순군 동면 운농리
엿 제조업, 강봉기(당 41세)

위 사람들에 대한 육군형법 피고사건에 대하여 조선총독부 검사 김일룡(金一龍)이 관여하여 심리하고 다음과 같이 판결한다.

주문

피고인 이남호를 금고 3월, 피고인 나명주 및 동 강봉기를 각 금고 4월에 처한다.

이유

피고인들은 모두 이번 지나사변의 때에 어떠한 확실한 근거가 없음에도 불구하고

제1, 피고인 이남호는 1938년 8월 7일 오후 8시경 광주부 광주공원 아래에서 피고인 나명주에게 "와카바야시(若林) 공장의 여공 4~5명이 이번에 모집되어 만주에 갔다. 전쟁터로 가서 군대의 빨래를 하거나 음식을 하기 위해 모집되어 간 것이다"는 근거 없는 말을 함부로 했다.

제2, 피고인 나명주는 1938년 8월 8일 오후 1시경에 전라남도 화순군 화순면 광덕리 음식점 박화순의 가게에서 피고인 강봉기 외 7명에게 "최근 16세 이상의 처녀를 전쟁터에 보내어 밥을 짓게 하거나 세탁을 하도록 하고 있다. 광주에서도 현재 4명이 모집되어 전쟁터에 보내졌고 장성 방면에서도 처녀를 전쟁터에 보내려고 호구조사를 하여 미혼의 처녀를 등록하고 있으므로 처녀가 있는 부모는 매우 걱정하고 있다"는 근거 없는 말을 함부로 했다.

제3, 피고인 강봉기는 1938년 8월 15일 정오경 화순군 남면 원리 김재홍의 집에서 김재홍과 5명에게 "최근에 16세 이상의 처녀를 군대가 모집하여 전쟁터에 보내어 밥을 짓게 하거나 세탁을 하도록 하고 있다. 광주에서도 현재 여자 4~5명을 전쟁터로 보내었고 장성 방면에서는 16세 이상의 미혼 처녀를 호구 조사한 후 등록시키고 있으므로 처녀를 가진 부모는 매우 걱정하고 있다"는 근거 없는 말을 함부로 하여 육군의 군사에 관하여 각각 조언비어를 한 자이다.

위 각 사실은 피고인들이 당 공정에서 한 각 판시와 동일한 취지의 자백에 의해 각각 이를 인정하기에 충분하다.

법률에 따라 피고인들의 각 행위는 모두 육군형법 제99조에 해당함으로 소정 형기 범위 내에서 피고인 이남호를 금고 3월에, 피고인 나명주 및 강봉기를 각 금고 4월에 처한다.

이에 주문과 같이 판결한다.

1938년 10월 7일

광주지방법원

조선총독부 판사 김달호(金闥鎬)

13) 1938년형공제1133호, 광주지방법원(1938. 10. 7.)

1938년형공제1133호(昭和十三年刑公第一一三三號)

판결

본적: 전라남도 광산군 효지면 운림리
주소: 같은 곳
기름(油) 행상 강원식의 모, 과부, 임자근이(당 44세)

본적: 전라남도 화순군 이서면 안심리
주소: 같은 곳
농업 신임막의 처, 송자근례, 곧 송규녀(당 24세)

위 사람들의 육군형법 위반 피고사건에 관해 조선총독부 검사 김일룡(金一龍)이 관여하여 심리하고 다음과 같이 판결한다.

주문
피고인 두 사람을 각 금고 4월에 처한다.

이유
제1, 피고인 임자근이는 기름 행상을 하며 생계를 유지하고 있는 자이다. 1938년 7월 27일 오후 8시 30분경 피고인 송규녀가 위 주소지에서 "최근 각 지역 주재소에서는 혼기에 있는 아가씨의 이름 연령 등을 조사하여 이를 우리 육군이 출정한 지나의 전쟁터에 보내 병사의 위문, 취사 및 세탁물의 시중 등을 시키려고 하고 있다"는 근거 없는 말을 함부로 했다.

제2, 피고인 송규녀는 처세술이 부족한 농부의 아내이다. 1938년 8월 5일경 오전 11시경 위의 거주지 마을 금파곡이라 불리는 산 속의 콩밭에서 우연히 피고인과 함께 제초작업을 하고 있던 같은 마을 정치보 및 같은 마을 성순원에게 "최근 각 지역 주재소에서는 혼기에 있는 처녀(娘)의 이름, 연령 등을 조사하여 이를 우리 육군이 출정한 지나의 전쟁터에 보내어 병사의 위문, 취사 및 세탁물의 시중 등을 시키려고 하고 있다"는 내용의 근거 없는 말을 함부로 함으로써 이번 지나사변의 때에 군사에 관하여 조언비어를 한 자이다.

위 각 범죄사실은 피고인들이 당 공정에서 한 각 판시와 동일한 내용의 자백에 비추어 모두 이를 인정하기에 충분함으로 그 증거가 충분하다.

법률에 따라 피고인들의 판시 각 행위는 모두 육군형법 제99조에 해당함으로 그 소정 형기 범위 내에서 피고인 두 사람을 각 금고 4월에 처할 것이다.

이에 주문과 같이 판결한다.

1938년 10월 7일

광주지방법원

조선총독부 판사 김달호(金闥鎬)

14) 1938년형공제886호, 광주지방법원 목포지청(1938. 10. 8.)

1938년형공제886호(昭和十三年刑公第八八六號)

판결

본적, 주거 모두: 전라남도 무안군 삼향면 임성리

여공, 조상금(당 20세)

본적, 주거 모두: 전라남도 무안군 이노면 용당리

생선(魚) 행상, 박장임(당 40세)

본적, 주거 모두: 전라남도 무안군 삼향면 맥포리

농업, 강복순(당 39세)

위 사람의 육군형법 위반 피고사건에 대해 조선총독부 검사 오사카 모리오(大坂盛夫)가 관여하여 심리하고 다음과 같이 판결한다.

주문

피고인 조상금을 금고 4월에 처한다.

피고인 박장임을 금고 4월에 처한다.

피고인 강복순을 금고 4월에 처한다.

이유

제1, 피고인 조상금은 목포부 산정리 성냥공장의 여공이다. 1938년 8월 5일 오후 3시경, 그 공장의 서기 김아무개가 근무 중인 피고인들의 허락을 받아 여공들의 이름, 연령, 취업 연월일 등을 조사하자 이것에 의심을 품은 여공 손판임(당시 18세) 및 맹부임(당시 17세) 두 사람에게 "최근 정부에서는 16세에서 22세까지의 처녀 또는 과부를 한 사람당 천 원에 사서 지나의 전쟁터로 보내어 출정 중인 부상병에게 이들 여성의 생피를 채취하여 주사를 놓고도 그곳에서는 여자가 부족하여 열 사람마다 한 사람씩 나눠 준다"라고 함부로 말했다.

제2, 피고인 박장임은 1938년 8월 22일 오후 8시경 절인 생선 행상을 가는 중에 무안군 삼향면 맥포리 강후수의 집에 가서 잡담 후 강후수의 모친이 "결혼식을 보통 겨울 또는 가을 경에 함에도 불구하고 올해에는 이상하게 여름에 하는 사람이 많은 것은 왜 그런 것인가?"라고 말하자 이에 대하여 피고인은 그의 딸인 손판임으로부터 위의 조상금의 말을 들어 알고 있었던 것을 강후수의 모친 및 그 자리에 있던 피고인 강복순 등에게 "요즘 정부에서는 12세에서 40세까지의 처녀 또는 과부를 한 사람당 천 원에 사서 지나 전쟁터로 보내어 출정 중인 병사에게 그들의 생피를 채취하여 주사하므로 만주에 가는 것을 두려워 하여 그 회피책으로 혼인을 급하게 하고 있는 것이다"라고 함부로 말하였다.

제3, 피고인 강복순은 1938년 8월 22일 오후 8시경 위 강후수 집에서 피고인 박장임이 앞에 기록한 바와 같이 말한 것에 대해서 "나도 역시 약 20일 전 자택에서 주소 씨명 불상인 옷감 행상 조선부인으로부터 12세부터 40세까지 처녀 및 과부를 한 사람에 천 원에 사서 출정병사에게 이들 여성의 생피를 채취하여 주사한다는 내용을 들어 알고 있다"고 함부로 말하였다.

모두 이번 사변의 때에 군사에 관하여 조언비어를 한 자이다.

법에 따라 피고인의 판시 행위는 모두 육군형법 제99조에 해당함으로 그 소정 형기 범위 내에서 피고인들을 각각 주문과 같이 형량을 정하여 처단한다.

이에 주문과 같이 판결한다.

1938년 10월 8일

광주지방법원 목포지청

조선총독부 판사 나카노 도라오(中野虎雄)

15) 1938년형공공제370호, 대구복심법원(1938. 10. 10.)

1938년형공공제370호(昭和十三年刑控公第三七〇號)

판결

본적, 주거 모두: 전라남도 구례군 간문면 간문리

농업, 고대악이(당 46세)

위 사람의 육군형법 위반 피고사건에 대해 1938년 9월 13일 광주지방법원 순천지청에 언도한 판결에 대하여 피고인으로부터 공소신청이 있음에 따라 당 법원은 조선총독부 검사 사토 기요시(佐藤豁)의 관여로 심리하고 다음과 같이 판결한다.

주문

피고인을 금고 4월에 처한다.

이유

피고인은 1938년 8월 19일 오후 8시경 거주지 마을 김용조의 집에서 그 아내 박중이(당 41세) 및 그 딸 김덕수(당 15세)에게 "경상남도 남해 지방에서는 최근 12세 이상의 처녀를 모아 지나의 전장으로 보내는데, 처녀에게서 혈액을 채취하여 이를 일본 군대의 군용에 사용하고 있다. 이들 처녀에게는 약을 먹였기 때문에 생명에는 이상에 없는데, 안색이 창백해지고 신체가 대단히 쇠약해진다"는 근거 없는 사실을 유포하여 지나사변의 시기에 군사에 관하여 조언비어를 하였다.

증거를 살피면, 판시사실은 피고인이 당 공정에서 자신은 1938년 8월 18일 오후 7시경 자신의 딸인 원심의 피고인 이옥순으로부터 판시 취지를 듣고 위는 허위의 사실이라는 것을 알면서도 판시 일시, 장소에서 판시 2명에게 그러한 내용을 이야기한 것이 틀림없다는 자백,

원심 공판조서 중 이옥순의,

"나는 1938년 8월 18일 정오경 거주지 마을 정대아의 집에서 박소아기로부터 판시 조언(造言)을 듣고 같은 날 오후 7시경 이를 자신의 어머니 고대악이에게 이야기하였다"는 내용,

박소아기가, "나는 같은 달 16일 오전 8시경 자신의 집에서 정대아로부터 판시 조언을 듣고 이를 같은 달 18일 정오경 이옥순에게 이야기한 일이 있다"고 말한 내용

정대아가 "나는 같은 달 13일 오후 8시경 자신의 집에서 생선 행상 조선인 여자 2명으로부터 판시 조언을 듣고 같은 달 16일 오전 8시경 박소아기에게 이야기한 일이 있다"고 각 공술기재,

증인 박중이에 대한 사법경찰관 직무취급 도(道)순사의 신문조서 중에, 증인은 판시일 무렵 증인의 집에서 피고인으로부터 판시 내용의 이야기를 들은 일이 있다는 내용의 공술기재,

같은 증인 김덕수 신문조서 중에 증인은 판시 일시, 증인의 집에서 어머니 박중이와 함께 피고인으로부터 판시 내용의 이야기를 들은 적이 있다는 내용의 공술기재가 있음을 종합하고 조사하여 밝힘으로써 이를 인정할 수 있다. 판시 사실은 그 증명이 있다.

법률에 따라 피고인의 판시 행위는 각각 육군형법 제99조, 해군형법 제100조에 해당한다. 하나의 행위로 여러 개의 죄명에 저촉되는 경우에는 형법 제54조 제1항 전단 제10조에 따라 전자의 형을 무거운 것으로 하여 그 형에 따라 형기 범위 내에서 피고인을 금고 4월에 처한다.

이에 주문과 같이 판결한다.

피고인의 공소는 이유 없다.

1938년 10월 10일

대구복심법원 형사 제2부

재판장 조선총독부 판사 하쿠다케 카즈(百武一)

조선총독부 판사 다카기 만(高木滿)

조선총독부 판사 나카가와 무네다카(中川宗孝)

16) 1938년형공제428호, 전주지방법원 남원지청(1938. 10. 20.)

1938년형공제428호(昭和十三年刑公第四二八號)

판결

피고인의 본적, 주소, 신분, 직업, 씨명, 연령:

본적: 전라북도 순창군 구림면 율북리

주거: 위와 같음

빗(櫛) 행상, 오금례(당 35세)

피고사건: 육군형법 위반

주문

피고인을 금고 4월에 처한다.

범죄사실

피고인은 1938년 8월 10일 정오경 자택 툇마루 앞에서 거주지 마을 김수덕 당 14세(율북간이학교 제1학년 여생도)에게 최근 사변의 장기화로 인하여 조선에서 여학생 먼저, 후에 일반 처녀를 만주로 보내어 기름을 짜내어 쓴다고 말함으로 군사에 관한 조언비어를 한 자이다.

적용법조: 육군형법 제99조

조선총독부 검사 사무취급 조선총독부 재판소 서기 쿠로키 다카오(黑木孝雄) 관여 판결

1938년 10월 20일

전주지방법원 남원지청

조선총독부 판사 시이 요시마사(四位義正)

17) 1938년형공제429호, 전주지방법원 남원지청(1938. 10. 20.)

1938년형공제429호(昭和十三年刑公第四二九號)

판결

피고인의 본적, 주소, 신분, 직업, 씨명, 연령:

본적: 전라북도 순창군 적성면 내월리

거주: 전라북도 순창군 인계면 계초리

농업, 서신영(당 27세)

피고사건: 육군형법 위반

주문

피고인을 금고 4월에 처한다.

범죄사실

피고인은 1938년 8월 15일 오후 2시경 거주지 마을 박치숙 집 앞 거리에서 같은 마을 서정문(당 14세)에게 최근 임실 방면에서 조선 처녀를 다수 모집하여 만주로 보내 신체에서 기름을 짜내

어 군용 비행기에 사용한다는 말을 함으로써 군사에 관한 조언비어를 한 자이다.

적용법조: 육군형법 제99조
조선총독부 검사 사무취급 조선총독부 재판소 서기 쿠로키 다카오(黑木孝雄) 관여 판결

1938년 10월 20일
전주지방법원 남원지청
조선총독부 판사 시이 요시마사(四位義正)

18) 1938년형공제980호, 광주지방법원 장흥지청(1938. 10. 27.)

1938년형공제980호(昭和十三年刑公第九八〇號)

판결

피고인의 본적, 거주, 신분, 직업, 씨명, 연령:
본적 및 주거: 전라남도 영암군 도포면 성산리
농업, 한만옥(당 33세)

본적 및 주거: 전라남도 영암군 군포면 성산리
농업, 이운선(당 59세)

피고사건: 육군형법 위반

주문
피고인 이운선을 금고 6월에 처한다. 단 3년간 위 형의 집행을 유예한다.

피고인 한만옥을 금고 4월에 처한다. 단 2년간 위 형의 집행을 유예한다.

범죄사실 및 전과: 별지 기록대로임.

적용법조: 육군형법 제99조, 형법 제25조

1938년 10월 27일 조선총독부 검사 카바시마 넨타로(樺島年太郎) 간여 판결

광주지방법원 장흥지청

조선총독부 판사 오하라 사네마사요시(大原實昌禧)

범죄사실

제1, 피고인 한만옥은 1938년 8월 9일 피고인의 주거지에서 나주군 왕곡면 이하 불상 김유승으로부터 "나주 방면에서는 처녀를 지나에 있는 황군의 위문을 위하여 보내려고 모집 중"이라는 말을 듣고 그날 오후 3시경 거주지 마을 이운선의 밭에 풀을 뽑으러 갔을 때 이운선에게 위와 같은 내용의 말을 했다.

제2, 피고인 이운선은 위 항 기재와 같이 한만옥에게 들은 후 같은 달 15일 오전 11시경 거주지 마을 주류판매업 김덕행의 집에서 김준우 외 여러 명이 동석한 장소에서 "딸을 가진 자는 빨리 시집을 보내라. 황군위문을 위하여 당국에서 모집 중인데 나주 방면에서는 이미 3, 4명의 처녀를 지나에 보냈다"라고 말하였다.

이로써 모두 지나사변의 시기에 군사에 관한 조언비어를 한 자이다.

19) 1938년형공제879호, 광주지방법원 목포지청(1938. 11. 7.)

1938년형공제879호(昭和十三年刑公第八七九號)

판결

본적: 전라남도 강진군 도암면 용화리
거주: 목포부 대성동
곡물중개업, 김병도(당 50세)

본적: 전라남도 나주군 문평면 운봉리
거주: 목포부 대성동
참기름(眞油) 행상, 진덕찬(당 38세)

본적: 전라남도 함평군 해보면 금계리
거주: 목포부 대성동
선어(鮮魚) 행상, 정종채(당 51세)

위 자의 육군형법 위반 피고사건에 대하여 당 법원은 조선총독부 검사 오사카 모리오(大坂盛夫)가 관여하여 심리하고 다음과 같이 판결한다.

주문

피고인 김병도, 진덕찬, 정종채를 각 금고 3월에 처한다.
단 미결 구류 일수 중 40일은 각각 위 각 본형에 산입한다.

이유

피고인 김병도, 진덕찬, 정종채 3명은 모두 목포부 대성동에 거주하고 김병도는 곡물중개업, 진덕찬은 참기름 행상, 정종채는 생선 행상을 하고 있는 자이다. 1938년 8월 수박 출하기를 이용하여 목포부 대성동 거주의 생선 행상 김학수와 같이 임시로 수박장사를 시작하기로 하고 같은 달 19일 일동이 동반하여 무안군 압해면 대천리로 수박을 매입하러 갔다가 그날 점심이 지날 무렵 무안군 압해면 학교리 여관업 최인현의 집에 들어가 점심을 먹고 잠시 그 장소에서 휴식 중에 마침 그 장소에 있던 평복차림의 압해주재소 순사 박질준과 잡담을 주고받았다.

(一) 피고인 김병도는 위 박질준이 피고인들에게 "수박에는 단맛을 더하기 위해 사카린을 주사한다는데 그러한가"라고 묻자 이에 답하며 박질준 및 그 집 여주인인 박부길 외 동행한 다른 사람 3명에게 "그렇다고 들었는데 목포에서는 조선 내 거주하는 지나인들이 우리 국민을 독살하기 위해 밤에 수박밭에 침입하여 수박에 독약을 주사한다는 소문이 있다"고 하여 마치 재류지나인들이 후방의 국민을 교란할 목적으로 이와 같은 일을 벌이는 것처럼 함부로 말하고 이어서

(二) 피고인 진덕찬은 동석한 사람에게 "내가 영광, 함평 방면으로 다닐 때 그곳에서는 17, 18세의 조선인 처녀와 과부를 정부에서 조사하여 강제적으로 이들을 만주 또는 전쟁터로 보내 일본군인의 밥 짓기 또는 위문을 하도록 하고 또는 이들 소녀와 과부의 혈관에서 피를 뽑아 일본 부상병 군인에게 수혈주사를 한다는 말을 들었다"고 함부로 말했다.

(三) 피고인 정종채 역시 이어서 동석한 사람에게 "자신도 역시 정부에서 조선인의 소녀 또는 호적이 없는 여자 여러 명을 만주국 또는 중국으로 수송하여 황군의 취사 또는 위문을 하도록 하고 있다는 얘기를 들었다. 현재 자신의 거주지인 목포 대성동에서도 위의 소문을 듣고 미혼의 소녀들 50명 정도가 올해 봄부터 여름까지 혼인한 사실이 있다. 또 함평에서는 위와 같이 소녀를 전쟁터로 보낸다고 말을 퍼뜨린 약 30명 정도의 사람이 징역에 처해져 복역 중이다"라는 말을 함부로 하여 이번 지나사변의 시기에 군사에 관하여 조언비어를 하였다.

법에 따라 피고인들의 판시 각 행위는 각각 육군형법 제99조에 해당함으로 그 소정 형기 범위 내에서 피고인들을 모두 금고 각 3월에 처한다. 또 형법 제21조에 의해 미결 구류 일수 중 40일을 위 각 본형에 산입한다.

이에 주문과 같이 판결한다.

1938년 11월 7일

광주지방법원 목포지청

조선총독부 판사 나카노 도라오(中野虎雄)

20) 1938년형공제1010호, 광주지방법원 장흥지청(1938. 11. 10.)

1938년형공제1010호(昭和十三年刑公第一〇一〇號)

판결

피고인의 본적, 주소, 신분, 직업, 씨명, 연령:
본적: 전라북도 임실군 신덕면 오궁리
농업, 백용갑(당 42세)

본적: 전라남도 장흥군 장평면 봉림리
거주: 전라남도 장흥군 유치면 덕산리
주류판매업, 주장옥(당 45세)

본적: 전라남도 광주군 사정
거주: 전라남도 장흥군 유치면 덕산리
농업, 조남순(당 56세)

피고사건: 육군형법 위반

주문
피고인 3명을 각 금고 4월에 처한다.
단 피고인 주장옥, 조남순은 2년간 위 형의 집행을 유예한다.
소송비용은 피고인 백용갑의 부담으로 한다.

범죄사실 및 전과: 별지 기재대로임.

적용법조

피고인 백용갑에 대해서는 육군형법 제99조, 형사소송법 제237조 제1항

피고인 주장옥, 조남순에 대해서는 육군형법 제99조, 형법 제25조

1938년 11월 10일 조선총독부 검사 카바시마 넨타로(樺島年太郎) 간여 판결

광주지방법원 장흥지청

조선총독부 판사 김두일(金斗一)

범죄사실[4]

피고인들은 아국(我國)이 1937년 7월 폭주하는 지나(暴支)를 응징하는 성스러운 전쟁을 일으킨 이후 지나사변 중인 것을 알면서도

제1, 피고인 백용갑은

1938년 8월 중순경 직업을 구하기 위하여 장흥군 유치면 덕산리에 갔을 때 점심을 먹으려고 피고인 주장옥의 집에 들어가 주장옥에게 "이 지방에서는 결혼하는 사람이 많지 않으나 순천 지방에서는 결혼하는 사람이 매우 많다. 현재 일본과 지나의 전쟁이 장기화되어도 승패가 나지 않자 일본에서는 조선에서 미혼의 여자를 징발하여 지나로 보내 지나인과 결혼시켜 화해를 도모하고자 함이다. 순천 지방에서는 이미 많은 처녀를 징발하여 자동차 2대로 중국에 보냈다"는 말을 했다.

제2, 피고인 주장옥은

위의 비어(飛語)에 놀라서 당시 16세인 딸의 신상을 염려하고 있으면서 그 무렵 피고인 집 앞 밭 부근에서 피고인 조남순에게 "순천 지방에서 결혼하는 자가 많은 이유는 운운"이라며 위와 같은 내용의 말을 했다.

셋째. 피고인 조남순은 위의 유언비어에 놀라서 당시 18세인 딸의 신상을 염려하고 있으면서 그 무렵 피고인 집에서 거주지 마을 안성화에게 위와 같은 내용의 말을 하였다.

이로써 각각 군사에 관한 조언비어를 한 것이다.

---

4 별지 내용에 범죄사실이 기록되어 있다.

21) 1938년형공제1196호, 광주지방법원(1938. 11. 12.)

1938년형공제1196호(昭和十三年刑公第一一九六號)

판결

본적: 전라남도 광산군 서방면
거주: 전라남도 광주부 명치정
옷감(反物) 행상, 김금순(당 40세)

본적: 전라남도 담양군 창평면 창평리
거주: 전라남도 광주부 명치정 5정목
일용, 정심이(당 31세)

본적: 불상
거주: 전라남도 광주부 명치정 5정목
일용, 정금이(당 27세)

위 사람들의 육군형법 위반 피고사건에 대하여 당 법원은 조선총독부 검사 마츠모토 다카요시(松本孝義)가 관여하여 심리하고 다음과 같이 판결한다.

주문
피고인들을 금고 4월에 처한다.

이유
피고인 김금순은 항상 전라남도 각 지역을 돌며 옷감 행상을 하고, 피고인 정심이 및 정금이는 전라남도 광주부 북정 장봉익의 정미소에서 일용으로 고용되어 종사 중인 자이다.

제1, 피고인 김금순은 1938년 7월 24일 오후 8시경 마침 피고인 집에 놀러온 피고인 정심이에게 행상 중에 들었다고 말하며 “시골에서는 처녀, 과부 및 첩 등을 강제로 전쟁터로 보내기 위해 구장이 그 조사를 하고 있다. 전쟁터에서는 그들에게 병사를 위한 세탁, 취사 등을 시키고 있다”라고 근거 없는 말을 함부로 하여 이번 지나사변의 때에 군사에 관한 조언비어를 하였다.

제2, 피고인 정심이는 1938년 7월 25일 오후 2시경 위의 장봉익의 정미소에서 피고인 정금이에게 피고인 김금순으로부터 들었다면서 위와 같은 근거 없는 말을 함부로 하여 이번 지나사변의 때에 군사에 관한 조언비어를 하였다.

제3. 피고인 정금이는 1938년 7월 25일 밤에 위의 자택에서 동거 중인 김복달에게 피고인 정심이에게서 들었다고 하며 위와 같은 내용의 근거 없는 말을 함부로 하여 이번 지나사변의 때에 군사에 관한 조언비어를 하였다.

피고인들의 위의 각 행위는 동 피고인들이 당 공정(公廷)에서 한 판시와 동일한 내용의 각 자백이 있음으로 이를 인정한다.

법률에 따라 피고인들의 각 행위는 육군형법 제99조에 해당함으로 그 소정 형기 범위 내에서 각 피고인을 각각 금고 4월에 처한다.

이에 주문과 같이 판결한다.

1938년 11월 12일

광주지방법원

조선총독부 판사 아즈마사토 히데(東里秀)

22) 1938년형공제1917호, 대구지방법원(1938. 10. 29.); 1938년형공공제419호, 대구복심법원(1938. 11. 22.)

1938년형공제1917호(昭和十三年刑公第一九一七號)

판결

본적: 야마구치현(山口縣) 시모노세키시(下關市) 아미타지정(阿彌陀寺町)
주거: 대구부 촌상정
카페 경영, 사카모토 하쿠마츠(坂本百松, 당 61세)

위 피고인의 육군형법 위반 피고사건에 관해 조선총독부 검사 나카노 츠요시(中野毅)가 관여한 가운데 다음과 같이 심리 판결한다.

주문

피고인을 금고 4개월에 처한다.

이유

피고인은 심상고등소학교 고등과 제2학년을 수료한 뒤 양복 재봉 직인으로 시모노세키(下關) 시내 양복점을 전전하다 그 뒤 근해 항로 선박에 조리원으로 승조하여 1929년 조선으로 건너왔다. 1931년 10월부터 현재 거주하고 있는 대구부 촌상정에서 카페 긴자(銀座)를 개업하여 경영해 온 자이다. 1938년 10월 10일 오후 2시경 촌상정 잡화상 가네마루 테츠지(金丸哲次)의 가게 앞에서 그곳에 살고 있던 가네마루 테츠지(金丸哲次)와 가와구치 쿠로(川口久郎)에게 자신의 장남 세이(淸)[5]에게서 들은 것이라고 전제하고

5 또는 키요(淸).

(一) 최근 모지(門司)항의 선박에서 일본군 전사자의 유류품을 훔친 자, 공산당에 관계한 자 혹은 스파이를 한 자 등 많은 일본 병사가 포승줄에 묶여 송환되고 있다.

(二) 포승줄에 묶인 시체도 있는데 공산당에 관계했던 병사 또는 스파이 짓을 한 병사임에 틀림없을 것이다.

(三) 일본 군인으로 전쟁터에서 강간 강탈을 한 자도 상당히 많은 것 같은데 이들은 젊은 자이므로 위와 같은 중대범과 비교해 군 당국은 그다지 책망하지 않는 듯하다.

라고 말함으로써 현재 사변 시에 군사에 관한 조언비어를 지어낸 것이다.

증거를 살피건대 판시사실은, 피고인이 당 공정에서 자신은 판시 경력이 있고 판시한 시기 무렵부터 카페 긴자를 경영하고 있었는 바 판시 일 오후 2시경 판시 가네마루 테츠지의 가게 앞에서 가네마루 테츠지 및 가와구치 쿠로에게 장남 세이(淸)에게서 들은 것이라고 전제하고 판시 (二)와 같이 들려주었다는 내용의 공술,

사법경찰관의 피고인에 대한 심문조서 가운데 판시 일시 가네마루 테츠지의 집에서 판시 (一) 및 (三)과 같은 내용을 가네마루 테츠지 및 가와구치 쿠로 2명에게 말했다는 내용의 공술기재,

같은 증인 가네마루 테츠지와 가와구치 쿠로에 대한 각 심문조서 가운데 위 증인들 모두 판시 장소에서 피고인으로부터 그의 장남으로부터 들었다는 내용을 전제하고 판시 (一) 및 (三)과 같은 내용의 사실을 들었다는 내용의 각 공술기재를 종합하면 이를 인정하므로 증명이 충분하다.

법에 따라 피고인의 판시 행위는 육군형법 제99조에 해당하므로 소정의 형기 내에서 피고인을 금고 4개월에 처함이 합당하다고 인정하고 주문과 같이 판결한다.

1938년 10월 29일

대구지방법원

조선총독부 판사 다케다 세이이치로(竹田誠一郎)

1938년형공공제419호(昭和十三年刑控公第四一九號)

판결

본적: 시모노세키시(下關市) 아미타지정(阿彌陀寺町)

주거: 대구부 촌상정

카페 경영, 사카모토 하쿠마츠(坂本百松, 당 61세)

위 사람의 육군형법 위반 피고사건에 관해 1938년 10월 29일 대구지방법원이 선고한 판결에 대해 원심 검사정 후쿠다 진지로(福田甚二郞)가 항소신청을 하였다. 따라서 당 법원은 조선총독부 검사 후쿠이 신소(富井親造)가 관여하여 심리하고 다음과 같이 판결한다.

주문

피고인을 금고 6월에 처한다.

피고인은 심상고등소학교 졸업 후 양복 재봉 직인으로 시모노세키 시내 양복점을 전전하다 그 뒤 근해 항로 선박에 조리원으로 승조하여 1929년 조선으로 건너와 1931년 10월부터 현재 거주지에서 카페 영업을 해온 자이다. 1938년 10월 10일 오후 2시경 대구부 촌상정 잡화상 가네마루 테츠지(金丸哲次)의 가게 앞에서 가네마루 테츠지와 그곳에 함께 있던 대구부 동운정 가와구치 쿠로(川口久郎)에게 자신의 장남에게서 들은 것이라고 전제하고

(一) 최근 모지(門司)항의 선박에서 일본 병사로서 전사자의 유류품을 훔친 자, 공산당에 관계한 자 혹은 스파이를 한 자가 많이 포승줄에 묶여 송환되고 있다.

(二) 또 포승줄에 묶인 시체도 있는데 이는 공산당에 관계한 병사 또는 스파이를 한 병사임에 틀림이 없을 것이다.

(三) 또 일본 군인으로 전쟁터에서 강간 강탈을 한 자도 상당히 많은 것 같은데 이들은 젊은 자이므로 군 당국은 위에서 기술한 중대범과 비교해 군 당국은 그다지 책망하지 않는 듯하다.

라고 말함으로써 현재 사변의 때에 군사에 관한 유언비어를 지어낸 것이다.

증거를 살피건대 판시 사실은 피고인이 당 공판정에서 자신은 판시와 같은 경력이 있고, 판시 일시 경 판시 장소에서 가네마루 테츠지 및 가와구치 쿠로에게 자신의 장남 세이(清)에게서 들은 바 최근 모지(門司) 입항의 선박에서 포승줄에 묶인 일본 병사의 시체가 송환되었다고 하였다. 이는 공산당에 관계한 병사든지 또는 스파이를 한 병사임에 틀림이 없을 것이라고 진실이라고 생각되지 않는 것을 말했다는 공술,

원심 공판 관계 서류 중 피고인의 공술로서 모지에는 무엇인가 포승줄에 묶여 오는 부대가 있

고 또 시체 유골이라도 포승줄에 묶여 있는 것이 있다고 한다. 이는 공산당이나 스파이와 관계한 자일 것이다. 또 전쟁터에 있는 일본 병사 가운데에 가끔 중국인을 강간한 자가 있다는 것인데 당국에서는 보고도 못 본 척 하고 있다. 모두 젊은 자이기 때문에 위와 같은 중대범과 비교해 군 당국은 그다지 책망하지 않는 것 같다는 내용의 기재,

사법경찰관의 피고인에 대한 심문조서 가운데 그 공술로 판시 일시경 판시 장소에서 가네마루 테츠지와 가와구치 쿠로에게 판시와 같은 내용의 이야기를 하였다는 내용의 기재,

앞의 증인 가네마루 테츠지와 가와구치 쿠로에 대한 각 심문조서 가운데 그 공술로 각각 판시 당시 판시 장소에서 피고인으로부터 판시와 같은 내용의 이야기를 들었다는 내용의 기재를 종합하여 이를 인정할 수 있으므로 판시사실은 증명이 충분하다.

법에 따라 피고인의 판시 행위는 육군형법 제99조에 해당하므로 소정의 형기 범위 내에서 피고인을 금고 6월에 처한다.

이에 주문과 같이 판결한다.

검사의 항소는 이유 있다.

1938년 11월 22일

대구복심법원 형사 제1부

재판장 조선총독부 판사 고이 세츠조(五井節藏)

조선총독부 판사 다카기 만(高木滿)

조선총독부 판사 나카가와 무네다카(中川宗孝)

23) 1938년형공제541호, 전주지방법원 군산지청(1938. 11. 30.)

1938년형공제541호(昭和十三年刑公第五四一號)

판결

본적, 주거 모두: 충청남도 서천군 기산면 산정리
행상인, 이송희(당 42세)

위 자의 육군형법 위령(違令) 피고사건에 대해 해당 지청 조선총독부 검사 이병용(李炳瑢)이 관여하여 심리를 마치고 다음과 같이 판결한다.

주문

피고인을 금고 4월에 처한다.

이유

피고인은 시장에서 행상을 운영해왔는데, 1938년 10월 17일 부여군 홍산(鴻山) 시장에서 옷감 장사를 하고 돌아가는 길에 같은 날 오후 5시경 일찍부터 서로 알고 지낸 서천군 시초면 봉선리 음식점 영업 김태순의 집에 휴식하기 위해서 잠시 들렀다. 그때 김태순의 부인 임정희(당 43세)에게 그 장녀(당 16세)의 혼인 방편을 종용하기 위해 "나는 앞서 어느 사람으로부터 들어서 알고 있는 것이 있다. 내지에서 15, 16세가 된 여자 3천 명을 징집하여 전쟁터로 보냈는데 또 부족함이 발생해서 이번은 다시 조선에서 조선인의 처녀 약 3천 명을 징집하여 전쟁터로 보내려고 한다. 그 연령의 처녀를 가진 부모는 빨리 그 처녀를 시집보내는 편이 좋다. 귀댁의 따님도 15, 16세가 된 처녀이니 만약 결혼할 생각이 있다면 적당한 자리에 부탁을 해두겠다"라고 하여 이번 지나사변에 즈음하여 황군(皇軍)의 위신을 실추시키고, 총후의 인심을 교란하는 것과 같은 군사에 관한 조언비어를 한 자이다.

위 피고인의 행위는 육군형법 제99조에 해당함으로 그 소정 형기 범위 내에서 피고인을 금고

4월에 처한다.

이에 주문과 같이 판결한다.

1938년 11월 30일

전주지방법원 군산지청

조선총독부 판사 차균경(車均卿)

위는 등본이다. 즉일 같은 청

조선총독부 재판소 서기대리 박송래(朴松來)

24) 1938년형공제1034호, 광주지방법원 목포지청(1938. 12. 12.)

1938년형공제1034호(昭和十三年刑公第一〇三四號)

판결

본적, 거주 모두: 전라남도 무안군 지도면 방축리

농업, 박상중(당 60세)

본적, 거주 모두: 전라남도 무안군 압해면 매화리

농업, 권대홍(당 23세)

위 사람들의 육군형법 위반 피고사건에 대하여 당 법원은 조선총독부 검사 오사카 모리오(大坂盛夫)가 관여하여 심리를 마치고 다음과 같이 판결한다.

주문

피고인 두 사람을 각 금고 4월에 처한다.

범죄사실

제1, 피고인 박상중은 1938년 7월 7일(음력 6월 10일) 즈음 포목 행상인으로부터 현재 처녀랑 과부를 정부에서 조사하고 있다는 소문을 듣고 여기에 허구의 사실을 더하여 같은 해 8월 17일(음력 7월 22일) 즈음 무안군 지도면 방축리의 자택에서 마침 소작료 징수를 하러 온 무안군 압해면 매화리 권백영 및 서병언 두 사람에게 "방축리 구장 박진두의 집으로 온 공문을 보았다. 정부에서는 처녀 또는 과부를 조사하여 만주 방면으로 보내려고 한다. 구장은 현재 이를 조사 중인데 이는 부녀자를 전쟁터로 보내어 황군의 위문, 취사, 세탁, 재봉, 부상병의 간호 등 일을 맡게 하려는 것이다"라고 말을 함부로 하였다.

제2, 피고인 권대홍은 1938년 8월 20일(음력 7월 25일) 즈음 아버지 권일영을 통해 위 박상중의 말을 전해 듣고 진위를 따지지 않고 같은 날 오후 9시경 매화리 거리에서 같은 마을 정소남, 조민동, 황대진 등에게 "큰일 났다. 어제 아버지가 지도면에 갔을 때, 그 섬에서는 처녀 및 과부 수십 명을 전쟁터로 보내어 황군의 위문, 취사, 세탁, 재봉, 부상병의 간호를 맡게 하려고 징집하라는 공문이 와서 현재 구장이 이를 조사 중이라 한다"라는 말을 함부로 하였다.

이로써 모두 이번 사변의 때에 군사에 관한 조언비어를 한 것이다.

적용법조: 각 육군형법 제99조

1938년 12월 12일

광주지방법원 목포지청

조선총독부 판사 나카노 도라오(中野虎雄)

25) 1938년형공제500호, 대전지방법원 강경지청(1938. 12. 27.)

1938년형공제500호(昭和十三年刑公第五○○號)

판결

피고인의 본적, 거주, 신분, 직업, 씨명, 연령:
본적: 충청남도 논산군 양촌면 제촌리
주거: 같은 마을
농업, 민창식의 처 이언년, 곧 이금순(당 33세)

피고사건: 육해군 형법 위반

주문
피고인을 금고 3월에 처한다.
단, 재판 확정일로부터 2년간 형의 집행을 유예한다.

범죄사실 및 전과
피고인은 남편 민창식과 사이에 자녀 4명이 있다. 무학문맹으로 빈궁한 생활을 하고 있었는데, 남편 창식의 6촌 친척에 해당하는 사망한 민달식의 처 윤황의 집에 출입하며 허약한 그녀가 병으로 누워있을 때 보살펴 주는 등 후의를 보이고 윤황으로부터 가끔 생활의 보탬(施與)을 받아왔다. 1938년 9월 18일 경기도 시흥군 서이면 안양리 조선직물주식회사에서 사원 시모오카 세이지로(下岡誓次郎) 외 1명이 피고인이 거주하는 부락에 여공을 모집하러 왔을 때 위 윤황의 장녀 민병성(당 17세)이 다른 여러 명과 함께 이에 응모하여 같은 달 21일 출발하려고 했다. 마침 윤황이 지병인 위통이 일어나 병성을 보내려 하지 않아 여공이 되려는 생각을 그만두게 하였다. 그러나 병성이 곧바로 이를 받아들이지 않는 것을 본 피고인은 윤황을 깊이 동정하고 또 한편으로 병성이 집을 떠나게 된다면 윤황이 병이 날 경우에는 자신이 오로지 윤황을 돌봐야 해서 불편할 것이라고 생각하여 병성으로 하여금 여공이 되는 것을 단념시킬 목적으로 같은 달 21일 오전 10시경 집 근처 정의택의 집 앞에서 병성에게 여공 모집이라 칭하며 젊은 여성을 모집해 젖과 피를 짜내 이를 지나 전쟁터에 있는 군인에게 보낼 것이며 마침내는 만주로 몸이 팔릴 것이라고 말했다. 병성은 이를 두려워하여 여공이 될 것을 보류하겠다고 말하였다. 그러나 다른 여성이 응모하여 같은 날 오전 11시경 자동차를 타고 출발하려는 것을 보고 다시 동행하려는 기색을 보이자 다른 여자들도 마찬가지로 응모에 단념시킬 목적으로 같은 시각 무렵 같은 부락 길 위에서 다른 여공 응모자를 배웅하러 와 있던 부락민 10여 명이 모여 있는 자리에서 다시 앞에서 말한 바와 같은 내용의 말을 함부로 하였다.

이로써 현재 사변의 때에 군사에 관한 유언비어를 한 것이다.

적용법조

육군형법 제99조, 해군형법 제100조, 형법 제54조 제1항 제10조(가장 무거운 육군형법 제99조의 형으로 처단) 제25조, 형사소송법 제358조 제2항

1938년 12월 27일 조선총독부 검사 나가타 토시오(永田敏男) 관여 판결

대전지방법원 강경지청

조선총독부 판사 오가와 켄지(小川健治)

26) 1939년형공제46호, 대구지방법원 김천지청(1939. 3. 8.)

1939년형공제46호(昭和十四年刑公第四六號)

판결

본적: 경상북도 선산군 고아면

거주: 만주국 무단장성(牧丹江省) 미산현(密山縣) 2인반

공립 국민우급(優級)학교 교유(教諭), 권재호(당 35세)

위 사람의 육군형법 위령죄 피고사건에 대하여 조선총독부 검사 니시무라 지츠타로(西村實太郎)가 관여하여 심리하고 다음과 같이 판결한다.

주문

피고인을 금고 4월에 처한다.

이유

피고인은 1926년 3월 대구사범학교 강습과를 졸업하고 같은 해 4월 경상북도 청도공립보통학교에서 제3종 교원으로 근무한 후 같은 도내 제2종, 제3종의 보통학교로 전근하였다. 1938년 7월 만주국 무단장성 미산현 2인반 공립 국민우급학교 교사로 부임한 이래 동 지역의 조선인 자제의 초등교육에 종사해 왔다. 1939년 1월 3일 겨울 휴가를 이용하여 조선에 돌아와 먼저 경상북도 선산군 구미면 원평동에 사는 첩 김유년의 집에 갔다가 마침 이웃에 거주하며 예전부터 친교가 있던 원평 공립 심상소학교 교사 배영도의 초대를 받았다. 같은 날 오전 10시 반경 배영도의 집을 방문하여 같은 날 오후 1시경까지 그 집에서 위의 배영도를 비롯하여 위의 소학교 선생 모로오카 치카요시(諸岡親義) 외 여러 명과 함께 신년 술잔치를 하며 잡담 중에

(一) 소련과 만주 국경지대 부근에 주둔하는 일본 군대는 매우 고생을 한다. 물자가 부족하기 때문에 인간의 뇌조차 튀김으로 먹고 있는 상태이다.

(二) 일본과 소련 양군은 강을 사이에 두고 매우 가까운 거리에서 대치하고 있다. 소련 측에서는 견고한 토치카를 설비하고 있어 이에 대응하기 위해 일본군도 매일같이 마차로 다량의 목재를 국경 비밀지대로 반입하고 있다.

(三) 국경지대의 일본 군대는 절대적인 권력을 가지고 횡포한 행동거지로 많은 인간의 생명조차도 마음대로 하는 모양이다.

위와 같이 이야기함으로써 이번 지나사변의 시기에 군사에 관하여 조언비어를 했다.

위 사실은 판시 (一) 및 (三)의 점을 제외하고 피고인이 당 공판정에서 한 판시와 동일 내용의 공술을 하였고 증인 모로오카 치카요시에 대한 검사의 신문조서 중에 판시 술자리에서 피고인이 판

시 (一)과 동일한 내용의 말을 하였다는 내용의 공술기재가 있다.

피고인에 대한 검사의 신문조서 중에 자신은 판시 술자리에서 판시 (三)과 동일한 내용의 말을 내뱉은 것이 틀림없다는 내용, 증인 박상희에 대한 검사의 신문조서 중에 피고인이 판시 (三)과 같은 내용의 이야기를 한 것이 틀림없다는 공술기재가 있음에 따라 이를 인정하기에 증거가 충분하다.

법률에 따라 피고인의 판시 행위는 육군형법 제99조에 해당함으로 그 소정 형기 범위 내에서 피고인을 금고 4월에 처한다.

이에 주문과 같이 판결한다.

1939년 3월 8일

대구지방법원 김천지청

조선총독부 판사 고레츠네 하루다카(此經春隆)

27) 1940년형공제335호, 경성복심법원(1940. 10. 29.); 1940년형상제120호, 고등법원(1941. 2. 17.)

1940년형공제335호(昭和十五年刑控第三三五號)

판결

본적 및 거주: 대전부 본정 2정목

식료품상, 양기석(당 26세)

위 사람의 육해군형법 위반 피고사건에 대하여 1940년 9월 4일 대전지방법원에서 언도한 유죄판결에 대해 원심 검사로부터 항소신청이 있었으므로 당 법원은 조선총독부 검사 미야이 신조(宮井親造)가 관여하여 심리하고 다음과 같이 판결한다.

주문

피고인을 금고 10월에 처한다.

이유

피고인 양기석은 소학교와 사립 경성공민실천부기학교 등을 졸업하고 가업인 포목상에 종사하다 1938년 10월 무렵 중화민국 광둥성(廣東省) 정청현(增城縣) 정청가(曾城街)에서 '정청(增城)식당'을 경영하고 있던 친형 양기철의 부탁으로 지나에 건너간 이후 군수용 식료품 판매업을 경영하였다. 1940년 4월 20일 사용인 고용을 위해 조선으로 돌아와 충남 대전부 본정에 머물던 중 같은 해 5월 30일 오후 0시경부터 오후 1시경 사이 대전부 본정 1정목 찻집 〈카라멜 대장〉이라는 박한규의 집에서 지인인 대전부 욱정 송하용 외 6명과 잡담 중 이야기가 광둥의 상황에 미치자 피고인은 이들에게 사실무근 혹은 확실한 근거가 없는데도 불구하고

"광둥 방면에는 일본군이 지나인 부락을 점령하여 군인은 물론 종군 상인들도 지나 주민의 소 지금 혹은 돼지, 닭 등을 약탈하는데 자신도 한 번 종군하여 돼지, 닭 등을 약탈했다. 이 같은 식으로 광둥 방면에는 돈벌이가 쉽다."

"광둥 방면 일본병 점령지 내의 지나 주민으로부터 오토바이 1대를 약탈해 와서 이를 대전에서 도항해온 김태현에게 맡겨두었다."

"광둥 방면의 일본군 모 부대장은 그의 점령지 내에 지나 주민으로부터 자동차 1대를 약탈해 와서 이를 대전에서 건너온 황(黃) 아무개에게 맡겨두었으나 이 사실이 헌병대에 발각되어 황 아무개가 큰 변을 당했다."

"다른 일본 병은 그 점령지 내의 지나인에게 금시계 1개를 약탈하여 땅속에 매장하여 두었다가 후일 이를 파내 팔아서 일본으로 송금하였는데 나중에 헌병대에 발각되어 징역에 처해졌다."

"자신의 사촌동생 양재봉은 일본병과 동행하여 지나인을 협박하여 시가 100원 이상의 호랑이 가죽을 금 30원에 매수하였다."

"라디오에 따르면 지나군이 일본군을 죽일 때는 일본인의 귀를 베고 입을 베고 눈을 파내고 목을 벤다고 한다. 일본군이 지나 포로를 죽일 때에는 일렬로 세워놓고 일본도로 목을 베어 떨어뜨리고 있다."

"일본병은 틈틈이 수류탄을 훔쳐내어 이를 고기잡이에 사용하는 등 조금도 병기를 아끼지 않고 있다."

"일본 병이 지나인 부락을 점령할 때는 군인은 물론 종군 상인들에게도 지나인 미녀를 자유롭게 안고 자게 한다"는 뜻의 이야기를 하며 지금의 지나전쟁의 때에 육군 및 해군에 관한 조언비어

를 한 사실이 있는 자이다.

이러한 판시사실은 그 증명이 충분하다.

법률에 따라 피고인의 판시 행위 중 육군의 군사에 관한 조언비어를 한 점은 육군형법 제99조에, 해군의 군사에 관한 조언비어를 한 점은 해군형법 제100조에 각 해당하는 바, 위는 하나의 행위로 2개의 죄명에 해당하는 경우로 형법 제54조 제1항 전단 제10조이므로 범행사실이 무거운 전자의 죄에 따라 그 소정 형기 범위 내에서 피고인을 금고 10월에 처하도록 한다.

이에 주문과 같이 판결한다.

원심 검사의 항소는 이유 없다.

1940년 10월 29일

경성복심법원 형사 제1부

재판장 조선총독부 판사 하타 요시(畑好)

조선총독부 판사 후루가와 하츠오(古川初男)

조선총독부 판사 타니가와 하치로(谷川八郎)

1940년형상제120호(昭和十五年刑上第一二〇號)

판결

본적 및 거주: 대전부 본정

식료품상, 양기석(당 27세)

위 사람의 육해군 형법 위반 피고사건에 대하여 1940년 10월 29일 경성복심법원에서 언도된 판결에 대하여 피고인이 상고를 함에 따라 당 법원은 조선총독부 검사 마이바라 센(米原先)이 관여하여 심리하고 다음과 같이 판결한다.

주문

본건의 상고는 기각한다.

이유

변호인 나가시마 유조(永島雄藏)의 상고 내용 제1점은, 원 판결은 피고인의 판시사실에 대하여 육군형법과 해군형법에 위반하는 행위가 있었다고 인정하고 두 형법을 적용했다. 그러나 판시사실에 따르면 판시 일본 군인이라든가 일본병이라든가 병대 또는 아무개 부대장이라든가는 모두 육군 군대 또는 육군 군인을 지칭하는 것이거나 해군 부대 또는 해군 군인을 지칭하는 것인지 명확하지 않다. 가령 내용을 전부 보면 □상(□上) 부대만을 가리키고 있는 것과 같으면은 이 점에 대해 피고인이 육해 어느 의미로 담화를 한 것이라는 것이 명료하다. 사실을 확정한 후에 그에 대해서 법률을 적용해야 할 이유가 됨에도 불구하고 막연히 육해군 두 형법에 해당하는 것으로 인정하고 의율하는 것은 심리를 다하지 않았거나 의율의 착오가 있으므로 파기해야 할 것으로 사료됨을 말한다.

원판시사실은 모두 그 광둥 방면에서 황군에 관한 사항임에도 특히 육해 양군에 관련한다는 것은 판연 구별할 수 없다. 막연히 황군에 관한 허구의 사실을 날조하거나 근거 없이 들은 말의 사실 또는 실재 사실을 과장함으로 인하여 황군 풍기의 엄중함을 의심하게 하거나 또는 사기에 저하(沮喪)를 일으키는 것과 같은 언사를 함부로 하는 것을 말함으로써 위의 행위는 현재 사변의 때에 육해 양군의 군사에 관한 조언비어를 한 것에 해당하여 피고인의 판시 행위는 곧, 일면 육군형법 제99조에 해당되는 동시에 다른 면으로 해군형법 제 100조에 해당하는 것이다. 이는 원심이 이를 형법 제54조 제1항 전단의 소위 사상적 병합죄로서 처단하는 것이 정당하여 조금도 법률 적용의 착오 없이 논지는 그 이유가 없다.

동(同) 제2점은 원판결은 정해진 형량이 심하여 부당하다고 사료된다고 호소한 이유가 있다. (一) 원 판결의 인정에 관하여 판시사실은 중요한 점에 과장된 점이 있고 곧,

가, "광둥 방면에서 일본군이 지나 부락을 점령했을 때 병대는 물론 종군 상인 등도 지나 주민의 소지금 또는 돼지, 닭 등을 약탈하여 자신도 한 번 종군하여 돼지나 닭 등을 약탈해 왔다" 운운 했어도 피고인은 담화할 때에 약탈이라는 단어를 사용하지 않았다. 또 지나 주민의 소지금을 약탈했다는 내용을 말한 적이 없고 단지 일본 군대의 점령지대에서 일시 주민이 도주했기 때문에 주로 알려진 닭, 돼지류를 징발한다는 의미를 말한 것에 불과하다. 원심 공판조서 중 피고인의 해명에 따라 분명히 피고인은 원래 약탈이라는 일본어의 의미를 모르고 사용했다는 의미로 해명했다. 사법경관, 관사에 대해 이를 긍정할 수 있음으로써 실제 피고인이 담화한 단어와는 서로 다른 바가 있다. 피고인이 이야기한 단어는 단지 "일본군 점령지구의 주민이 버려둔 닭과 돼지를 사용

하여 제공했다고 할 수 있다"라는 의미 외에는 아니다.

나, "지나군이 일본 군인을 죽일 때에는 라디오에서 지금 당신들 일본인의 목을 베고 귀를 베고 입을 베고 눈을 뽑는다고 말하고 일본군이 지나의 포로를 죽일 때에는 일렬로 세워 일본도로 목을 베어 떨어뜨리고 있다"라는 판시사실에 대해 원심 공판조서 피고인의 공술에 의하면 위 앞의 사실은 1940년 1월 난닝(南寧)을 함락할 때에 광둥 재류의 조선인 씨명 불상자로부터 그러한 이야기를 들어 사실이라고 믿고 있었다. 또 뒤의 사실은 1939년 11월 즈음 피고인이 정청(增城)에서 약 2리(里) 떨어진 곳의 어떤 부대가 포로인지 '스파이'인지는 알지 못하지만 지나 병사의 목을 일본도로 베어 떨어뜨리는 것을 목격했기 때문에 그 일을 재미있게 모두에게 이야기한 것으로 위는 모두 피고인이 무근의 사실이라고 생각하며 확신하고 있다. 흥미롭게 담화한 것이라고 추측하여 알게 되었어도 지나 병사의 비참함이라고 이해하여 그 사이 악의라고 인식하지 않았다.

다, "일본병은 한가할 때는 수류탄을 가지고 나가 이를 물고기잡이(魚獵)에 사용한다는 등 조금도 병기를 아끼지 않는다"는 판시사실에 대해서 원심 공판조서 피고인의 공술에 따르면 "그 점은 일본병이 식량에 굶주리는 경우는 수류탄을 사용하여 물고기를 잡는 일이 있다는 이야기에 불과하다"는 내용이라고 해명했다. 피고인의 공술이 경찰관, 또는 검사조서에 과장해서 기술되어 있다는 것을 추측해서 알 수 있다.

라, "일본병이 지나인 부락을 점령한 때 병대는 물론 종군 상인 등도 지나인의 미녀를 자유롭게 잡아 잠을 잔다"는 내용의 판시사실에 대해서는 원심 공판조서 피고인의 공술로서 "위의 이야기는 양민의 부녀를 잡아서 농락한다는 의미가 아니고 점령지 성내에 있는 밀매음부를 값싸게 안고 잔다"는 의미로 말한 것이었는데 점차 과장되었던 것이다.

피고인의 담화 내용은 위 변명대로임을 추측하여 알 수 있는 이상 원판결 판시에 관계한 피고인의 조언비어 중 악질이라고 인정되는 것은 사실 피고인의 극히 가벼운 의미의 만담이다. 이상 해명과 같이 이야기함으로 판시의 정도보다 실제 범죄의 정황은 가벼운 것(犯情輕徹)이다.

(二) 원심 공판조서 중 피고인의 공술에 따르면 피고인은 광둥으로부터 조선에 귀성할 때에 군사 당국 기타 어떤 관헌으로부터도 특히 방첩에 관해 경고를 받은 바가 없고 피고인의 경력지식에서도 전쟁터에서 보고 들은 것을 어느 정도로 담화하면 합법적인 것인지에 대하여 명료한 인식을 결하고 있으므로 극히 생각이 미치지 못하여 조언비어의 죄를 저지르기에 이른 것이다.

(三) 피고인은 1938년 2월 남지나(南支那) 광둥성 난닝에 도항하여 2, 3개월 후 출정하여 군대의 식료품 어용 상인이 되었다. 1940년 4월 20일에 이르기까지 헌신적으로 군의 지시명령에 복종

하고 현지의 변화에 응하여 때때로 자신의 사용인들인 지나인을 동반하여 비적 토벌의 때 군 통역의 임무에 복무했다. 또는 군대에 목탄 헌납을 하는 등 상당히 우리 출정 군대에 공헌한 바가 있으므로 한 면에서는 이 노력에 따라 상당한 이익을 얻어 다시 두부 제조, 빵 제조의 확장을 명령받아 그 준비 용무로서 현지를 출발하여 오사카(大阪)를 거쳐 조선에 돌아와 그 준비를 마쳤다. 다시 급하게 남지나에 도항하는 중에 실로 생각이 미치지 못하여 본 사건이 발생했다. 피고인은 실로 출정 군인으로부터 최대의 은고를 받아 다시 그 어용 상인 확장을 위해 귀향하는 고로 일본 군대는 물론 일본제국에 대해 절대적으로 충성을 다해야 하는 경우에 있으며 결코 악의로써 우리 출정 군대 또는 군인의 명예신용을 훼손하는 언동을 할 수 없는 자이다. 그러므로 우연히 취기에 올라 전쟁터의 이야기(手柄話)에 꽃을 피워 실로 피고인 자신도 의외인 본건 사단(事端)을 야기하였다. 일의 경솔함과 근신하지 않음에 대해서는 피고인이 매우 두려워하고 후회하고 있다.

(四) 피고인은 본건 검거를 받아 구속된 끝에 병을 얻어 오래 대전도립병원에 입원하고 지금도 옛날의 몸으로 돌아가고 있는 상태에 있다. 또 한편 하루라도 빨리 본건의 해결을 기다려 다시 남지나 광둥 방면에 도항하여 크게 출정 군대의 어용에 봉사할 것을 기원하고 있다. 이상 여러 사정을 참작한다면, 제1심 판결이 피고인에게 형의 집행유예를 언도하여 피고인으로 하여금 용감하게 다시 재도항하여 국가를 위해 봉사하도록 하는 것은 피고인이 감격으로 해야 할 바이다. 그러나 불행히도 원심 판결에서 실형을 받은 것은 형량이 무거워 잃을 것이 많다고 사료됨으로써 법원에서는 다시 사실을 심리하시고 피고인에 대해 형의 집행유예를 언도할 것을 간절히 바라고 있다는 것을 말함에 있다.

그렇다 해도 기록 정밀히 조사하여 피고인의 범행정황 기타 여러 정상(情狀)을 자세히 살펴보아도 원판결의 형량이 심하고 부당하다고 사료할 만한 일임이 현저하여 이유가 있는 것을 인정하기 어렵다. 논지는 이유 없다.

이에 상고를 이유 없는 것으로 하고 형사소송법 제446조의 규정에 따라 주문과 같이 판결한다.

1941년 2월 17일

고등법원 형사부

재판장 조선총독부 판사 하라 세이테이(原正鼎)

조선총독부 판사 다카하시 류지(高橋隆二)

조선총독부 판사 후나타 세이치로(舟田誠一郎)

조선총독부 판사 이케다 료노스케(池田良之助)

조선총독부 판사 마스무라 후미오(增村文雄)

위는 등본이다. 같은 날 같은 청

조선총독부 재판소 서기 이바라키 코사부로(茨木小三郎)

28) 1941년형공제909호, 대구지방법원(1941. 7. 22.); 1941년형공공제240호, 대구복심법원(1941. 8. 11.)

1941년형공제909호(昭和十六年刑公第九○九號)

판결

피고인의 본적, 주거, 신분, 직업, 씨명, 연령:

본적: 군위군 고로면 화북동

거주: 영천군 청통면 치일동

주류판매업, 하차기(여, 당 40세)

피고사건: 육군형법 위반

주문

피고인을 금고 4월에 처한다.

범죄사실 및 전과: 별지와 같음.

적용법조: 육군형법 제99조

1941년 7월 22일 조선총독부 검사 마츠모토 다카요시(松本孝義) 관여 판결

대구지방법원

조선총독부 판사 미야케 수이치(三宅修一)

범죄사실 및 전과[6]

경상북도에서는 1941년 5월 초순경 도내 각 면을 단위로 해서 남녀별로 청년대를 조직해 시국하의 적당한 지도감독을 하고 있었다. 면내 각 동에서 그 적격자에게 그 입대방법을 권유하기 시작하자 피고인은 그 무렵 살고 있는 동내의 소문을 듣고 위에 쓴 거주 마을 산본인산(山本仁山) 집에서 그에게 최근 당국에서 17, 18세 되는 미혼 여자를 모집하여 북만주에 연행하고 지금 전쟁 중의 일본군 장병을 위해 취사 또는 위안을 시킬 계획을 하고 있으므로 빨리 귀하의 딸 석순(당 16세)을 결혼시키는 것이 안전하다고 허망한 사실로써 이번 사변에 때해 군사에 관한 조언비어를 하였다.

1941년형공공제240호(昭和十六年刑控公第二四〇號)

판결

본적: 경상북도 군위군 고로면 화북동
거주: 경상북도 영천군 청통면 치일동
주류판매업, 하차기(女, 당 40세)

위 자의 육군형법 위반 피고사건에 대해 1941년 7월 22일 대구지방법원에서 언도한 판결에 관해 피고인이 항소신청을 하였으므로 당 법원은 조선총독부 검사 무라다 사분(村田左文)이 관여하여 심리하고 다음과 같이 판결한다.

주문

피고인을 금고 4월에 처한다.

---

6 별지에 범죄사실 및 전과가 기록되어 있다.

이유

피고인은 영천군 청통면 치일동에서 주류판매업을 하고 있는 자이다. 1941년 5월 초경 경상북도에서 그 군 내 각 면을 단위로 하여 남녀별 청년대를 조직하고 시국 하에 적당한 지도감독을 하자 면내 각 동에서 그 적격자에게 그 입대 방법을 권유하기 시작한 것을 들어 알게 되었다. 그 즈음 거주 동네 산본인산(山本仁山)의 집에서 그에게 최근 당국에서 17, 18세의 미혼 여자를 모집하여 북만주로 연행해서 지금 전쟁 중인 일본군 장병을 위해 밥을 하거나 위안을 하게 할 계획이 있음으로 빨리 귀하의 딸 석순(당 16세)을 결혼시키는 것이 안전할 것이라고 허망한 사실을 말함으로 이번 사변의 때에 군사에 관한 조언비어를 하였다.

증거에 따라 판시사실은 피고인이 당 공정에서 자신이 판시 일 즈음 산본인산 집에 갔다는 내용, 자기의 중개에 의해 위 산본의 딸 석순과 임재근을 결혼시키기로 했다는 내용의 공술, 피고인에 대한 검사의 피의자 신문조서 중 판시 같은 내용의 공술기재 및 산본인산에 대한 사법경찰관 사무취급의 피의자 신문조서 중 공술로서 판시 일경 피고인이 자신의 집에 와서 딸 석순의 시집 이야기를 하였을 때 최근 소문은 17, 18세의 미혼 여자를 모집하여 전지에 연행하여 황군을 받들어 모시며(奉侍) 취사, 간호 등을 하게 할 계획이므로 빨리 딸 석순을 결혼시키는 것이 어떠하냐고 물었다는 내용의 기재를 종합하여 그것을 인정한다.

법률에 따라 피고인의 판시 행위는 육군형법 제99조에 해당하므로 소정 형기 범위 내에서 피고인을 금고 4월에 처하도록 한다.

이에 주문과 같이 판결한다.

피고인의 공소는 이유 없다.

1941년 8월 11일

대구복심법원 형사 제1부

재판장 조선총독부 판사 야스카와 시게오(安川重雄)

조선총독부 판사 다카하라 토미조(高原富藏)

조선총독부 판사 고에카와 준키지(越川純吉)

29) 1941년형공제868호, 광주지방법원 목포지청(1941. 10. 23.)

1941년형공제868호(昭和十六年刑公第八六八號)

판결

본적: 광주부 동정
거주지: 목포부 온금동
일용, 김송죽(당 39세)

위 자의 육군형법 위반 피고사건에 대해 조선총독부 검사 가나이즈미 칸시치(金泉勘七)가 관여하여 심리하고 다음과 같이 판결한다.

주문

피고인을 금고 4월에 처한다.
단. 미결 구류 일수 중 30일을 본형에 산입한다.

이유

피고인은 1940년 5월 17일 아버지 사망 후 날품팔이로 일가를 유지해 오고 있는 자로서 가족으로는 국민학교 2학년에 재학 중인 10세의 여자아이가 있다. 피고가 부재중 집을 비우고 다른 집의 일을 처리하는 불편을 통감하고 있을 때 마침 1941년 5월 15일 위 자택에서 피고인의 집 방 하나에 세 들어 살고 있던 정점례가 피고인에게 "최근 호구조사 하러 온 순사가 자기의 시누이 박남례(당시 17)의 이름, 연령 등을 상세하게 조사해 갔는데 무엇 때문인지 모르겠다"고 상담조로 물어오자 위의 박남례의 보호를 빙자하여 이를 피고인의 집에 머물게 하여 집안일을 시키려고 위 점례에게 "지난번 경성 방면을 여행 중 조선총독부에서 일선군대의 위안을 위해 경성지방의 14세부터 18세의 조선인 처녀를 강제로 모집하고 있는 것을 보았는데 목포에서도 같은 모집을 위해 조사할 것이다. 이를 피하기 위해서는 사람의 눈에 띄지 않도록 박남례를 자신의 집에 숨겨 두는 것이 상책이다"라고 하며 전혀 허구의 사실을 말한 후 그 다음에 6일 그곳에서 박남례에게도 무근한 사실을 말하여 이번 지나사변에 즈음하여 군사에 관한 조언비어를 한 자이다.

법률에 따라 피고인의 판시 행위는 육군형법 제99조, 형법 제55조에 해당함으로 소정 형기 범위 내에서 피고인을 금고 4월에 처한다. 또 동법 제21조에 따라 미결구류 일수 중 30일을 본형에 산입하기로 한다.

이에 주문과 같이 판결한다.

1941년 10월 23일

광주지방법원 목포지청

조선총독부 판사 후루가와 하츠오(古川初男)

30) 1943년형공제6호, 대구지방법원 경주지청(1943. 1. 30.)

1943년형공제6호(昭和十八年刑公第六號)

판결

피고인의 본적, 주거, 신분, 직업, 씨명, 연령:

본적: 울산군 웅촌면 검단리

주거: 부산부 사정정

재봉기 판매 외교원, 암전용수(당 31세)

피고사건: 육군형법 위반

주문

피고인을 금고 4월에 처한다.

범죄사실 및 전과: 별지 기재와 같음.

적용법조: 육군형법 제99조

1943년 1월 30일 조선총독부 검사 후지카와 마사토시(藤川雅敏) 간여 판결

대구지방법원 경주지청

조선총독부 판사 하마모리 류(濱守龍)

범죄사실 및 전과[7]

피고인은 1942년 7월부터 부산부 초량정 구산상회(丘山商會)의 판매외교원이 되어 같은 해 12월 19일 경상북도 영일군 지행면 계계리 천본봉출(川本奉出)의 안내로 마을 음식점 하산화선(夏山花仙) 집에서 술을 마시던 중 같은 날 오후 9시경 위 산본봉출, 하산화선 및 같은 군 부락민 임석준, 오성학 외 1명 모두 5명을 상대로 잡담 중에

(一) 나의 마을(부산부 수정정) 뒷산에는 지나사변 이래 병대가 주둔하고 있을 때 짐을 차에 쌓아 오고갔는데 그 산의 소나무 숲에는 일반 사람이 땔감을 구하러 갈 수 없던 모양이다. 이번 달 10일경(1942년 12월 10일경) 부산부 좌천정에 있는 40세 정도의 조선인 노인 1명이 우연히 그 산에 솔잎을 주우러 갔는 바 제복 군인 4명이 내려와서 그 노파에게 정교(情交)를 협박하여 노파는 나이가 들어서 안 된다고 거절해도 군인은 듣지 않고 나이가 들어도 좋으니까 라고 말하고 무리하게 협박했다. 그 노파는 힘으로 이길 수 없어 결국 4명으로부터 강간의 고통을 겪고 집으로 돌아와서 누워있었는데 상대는 군인이고 또 자신의 수치를 세상에 드러내는 것이 되니까 말로 비난하지도 못했는데 군인도 무법한 일을 한 것이다. 계속해서

(二) 똑같이 수정정 내에 내지인 과부가 거주해 있었는데 군인들이 밤낮을 가리지 않고 그 집에 출입해 정교한 모양이어서 그 과부가 군인에게 좋은 일을 한 것이 되었다고 말함으로써 전시의 때에 군사에 관해 조언비어를 하였다.

---

7 별지에 범죄사실 및 전과가 기록되어 있다.

31) 1943년형공제209호, 대구지방법원 김천지청(1943. 7. 30.)

1943년형공제209호(昭和十八年刑公第二〇九號)

판결

피고인의 본적, 거주, 신분, 직업, 씨명, 연령:
본적 및 거주: 경상북도 선산군 선산면 습례동
농업, 길본가우(여, 당 48세)

피고사건: 조선임시보안령 위반

주문

피고인을 징역 4월에 처한다.

범죄사실 및 전과

피고인은 위에 적힌 주거지인 선산군 선산면에서 농업에 종사하고 있는 자이다. 1943년 5월 26일 선산군 고아면 횡산동 큰딸의 사위 생가에 볼 일이 있어 갔다가 돌아오는 길에 그날 오후 2시경 황산동 산본순분(山本順粉)의 집 근처 길에서 만난 산본순분과 홍중수열(弘中守烈)이라는 여자에게 "이 부락에는 처녀 공출에 대하여 어떠한 말도 오지 않았는데 내 이웃 부락에서는 처녀 3명을 공출하게 되어 붉은 종이 1장이 오면 만주로 가게 되었다. 그중 처녀 한 사람은 운동으로 공출은 면하고 3일 후에 결혼식을 올렸고 다른 두 사람은 가야 한다. 당신도 처녀가 있으면 빨리 시집을 보내는 것이 좋다"고 말했다. 그날 거듭 오후 5시경 이 마을 삼정두심(三井斗深)이라는 여자의 집에 방문하여 그녀에게, 그날 오후 6시경 이 마을 제방 위에서 만난 이 마을 주산금임(朱山今任)이라는 여자에게 모두 위와 동일한 내용의 언사를 함부로 함으로써 시국에 관하여 인심을 어지럽히는 사항을 유포한 것이다.

적용법조: 조선임시보안령 제21조(징역형 선택)
1943년 7월 30일 조선총독부 검사 타비라 후지이치(田平藤一)의 간여 판결

대구지방법원 김천지청

조선총독부 판사 다카야 료(隆矢良)

32) 1943년형공제1062호, 대구지방법원(1943. 9. 17.)

1943년형공제1062호(昭和十八年刑公第一〇六二號)

약식명령

피고인의 본적, 거주, 신분, 직업, 씨명, 연령:
본적: 경상북도 성주군 초전면 칠선동
거주: 경상북도 칠곡군 약목면 관호동
농업, 판출, 곧 박우동(당 27세)

피고사건: 조선임시보안령 위반

과형(科刑) 및 부수(附隨) 처분

피고인을 벌금 30원에 처한다. 단 위 벌금을 완납할 수 없을 때에는 30일 동안 노역장에 유치한다.

죄가 되는 사실

피고인은 위의 거주지에서 농업을 하는 자이다. 1943년 8월 13일 오후 5시경 거주 동네 고산봉준(高山鳳俊) 집 뒤에 있는 버드나무 아래에서 고산봉준 외 4명에게 "시국 관계로 최근 미혼 처녀

의 공출을 행하여 나의 이웃인 최노인의 막내딸도 어디인지 알 수 없지만 공출되었다. 마을에 돌아와 결혼도 하지 못하고 공출되어 애석하다"고 허구의 사실을 말하여 시국에 관한 조언비어를 하였다.

적용법조: 조선임시보안령 제20조(벌금형 선택), 형법 제18조

피고인은 이 명령의 등본이 송달된 날로부터 7일 내에 정식재판을 신청할 수 있음.

1943년 9월 17일

대구지방법원

조선총독부 판사 장택재호(長澤在鎬)

33) 1943년형공제392호, 대전지방법원 청주지청(1943. 11. 27.)

1943년형공제392호(昭和十八年刑公第三九二號)

약식명령

본적: 보은군 산외면 장갑리

주거: 위와 같음

농업, 평소수만(平沼壽萬, 당 46세)

위의 자의 조선임시보안령 위반 피고사건에 대하여 다음과 같이 약식명령을 한다.

주문

피고인을 벌금 100원에 처한다.

위 벌금을 완납하지 못할 때에는 벌금 2원을 하루로 환산한 기간 피고인을 노역장에 유치한다.

범죄사실

피고인은 1943년 8월 23일 정오경 충청북도 보은군 산외면 백석리의 고목인송 집에서 그 사람의 내연의 처인 신재룡 외 1명에게 최근 광업자는 여공으로 모집한 처녀가 돌아올 수 없을 때는 피를 뽑아 돌려보내기 때문에 그 처녀가 돌아온 후 얼마 지나지 않아 사망했다는 허구의 사실을 함부로 말하고 비밀리에 여공 응모를 거부해야 한다는 것을 드러내어 시국에 관한 조언비어(造言飛語)를 하였다.

적용법조

조선임시보안령 제20조(벌금형 선택)

형법 제18조

피고인은 이 명령의 등본이 송달되는 날부터 7일 이내에 정식으로 재판을 신청할 수 있음.

1943년 11월 27일

대전지방법원 청주지청

조선총독부 판사 카와이 하츠야(河合初彌)

34) 1943년형공제377호, 대전지방법원 청주지청(1943. 12. 18.)

1943년형공제377호(昭和十八年刑公第三七七號)

약식명령

본적: 충청북도 청주군 강내면 정봉리
주거: 위와 같음
농업, 안중복례(安仲福禮, 당 16세)

본적: 충청북도 청주군 강내면 정봉리
주거: 충청북도 청주군 탑연리
농업, 금촌분영(金村紛英, 당 17세)

본적: 충청북도 청주군 강내면 탑연리
주거: 위와 같음
농업, 금곡진월(金谷鎭月, 당 15세)

본적: 충청북도 청주군 강외면 기북리
주거: 충청북도 청주군 강외면 탑연리
농업, 금곡정득(金谷丁得, 당 17세)

본적: 충청북도 천안군 동면 화계리
주거: 충청북도 청주군 강내면 탑연리
농업, 송본세종(松本世鍾, 당 23세)

위의 자들의 안녕질서에 대한 죄 피고사건에 대해 다음과 같이 약식명령을 한다.

주문

피고인 안중복례, 동 금곡분영을 각 벌금 100원에, 피고인 금곡진월, 동 금곡정득 및 송본세종을 각 벌금 70원에 각 처한다.

피고인 송본세종은 위 벌금을 완납할 수 없을 때 벌금 1엔을 하루로 환산하는 기간 노역장에 유치한다.

(一) 피고인 안중복례는 1943년 4월 중 날짜 불상 위에 쓴 자택 정원에서 피고인 금곡분영 외 2명에게 "공장의 여공을 모집하고 있지만 이는 처녀(娘)들을 남양군도에 연행하여 병대의 밥을 하고 세탁을 시키는 것이다"는 내용의 허구사실을 함부로 말하여 시국 여공 모집에 관한 조언비어를 하였다.

(二) 피고인 금촌분영은 1943년 4월 중 날짜 불상 위에 쓴 머무는 집에서 친언니 금촌점례 및 피고인 금곡진월 등에게 "지금 처녀(娘)들을 모집하고 있는데, 이것은 남양군도의 수비대의 밥을 하고 세탁을 시키기 위해서이다. 또 밤에는 처녀 1명을 대세(大勢)의 병대가 있는 방에서 재운다"는 내용의 허구사실을 함부로 말하여 시국 여공 모집에 관한 조언비어를 하였다.

(三) 피고인 금곡진월은 1943년 4월 중 날짜 불상 위에 쓴 머무는 집에서 피고인 금곡정덕에 대해 "지금 부락에서 처녀들을 모집하고 있는데 이는 전쟁터 수비대의 밥을 하고 세탁을 시키는 것이다. 밤에는 위안부를 하게 한다"는 내용의 허구사실을 함부로 말했다. 또 범의를 계속하여 그 무렵 마을의 장석봉 집 정원에서 금곡칠남에게 위와 같은 내용의 허구사실을 함부로 말하여 여공 모집에 관한 조언비어를 하였다.

(四) 피고인 금곡정득은 1943년 4월 중 날짜불상 위에 쓴 머무는 곳에서 이복록 집 공사장에 있는 송본세종에게 "지금 부락에서 처녀들을 모집하고 있는데 이것은 남양군도의 군대의 밥을 하고 세탁을 시키기 위해서다"라는 내용의 허구사실을 함부로 말함으로 이때의 여공 모집에 관한 조언비어를 하였다.

(五) 피고인 송본세종은 1943년 자신의 장녀 송본근성에게 "이 부락에 지금 남양군도 전쟁터에 있는 장병들의 밥을 하고 세탁을 하기 위해 처녀들을 모집하고 있다"는 내용의 허구사실을 함부로 말하여 이때의 여공 모집에 관한 조언비어를 하였다.

적용법조

피고인 안중복례, 동 금촌분영, 동 금곡진월에 대해 조선임시보안령 제21조(벌금형 선택)

조선소년령 제13조

피고인 금곡정득에 대해서는 위 법조 외에 형법 제55조

피고인 송본세종에 대해서는

조선임시보안령 제20조(벌금형 선택), 형법 제18조

피고인은 이 명령의 등본 송달 날로부터 7일 내에 정식으로 재판으로 신청할 수 있다.

1943년 12월 18일

대전지방법원 청주지청

조선총독부 판사 카와이 하츠야(河合初彌)

35) 1943년형공제364호, 전주지방법원 남원지청(1944. 1. 24.)

1943년형공제364호(昭和十八年刑公第三六四號)

판결

피고인의 본적, 거주, 신분, 직업, 씨명, 연령:

본적, 주거 모두: 전북 장수군 장수면 장수리

농업, 장송홍길(長松洪吉, 당 48세)

피고사건: 조선임시보안령 위반

주문

피고인을 징역 6월에 처한다.

범죄사실 및 전과

피고인은 무학문맹으로 소작농을 하는 자이다. 1943년 11월 24일 오전 8시경 장수군 장수면 장수리의 자택에서 같은 마을 공계시에게 "큰일이 있을 것이다, 가까운 시일에 15세에서 20세 사이의 처녀는 정부가 강제적으로 모아서 연행해 간다니 처녀도 빨리 시집가는 것이 좋다"라고 함으로써 시국에 관한 조언비어를 한 자이다.

적용법조: 조선임시보안령 제20조

조선총독부 검사 미야라 히로오(宮良寬雄) 관여 판결

1944년 1월 24일

전주지법 남원지청

조선총독부 판사 다나카 히데히로(田中英寬)

36) 1944년형공제171호, 전주지방법원(1944. 3. 3)

1944년형공제171호(昭和十九年刑公第一七一號)

약식명령

본적: 전라북도 정읍군 칠보면 시산리

주소: 전라북도 임실군 운암면 운암리

일용, 청본규철(淸本圭喆, 당 27세)

피고사건

조선임시보안령 위반

과형 및 부수 처분

피고인을 벌금 50원에 처한다. 위 벌금을 완납하지 못하면 50일간 노역장에 유치한다.

죄가 되는 사실

피고인은 무학무맹으로서 날품팔이 노동에 종사 중인 자인데 범의를 계속하여,

(一) 1943년 11월 중순 일자 불상 오전 11시경 위 주소 거주지 홍용표의 객실에서 마을 권금용 외 2명에게 "전남 광주 및 정읍에서는 숫처녀(生娘)의 공출이 활발히 이루어지고 있다. 지난 번 칠보면에서도 숫처녀 2명이 공출되었다. 그 관계로 올해는 결혼이 많아질 것이다. 칠보면에 살고 있는 자기의 사촌 여동생도 빨리 결혼을 시킬 것이다"라고 말하였다.

(二) 1943년 11월 중순 일자 불상 오전 10시경 같은 마을 홍본순식의 거실에서 홍본순식 외 1명에게 위와 동일한 사실을 말함으로써 시국에 관하여 인심을 혼란스럽게 하는 사항을 유포했다.

적용법조: 조선임시보안령 제21조 벌금형 선택, 형법 제55조 제18조

피고인은 이 명령의 등본이 송달된 날로부터 7일 이내에 정식재판을 신청할 수 있다.

1944년 3월 3일

전주지방법원

조선총독부 판사 가와우치 겐조(河內兼三)

37) 1944년형공제214호, 전주지방법원(1944. 3. 22.)

1944년형공제214호(昭和十九年刑公第二一四號)

약식명령

본적 및 거주지: 전라북도 김제군 김제읍 교동리
음식점 조리사(板場), 국본진규(國本軫奎, 당 30세)

피고사건: 조선임시보안령 위반

부과 형 및 부수 처분

피고인을 벌금 50원에 처한다. 위 벌금을 완납하지 못하면 50일간 노역장에 유치한다.

죄가 되는 사실

피고인은 익산군 동산공립보통학교 4학년을 중도 퇴학한 이래 각 지역의 음식점에 고용되어 사는 자이다. 1943년 12월경부터 김제군 김제읍 교동리 목포옥이라는 음식점 창원동엽(昌原東燁)의 집에서 조리사로 고용주의 집에 들어가 살며 현재에 이르렀다. 1944년 2월 9일 위 목포옥 조리장에서 여자 고용인 금택군자(金澤君子) 및 고산송죽(高山松竹) 두 사람에게 어떠한 확실한 근거도 없으면서 "전주에 가서 보면 처녀를 전부 공출시키고 있다. 김제에서도 가까운 시일에 처녀는 전부 공출시키려고 한다. 당신들도 빨리 고향에 돌아가서 시집가는 것이 좋겠다"라고 말함으로써 시국에 관한 조언비어를 한 자이다.

적용법조: 조선임시보안령 제20조 벌금선택 형법 제18조

피고인은 이 명령의 등본 송달이 있는 날부터 7일 내에 정식재판을 신청할 수 있음.

1944년 3월 22일

전주지방법원

조선총독부 판사 가와우치 겐조(河內兼三)

38) 1944년형공제270호, 광주지방법원(1944. 4. 15.)

1944년형공제270호(昭和十九年刑公第二七〇號)

판결

본적: 전라남도 고흥군 포두면 장수리

거주: 함경남도 함주군 흥남읍 구룡리 명인료(明燐療) 내

일본질소배급주식회사 모토미야(本宮) 공장 시험공, 오종기(당 29세)

위의 자의 조선임시보안령 위반 사기 피고사건으로 당 법원은 조선총독부 검사 강본대교(江本大敎)의 관여로 심리하고 다음과 같이 판결한다.

주문

피고인을 징역 5년에 처한다.

이유

피고인은 (1) 1944년 7월 2일 광주지방법원 순청지청에서 사기 절도 업무횡령죄에 의해 징역 1년 6월에 처하고 1936년 1월 10일 그 형의 집행을 마쳤다. (2) 1937년 2월 19일 동청(同廳)에 횡령 사문서 위조 행사 사기죄에 의해 징역 1년에 처하여 1938년 2월 19일 그 형의 집행을 마쳤다. (3) 같은 해 12월 12일 동청에 횡령 사기죄에 따라 징역 2년에 처하게 되어 1940년 5월 11일 그 형의 집행을 마쳤다. (4) 같은 해 10월 4일 부산지법 마산지청에 사기 절도 업무횡령죄에 의해 징역

3년에 처하여 1943년 10월 4일 그 형의 집행을 마친 자이다. 그즈음부터 함흥일본질소비료주식회사 모토미야(本宮) 공장 시험공으로 고용되어 있었던 바 1944년 2월 14일경 귀향하는 도중 광주 기타에 들렀을 때

제1, (一) 1944년 2월 16일 오후 2시경 명치정 5정목 129번지 중앙여관에서 동 여관주인 금해명근(金海命瑾)에게 "일본 질소비료주식회사는 군부 직속의 군수공장으로서 다수의 여공을 고용하고 있다. 이번 조선에 징용령이 시행되어 일반 국민을 징용하게 되어 동 회사에서는 남녀 노무자 특히 16세 내지 19세 여자를 다수 징용하기 위해 전선 각 도에 징용노무자의 관리책임자를 파견했다. 자신은 전남지구 담당책임자로서 광주에 왔다"는 내용을 말하고 이로써 시국에 관한 조언비어를 하였다.

(二) 2월 18일 오전 10시경 동부 학강정 광남인사소개소 주인 국본몽구(國本夢九) 집에서 그에게 "자신은 만주 헌병대 위안소에 있는 자인데 이번에 다수의 14세 내지 25세 여자를 위안부로 모집하러 광주에 왔다. 지금부터 각지를 순회하지 않으면 안 된다. 모집에 응하지 않을 때는 전부 강제징용하고 있다"는 내용의 말로써 시국에 관한 조언비어를 하였다.

제2, (一) 제1의 (二), 앞에 기록한 장소에서 전기 국본몽구를 지정취급인으로 할 때 사실이 아님에도 불구하고 그와 같이 가장하여 "위안부 모집에 관한 지정수취인으로 상당한 수익이 있을 것이므로 준비금을 제공해야 할 것"이라는 내용의 허구사실을 말하였다. 국본몽구는 그 내용을 믿고 즉시 동 장소에서 준비금 명의하로 돈 30원을 교부받아 편취했다.

(二) 2월 19일 오전 1시경 전남 광산군 효지면 사무소를 방문하고 동 면서기 금산도석(金山禱石)에게 자신은 흥남질소비료주식회사 모토미야 군사공장에서 직원의 유가족 위문 및 시국좌담회 개최를 위해 이곳에 왔다는 내용의 거짓말을 했다. 그는 기타 면사무원 등을 안심시키고 같은 달 21일 동 장소에서

(1) 전기 금산도선에게 회사가 이번 봄 광주출장소를 특설하는데 자신이 소장에 취직알선한다는 내용을 말하고 이력서를 모으고 다시 광주 국민복 옷감의 준비가 없음에도 불구하고 있는 것처럼 가장하여 "광주에 국민복 옷감을 준비하는 바 그 알선해 보낸 것을 선금으로 교부하고자 한다"는 내용의 허구사실을 말하였다. 피고인은 동 장소에서 선대금 명의로 10원을 교부받아 편취하였다.

(2) 효지면 급사 금산용복(金山容復)에게 앞과 같은 방식으로 그로부터 47원을 교부받아 편취하였다.

(3) 효지면 고용원 금성용태(金城容台)에게 취직을 알선할 의사가 없음에도 불구하고 그와 같이 가장하고 취직을 알선할 때 돈을 교부해야 한다는 내용의 허구사실을 말하여 그로부터 그 내용을 오해하도록 하여 즉시 동 장소에서 27원 50전을 교부받아 편취하였다.

(4) 전기 금출도석에게 반환의 의사가 없음에도 불구하고 이를 가장하고 "광주에 국민복 옷감을 가지러 갔다 오는데 당신의 자전차를 빌려주었으면 한다"는 내용의 허위사실을 말하고 금출도석이 이를 믿고 즉시 동 장소에서 대차 명의하에 그 소유에 있는 자전차 1대 가격 120원 정도를 교부받아 편취하였다.

(5) 같은 달 29일 오후 8시경 전남 영암군 신북면 갈곡리 민병수의 집에서 그에게 앞에 기록한 (1)과 같은 방법으로 민병수를 속이고 옷감 대금 명의로 30원을 교부받아 편취했다.

(6) 같은 달 같은 마을 평산득수(平山得洙) 집에서 전과 같은 방법으로 평산득수를 속이고 국민복 옷감 대금 선금 명의하에 10원을 교부받아 편취하였다.

(三) 같은 달 2일 오후 2시경 동군 반남면 하촌리 금옥봉수(金屋奉洙) 집에서 자신은 흥남질소비료주식회사의 사원인데 자기의 회사에는 지하버선 신발 등은 윤택하여 입용하면 배급해서 보내준다는 내용의 허구의 사실을 말하고 금옥봉수가 그 내용을 믿게 하여 물품대금 명의로 6원 60전을 교부받아 편취했다.

따라서 제1과 제2의 행위는 무릇 범의 계속에 관계되는 것이다.

법률에 따라 피고인의 판시 행위 중 제1의 행위는 조선임시보안령 제20조 형법 제55조에, 제2의 행위는 형법 제246조 제1항 제55조에 각 해당하는 것인바 전자에 대해서는 소정의 형 중 징역형을 선택하고 앞의 (3), (4)의 전과로써 형법 제56조 제1항 제59조 제57조인즉 누범 가중으로 한 이상은 형법 제45조 전단의 병합죄로서 형법 제47조 제10조에 따라 무거운 사기의 죄형으로 법정의 가중처벌하고 형기 범위 내에서 피고인을 징역 5년에 처한다.

이에 주문과 같이 판결한다.

1944년 4월 15일

광주지방법원

조선총독부 판사 단산근창(丹山根昌)

39) 1944년형공제402호, 대구지방법원 안동지청(1944. 8. 30.)

1944년형공제402호(昭和十九年刑公第四○二號)

판결

본적: 평안북도 박천군 동남면 동하동
거주: 경상북도 영주군 풍기면 서부동
농업, 송산기봉(당 38세)

위의 자의 조선임시보안령 위반 피고사건에 대해 조선총독부 검사 도케 료조(戶毛亮藏)가 관여하여 심리하고 다음과 같이 판결한다.

주문
피고인을 징역 6월에 처한다.
단 2년간 형의 집행을 유예한다.

이유
피고는 1944년 6월 7일 오전 11시경부터 12시경 사이 홍천군 제석면 상군사리 백천영주(白川榮周) 집 객실에서 자신의 장녀 간난과 피고인의 장남 종호의 혼담을 계속하던 중 그 사람으로부터 확실한 승낙을 얻기 위해서 그 조급함에 승낙을 재촉할 의도로 "지금 미혼 여자는 황군위문대라든가 또는 적십자대로서 공출되는 바 본부(本府)에 나의 친척이 있어 물어보면 결혼 승낙한 여자는 공출하지 않고 제외한다고 말하는 편지가 왔다"는 내용을 말함으로 시국에 관한 조언비어를 하였다.
판시사실은 피고인이 당 공정에서 한 자백에 따라 인정하여 증명한다.

적용법조: 조선임시보안령 제20조(징역형 선택), 형법 제25조

1944년 8월 30일

대구지방법원 안동지청

조선총독부 판사[8]

40) 1944년형공제451호, 대전지방법원 강경지청(1944. 11. 8.)

1944년형공제451호(昭和十九年刑公第四五一號)

약식명령

피고인의 본적, 주소, 직업, 씨명, 연령:

본적: 충남 논산군 성동면 원봉리

거주: 같은 곳

농업, 박두성의 처 신옥순(당 45세)

피고사건: 조선임시보안령 위반

과형 및 부수 처분

피고인을 벌금 50원에 처한다.

위 벌금을 완납하지 못하면 50일간 노역장에 유치한다.

8 원문에 판사 이름이 표기되어 있지 않다.

죄가 되는 사실

피고인은 1944년 6월 9일 자신의 장녀 박금득이 돈벌이를 나간 부산부 범일정 708번지 조선방직주식회사 부산공장으로 딸을 방문하여 박금득에게 "고향 마을의 여자 청년은 두 사람도 이미 만주로 보내졌다. 지금도 많이 모집하고 있는 상황인데 딸을 갖고 있는 가정은 모두 감추고 있는 상황이다. 모집된 사람은 만주에 가서 군대에서 세탁을 할 것이다"라고 함부로 말함으로써 시국에 관한 조언비어를 한 것이다.

적용법조: 조선임시보안령 제20조(벌금형 선택), 형법 제18조

이 명령 등본의 송달이 있는 날로부터 7일 내에 정식재판을 신청할 수 있음.

1944년 11월 8일

대전지방법원 강경지청

조선총독부 판사 미즈하라 케진(水原鷄人)

41) 1945년형공제121호, 대전지방법원 홍성지청(1945. 3. 2.)

1945년형공제121호(昭和二十年刑公第一二一號)

약식명령

본적: 서산군 서산읍 읍내리

거주: 충남 서산군 서산읍 읍내리

대일본방직주식회사 청진공장 공원, 유광무(당 34세)

피고사건: 조선임시보안령 위반

과형 및 부수 처분

피고인을 벌금 300원에 처한다. 위 벌금을 완납하지 못할 때는 150일간 노역장에 유치한다.

범죄사실

피고인은 1940년 1월 대일본방적주식회사 청진공장에서 공원(工員)으로 고용된 이후 서산군 주재원으로서 이 공장의 노무자 모집에 종사해온 자이다. 1944년 음력 10월 초순 날짜 불상 오후 8시경 서산군 서산읍 읍내리 자택에서 예전부터 알고 지내던 이 마을 매산정록(梅山正錄)의 아내 매산복순(梅山福順) 당시 45세와 그 장녀 매산남희(梅山南姬)의 여공 모집에 대하여 잡담 중에 위 매산복순이 쉽게 매산남희를 여공으로 보낼 것 같지 않자 그녀의 승낙을 얻을 목적으로 "현재는 여자도 남자와 똑같이 공장에 나가 일을 하지 않으면 안 된다. 최근 태안면에서도 여자 8명의 공출 명령이 있었고 그 때문에 안면도에서도 시끄럽다고 하는데 이런 때에는 처녀를 빨리 공장에 보내는 것이 좋다" 운운하며 말함으로써 시국에 관하여 허위의 사항을 유포하여 조언비어를 한 자이다.

적용법조: 조선임시보안령 제20조(벌금형 선택), 형법 제18조

피고인은 이 명령의 등본 송달을 받은 날로부터 7일 내에 정식재판을 청구할 수 있음.

1945년 3월 2일

대전지방법원 홍성지청

조선총독부 판사 노다 신이치로(野田普一郎)

42) 1945년형공제168·234·289호, 광주지방법원 순천지청(1945. 4. 10.)

1945년형공제168·234·289호(昭和二十年刑公第一六八·二三四·二八九號)

판결

본적: 전라남도 완도군 군외면 황률리
거주: 시모노세키시(下関市) 다케자키정(竹崎町) 6정목
운반선 기관사, 임용구(당 46세)

본적: 전라남도 여수군 삼산면 덕림리
주거: 위와 같음
어업 겸 농업, 박팔용(당 58세)

본적: 전라남도 여수군 삼산면 덕림리
주거: 위와 같음
어업, 방원치효(方元致效, 당 40세)

본적: 전라남도 여수군 삼산면 덕림리
주거: 시모노세키시 다케자키정(竹崎町) 이노우에구미(井上組)
기관장: 초천용(草川勇, 당 35세)

위 4명의 조선임시보안령 위반 피고사건에 대해 조선총독부 검사 이가호(李家皓)가 관여하여 심리하고 다음과 같이 판결한다.

주문

피고인 임용구를 징역 6월에 처한다.

피고인 박팔용, 동 방원치효, 동 초천용을 각 벌금 천 원에 처한다. 만약 위 벌금을 완납하지 못했을 때는 각 200일 동안 노역장에 유치한다.

이유

제1. 피고인 임용구는 1944년 6월 26일 여수항에서 제주도로 가는 기선 광양호(光陽丸)에 승선하여 거문도로 향하는 도중 이배 갑판 위에서 이름 모르는 조선인 남자 2명의 이야기를 들었다고 하고 그 이야기 내용은 "흑산도에는 물 밑으로 다니는 적의 잠수함이 와서 대포로 포경회사의 일부를 격파하고 상륙하여 남자들을 모두 죽이고 부녀자들은 잡아서 강간 후 죽였다"는 내용을

(一) 1944년 6월 26일 오후 5시 여수군 삼산면 덕촌리에 있는 자기의 전 거주지에서 같은 마을 금본무본(金本武本)에게

(二) 같은 달 27일 오후 9시경 위의 뜰 앞에서 동네 박팔용과 자기의 첩 김일순에게

(三) 같은 달 28일경 불상 알 수 없는 때 마을 오희만의 집 부근 도로에서 같은 마을 방원치효에게 각각 말했다.

제2, 피고인 박팔용은 1944년 6월 27일 오후 9시 마을 임용구 집 뜰 앞에서 임용구로부터 이 사항을 듣고는 그대로 같은 달 28일 오후 4시경 자택에서 같은 마을 원원만춘(原元滿春)에게 이야기를 들려주었다.

제3, 피고인 방원치효는 1944년 6월 28일 오후 6시경 동네 오희만집 부근 도로에서 피고인 임용구로부터 위의 내용을 듣고는 그 내용을 그대로 같은 달 29일 오후 1시경 마을 뒤편 산에 있는 밭에서 동네 금산홍길(金山弘吉)과 국본성부(國本盛夫)에게 말했다.

제4, 피고인 초천용은 1944년 6월 28일 오후 5시 위의 자택에서 같은 마을 금산홍길로부터 "흑산도에 최근 적의 잠수함이 나타나 포경회사를 포격하여 부수고 승조원들이 상륙하여 남자들은 살해하고 부녀자들은 잡아서 강간했다"라는 소문이 있다는 내용을 듣고 그 다음 날 29일 오전 7시 30분경 같은 면 거문리 선주 평산채옥(平山采玉) 집에서 그 처 순례, 같은 마을 석산효웅(石山孝雄)과 같은 면 덕촌리 삼산근수(三山根守) 3명에게 위 이야기의 내용을 그대로 말함으로써 각 시국에 관해 인심을 미혹할 수 있는 사항을 유포한 자이다.

위 사실은 각 피고인 등이 당 공정에서 한 자백에 따라 인정한다.

법에 따라 위 행위는 각 조선임시보안령 제21조(피고인 임용구에 대해서는 형법 제55조를 적용함), 피고인 임용구에 대해서는 소정 형 중 징역형을 선택하고 다른 피고인에 대해서는 각 벌금형을 선

택한다. 소정 형기 또는 금액 내에서 각 양형하여 피고인 임용구를 징역 6월에, 기타 피고인들을 각 벌금 천 원에 처한다. 벌금을 완납하지 못했을 경우에 대해서는 형법 제18조 규정을 적용하기로 한다.

따라서 형사소송법 제358조의 규정에 따라 주문과 같이 판결한다.

1945년 4월 10일

광주지방법원 순천지청

조선총독부 판사 츠다 타케야(津田猛哉)

43) 1945년형공제515호, 대구지방법원 경주지청(1945. 6. 18.)

1945년형공제515호(昭和二十年刑公第五一五號)

약식명령

본적: 경상북도 경주군 경주읍 사정리
주거: 경상북도 경주군 경주읍 노서리
무직, 중광두리(重光斗理, 여, 당 35세)

본적: 경상북도 경산군 지양면 아사동
거주: 경상북도 경주군 경주읍 노서리
무직, 평해필현(平海畢鉉, 여, 당 26세)

본적: 대구부 금정
거주: 경상북도 경주군 경주읍 노동리
일용, 길전귀희(吉田貴姬, 여, 당 22세)

본적: 대구부 봉산정

거주: 경상북도 경주군 경주읍 노서리

무직, 동본계향(東本桂香, 여, 당 23세)

안녕질서에 대한 죄로서 피고인들을 징역 8월에 각 처한다.

죄가 되는 사실

제1, 피고인 중광두리는 1945년 4월 18일 오전 11시경 경주군 경주읍 노서리 피고인 평해필현의 집 툇마루에서 허위사실인 것을 알면서도 "수일 전 경주읍 봉황대 부근에 거주하는 여자 2명이 마지막 열차에서 내려서 경주역 앞을 지나가는데 갑자기 군인 2명이 나타나 그녀들을 붙잡으려고 하여 1명 여자는 도망쳤으나 다른 1명은 붙잡혀 군인 2명에게 교대로 강간을 당하였으나 수치심에 아무런 말도 하지 못하고 돌아왔다고 한다"라고 함부로 말하였다.

제2, 피고인 평해필현은 같은 달 28일 오후 3시경 경주읍 노동리 피고인 길전귀희 집 툇마루에서 길전귀희에게 허위사실임을 알면서도 "며칠 전 봉황대 부근의 여자 2명이 마지막 열차에서 내려 경주 시장통을 지나가고 있을 때 군인 2명이 붙잡으려고 하여 그 중 여자 1명은 도망치고 다른 1명은 붙잡혀서 군인 2명에게 교대로 강간을 당하여 상해를 입었다고 한다"고 함부로 말하였다.

제3, 피고인 길전귀희는 1945년 5월 7일 오후 11시경 경주읍 서부리 피고인 동본계향의 집에서 허위사실임을 알면서도 "며칠 전 봉황대 부근의 여자 2명이 마지막 열차에서 내려 경주 시장통을 지나는데 군인 3명이 오면서 붙잡으려고 하자 여자 1명은 도망가고 다른 1명은 붙잡혀 군인 3명에게 교대로 강간을 당해 상해를 입고 병석에 누워있다고 한다"고 함부로 말하였다.

제4, 피고인 동본계향은 5월 12일 오후 8시경 경주읍 서부리의 집에서 이돌이에게, 다음 날 13일 오전 7시 30분경 같은 마을 이돌이의 집에서 그 장녀인 월란과 장산소선(張山小仙)에게 허위사실임을 알면서도 "며칠 전 봉황대 부근의 여자 2명이 여행지에서 마지막 열차로 돌아오는 도중 시장통에서 군인 2명과 만나 군인들이 붙잡으려 하자 여자 1명은 도망가고 다른 1명은 붙잡혀 강간을 당하여 걷는 것도 불가능하여 기어서 돌아왔는데 상해를 입어 병석에 누워있다고 한다"고 멋대로 말하였다.

이로써 각각 전시의 시기에 인심 혹란을 유발할 허위의 사실을 유포한 것이다.

적용법조: 형법 제105조의 3

피고인들은 이 명령의 등본 송달이 있는 날로부터 7일 내에 정식재판을 청구할 수 있음.

1945년 6월 18일

대구지방법원 경주지청

조선총독부 판사 하마모리 류(濱守龍)

2. 경성지방법원 검사국, 「사상에 관한 정보」

1) 강원도 경찰부, 「육군형법 위반 사건 검거에 관한 건」, 『1938년도 치안상황』, 1938

영사(寧司) 제2354호

1938년 10월 20일

영월경찰서장
경성지방법원 검사정(正) 귀하

육군형법 위반 사건 검거에 관한 건

본적: 경상북도 봉화군 춘양면 우구치리
거주: 위와 같음
농업, 이수근(당 48세)

본적: 강원도 영월군 하동면 내리
거주: 위와 같음
정월봉의 어머니(母)
무직, 최씨(당 64세)

본적: 강원도 영월군 하동면 외룡리

거주: 위와 같음

농업, 엄인섭(당 48세)

一. 범죄사실의 개요

(1) 피의자 이수근은 1938년 9월 13일(음력 7월 20일경) 무렵 경상북도 봉화군 춘양면 우구치리 박달치 아래에서 종래 얼굴을 알고 있는 영월군 하동면 내리 임정삼과 만나 함께 길을 걷게 되었다. 경상북도 영주군 소천면 소천시장을 향하던 도중 임정삼에게 "최근 일본군과 지나군(支那軍)은 격전 중인데 군대에서는 식사의 배급에 곤란이 생겨 당국에서는 그 대책으로 조선 내의 아직 혼전의 여자(처녀)를 조사하고 강제적으로 전쟁터에 수송하여 취식에 종사하게 하고 더불어 한편으로는 아직 혼전의 처녀를 조사하여 처녀의 입구멍(口腔)에 철관 같은 것을 넣어 혈액을 뽑아내어 전쟁터에 보내게 되었다. 지금 조사 중인데 이미 조카 2명도 여기에 가게 되었다"는 허구의 유언(流言)을 들려주어 일지사변(日支事變) 때에 군사에 관한 조언비어를 함.

(2) 피의자 임정삼은 이수근으로부터 앞에 쓴 유언을 듣고 1938년 9월 18일 영월군 하동면 내리 강탁원 외 2명에게 앞의 유언을 마치 진실인 것처럼 들려주어 유포하고 더불어 이미 마을의 박금룡의 장녀 박옥분, 당 16세와 자신의 3남 임규상, 당 18세가 약혼 중인데 만약 결혼식을 늦추면 전쟁터에 수송될 염려가 있다면서 이를 피하기 위해 서둘러 결혼식을 거행하는 편이 상책이라고 하고 지난 9월 30일 급하게 결혼식을 거행하는 등 분주하여 일지사변의 때에 군사에 관한 조언비어를 함.

(3) 피의자 최씨는 마을 이백원으로부터 장남 이인택의 결혼 중매를 의뢰받고, 1938년 10월 7일 영월군 하동면 외룡리 엄병진의 장녀 옥련(당 16세)을 중매하려고 엄병진에게 교섭한 결과 거절당하였다. 어떻게든 그 혼약을 성립시키려고 엄병진의 조카인 같은 마을 엄인섭에게 "최근 당국에서 아직 혼전의 처녀를 조선 내에서 조사하여 처녀의 구강에 철관 같은 것을 넣고 혈액을 뽑아내어 전쟁터의 군인에게 송부할 목적으로 지금 조사에 착수 중인데 이를 면하기 위해서는 서둘러 결혼식을 거행하는 외에는 방법이 없다"고 말하고 그 사람을 통해 결혼 중매를 권유 의탁하는 등 허구의 유언을 유포함으로 인해 일지사변의 군사에 관한 조언비어를 함.

(4) 피의자 엄인섭은 1938년 10월 7일 최씨로부터 앞의 유언을 듣고 같은 날 오후 5시경 영월군 상동면 녹전리 양조장에서 같은 마을 한민교 외 1명에게 앞의 유언을 유포하여 일지사변의 때에 군사에 관한 조언비어를 함.

위와 같이 상당히 각 곳에 유포한 형적(形跡)이 있으므로 목하 피의자를 구속(최씨는 불구속 청취 중)하여 취조 중인 바 일단 보고함.

추신 – 양식 보고는 취조 완료와 동시에 나아가 보내드릴 수 있음을 덧붙여 보고함.

2) 경성지방법원 검사국, 「조언비어 및 절도 피고사건 검거에 관한 건」, 『1938년도 사상에 관한 정보』, 1938

경외비(京外秘) 제2523호

1938년 10월 7일

경기도 경찰부장
경무국장 귀하
경성지방법원 검사정 귀하
각 도 경찰부장 귀하
경성 헌병대장 귀하
무단장성(牧丹江省) 경무청장 귀하
관하 각 경찰서장 앞

조언비어 및 절도 피고사건 검거에 관한 건

8월 3일 자에 대한 경외비(京外秘) 제1908호 용의 조선인에 관한 건

(경무국, 함경남북도, 무단장성만)

본적: 함남 장진군 신남면 중흥리
거주: 북만(北滿) 무단장시(牡丹江市) 시창안가(西長安街) 21호
양복직공, 익열, 곧 최용열(당 23세)

위의 자는 올해 7월 29일 경성부 의주통 1-130 서도(西道)여관에 투숙 중 함께 투숙 중인 조선인 여러 명에게 황군을 모욕하는 것과 같은 불온한 언동을 함부로 하고 다음 날 7월 30일 우리 부에 임의 동행 취조를 한 바 본명은 위와 같고 올해 7월 19일 오전 6시경 거주지에서 경성에 오던 중 열차 안에서 함께 탄 모 조선인 승객(남, 연령 50세 정도)의 소지금 300원을 훔치는 외에 전기 서도여관에 머물던 중 같은 달 29일 오후 7시 30분경 같은 여관에서 당시 여관경영자 임영호, 당 23세 및 같이 투숙 중인 조선인 숙박객 2명에게 만주에 있는 일본병은 자포자기하여 부녀자를 폭행하고 능욕하며 혹은 연전연패하는 상황이라는 등으로 만주에 있는 일본군 부대를 모욕하는 것 같은 조언을 함부로 한 사실이 명료함으로 조언비어 및 절도 피의사건으로 10월 7일 기소 의견을 붙여 신원 구속 1건□□과 함께 경성지방법원 검사국 앞 사건을 송치하는 바

위 보고 '통보' '통첩'함.

기(記)

一. 피의자의 본적, 주소, 직업, 씨명, 연령

본적: 함남 장률군 신남면 중흥리

주소: 북만 무단장시 시창안가

거소(居所): 경성부 의주통 1-130번지 서도(西道)여관 내

양복직공, 익열, 곧 최용열(당 23세)

二. 경력의 개요

본 사람은 본적지에서 출생 8세 때에 부친과 함께 젠다오성(間島省) 룽징촌(龍井村)에 이주, 13세 때에 해당 지역 청공(青共) 신발 제조공장에 고용되어 1935년 8월 경부터 주소지 무단장성 무단장시에 이사하여 무단장시 창더가(昌德街) 거주, 파(巴) 양복점 직공으로 고용되어 현재에 이르고 있는 자이다.

三. 집을 나온 동기, 목적

본 사람은 일찍부터 체육에 흥미가 깊어 항상 아령운동, 기합술 등을 연구하고 있었는데 주소지에서는 적당한 체육연구기관이 없어 연구 뜻과 같은 것도 없어지고 또한 현재의 직업이 흥미없었기 때문에 다른 데로 전직한 후 체육연구를 하려고 결심하고 7월 9일 오후 9시 30분경(시간 불상) 무단장역발 열차로 경성을 향했다.

四. 범죄사실

1. 본 사람은 전기 파(巴) 양복점에서 자기가 번 60원 및 가지고 있던 돈 10원, 돈 70원을 소지하고 주소지를 출발하여 도중 성진군 성진읍 남정 친구 최종원, 함흥부 성천정 4정목 사촌누나의 시집 이주연, 함흥부 본정 2정목 숙부 최승영, 함주군 하기천면 은봉리 사촌형 최초열 집을 각각 방문하여 1박 내지 4박했다. 같은 달 18일 오후 11시 27분 함흥역발 열차로 경성에 가고 있었는데 다음 날인 19일 오전 6시경 열차가 철원 부근을 나아갈 때 차 안의 조선인 승객 씨명 불상(남, 연령 50세 정도)이 양복바지 뒷주머니에 현금을 넣고 있는 것을 알고 앞에 쓴 친구 및 친척 방문 등 때문에 소지금을 쓰고 남은 돈이 의외로 얼마 되지 않아 마음이 불안해서 도둑질할 마음이 일어나 그 조선인의 바지 뒷주머니에서 현금 300원을 훔치고 경성에 들어온 후 운동구, 축음기, 레코드, 츠메에리(詰襟)양복, 크롬 팔목시계 1개(합계 가격 149원) 등을 구입한 외 7월 29일 위에 쓴 주소 거주 처 김정복 편에 체육대회에 나가 우승하여 얻었다는 상금이라고 하고 돈 130원의 보통위체(通常爲替)를 바꿔 송금했을 뿐만 아니라 돈 12원 8전을 남기고 모두 주색, 음식값으로 소비하였다.

2. 본 사람은 지난 7월 29일 오후 7시 30분경 당시 서도여관 주인 임영호 및 함께 머물고 있는 조선인 숙박객 2명에게 "이러한 말을 경찰말일지 □□일지는 상황이 나쁜데"라고 전제하고

(가) 현재 무단장성 예허(掖河)에는 제14사단이 주둔하고 있는데 병사 등은 언제 죽을지 알지 못해서 자포자기하여 그 행동이 말로 할 수 없는데 그들은 한낮 큰길에서 가정부인과 화류계 여자를 구별하지 않고 포옹, 키스하는 등 사람의 얼굴을 빨개지게 하는 행위를 감히 하고 있다 운운,

(나) 현재 만주 창바이산(長白山) 에는 러시아 공산당의 본부가 있어 밤낮 구별 없이 책동을 계속하고 있는데 일본군은 전후 수차례에 이르러 궤멸하려고 공격해도 연전연패로 끝나 현재는 전혀 손을 쓸 수 없는 공수방관(拱手傍觀)에 있는 상황이다 운운,

(다) 만주사변 당시 일본군은 점령 부락을 차례로 불지르고 그 부락의 부녀자를 1개소에 모아 폭행을 가한 후 총검으로 찌르고 불구덩이에 던져 넣고 있는 모양으로 실로 야수와 같이 비인도가 극에 달했다. 그래도 여자들은 정조를 병사들에게 잃어도 생명만은 구하려는 생각으로 그들의 폭행을 감내하고 있는 것이 실로 가련하다 운운,

하는 등 만주 주둔 일본군 부대를 모역하는 것과 같은 조언비어를 함부로 하였다.

이상

의견서

본적: 함남 장진군 신남면 중흥리

주소: 북만 무단장성 무단장시 시창안가

양복직공, 익열, 곧 최용열(당 23세)

一. 형사처분, 기소유예 또는 훈계방면을 받은 사실의 유무

피의자는 해당 사실이 없다고 스스로 공술함.

一. 범죄사실

1. 피의자는 경성에서 취직하고 체육연구를 하려고 현금 70원을 소지하고 1938년 7월 9일 주소지를 출발하여 도중에 성진군 성진읍 남정 친구 최종원, 함흥부 성청정 4정목 사촌누나의 시집 이주연, 함흥부 본정 2정목 숙부 최승영, 함주군 하기천면 은봉리 사촌형 최초열 집을 방문하여 각각 1박 내지 4박을 지낸 후에 7월 18일 오후 11시 27분 함흥역발 열차를 타고 경성으로 향하였다. 다음 날인 7월 19일 오전 6시경 승차한 열차가 경원선 철원역 부근을 지나갈 때 같은 차에 마주보는 좌석을 차지하고 자고 있는 조선인 승객 씨명 불상 남, 연령 50세 정도의 양복바지 뒷주머니에서 조선은행권이 나와있는 것을 보고 갑자기 훔치려는 마음이 일어나 그것을 훔치려고 결의했다. 그가 깊은 잠에 빠져 있는 것을 기회로 삼아 해당 주머니에서 조선은행권 10원 현찰 2매, 동(同) 10원 현찰 10매, 돈 300원을 훔쳐 경성에 들어온 후 운동구, 축음기, 레코드, 츠메에리양복, 크롬 손목시계(합계 가격 149원)을 구입한 외에 7월 29일 만주국 무단장시 시창안가 거주 처 김정복 편에 체육대회에 나가 얻은 상금이라고 거짓으로 전하는 편지에 동봉하여 보통위체 돈 130원을 송금한 외에는 모두 주색, 음식값에 소비하고 현재 돈 12원 8전을 남겼을 뿐이다. 1938년 7월 29일 오후 7시 30분경 경성부 의주통 1정목 130번지 서도여관에 머물던 중 동 여관에서 당시 여관주인 임영호, 당 20세 외에 함께 머물고 있는 조선인 숙박객 2명에게,

(가) 현재 무단장성 예하에는 제14사단이 주둔하고 있는데 병사들은 언제 죽을지 모르기 때문에 자포자기하여 그 행동을 말로 다 할 수 없다. 그들은 한낮 큰길에서 가정부인과 화류계 여자를 구별하지 않고 포옹, 키스하는 등 사람을 수치스럽게 하는 행동을 하고 있다.

(나) 현재 만주국 창바이산에는 러시아 공산당 본부가 있어 밤낮 구분 없이 책동을 계속하고 있

는데 일본군은 전후 수차례에 걸쳐 공격하였으나 연전연패한 끝에 현재에는 전혀 손을 쓸 수도 없이 공수방관에 있는 모양이다.

(다) 만주사변 당시 일본군은 점령한 부락을 차례차례 불태우고 그 부락의 부녀자를 한 곳에 모아 각자 그녀들을 폭행한 후 총검으로 찔러 불구덩이에 던져 넣은 것은 실로 야수와 같은 비인도가 극에 달한 것이다. 그래도 여자들이 정조를 병사에게 잃어도 생명만은 구하고자 하여 그들의 폭행을 감내하고 있는 것은 실로 가련하다.

라고 만주 주둔 일본군 부대를 모욕하는 조언비어를 한 것이다.

본 사건은 형법 제235 및 육군형법 제99조에 해당하는 범죄이다. 그중 만주 주둔 일본군 부대를 모욕하는 것과 같은 것은 황군의 위엄을 해치는 일일 뿐만 아니라 비상시국하에 총후 국민 사상의 교란하는 일이 되므로 기소하는 것이 마땅하다고 생각한다.

1938년 10월 7일

경기도 경찰부

사법경찰관

조선총독부 경기도 경부보 다카하라 키쿠지(高原菊次)

경성지방법원 검사정 타마나 토모히코(玉名友彦) 앞

3) 경성지방법원 검사국, 「조언비어자 처벌에 관한 건」, 『1939년 사상에 관한 정보철』, 1939

경고비(京高秘) 제2303호

1939년 9월 13일

경기도 경찰부장

경무국장 귀하

경성지방법원 검사정 귀하

조언비어자 처벌에 관한 건

요지

"제1선의 창기는 군인과 함께 전쟁에 참가해서 위험하여 이제부터 황군위안소의 창기는 되지 않겠다"는 군사에 관한 유언을 한 사실을 허위로 말(虛報)하여 구류 7일에 처함.

경성부 서대문정 2정목

옛(元) 창기(娼妓) 신순임, 당 24세

위의 자는 가정이 빈곤하여 부모의 뜻에 따라 1938년 3월 부내 서대문정 2정목 서만규의 중개로 중지(中支) 난징(南京) 소재 황군위안소 창기가 되어 올해 8월 중순 조선에 돌아온 자이다. 8월 28일 앞의 서만규 집에서 그에게

"제1선의 창기는 군인과 함께 전쟁에 참가하는 것이어서 실로 위험하여 이제부터는 어떠하든지 황군위안소의 창기는 되지 않겠다"라고 군사관계 유언을 하여 사실을 허위로 말한 바 관할 종로경찰서에서 탐지하여 본 사람을 동행 취조하였다. 본 사람은 전기 창기 일을 하는 중에 하루 70명 정도의 손님을 받아야 하는 관계로 신체에 무리가 생기고 식욕이 감퇴하고 복통 요통이 있어 신체가 쇠약하여 병으로 누워있는 바가 여러 차례여서 올해 8월 중순에 전차금을 모두 갚고 조선에 돌아온 것으로 판명되었는 바 유언허보를 한 동기에 관해서는 "다시 창기로 팔릴 우려가 있어서 이를 피하기 위해 다시 중개자 서만규 집에 가서 이 말을 했다는 내용"을 말하고 있다. 동정할 점이 있으므로 관할 종로서에서는 경성지방법원 검사정(귀관)의 지시를 받고 9월 11일 경찰범처벌규칙 제1조 제21호 위반으로 구류 7일에 처분한 바

위 내용을 보고함.

4) 경성지방법원 검사국, 「조언비어자 검거에 관한 건」, 『1939년 사상에 관한 정보철』, 1939

경고비(京高秘) 제2687호

1939년 10월 27일

경기도 경찰부장
경무국장 귀하
경성지방법원 검사정 귀하
경성 헌병대장 귀하

조언비어자 검거에 관한 건

시흥군 서이면 안양리
해초류 행상, 권영기(여, 당 42세)

위의 자는 경성부 영등포정 소재 주식회사 해양방직경성공장 여공을 영리유괴의 목적으로 해당 공장에 가서 여공의 친척이라 칭하고 면회를 요청한 뒤, 다음과 같이 조언비어를 함으로써 여공 5명을 그 공장에서 탈출시켜 자택에 숨겨 둔 것을 관할 영등포경찰서에서 탐지하고 9월 27일 검거 취조한 결과 해당인의 소행은 육군형법 제99조 및 형법 제225조 제228조에 해당하는 범죄의 증거가 명료함으로 같은 달 21일 신병 구속 기소 의견으로 경성지방법원 검사정(귀관) 앞으로 사건을 송부한 바

위 보고 '통보'함.

기(記)

一. 이즈음 만주에는 커다란 전쟁이 있어서 다수의 군인이 전사하였기 때문에 곤란한 바 정부는 젊은 여자를 모집하여 전쟁터에 보내 아이의 출산을 도모하고 인구를 늘린다는 것이다. 이 공

장의 여공 등도 이것을 위해 만주의 전지에 보내질 것이다.

二. 이즈음 만주에 커다란 전쟁이 있어서 안양역 앞에는 전쟁터에 보내는 군복을 제조하는 양복공장이 세워져서 여공 모집 중이다. 그 양복공장은 여공의 임금도 다른 공장보다 높이 주고 식비도 공제되어 하루 액수 6원 정도 된다.

3. 고등법원 검사국 사상부, 『대동아 발발 후의 특수범죄 조사 조언비어 및 불경사건』, 1943

연번	청명(廳名)	직업 씨명 연령	사실 개요	처분 결과	쪽수
1	경성지방 법원	용인(女) 금야선순(金野仙順) 19세	본 사람은 내연의 남편이 있는 자로 1942년 1월 시어머니에게 질책을 듣고 가출하기 위해 경성부내를 배회 중 경성부 와룡정 석원성조(石原成造)가 그를 고용하려 자택에 데리고 가서 가출 이유를 물었는 바 부끄러운 마음에서 진상을 비밀로 하고 또 미혼 여자인 것으로 가장하기 위해 그 사람 부부 등에 대해 "본적지 양평에서 미혼 여자를 모집하여 만주 방면에 보내어 병대의 취사부로 삼는다는 소문을 듣고 피하기 위해 가출했다"고 함부로 말함.	육군형법 위반 1942. 8. 4. 기소유예	69쪽
2	평양지방 법원	여관업 산본재덕(山本在德) 28세 신탄상 안동헌 29세	산본재덕은 1942년 3월 15일경 평양부 동정에 있는 신탄상 안동헌 집 사무소에서 안동헌 외 1명에게 "현재 헌병대가 싱가포르 방면행 가시자시키(貸座敷)영업자를 모집 중인데 이미 제1회분은 출발했고 제2, 제3, 제4회 정도까지는 헌병대에서 허가할 것이다"라고 함부로 말함. 안동헌은 같은 날 20일 같은 부 죽원정 지나요리점 만창루(萬昌樓)에서 위 조언을 다시 금본창룡(金本昌龍) 외 1명에게 전하여 말함.	조선임시 보안령 위반 1942. 5. 5. 벌금 500원 선고	74쪽
3	순천지청	무직(女) 임미순 47세 무직(女) 금광우양근 (金光又良根) 25세	임미순은 1942년 4월 상순경 전남 여수읍 동정 자택에서 장녀 경애 외 1명에게 "종포(鍾浦)에서 아이들을 데리고 목욕을 마치고 돌아오던 여자가 병대 3명에게 강간당해 여자는 반죽음으로 차마 볼 수 없이 되었는데 여자가 밤마실은 하지 않는 것이 좋다"고 함부로 말함. 금광우양근은 1942년 6월 상순경 전남 여수읍 동정 덕산화엽(德山化葉) 집에서 그녀	육군형법 위반 1942. 10. 7. 임미순 금고 4월 1942. 9. 30. 금광우양근 기소유예	74쪽

연번	청명(廳名)	직업 씨명 연령	사실 개요	처분 결과	쪽수
			외 1명에게 "종포에서 야경(夜警) 중에 조선 여자가 병대 3명에게 강간당해 반죽음이 된 것을 발견하고 경찰에 가서 치료하고 돈을 10원 주었다더라"라고 함부로 말함.		
4	철원지청	무직(女) 대산천혜자(大山千惠子) 22세	1942년 5월 17일 강원도 평강군 평강면 동변리 자택에서 대성정옥(大城貞玉)에게 "이전 전중리에서 산나물을 캐러 갔던 여자 2명이 병대들로부터 강간당해 기절했던 것을 마을 사람들이 등에 업고 돌아왔다"고 함부로 말함.	안녕질서에 대한 죄 1942. 9. 18. 벌금 150원	75쪽
5	철원지청	무직(女) 대성정옥(大城貞玉) 19세	1942년 5월 18일 앞의 동변리 자택에서 금산순자(金山順子) 외 1명에게 위와 같은 내용의 유언(流言)을 전함.	안녕질서에 대한 죄 1942. 8. 27. 벌금 100원	76쪽
6	철원지청	무직(女) 금산순자(金山順子) 21세	1942년 5월 18일 앞의 동변리 자택에서 성산영식(星山永植)에게 위와 같은 내용의 유언(流言)을 전함.	안녕질서에 대한 죄 1942. 8. 27. 벌금 100원	76쪽
7	철원지청	노동 성산영식(星山永植) 27세	1942년 5월 18일 앞의 동변리 자택에서 첩 이옥희 외 1명에게 위와 같은 내용의 유언(流言)을 전함.	안녕질서에 대한 죄 1942. 8. 27. 벌금 100원	76쪽
8	철원지청	무직(女) 이옥희 19세	1942년 5월 18일 앞의 동변리 자택에서 죽산욱재(竹山旭哉)에게 위와 같은 내용의 유언(流言)을 전함.	안녕질서에 대한 죄 1942. 8. 27. 벌금 100원	76쪽
9	부산지방법원	대산민환(大山珉煥) 64세	1942년 12월 11일 경남 양산군 양산면 중부리 금촌자두(金村字斗) 집에서 국본대삼(國本大三) 등에게 "양산에서도 여자의 모집이 있다. 그것은 여자를 남양의 육군의 전장에 보내어 일본 병대 한 사람 한 사람에 한 사람을 붙여 병대의 세탁을 시키고 또 병대와 관계해서 내선인의 잡종을 많이 만들도록 하는 것이다"라고 함부로 말함.	육군형법 위반 1943. 1. 19. 징역 6월	79쪽
10	경주지청	재봉기 판매외교원 암전용수(岩田龍洙) 31세	1942년 12월 19일 영일군 지행면 계계리 음식점 하산화선(夏山花仙) 집에서 산본봉출(山本奉出) 외 4명에게 "자신이 거주하는 부산부 수정정 뒷산에는 사변 이래 다수의 육군	육군형법 위반 1943. 1. 30.	79~80쪽

연번	청명(廳名)	직업 씨명 연령	사실 개요	처분 결과	쪽수
			병대가 주둔했기 때문에 그 산의 소나무 숲에 일반인이 신탄을 얻을 수 없는 상태이다. 1942년 12월 10일경 40세 정도의 조선 여자가 그 산에 솔잎을 채취하러 간 바 군인 4명이 와서 그 여자에게 정교를 협박하여 그 여자는 그것을 거절했지만 마침내 그 군인들은 그 여자를 강간했다. 그 여자의 아들은 여기에 분개해서 경찰에 고소했어도 그 여자는 상대가 군인일 뿐만 아니라 자기의 수치를 드러내는 것도 되어서 그 조사를 제지했다. 그러나 군인이라고 해도 무법의 행동을 하면 안 된다." "부산부 수정정 내에 내지인인 과부가 거주했는데 부산 주둔의 군인이 밤낮 없이 그 집에 출입하여 그녀와 정교를 맺은 모양이다"라고 함부로 말을 함.		
11	철원지청	무직 민수천 55세	1942년 1월 1일 마을 강원도 금화군 원동면 장연리 길 위에서 만난 부인에게 "여자가 13세가 되면 근로보국대에 입대하는데 그 복역상태를 보았다. 실로 참혹해서 눈을 뜰 수가 없다. 그러므로 부모들은 함부로 딸을 결혼시키고 있다. 귀녀도 빨리 큰딸을 시집보내는 것이 상책일 것이다"라고 함부로 말함.	조선임시 보안령 위반 1942. 2. 21. 징역1년 6월 벌금 50원	184~ 185쪽
12	철원지청	농업 동원희조(東原喜朝) 57세	1946년 12월 12일 강원도 금화군 근남면 마현리 여인숙에서 숙박하는 사람 2명에게 "내지에는 전부 남자가 출정해서 노동은 모두 여자가 하고 있다. 조선도 곧 이렇게 될 것이다. 최근 조선에서는 처녀가 많이 결혼하고 있는데 이는 여자 근로보국대에 입대하면 생명이 위험한 군사 방면의 일에 종사하기 때문에 부모가 딸을 보국대에 입대시키는 것을 기피하기 위해 결혼을 시키고 있는 것이다. 현재에는 남자는 일정한 주거 없이 각지를 방랑하고 여자는 조혼하는 것이 가장 현명하다"고 함부로 얘기함.	안녕질서에 대한 죄 육군형법 위반 1942. 2. 4. 징역 8월	185쪽
13	거창지청	인쇄소 점원 본산봉학(本山鳳鶴) 19세	1942년 1월 8일 경남 거창군청 회의실에서 거행한 육군특별지원병 구술시험에 출두한 수험자 13명과 잡담 중에 이 사람들에게 농담을 하며 "올해부터 여자의 배급이 나올 거다"라고 함부로 말함.	조선임시 보안령 위반 1942. 2. 12. 기소유예	185쪽

연번	청명(廳名)	직업 씨명 연령	사실 개요	처분 결과	쪽수
14	해주지방 지법	무직(女) 대도지량(大島志亮) 37세	1942년 5월 30일경 황해도 재령군 신원면 가국리 자택에서 "재령 지방에서는 처녀들을 먼 곳으로 보낸다고 한다. 이전에 남자를 가까운 곳으로 수일간 일하러 보낸다고 꾸며 일본 본토로 데려가 일을 시켰는데 배가 고파 곤란했다고 하니, 여동생인 신량(信亮)을 어딘가의 여자 교원이나 유치원의 보모로라도 집어넣어 얼른 시집보내지 않으면 안 되겠다"라고 황해도 안악읍에 거주 중인 친모에게 서신을 써서 우편으로 보냄.	조선임시 보안령 위반 1942. 8. 4. 벌금 30원	192쪽
15	함흥지방 법원	작부(女) 전금순 25세	1943년 1월 15일 함흥에서 함남 장진군 북면 이상리에 오는 도중 여객 자동차 안에서 함께 탑승한 씨명 불상의 조선인 부인 3명에게 "강원도에서는 17, 18세가 된 여자들 중에서 예쁜 사람을 뽑아내어 무리하게 전쟁하는 곳에 보내기 때문에 15, 16세가 된 여자는 한창 결혼식을 치르고 있다"는 내용을 함부로 말함.	조선임시 보안령 위반 1943. 2. 22. 기소유예	197쪽

Ⅲ. 관련 언론 보도

『매일신보』, 1937. 7. 13.

북지사변(北支事變)의 발발로 치안확보 기필만전(期必萬全) 유언비어(流言蜚語)와 『스파이』 엄중 취체, 경무국 각 도(各道)에 엄달(嚴達)

북지에 사변이 돌발하여 사태가 매우 험악하여 가자 본부 경무국에서는 11일부터 돌연 긴장하여 11일 밤과 12일 아침까지에 삼교(三橋)[1] 경무국장 이하 각 과장은 수차 긴급회의를 열고 조선 내의 치안유지 방책에 대하여 중대한 협의를 하였다. 그리하여 10일 밤에 각 도에 대하여 유언비어의 취체와 '스파이' 취체를 엄중히 하여 치안확보에 대하여 만전을 기하는 동시에 정확한 내외 정보의 수집에 노력하는 동시에 이것을 시시각각으로 본부에 보고를 하도록 엄달하였다. 현재와 같은 비상시에 있어서는 국제 '스파이'의 취체와 인심의 동요를 시킬 유언비어를 엄중히 단속함이 치안확보에 절대 필요함으로 경무국에서는 11일부터 국장 이하 간부는 거의 불면불휴(不眠不休)의 상태로 활동을 하고 있다.

『조선일보』, 1937. 7. 13.

긴장한 작금(昨今) 시국, 유언과 비어 취체, 경무국 만전의 주의와 경계를, 각 도 경찰부에 명령

북평(北平) 노구교의 충돌 사건은 마침내 중대화하여 전도 여하는 극히 중대시되어 각 방면이 긴장하여 있는데 이에 총독부에서도 11일부터 사태가 용이치 않아 만전의 경계를 할 필요가 있음을 보고 경무국에서는 밤 늦게부터 국장 이하 각 과장, 계원 등이 밤을 새가며 각 방면과 긴밀한 연락을 취하고 있고 또 일방에는 각 도 경찰을 통하여 만전의 주의를 다하도록 명하고 있다.

특히 사건이 민심에 미치는 영향도 있을 것을 염려하여 무용한 억측과 유언비어 등이 함부로 유포치 않도록 주의를 하게 하여 또 조선 내에 있는 중국인도 사건의 진전에 대하여 상당히 신경이 예민하여 있음으로 이에 대해서도 민심의 안정을 위하여 만반의 주의를 다하도록 하는 모양이다.

---

1 미하시 고이치로(三橋考一郎).

『매일신보』, 1937. 7. 15.

유언비어

一. 인지(人智)가 미개하고 문화가 저비(低卑)한 사회일수록 유언비어가 성행한다. 개(蓋) 유언비어는 근거 없는 허언을 유포하고 출처 없는 망언을 전파하는 것이어서 인지가 미개하여 사리의 판별력이 결여함으로 황당무계의 망언을 주출(做出)하고 또 차(此)를 무조건 신청(信聽)하여 타에 전파하며 문화가 저비하여 각종 보도의 정확을 기(期)치 못함으로 실허진가(實虛眞假)가 혼동되고 와전오전(訛傳誤傳)이 백출(百出)되는 것이다. 이러함으로 유언비어가 교지(交至)하고 성행함은 사회 전체를 위하여 무엇보담 수치하고 비애할 자이오. 또 호(好)하여 차(此)에 뇌동하고 부화(附和)함은 무지와 야만을 자백하고 또 차에 자처하려 하는 자일 것이다. 그뿐만 아니라 유언비어가 초치(招致)하는 필연적 결과는 위험 그뿐이오. 불행 그뿐일 것이다. 허무맹랑을 근거로 하는 바이라. 차에 심한 위험이 하(何)에 재(在)하며 또 황당무계를 출발점으로 하는 바이라. 소기의 결과를 가기(可期)하게 될 바일 것이냐.

二. 사적(史跡)에 징(徵)한다 할지라도 유언비어가 분분함에는 반드시 국가와 사회를 비경(悲境)에 치입(馳入)하고 또 국가나 사회가 비운에 경(傾)하려 함에는 반드시 유언비어의 분분으로써 조짐을 시(示)하게 된다. 이러함으로 사회의 교란을 의도하고 인류의 복지를 저주하는 요물은 반드시 유언비어를 주작(做作)하고 전파함에 시몰(是沒)한다. 그리하여 건전한 사회에서 차(此)를 격파하고 묵살하여 화(禍)의 급(及)함을 면하게 되는 바이다. 불건전한 사회 또 망조가 래(來)한 사회에서는 마침내 차(此)에 번롱(翻弄)되고 기만되어 심대한 불행과 위험에 직면함을 면치 못하게 된다. 솔직히 고백하면 아등(我等)은 너무나 유언비어의 신자이라 인문의 미개에 기(基)함인지 비운의 사연(斯然)에 연(緣)함인지 일반은 너무나 호(好)하여 유언비어를 전파하고 또 차(此)에 흥미를 최(催)하는 악벽이 존(存)하다. 다소 현대적 문화에 진화된 점은 존(存)하다 할지라도 반만년 문화를 긍벌(矜伐)하는[2] 아등(我等)이오 또 사실이 허무맹랑하고 황당무계한 유언비어에 기망될 만치 무지몽매한 아등(我等)은 아니다. 연(然)함에 불구하고 유언비어라면 무엇보담 환영하고 무엇보담 흥미를 최(催)함은 억하(抑何)에 소이(所以)이 바이냐.

---

2 드러내어 자랑하는.

三. 유언비어의 분분으로 인하여 얼마나 심대한 희생이 속출되고 얼마나 각종 비극이 빈발되었다는 사실은 반드시 필자의 번거(飜擧)를 대(待)치 아니한다 할지라도 일반의 기억이나 경험이 가장 명료 증좌하는 바일 것이다. 대정7, 8년경의 사태를 상기하여라. 당시 유언비어는 얼마나 분분을 극(極)하였고 또 차로 인하여 세계에 소(笑)를 유(遺)하는 동시에 얼마나 심대한 불행과 희생이 속출되었던 바를 그리하여 최근 천하의 이목을 용동(聳動)케 한[3] 피(彼) 백백교 사건과 여(如)한 자도 기본을 구(究)하면 유언비어를 온상으로 배양되고 주출(做出)된 자라 위(謂)하여 가(可)할 바일 것이다. 유언비어의 참독(慘毒)이야 얼마나 공포하고 전율할 자이며 또 그가 아등(我等)에게 전면(纒綿)하는 바[4] 어찌 이다지 집요한 바이냐. 목하 시국은 정(正)히 비상을 고(告)하게된 바이어서 유언비어를 주작(做作)하고 유포하여 요물괴배(妖物乖背)[5]로서는 마치 망망(魍魎)[6]에 야음(夜陰)을 영(迎)한 바와 여(如)한 자일 것이며 또 일반으로서 비상시 기분에 흥분된 만치 동첩차(動輒此)에[7] 피타(被墮)키 용이하게 되는 바일 것이다. 전감(前鑑)의 소소함에 계(戒)하여 또 아등(我等)의 면목과 명예와 안녕을 위하여 일대 경계를 요(要)하여야 할 바가 아닐 것인가.

『매일신보』, 1937. 7. 15.

일사불란 통제하에 비상시의 치안유지, 경무당국 긴장 노력

초비상시에 당면한 반도 치안의 중책을 가지고 있는 경무국에서는 삼교(三橋) 경무국장 총 지휘 통제하에 불면불휴로 긴장의 빛을 띄우고 있는데 시국이 시국이니만치 경무 관계 사무를 일단 긴밀 엄중히 할 필요가 있다고 하여 14일 각 도지사에게 일반 치안의 확보에 대하여 만전을 기하도록 통첩을 발하였는데 특히 유언비어와 출판물의 취체를 독려하고 기타 전면적으로 치안유지의 철저를 기하도록 격려한 바가 있었다.

---

3 움직이게 한.

4 칭칭 뒤엉킨 바.

5 요물, 사리를 어그러뜨리는 것.

6 도깨비 · 요괴들.

7 걸핏하면 이에.

『매일신보』, 1937. 7. 15.

중대한 시국에 처할 반도 관민의 각오 남(南)[8] 총독, 신문 대표에 피력

북지 문제의 험악으로 인한 시국의 중대화에 관하여 재선(在鮮) 관민 각 방면에 투철한 인식을 기여하고 아울러 거국의 협력일치를 희망하고자 남(南) 총독 대야(大野)[9] 정무총감 합석으로 13일 부하 관리에게 훈시를 행(行)하고 계속 각 방면 인사와 간담을 행(行)하였다 함은 기보한 바이어니와 기중(其中) 당일 오후 1시 반부터 총독실에 회동한 재성(在城) 신문통신사 대표자와의 간담석상에서 총독은 먼저 관동군사령관이던 전임 시의 기억을 찾아서 먼저 열하작전 이래 복잡화한 북지 문제에 선처코자 일지(日支) 양국 간에 수차의 협정을 거듭하고 아국(我國)으로부터 성의로 북지 평화적 발전으로 연(延)하여 일만지 3대국의 완전한 제휴로 동양안정에 공헌케 되기를 열렬히 기구(祈求)하였으나 대국의 인식에 결여한 지나 측은 차등(此等)의 협정을 준수할 성의가 없이 누누이 매일반만(侮日反滿)의 행동을 거듭하여 오던 중 8일의 노구교 사건의 발발에 대하여도 지나 측은 일단 평화적 해결에 동의하였음에도 불구하고 10일 재차 배신의 공세를 취하여 마침내 금일

---

8 미나미 지로(南次郎).

9 오노 로쿠이치로(大野緑一郎).

과 같이 중대한 형세에 대국(大局)을 인입(引入)한 유래를 술하여 과거 4년여에 긍(亘)한 북지의 불(不)명랑이 마침내 11일의 묘의(廟議) 일결(一決)로 무력을 배경으로 삼아 현안을 해결할 중대 성명을 발하게 된 이유를 선명한 후 실로 금일과 같이 중대한 형세에 도달한 오인(吾人)은 상하 내외가 협력 일치하여 차(此)에 선처치 아니하면 아니될 것을 반도 재류관민에게 고조코자 하는 바 차(此) 일치할 요점을 들면

제1, 목하의 시국이 여하이 중대함을 정당히 인식할 일

제2, 제국의 동양에서의 지위가 어떠한 것을 이해하여 그 사명과 천식을 각오할 일

제3, 지나의 현황은 여하한 것인가. 즉 세계의 시장화한 현대 지나가 여하이 구미 의존을 상책으로만 알고 동문동종 순치보거(脣齒輔車)[10]의 일본과 괴리를 도모하고 있는가.

차(此) 3대 강목에 대하여 전체의 민중으로 하여금 철저한 이해를 가지게 하여서 동양의 안정세력인 일본의 실력으로써 동양인을 위한 동양인의 동양을 만드는 위대한 사명에 향하여 진실한 내선일체로 용왕매진하여야 할 것이다.

내선융화는 이미 과거사이다. 금일에는 내선일체 차(此) 내선일체가 금일의 동양의 중심세력이 되어야 할 것이며 더욱 내선일체의 구현이 금일과 같이 긴급하고 적절한 시기가 다시 없을 줄로 여(余)는 확신한다고 반도 관민의 지도적 입장으로서의 시국에 처할 근본신념을 열렬히 피력하고 금일의 시국에 선처할 각 방면의 구체적 방법에 취하여 요컨대 관민 일치 각기 자기의 본분을 확수(確守)함으로써 제1의를 삼을 것이니 예컨대 학생으로 말하면 학업의 진수(進修)에 전심 정려(專心精麗)하고 공연한 유언비어를 따라 경거망동하는 일궤(逸軌)의 언동을 엄중히 계신(戒愼)할 것이오. 재계에 종사하는 인사는 재계의 안정을 계획하여 민심으로 하여금 불안이 없게 하기를 힘쓸 것이오.

치안에 종사하는 자는 민심의 동요를 계칙(戒飭)[11]하고 재류외국인의 생명재산에 대하여 만전의 보호를 힘쓸 것이며 운수교통에 종사하는 자는 군대와 군수의 수송을 원활 민속히 노력하는 등 자기의 본무에 향하여 일억 매진하여 표면으로는 극히 평정을 보지하면서 내용으로 대사가 착착 진전하는 실책을 거(擧)함이 금일 반도 재류관민의 최대 급무이라.

---

10 입술과 이, 수레의 덧방나무와 바퀴처럼 함께 해야하는 관계.

11 경계하며 타이름.

설파하여 필정에 임하는 회동 제씨가 차(此) 근본방침을 견지하여서 일반의 이해 인식으로부터 각오 결행에까지 인도하도록 언론보도의 기관을 통하여 당국과 협력하기를 간망(懇望)하였고 계속하여 동석(同席)상에서 총독은 금후 시국의 전망에 대한 회동 제씨의 질의에 대하여 솔직히 언명한 바가 있은 후 동 2시 반경에 산회하였다.

『매일신보』, 1937. 7. 15.

비상시 대책으로 유언비어 엄중 취체 연천서원 총동원 경계

[연천] 연천경찰서에서는 현하 비상시국에 처하여 유언비어가 유포되어 그 영향이 심대함으로 서원 일동이 전력을 다하여 유언비어를 엄중 경계하고 있다.

『조선일보』, 1937. 7. 16.

유언비어에 대하여

一. 비상시에 처하여 가장 무서운 것은 유언비어다. 그 일사회에 끼치는 해독은 대개 막대한 바가 있다. 이런 의미로 보아 최근 북지 사건이 재악화하자 당국이 빨리 그 취체를 엄히 할 방침을 취한 것은 부득이한 처치라 할 것이다. 유언비어란 무엇이냐? 하면 민심을 공포 우(又)는 격앙시킬 종류의 전연 무실(無實)의 허언 또는 사실이 약간 있는 말이라도 침소봉대의 과장적 전언(傳言)의 유포를 지칭하는 것이다. 민심은 무실의 공포에 망동(妄動)을 개시하며 과장으로 인한 격앙에 폭동을 감행하여 적게는 그 개인의 일신일가(一身一家)를 망치며 크게는 사회국가의 안녕질서를 파괴, 문란하기에 이르는 수도 있나니 이 얼마나 큰 해독이며 이 얼마나 심한 죄악이냐?

二. 유언비어는 말하며 정신적 사회적 전염병이다. 그 1인으로부터 타 1인에 옮아가는 현상은 마치 저 콜레라, 페스트가 최초의 1인으로부터 점차 전염되어 가는 것과 흡사하다. 그렇다고 양자가 꼭 같은 것은 아니니 (一) 콜레라, 페스트는 육신상의 전염병인데 대하여 유언비어는 정신적이며, (二) 전자는 개인적 성질이 많은데 대하여 후자는 사회적 성질이 많으며, (三) 전자의 제거에는 의약을 요하는데 대하여 후자의 제거에는 발근적(拔根的) 취체와 각 개인의 자각으로써 족하다.

차등(此等) 3점은 양자가 상이한 점이다. 게다가 양자 간에 또하나 크게 다른 것이 있으니 즉 유언비어는 그 전염이 저 육체적 전염병에 비하여 비상한 정도로 신속 차(且) 광범위한 것이다. 고래로 언무족이지천리(言無足而至千里)[12]라는 속담이 있거니와 말이 한 사람의 입으로부터 나와서 그 다음 사람의 귀를 통하여 유포되는 속도와 범위는 여간 병균의 이동력을 가지고는 그 만분의 1도 당치 못할만치 현격한 차가 있는 것이다.

三. 다음 유언비어는 그 원인 우(又)는 출처를 고구(考究)할 때에는 거기는 처음부터 사회국가를 교란시키려는 고의 우(又)는 악의의 것도 있는 반면에 하등의 악의가 없이 말한 데 불과하다는 정도의 당자의 과실 우(又)는 무의식의 것도 있으며 또 한편으로는 처음에는 그런 뜻이 아니던 말이 이구전구(以口傳口)되는 동안에 와전되는 것도 있다. 그러나 그 민심을 공포시키며, 격앙시키는 결과에 있어서는 고의 과실, 의식적 무의식적, 실전(實傳) 와전(訛傳) 가릴 것이 없이 꼭 같다. 상언(詳言)하면 고의라고 하여 민심을 공포시키는 정도가 더 큰 것도 아니요, 과실이라고 하여 민심을 격앙시키는 힘이 보다 약한 것도 아니다. 그러므로 일국의 시정자(施政者)로 앉아서 그 해독을 미연에 방지할 목적으로 취체를 개시할 때에는 과실, 무의식적 우(又)는 와전임을 불계(不計)할 것도 혹은 부득이한 처치일 것이다.

四. 물론 체질이 원래 연약한 사람은 육체적 전염병에 걸리기 쉽듯이 무식하고 몽매한 사람은 유언비어에 침염(浸染)되기가 쉬운 것이다. 그러나 콜레라, 페스트는 원래 악성이기 때문에 건장한 사람으로도 걸리는 율(律)이 많듯이 초비상시에 있어서의 유언비어는 총명유식한 사람으로도 침염(浸染)되기가 쉽다는 1점도 특히 일반의 주의를 요할 점이다. 하고(何故)오 하면 군자는 가기이방(可欺以方)으로 아무리 총명하고 아무리 유식한 사람으로도 거짓말이라고 생각할 수 없는 종류의 유언비어는 얼마든지 있기 때문이다. 차(此)를 역사상의 기록에서 볼지라도 "우물에 독약을 던진다" 또는 "모처에서 다수의 사상자가 났다"라고 하면 아무리 유식한 사람들도 믿었고 아무리 총명한 사람들도 있던 전감(前鑑)이 소소(昭昭)하다. 그러면 발본색원적 유언비어의 대응은 무엇이겠느냐? 하면 당국의 취체는 부득이하나 (一) 정당한 보도에 대하여 보도 자유를 확장할 것 (二) 일반 민중 측에서는 확인 없는 전언(傳言)에는 도무지 귀를 기울이지 않도록 자각하는 동시에 추측 우(又)는 상상에 기인한 발설은 일절도 구외(口外)에 출(出)지 아니하도록 각자 주의할 것의 두

12 발 없는 말이 천 리 간다.

가지가 더 있을 것이다.

『매일신보』, 1937. 7. 17.

70만 부민(府民)에게 경거망동과 유언비어 없도록 부의(府議)와 정총대(町總代)를 독려

좌백(佐伯)[13] 경성부윤은 북지사변이 날로 긴박하여가는 정세에 비추어 70만 부민의 열광적 흥분으로 말미암아 경거망동 혹은 유언비어가 배태될 염려가 있다하여 부민으로 하여금 시국에 대한 정확한 인식을 주는 동시에 경박한 행동이 없도록 하기 위하여 16일 오후 3시에는 부윤 응접실에서 부회의원 제씨를 초대하고 간담회를 개최하여 17일 오후 3시부터는 240명의 정회 총대를 태평통 부민관 중강당에 초치하고 역시 시국 인식에 대한 철저한 각오를 촉진시켜서 그들을 통하여 70만 부민의 머리 가운데 시국에 대한 정확한 인식을 부어주도록 하리라 한다.

『조선일보』, 1937. 7. 17.

유언비어 취체와 각 도 경찰이 경계

충남 [대전] 충청남도 경찰부에서는 북지사변 발생이래 유언비어의 취체에 대하여 각 경찰서에 통첩하였는데 시국의 악화를 따라 금후부터 유언비어를 철저히 취체할 방침이며 치안유지에 대하여 만전을 기한다고 한다.

평남 [평양] 전운이 북지 천지에 창일하여 장개석 중앙군의 북상의 보가 거리에 일어나 사태는 점점 급하여진 이 때 평양 부내의 부두 각처에서는 사변 발전에 자극되어 인심을 착란하는 여러 가지 유언비어가 떠돌고 있으므로 평양헌병대에서는 이 같은 유언비어를 떠돌리는 자에게 대하여 엄벌을 가할 방침이라 한다.

---

13 사에키 아키라(佐伯顕).

『매일신보』, 1937. 7. 17.

유언비어 엄중 취체

[대전] 충남 경찰부에서는 북지사변 발생 이래 관내 각 경찰서에 대하여 유언비어의 취체에 관하여 통첩한 바 있었는데 시국의 추이는 낙관을 불허하는 상태임으로 금후 더욱 엄중히 취체할 방침이라 한다.

『매일신보』, 1937. 7. 21.

유언비어 유포 해주서(海州署)서 단속

[해주] 해주경찰서에서는 금번 북지사변에 관하여 불근신한 언동으로 유언비어를 유포하여 일반 민심을 동요케 하거나 관청의 보도 신문 라디오 등 보도 이외의 근거가 없는 언동으로써 치안을 문란케 하는 자는 엄중 처벌 할 터이라고 한다.

『매일신보』, 1937. 7. 21.

유언비어 단속 평양서 일층 엄중

[평양] 평양부내 우편국소(郵便局所)나 그 밖의 금융기관에서 이즈음에 갑자기 예금 저금 등의 반불(返拂) 청구가 늘어감으로 평양경찰서에서는 그 원인을 조사하여 본 결과 이것은 북지사변에 관련하여 쓸데없는 유언비어가 성행하는 데 원인이 있음을 알고 일층 차종의 유언비어를 철저히 단속키로 되었다.

『조선일보』, 1937. 7. 21.
평양의 유언비어 취체. 검거자 30여 명

[평양] 북지사변 이후 평양서에서는 서원 총동원으로 유언비어를 취체 중인데 19일까지 민심을 혼미케 하는 유언비어 행동자 30여 명을 검거 취조 중이다. 이번 검거된 자들 가운데에는 전쟁에 조선 사람들도 징병에 소집이 되었다고 떠들며 돌아다니는 자, 저금을 모조리 찾아 전쟁 때문에 몇 날 살지도 못할 터인데 마음껏 질탕호유나 하다가 죽는다고 떠들며 돌아가는 자 등 별별 자가 많이 있다 한다.

신천에서도 취체 강화

[신천] 시국이 바야흐로 비상시로 달음질침에 따라 무근거의 억측에서 우러나오는 유언비어가 떠돌기 시작하여 만일을 염려하여 신천경찰서에서는 그야말로 경찰의 정신을 발휘하며 상부와 연락하여 유언비어 취체의 만전을 다하고 있다 한다.

웅진서도 취체

[웅진] 북지사변의 전운이 급박함에 감하여 황해도 웅진경찰서에서는 유언비어를 엄중 취체하는 한편으로 민심의 안정과 직업의 안도에 극력 힘쓰고 있다 한다.

『매일신보』, 1937. 7. 22.
유언비어의 취체에 대하야, 삼교(三橋) 경무국장 담(談)

북지사변의 발발과 동시에 경무국에서는 유언비어의 취체와 치안확보의 견지에서 각 도의 만전을 기하도록 통달한 바가 있었는데 삼교(三橋) 경무국장은 다시 21일 거국일치의 여론의 환기와 동시에 비상시국을 철저히 인식케 하는 동시에 각종 유언비어의 엄중한 취체와 치안확보에 만(萬) 유감없기를 기하여 좌(左)와 여(如)한 담화를 발표하였다.

거(去) 7일 심경(深更) 북평 교외 노구교에서의 중국 군대의 불법 사격에 발단하여 발동한 소위 북지사변은 기후(其後) 중국의 불신 행동의 반복에 의하여 아국(我國)은 일부 부대를 북지에 파견하지 않을 수 없게 되었다. 사변 발생 이래 선내 일반 주민은 잘 시국의 중대성을 인식하고 애국의 지정(至情)에 불타 도처에서 총후의 적성을 피력함과 동시에 내선 각 방면의 유식자에 의하여 혹은 3국 간담회 혹은 강연회 등이 각지에 개최되어 거국일치의 실(實)을 시(示)하고 있다.

차간(此間) 선내(鮮內)의 치안은 잘 확보되고 민심 역(亦) 극히 평온하게 경과함을 국가를 위하여 실로 경축에 부심하는 바이다. 그러나 시국의 진전에 반하여 민심 일단 긴장을 가함에 따라 극히 소(少) 부분의 자(者)이지만 종종 시국에 대하여 황당무계한 언사를 유포하여 일반 민중에게 불안의 염(念)을 포현(抱懸)케 하고 혹은 도(徒)히 내선인 대 재류중국인 간의 감정을 자극하고 우(又)는 경제적 요언을 방(放)하여 경제계 교란을 유발함과 같은 언동을 감행하는 자 있는 것은 심히 유감으로 하는 바다. 시국이 시국이니만치 여사한 유언(流言)은 직접 타(他)에 파급하여 예측할 수 없는 반향을 반(伴)하여 불측(不測)의 사태를 유발하는 기연(機緣)도 될 염려가 있으니 일반은 특히 기 언동에 주의함과 동시에 그러한 유언(流言)에 미혹됨이 없이 정당한 시국의 인식에 노력하기 바란다. 차(此) 점에 감(鑑)하여 경찰 당국에서는 군헌 당국과도 긴밀한 연락을 보지하여 민심의 불안동요를 초래하고 혹은 경제계의 불안을 유치하는 것도 또는 반전, 반국가적 의도 있는 것 기타 일반 민심을 혹란(惑亂)함과 같은 유언비어에 대하여는 단호한 취체를 가하여 시국이 시국이라 특히 엄벌로써 임하기로 하고 각 도에 통첩을 발하였다.

그러니 국방관계 제 단체 등에서는 당국의 의를 양승(諒承)하고[14] 자진하여 차등 유언비어의 방알시정(防遏是正)에 협력하기를 절망(切望)한다. 또 일반 국민도 잘 시국의 중차대한 현하의 정세를 충분 인식하고 특히 아 조선의 지역적 중요성에 감(鑑)하여 자중자계 경거를 삼가고 내선일치 관민협력하여 총후의 적성을 피력하여서 보국의 성(誠)을 다하기를 희망하여 마지않는 바이다.

---

14 살펴 납득하고.

『조선일보』, 1937. 7. 22.

유언비어에 대하여는 단호히 엄벌한다. 각 도에 통첩하고 경무국장 담화

경무국에서는 시국 중대한 이때에 유언비어에 대해서는 엄벌주의로써 이를 취체하기로 되어 21일 각 도 경찰부에 통첩을 발하는 동시에 삼교(三橋) 경무국장은 아래와 같은 담화를 발표하였다.

시국의 진전에 따라 민심은 일단 긴장을 더하여 극소 부분이라 하지만 여러 가지 시국에 대하여 황당무계의 언사를 유포하여 일반 민중에게 불안한 생각을 품게 하며 혹은 공연히 내선인 대 재류중국인 간의 감정을 자극하고 또는 경제적 요언을 하여 경제계 교란을 유발하는 것 같은 언동을 감행하는 자가 있음은 대단히 유감되게 생각하는 바이다. 시국이 시국인 만치 이러한 유언은 곧 파급하여 예측할 수 없는 반향을 주어 불측의 사태를 유발하는 기인이 될 염려도 있음으로 일반은 특히 그 언동에 주의하는 동시에 유언에 미혹하는 일이 없이 바로 시국의 인식케 힘쓰기를 바라는 바입니다. 이 점에 감하여 경무 당국에서는 군헌 당국과도 긴밀한 연락을 하여 민심의 불안동요를 보든가 혹은 경제계의 불안을 유발할만한 반전(反戰) 반국가적(反國家的) 의도 있는 것 기타 일반 민심을 교란할 유언비어에 대하여는 단호한 취체를 하여 특히 엄벌로써 임하기로 각도에 통첩을 발하였습니다. 그러함에는 국방관계 제 단체 등에서는 당국의 뜻하는 바를 양해하여 자발적으로 이러한 유언비어의 방알 시정에 협력키를 절망하는 바입니다.

『동아일보』, 1937. 7. 22.

일반 언동에 경고! 유언비어엔 철저한 엄벌주의

경무국에서는 시국 중대에 감하여 금번 유언비어에 대하여서는 엄벌주의를 써서 취체하기로 되어 21일 각 도 경찰부에 통첩을 발하는 동시에 삼교(三橋) 경무국장 담으로서 다음과 같이 발표했다.

삼교 경무국장 담: 시국의 진전에 따라 민심이 일층 긴장하여 극히 소부분이기는 하나 여러 가지로 시국에 대하여 당황한 말을 유포하여 일반 민중으로 하여금 불안을 느끼게 하며 혹은 일본 내지인과 조선인 대 재류중국인 사이의 감정을 자격하며 또는 경제적 요언(妖言)을 내어 경제계 교란을 유발하는 등의 언행을 하는 자가 있음은 대단히 유감으로 생각하는 바입니다. 시국이 시국인 만큼 이 같은 유언은 곧 다른 데 파급되어 예측하기 힘든 반향을 일으켜 불측의 사태를 유

발할 기연이 되는 수도 있으므로 일반은 특히 그 언동에 주의하는 동시에 이 같은 유인에 미혹되지 말고 시국의 정당한 인식에 노력하기 바랍니다. 이 점에 감하여 경무국 당국에서는 군헌 당국과 긴밀한 연락을 보지하지 하여[15] 민심의 불안동요를 초래하여 혹은 경제계의 불안을 유치하거나 또는 반전(反戰) 반국가적으로 있는 것이라든지 기타 일반 민심을 혼란케 하는 등의 유언비어에 대하여는 단호히 취체하여 시국이 중대한 만큼 엄벌로써 임하기로 하여 각 도에 통첩을 발하였다. 그러므로 국방관계 제 단체 등에서는 당국의 뜻있는 점을 양해하여 자진하여서 이런 유언비어의 방일 시정(是正)에 협력하기를 절망합니다.

『매일신보』, 1937. 7. 23.

안성 유언비어 취체

[안성] 안성경찰서에서는 금반 북지사변에 관하여 불근신한 언동과 유언비어를 유포하여 일반 민심을 소란케 하여 근거 없는 언동으로 치안을 문란케 하는 자는 엄중한 처벌을 하리라 한다.

『동아일보』, 1937. 7. 27.

유언비어의 사회적 영향, 평양 예금 회수 소동은 그 일례

一. 이 비상시국을 당하여 우리의 사회적, 경제적 생활이 자중하여야 하겠다는 것은 누누이 본란에서 논평한 바이다. 그런데 최근 항간에서는 각종의 유언이 조출되고 각색의 비어가 전파되어 민심은 자못 불안정 상태에 빠져있는 듯한 느낌을 주고 있다. 혹은 과도(過度)의 불측의 위험이 가해질 것같이, 자기 재산에 불의의 손실이 당해질 것같이 생각하여 전율하는 자도 있으며 혹은 한 걸음 더 나아가서 이 비상시국에서 은둔하려고 황망하는 자도 있으며 심지어는 자포자기하는 자까지도 있다. 문화정도가 저열한 사회에서라면 볼 수 있음직도 한 일이라 하겠지마는 남에게 못

15 원문대로 표기함. '유지(保持)하도록 하여'의 오기인 것으로 보인다.

지 않은 사물의 판단력을 가지고 있는 우리 사회에 있어서 따라서 질서도 있고 훈련도 있는 그리고 자중할 줄을 아는 우리 사회에 있어서 이 무슨 비애이며 수치이냐. 기(幾) 개인이 허무맹랑(虛無孟浪)한 유언비어에 미혹함으로써 그 사회에 미치는 전염병적 독해(毒害)가 심상치 않음을 생각할 때에 실로 유감스러움을 금키 어렵다.

二. 그 일례로서 우리는 최근 평양에서 일어난 저금, 예금 회수 소동을 들 수 있다. 다시 말하면 화류가에서 "저금과 예금은 전부 군사비로 징발된다는 풍설이 유포되자 이것이 진원이 되어 너도 나도 할 것 없이 쟁선(爭先)하여 우편국, 금융조합, 은행으로 몰려들어 저금 우(又)는 예금을 추심(推尋)하노라고 소동을 일으켰기 때문에 각 관계 당사자들의 비명은 물론이려니와 경찰서원까지 제일선에 나서 그 방지에 부심하였다 한다. 이것은 전쟁에 대한 경험이 없는 탓에 전쟁만 일어나면 곧 민간재산을 정부에서 몰수하는 것같이 생각하는 일종의 공포증의 표현이라고 하겠는데 결코 사리를 정상적으로 판단하는 자의 하지 않을 낭패다. 전쟁이 발발하거나 오래 계속되어 일국의 경제계에 중대한 변동이 야기될 때에 정부가 "모라토리움"을 법령으로 발포한 전례는 허다하다. 그러나 적어도 그 나라의 질서가 조금이라도 유지되고 있는 이상 민간저축을 무조건 하고 징발함과 같은 근대국가는 없을 것이다. 그렇거늘 금번(今番) 북중사변(北中事變)에서 상상도 되지 않는 최악의 경우를 두려워하여 저금, 예금의 회수 소동을 일으킴이야 어찌 우부우부(愚夫愚婦)의 경거망동이 아니리오.

三. 그 유언비어의 출처는 아직 불명함으로 당국에서는 방금 엄탐 중이라 한다. 대개 이와 같이 황당무계한 유언비어가 주출유포(做出流布)되는 경로는 세 가지가 있을 것이다. 혹은 사회의 안녕질서를 교란한 의도에서 혹은 말 참지 못한 악벽이 있는 자의 자가도취에서 혹은 혹세무민으로 직업을 도득(圖得)하는 자의 행위에서 세 가지 경로를 밟아온 것이어서 이 모두가 가증하지 않음이 없는 터이니 당국은 모름지기 그 병균 출처를 충분히 구명(究明)하여 철저히 박멸하지 않으면 아니 될 것이려니와 저 사실무근한 망어(罔語)에 귀를 기울여서 자기 판단력을 현란하게 하여 드디어 그에 뇌동부화(雷同附和)하고 마는 그 사람인들 어찌 현명하다 할 수 있으리오. 그 결과는 자기 안전을 도모하는 도리가 못 될뿐더러 도리어 자기의 어리석음을 고백하는 것이 되고 한 걸음 나아가서는 사회 전반에 해독을 미치고 마니 이 점을 충분히 인식하기 위하여 자기반성이 있지 않으면 아니 될 것이다. 이리하여 비상시국을 당해서라도 우리는 우리의 질서 있고 훈련 있는, 그리고 절도 있는 생활을 보전하여야 할 것이다.

『조선일보』, 1937. 7. 28.

각 도 도지사에게 남(南) 총독 중대 통첩. 민중에게 시국 인식을 철저하게. 유언비어를 엄중 경계

험악한 북지정세를 싸고도는 비상시국은 극히 침울 암담하여 일반 민심을 동요하게 할 염려가 없지 아니함으로 시국 인식의 철저와 각성을 환기하고자 관민이 서로 연락하여 강연, 기도, 기원 기타 여러 가지 형식으로 적극적 노력을 계속하여 오는 중인데 26일 남(南) 총독은 각 도지사에게 다음과 같은 내용의 통첩을 발하여 일반 민중의 각성을 일층 더 환기하도록 하였다.

최근 비상시국에 대처하기 위하여 경성 기타 각 도시에서는 기독교, 천도교, 시천교, 불교 등 각 종교단체가 비상한 활동을 계속하고 있는즉 이때 각지에 산재하여 있는 대소 단체로 하여금 비상시국에 대처하는 맹렬한 활동을 행하도록 소관 당국에서 지도장려하여 일반 민중이 시국 인식을 철저케 하라. 최근 유언비어가 각 지방에 성행할 모양인데 이것이 대개 각 지방 여러 단체의 활동이 부족한 관계로 시국 인식과 각성에 부족한 까닭인즉 이 또한 적절타당한 수단과 방법으로써 활동케 하여 민중으로 하여금 각성을 환기하는 동시 유언비어를 엄중히 취체하여 (경무국에서는 실시 중) 민심의 동요가 없도록 하라.

이와 같은 엄중한 통첩을 발하여 비상시국에 선처케 하였는데 시국에 대하여 총독 명의로 통첩하기는 이번 북지사변 발생 이래 처음이다.

『조선일보』, 1937. 7. 28.

시국 강연 방송. 오늘 밤(今夜) 삼교(三橋) 경무국장으로부터

시국의 중대함에 비치어 삼교(三橋) 경무국장은 27일 오후 7시 반 DK 마이크를 통해서 전 조선 민중에 향하여 외치게 되었는 바 그 내용으로는

금번 북지사변의 돌발로 중대한 시절을 당면하여 사변 발생지부터 가장 가까운 총후에로 서게 된 우리들로서는 항상 대국민의 금도로 유언비어에 유혹되지 말고 시국의 추이를 정당하게 인식하여 각기 직업에 안정하고 내선일체 대동단결에 매진함이 긴요한 일이다. 이 같은 비상시에 조선 경찰에 봉공하는 자로는 그 책임의 중한 것을 알고 전원 일체 치안에 당하여 총후의 불안을 없이 할 것과 함께 밖으로는 황군의 위력을 믿고 안으로는 경찰을 힘입어 경거망동을 경계할 것이다.

『매일신보』, 1937. 7. 29.

유언비어 취체하라, 강원도 경찰부 각 서(各署)에 엄달(嚴達)

[춘천] 북지사변이 한번 일어나자 풍운이 급박해짐에 따라 각지에 얼토당토아니한 갖은 유언비어가 횡행될 염려가 있음으로 과반 경무국장 통첩으로 이에 대한 취체를 엄중히 하라는 통첩을 각 도 경찰부에 발송한 바 있었는데 이에 강원도에서도 만일을 염려하여 당시 각 경찰에 취체에 대한 통첩을 발하였거니와 지난 22일부로 또다시 구체적 통첩을 발부하여 엄중한 취체를 하도록 시달하였다는데 함부로 유언비어를 말하는 자가 있으면 용서 없이 엄중 처벌할 터로 도민을 자중하여 시국을 정확히 인식하여 국민답지 못한 경거망동에 나아가지 않도록 각자 주의함이 좋으리라 한다.

『조선일보』, 1937. 7. 31.

북지사변에 직면하여, 경거망동을 신계(愼戒)하라, 삼교(三橋) 경무국장의 방송

삼교 경무국장

삼교(三橋) 경무국장은 27일 오후 7시 반 경성방송국에서 『북지사변에 직면하여』라는 연제로 시국 강연을 방송하였는데 그 전문 내용은 여좌(如左)하다.

금차(今次)의 북지사변에 직면하여 주로 조선 치안유지의 책무를 부담한 일원으로서의 입장에서 나의 소회의 일단을 말하여 보고자 한다.

북지의 일각 노구교의 지나군의 불법 발포에 직접단(直接端)을 발한 금회의 사변은 일본 전국은 말할 것도 없고 전 세계의 신경을 긴장시키면서 진실로 숨막히는 듯한 분위기 리(裡)에 이미 20일을 경과하였는데 그 장래의 발전 동향에 대하여서는 어느 방면으로부터나 극히 큰 관심을 가지고 있다.

평화와 정의를 사랑하고 건국 이래 차(此) 존귀한 정신하에 종시(終始)한 아(我) 제국은 다년에 긍(亘)한 지나 측의 불법 폭려(暴戾)한 모일(侮日) 항일 행위에도 불구하고 깊이 은인자중하여 기간(其間) 기다(幾多)의 희생을 하면서 금일까지 그때마다 미흡하나마 사건의 원만한 해결을 도(圖)하여왔으나 금차의 폭려하기 짝이 없는 항일 행위에 의하여 드디어 더 참을 수 없어 비상한 결의하

에 일부 파병의 단호한 조치를 하는 수밖에 없이 된 것이다. 그리고 금회의 경우에 있어서도 아국(我國)으로서는 어디까지나 지나 측의 반성을 촉(促)하여 평화적 수단에 의한 국지(局地) 해결의 희망을 불사(不捨)하고 사건 불확대의 방침을 견지하여 의연 차(且) 신중한 태도로써 이에 대처한 결과 사건은 일시 소강을 보지(保持)하여 평화적 해결에 일루(一縷)의 서광을 발견하였으나 완미(頑迷)한 지나 당국은 의연 시국 습수(拾收)에 대한 성의를 결하고 또 불신불의를 반복하여 전토의 항일 기세를 선동하고 또 일방 작일 래(來) 재차 황군에 불의의 습격을 가하는 폭거를 감행하게 되었다. 이 때문에 금일까지의 아국의 신중한 노력에 불구하고 사태는 재차 악화하여 황군은 분연 일어서 정의의 수(帥)를 동(動)치 않으면 안될 중대 국면에 도달하였다.

고래 하사(何事)에나 통제되지 않는 것이 지나의 특장(特長)이나 항일이라는 문제에 대하여서는 거국이라고까지 할 수 없으나 항상 대체의 국론이 일치하는 실상이다.

대체 현하의 국제정세로 말하면 동아의 천지에 있어 공동 이해상에선 일만지(日滿支)는 혼연 융합하여 상호 의존의 실(實)을 거(擧)함에 의하여 아시아의 천지는 진실로 아등 아시아인의 손에 맡기어 이에 의하여 비로소 동양 영원의 평화가 확립될 것을 깊이 인식할 것인데 불구하고 지나 국내 대중은 공산주의의 마수에 번롱(翻弄)되고 또 장개석(將介石)을 비롯하여 정부 당국자는 항일로써 유일의 민족통일책으로 하고 있는 때마다 소련과 열강의 간섭 지원을 꿈꾸며 일층 민중의 항일의식에 박차를 가하고 있음과 여(如)함은 전연 앞을 내다보지 못하는 짓일 뿐 아니라 동아의 대국으로 보아 실로 유감에 불감(不堪)하는 바이다. 그리고 타면(他面) 예전은 허수아비 같이 보이는 지나 군대 특히 중견 장교에 대하여는 평소부터 강렬한 항일 교육을 시(施)하고 비행기 기타의 신예 병기를 정비하며 방어설비와 훈련과 여(如)함도 금일에 있어서는 상당히 볼만한 바가 있다 하여 숫자적 병력은 물론 그 소질에 있어서도 왕시(往時)의 지나군과는 상당한 현격이 있음을 자랑하고 있는 형편이다. 물론 아(我) 정예 무비(無比)한 황군이 한번 동하면 지나군과 여(如)한 것은 개수일촉(鎧袖一觸) 곧 분쇄될 것은 명료하나 금일의 국제관계가 극히 복잡 미묘한 바가 있는 관계상 여사한 상태에 있는 지나를 상대로 하는 아국(我國)의 입장이라는 것은 국제 정국 상으로 보아도 극히 중대한 것임을 통감한다. 즉 사변의 금후의 추이여하에 의하여 아등(我等)이 자(玆) 수년래 심중 몰래 경종을 난타하여 온 소위 비상 중대 시국에 직면하려 하고 있다. 아등은 금일까지 누누 사건에 당면할 때마다 소위 비상시 의식을 고조하여 왔는 바 그는 말하자면 서곡이었고 실로 금일이야말로 국가 국민을 거(擧)하여 동양 영원의 평화극에 있어서의 비상시 본 무대의 화도(花道)에 주역으로 일어선 터이다.

시국은 정(正)히 중대하다. 총후의 오등(吾等)은 냉정히 금후의 추이를 주시하여 여하(如何)한 경우에 있어서나 힘을 배꼽 아래(臍下) 단전에 조(罩)하여 가령 아등이 이상으로 하는 동양 영원의 평화의 산뇌(産惱)가 언제까지 계속하나 익익 일본 국민으로서의 굳은 각오와 결속하에 거국일치의 적년(積年)에 긍(亘)한 동아의 암운을 일소하여 정의 일본의 진면목을 세계에 선양하고 평화하고 명랑한 동아의 신천지를 건설치 않으면 안 된다고 생각한다. 특히 다 아는 바와 같이 조선은 인방(隣邦) 만주국과 더불어 사변지와는 지리적으로나 정치경제적으로나 또는 군사적으로나 가장 밀접 차(且) 특수한 관계에 있어 조선 내의 정치 경제의 동향은 물론 오등(吾等)의 일거일동(一擧一動)은 곧 사건의 해결에 지대한 관계를 갖고 있다. 반도 2천 5백 만 민중은 모름지기 협력 일체의 금차(今次) 사변의 발발한 원인을 정확히 인식하여 금후의 추이에 깊이 관심을 가지는 동시에 비상한 각오하에 총후의 책임을 다하지 않으면 안 된다. 이는 실로 충실한 국민으로서 당연한 의무라고 신(信)한다.

그러면 금일의 사태에 직면하여 오등(吾等)은 여하한 마음의 준비가 필요한가. 그 대본(大本)에 관하여는 사변 발생 당시 모든 기회에 남(南) 총독 각하로부터 성명한 바로 그 내용에 대하여서는 신문지 등에 의하여 여러분도 이미 십이분으로 양해하였으리라 생각하므로 자(玆)에는 생략하고 나는 자기의 직무를 통하여 2, 3의 생각나는 것을 말하기로 한다.

제1은 금차(今次)의 사변은 거국일치 내선일체의 실(實)을 더욱 강화 현현(顯現)함에 다시없는 절호한 기회이고 그리고 또 반도 재주의 민중은 바로 이 대목표를 향하여 매진할 것이라고 생각한다.

유래 아국은 내정적으로 여하한 대립항쟁이 있을지라도 한 번 외환에 직면하면 일군의 어릉(御稜) 위하에 곧 거국일환으로 되며 위국(危局)을 돌파하여 그때마다 국위를 중외에 선양하여왔다. 금회의 사변이 금후 여하히 발전할지라도 충용한 황군의 위무(威武)는 잘 아국의 대이상을 현현함에 여하한 장애라도 돌파할 것을 깊이 확신하나 최후의 승리는 한갓 거국일치의 힘이 있어야 할 것은 말할 것도 없다. 특히 근대 과학전에 있어서는 예전과 같이 한정된 지역뿐만 아니라 국토 전체가 전장화되는 경우도 많아 국가 총동원적의 준비를 완성하여써 적(敵)에 당(當)함이 가장 필요하다. 즉 국민 상호간에는 사소한 간극도 있음을 불허한다.

『천(天)의 시(時)는 지(地)의 리(利)와 같지 못하고 지(地)의 리(利)는 인(人)의 호(和)와 같지 못하다』라는 고언은 지금에 있어 우리의 가슴을 강(强)히 두드림을 깨닫는다.

회고컨대 아 조선은 시정 이래 27년(二十有七年) 문물경제는 말할 것도 없고 산용(山容) 하색(河色)에 이르기까지 전연 일변하였으나 내선 상호간에 영년(永年) 배양되어 온 상이 관념이라 할까.

자기는 내지인이다, 혹은 조선인이다 하는 일종의 불쾌한 장벽이 실로 유감이나마 용이히 탈각되지 않아 그 때문에 상당한 연월에 긍하여 소위 내선융화를 고창하여 왔는 바 시대의 진운과 시국의 변전(變轉)과는 점차로 이러한 협량(狹量)한 생각에 일대 전환을 여(與)하여 장차 올 어느 기회에 있어 반드시 반도 출신의 대중도 진실로 일본제국신민의 일원으로 볼만한 활동을 할 것을 확신 차(且) 기대하고 있는 터이다.

과연 금차의 사변발발 이래 역두(驛頭)의 송영(送迎)을 비롯하여 신사의 기원, 참배 내지 국방휼병자금의 헌납 등의 상황의 실로 열성이 넘치는 것 같은 상태는 기간(其間)에 전하는 수 없는 기다의 미담과 함께 눈물 없이는 이를 보고 이를 듣고 이를 말할 수 없는 바로 실로 내선일체의 현현이고 동시에 또 애국충성의 진자(眞姿)를 구현한 것이라고 신(信)한다. 그리고 또 천도교를 비롯하여 종교, 기타의 각종 단체에 있어서도 사변 발생 이래 전연 종래의 관계와 소아(小我)를 버리고 대중적 견지에 서서 나아가 시국에 관한 강연회를 개최하여 민중의 시국 인식을 기피하는 동시에 거국 이에 당(當)할 것을 강조하고 있다.

범(凡) 인간의 본성이라는 것은 비상위난(非常危難)에 조우하여야 비로소 진실로 나타난다 하는데 차(此) 중대한 시국에 제(際)하여 기(期)치 않은 내선일체를 입으로가 아니라 사실로 명백히 시현한 것은 이에 방가(邦家)를 위하여 미덥고 또 감격에 불심하는 바이다. 나는 내선인 공히 이 기분 이 감격을 오래 잊지 말고 금후 일층 조선의 특수적 입장과 그 중대한 사명을 충분히 인식하여 익익 내선일체의 대동단결을 공고히 하여 거국일치의 계(稧)로 되어 시난(時難)의 극복에 서로 함께 매진하지 않으면 안 된다고 생각한다.

제2는 자중자계 대국민인 금도(襟度)를 실(失)치 않음이 필요하다. 이러한 시국이 되면 일종의 호기심으로 사실을 침소봉대하고 심한 것은 단순한 상상, 망상을 그대로 말하는데 상대편은 불용의리(不用意裡)에 이를 신(信)하고 곧 타인에 전한다. 즉 일견(一犬) 허(虛)를 폐(吠)하여 만견(萬犬) 실(實)을 전하는 결과 유언비어로 되어 항간에 유포되어 이것이 원인으로 생각지 않은 불상 사건도 야기한 사례가 기다(幾多) 있다.

금차의 사변에 대하여도 나의 수허(手許)에 여러 가지 보고가 모여있는데 그 개개에 대한 말은 생략하니 모두 거의 상식으로는 생각할 수 없는 황당무계한 것 뿐이다. 이러한 유언비어는 금후 사변이 진전함에 반하여 금차 심하여져서 악성의 것으로 변화할 우려가 있을 뿐만 아니라 이것이 상대국에 악용되지 않으리라고도 할 수 없다.

차등(此等) 유언비어의 취체에 관하여서는 과일(過日) 신문지를 통하여 내가 일반에게 요망하여 두었음으로 자(玆)에 거듭 말하지 않으나 경찰에 있어서는 금후 일층 엄히 취체를 행하여 악성의 것에 대하여서는 단호 엄벌로써 임할 방침이다.

여러분도 항간에 유포되는 의심스러운 문서, 유설(流說)에 대하여서는 곧 이를 신(信)치 말고 경찰 기타의 기관에 잘 그 진상을 알아보고 또 상계(相戒)하여 특히 시국에 관한 언동을 신중히 하여 여하한 사태에 직면할지라도 냉정 침착 대국민다운 금도(襟度)로써 질서정연히 이에 대처함이 간요(肝要)하다.

제3은 잘 경찰을 이해하여 치안유지에 대하여 진심으로서의 협력을 원한다. 차(此) 중대 시국에 직면하여 조선의 지위, 사명에 감(鑑)하여 선내(鮮內)의 치안의 완전한 확보는 또 시난(時難) 극복을 위하여서의 총후의 가장 중요한 책무의 경찰에 직을 봉(奉)하여 치안의 임무를 부(負)한 우리 2만의 경찰관계자는 늘 책무의 중대함을 깊이 자각하고 있다.

근년 조선의 산업경제 내지 교통의 비상의 발달과 내외 정세의 험악화에 반(伴)하여 조선의 경찰사무는 축년(逐年) 복잡다기하게 추향(趨向)하여 항상 경찰관의 수(手) 부족을 감(感)하고 있는 상황이다. 특히 금차의 사변 발발 이래 이에 반(伴)한 사무의 증대는 물론 조선 경찰의 특수 사명인 국경 경비에 있어서도 비적의 활동은 최근 훨씬 활발하여져서 경비의 신고(辛苦)는 하(夏)의 진(陳)을 영(迎)하여 익익(益益) 가(加)할 뿐인데 우리는 이 시국에 있어 적으나마 멸사봉공의 기회를 얻었음을 충심으로 행복으로 여기고 또 감격의 염(念)에 불타며 각 경비기관과의 연락협조를 긴밀히 함은 물론 상하일체가 되어 익익(益益) 사기의 긴장을 도(圖)하고 불면불휴, 평소의 보통 경찰사무를 비롯하여 수송경비와 '스파이'의 암약 취체 기타 시국에 관한 전면적 경계에 경찰의 기능을 총동원하여 물샐 틈 없는 경비 진영의 통제강화에 노력하여 주도(周到)한 계획에 직분(職分)에 당(當)하여 조선경찰의 명예를 위하여 치안의 만전을 도(圖)하여 조금이라도 총후의 불안이 없게 하도록 전력을 경도하고 있다.

그러나 이러한 비상시에 제(際)하여 치안유지의 만전을 기함은 경찰만의 힘으로써 도저히 잘할 수 없는 일이고 거국일치의 입장으로서도 여러분의 깊은 이해와 협력을 앙(仰)치 않으면 안 된다. 그리고 이렇게 협력하여 조선의 치안을 유지함도 또 유력한 총후의 후원이라고 신(信)한다.

자(玆)에 협력이라 하여도 순찰과 호구조사 등의 경찰사무에 원조를 원(願)하는 의미가 아니다. 물론 교통정리라든가 일반 정비라든가에는 각히 원조기관에 보조를 원하는 일도 있으나 일반의 여러분은 위선(爲先) 손 가까운 일에 주의력을 긴장하여줄 것, 즉 경찰관의 손을 번로(煩勞)함과 같은 일은 될수록 피할 것, 또 비상 급변의 경우에는 주장(周章)치 말고 소요(騷擾)치 말고 잘 경찰관의 요망에 따라 행동할 것 차등(此等)은 즉 모두 큰 경찰에의 협력이다. 특히 금후 사태의 추이에 의하여서는 방공상 등화관제를 실시함도 필요하게 될 터인데 차등(此等)의 경우에 있어서도 상계(相戒)하여 될수록 사고를 방지하고 완전한 자위력을 발휘하여 총후의 치안이 조금의 간극도 생(生)치 않도록 협력하여 주기 바란다.

이상 외(外) 황군의 장사 위문 기타의 일에 대하여 말하고자 하는 것은 많으나 이에는 단지 경찰적 입장에서 시국에 대한 마음 준비의 2, 3을 요망하였음에 불과하다.

요는 금후의 시국이 여하히 발전하고 또 여하한 파생사태를 반(伴)할지라도 외적(外敵)에 대하여서는 정강무비(精强無比)한 황군의 위무(威武)를 총후의 치안에 대하여서는 경찰 기타의 기관의 힘을 깊이 신뢰하여 어디까지나 대 국민의 금도(襟度)로써 엄히 경거망동을 삼가고 또 부절(不絶)한 긴장리(裡)에도 어디까지나 평정리(裡)에 각자가 그 업무에 진력하고 일에 당하여서는 거국일치, 내선일체의 실(實)을 구현하여 이 비상시국에 대처할 마음 준비가 가장 간요(肝要)하다. 이리하여야 대일본제국은 모든 장애와 위난을 돌파하여 공국(鞏國)의 대이상인 동양 영원의 평화를 확립하고 그 진위를 중외에 선양할 수 있다고 신(信)한다. 이상으로써 나의 강연을 끝마치기로 한다.

『매일신보』, 1937. 7. 31.

유언비어 취체 연천(漣川)서 1명 인치(引致)

[연천] 북지사변의 발발로 동아의 풍운이 긴장하여 감을 따라 연천경찰서에서는 황당무계한 유언비어로 인하여 민심에 미치는 영향이 심각함에 감하여 유언비어를 철저히 감시취체하던 바 연천 읍내에 본적을 두고 현재 만주국 경찰관으로 봉직 중인 이명상(24)(가명)은 요즈음 북지사변 발단 후에 집에 돌아와 있는 중 28일에 여러 동무와 함께 북지사변에 대한 이야기를 하다가 연천서에 인치되어 방금 엄중한 심문을 받는다고 한다.

『매일신보』, 1937. 8. 1.

유언비어를 신계(愼戒)하라 발각(發覺)하는 대로 엄중 처단(嚴重處斷)

북지사변의 전폭적 전개에 따라 동아의 정국에 중대한 '에폭'을 걷게 되는 이때 일반 국민은 '총후의 지성'을 다해야 할 것임에도 불구하고 개중에는 비상시국을 인식하지 못하는 외에 이것을 이용하여 유언비어를 만들어내는 자도 불소함으로 경무국 당국에서는 이에 대한 취체를 철저히 할 것을 각 도에 지시한 바 있었거니와 이에 준하여 경기도에서도 각별한 '전시적 체제'를 취해가지고 각별한 취체를 하기로 되었다 한다.

즉 경기도 중촌(中村) 고등과장은 31일 오후 1시부터 부내 다섯(五) 경찰서 고등계 주임과 또는 외사계 주임은 물론 특별히 인천, 개성, 수원의 각 경찰서 고등계 주임을 소집하여 북지사변을 계기로 한 유언비어의 철저한 단속과 또는 외첩기관의 암중활약의 유무를 적극적으로 수사케 하는 등 여러 가지 중대한 지시를 행하였다고 한다. 그리고 특히 유언비어에 미혹하는 우매한 사람도 없지 않은 바 이러한 사람들의 동정에 유의하여 단속을 하라는 것까지도 논의하였다고 한다.

2명(兩名) 구류 처분

별항과 같이 유언비어에 대한 취체와 이에 미혹되지 않도록 일반 민심을 단속하도록 경기도에서는 부내 오서(五署)와 수원 개성 인천 등지의 고등계 주임 등을 소집하고 특별한 주의를 주게 되었거니와 수일 전에 부내 서대문서와 경기도내 연천서에서 각각 1명씩의 유언비어를 방송하는 자를 검거하여 취조를 하였는데 시국에 대한 하등의 근거 없는 것을 말하여 각각 29일의 구류 처분을 하기로 하였다 한다.

『매일신보』, 1937. 8. 1.

유언비어 취체 금산서(錦山署)에서

[금산] 전북 금산경찰서에서는 지난 7일 돌발된 북지사변에 대하여 황당무계한 유언비어를 주(做)하여 일반 민심을 불안케 하는 자 혹은 내선 대 재류지나인 간의 감정을 자극하거나 우(又)는

반전 반국가적 의도가 유(有)한 자 유언비어를 주작(做作) 와전하여 일반 민심을 혹란케 하는 자에 대하여는 금후 단연 엄벌할 방침이라는 데 차제 일반 민중을 여사한 유언비어에 미혹치 않도록 특히 주의할 것은 물론 목하 국가 비상시국에 직면하여 국민의 적성을 다하여 일치단결 시난(時難) 극복에 매진하기를 요한다.

『매일신보』, 1937. 8. 1.

유언비어 유포자 대전서 4명 처벌

[대전] 기보한 바와 같이 북지사변 발생 이래 항간에서 무근한 유언비어를 기탄없이 산포하는 자는 경찰당국에서 엄중취체를 행하게 되었는데 근일 대전경찰서 관내에서 다음과 같이 동 취체에 걸려 처벌당하였다 한다.

▲ 대전부 천정(泉町) 채소 행상 최병근(49) 구류 5일, ▲대전부 춘일정 1정목 황천(荒川)요리옥 소개부 아옥준자(兒玉俊子)(41) 과료 10원, ▲대덕군 외남면 홍도리 농(農) 박치현 처 원순이(44) 구류 15일, ▲동군 구측면 전민리 농(農) 김영규(여, 52) 구류 5일

『조선일보』, 1937. 8. 4.

당토 않은 유언비어에 미혹(迷惑)하지 말아라! 만단(萬端)의 준비는 이미 다 되었다. 조선군 심굴(深堀) 참모 담(談)

요즈음 북지사변에 관련하여 항간에서 여러 가지로 유언비어가 돌아다니므로 3일 오전에 조선군 사령부 심굴(深堀) 참모는 일반 민간의 인식을 정확케 해달라는 희망으로 다음과 같이 이야기하였다.

요즈음 민간에서 흔히들 러시아가 적극적 태도를 취하여 온다든가 또는 북지사변에 있어서 아국의 지리(地利)가 나쁘고 군사가 적기 때문에 형세가 좋지 못하다고 하는 등의 유언비어가 많이 돌아다니는 모양이나 결코 러시아가 진출하여 올 리가 없고 설령 무슨 일이 있다 하더라도 그에 대한 상당한 준비가 되어 있는 터인즉 특히 두려워할 바가 없다. 이런 공로병(恐露病)은 가지지 않는 것이 좋다. 그리고 북지 전세에 있어서도 비록 지리가 나쁘고 군사가 적다 하더라도 아군은 맹

렬히 싸워서 적군을 여지없이 섬멸하고 있는 터인즉 일반 민중은 일치 협력하여 총후의 후원을 하여주는 것이 좋겠고 쓸데없는 유언비어에 속지 말아주기를 간절히 바라는 바이다.

『매일신보』, 1937. 8. 6.
"황당한 유언비어는 엄중 취체할 방침" 통천서(通川署)에서 경계 단속

[통천] 북지사변 발발을 기하여 황당무계한 유언과 비어를 산포(散布)하여 공연히 인심을 충동시키는 예가 적지 않음으로 통천서에서는 극력으로 유언비어를 엄중 단속하는 일방 발견 되는대로 엄중히 처벌할 방침이라는 바 일반은 비상시를 인식하는 동시 더욱 자중하여 주기를 갈망하고 있다.

『매일신보』, 1937. 8. 6.
유언비어 유포 노파 1명 구류

[수원] 북지사변이 일어난 후 각지의 애국열은 날로 고조되어가는 이때에 몰상식한 노파 1명이 유언비어를 유포하다가 수원서원에게 검거되어 27일간 구류 처분을 받았다고 한다. 비상시를 당하여 입을 무겁게 하지 않으면 안 될 일이라고 한다.

『동아일보』, 1937. 8. 6.
육군형법 발동! 유언비어 취체망을 강화하여 최고 3년의 금고형

북지사변 발생 이래로 조선군 당국에서는 경무국과 협의하고 치안유지의 확보를 도모하는 한편 유언비어를 엄중히 취체하게 되어 육군형법을 적용하여 제99조 "전시 우(又)는 사변에 제(際)하여 군사(軍事)에 관한 조언비어를 하는 자는 3년 이하 금고에 처함"이라는 것을 적용하여 유언비어를 산포하는 자는 단호한 처벌을 하게 되었다.

『매일신보』, 1937. 8. 8.

이천(伊川) 유언비어 취체

[이천] 이천경찰서에서 현하 비상시국에 제(際)하여 공연한 인민을 유혹케 하는 유언비어 취체에 비상 경계진을 포(布)하고 있는 바 일반은 여사(如斯)한 유언비어에 유혹치 말기를 바란다고 한다.

『동아일보』, 1937. 8. 8.

사설: 말을 삼가라 자칫하면 금고3년

一. 말이란 것은 마땅히 하여야 할 경우에는 비록 부월(斧鉞)이 앞에 당(當)하고 정곽(鼎鑊)[16]이 뒤에 있을지라도 감연(敢然)히 입을 여는 것이 의(義)와 용(勇)을 가진 자가 당연히 할 바이지마는 그렇지 않은 경우, 예를 들면 말할 필요가 없거나 또는 말해서는 안 될 때에는 입을 성문과 같이 굳게 닫아두는 것이 수신상(修身上) 처세상(處世上) 좋은 일이다. 일시적인 무료를 깨기 위하여나 남의 호기심 끌음에 흥미를 가져서나 생래(生來)의 다언벽(多言癖)을 못 이겨서나 식둑 식둑 사실을 과장, 위조날조 또는 왜곡하여 부질없이 사위(四圍)에 전파시키는 따위는 일시의 파숙(破寂)[17]이나 도흥(挑興)[18]에 그치고 말면 그만이지만 흔히는 삼전시호인개신(三傳市虎人皆信)[19]이라는 격으로 드디어 한 개의 허구를 사실화하는 결과를 낳아서 세도(世道) 인심에 불시의 파문을 일으키고 의외의 영향을 미치게 하는 동시에 조언의 장본인에게 화를 가져올 수 있으니 말을 어찌 삼가지 아니하랴. 입은 화(禍)의 문(門)이라 한 것은 이런 의미에서 지언(至言)이다. 그리고 이 격언은 반드시 비상시국을 기다려서만 지언(至言)이 되는 것이 아니오, 어느 시대 어떤 시국에서든지 지언(至言)이지마는 더욱이 비상시국에 처하여서는 활례(活例)를 많이 보게 되는이 만치 더욱 명패(銘佩)를 요(要)는 지언(至言)이다.

---

16 솥과 괭이.

17 심심풀이.

18 흥을 돋우는 일.

19 세 사람이 말하면 모든 사람이 믿게 된다.

二. 전시나 사변에 처하여서는 인심의 동요가 평일에 배도(倍蓰)하는[20] 만치 유언비어가 성행하고 또 이 유언비어가 인심을 동요시킴에 따라서 평일에 배도(倍蓰)하게 된다. 이리하여 각자 경계하지 아니하면 유언비어는 그야말로 흐르는 듯 나는 듯이 전파 또 전파 되어가는 것이다. 그러므로 오인(吾人)은 북지사변 발발 이래로 각자의 자중과 유언비어의 경계에 대하여 누차 언급한 것이다. 그럼에도 불구하고 무근거(無根據)한 풍설이 가끔 항간을 돌고 몰상식한 언동이 더러 우중(愚衆)에게 보인다.

이리하여 최근에 와서 당국은 유언비어 취체망의 강화를 위하여 육군형법을 발동시킬 것을 발표하였다. 육군형법 제99조에 "전시 우(又)는 사변에 제(際)하여 군사에 관한 조언비어를 하는 자는 3년 이하 금고에 처함"이라는 것이 있다. 금후 유언비어를 남조(濫造)하는 자는 이 조문을 적용하여 처형하겠다는 것이다. 그 조언비어가 직접 군사에 관한 것이 아니라 할지라도 금차(今次)의 사변에 관련을 가진 것인 한에서는 다소의 경중(輕重)은 있을망정 이에 준하여 처벌될 것만은 명백한 일이다.

三. 그러므로 다른 때에도 말은 언제나 삼가야 할 것이지만 금일과 같은 전시체제하에 있어서는 더욱 삼가야 할 것이니 보지 않은 일이거든 말하지 말고 비록 들은 말이라도 잊은 체 못들은 체 하여 입 밖에 내지 말 것이다. 말이 한번 입 밖에 나면 사마(駟馬)[21]도 따르지 못하는 법이라 나중에 도로 수습하려 하여도 안되는 것이니 애초부터 언동에 각별히 주의할 것이다. 자칫하면 금고 3년이다. 어찌 삼가지 아니하랴. 무슨 마땅히 할 말은 강연(敢然)히 하고서 받는 고초같으면 그것은 예기(豫期)한 것이라. 화라 할 것도 없는 것이지만 그런 것 저런 것도 아니오. 그저 부질없이 연 입 때문에 3년 금고의 형을 받는다면 그처럼 어리석은 일이 없고 그처럼 싱거운 일이 없을 것이 아닌가. 세인(世人)은 그의 수형(受刑)을 동정하기는커녕 도리어 일장(一塲)의 웃음거리로 삼을 것이다. 이 얼마나 수신상, 처세상 졸렬한 짓이냐. 이 세상시국에 처하여서는 각자가 이 점에 유의하고 맹성(猛省)하여야겠다. 끝으로 다시 되풀이한다. 말을 삼가라. 자칫하면 금고 3년이다.

---

20 다섯 곱절은 되는.

21 네 필의 말이 끄는 수레.

『조선일보』, 1937. 8. 9.

사설: 조언비어의 엄중 취체. 육형(陸刑) 제99조의 발동

一. 북지사변 발발 이래로 당국으로부터 최대 관심을 가지고 그 예방 및 취체에 노력해 온 것은 유언비어다. 오인(吾人)은 일찍이 본란을 통하여 수차 논한 바 있거니와 유언비어는 일종 정신상의 전염병이다. 그 병원은 혹은 일부러 국가사회의 안녕질서를 문란하려는 자의 작의적 "데마"도 있을 것이며 혹은 호기적(好奇的) 설명욕(說明慾)에 끌리어서 무심히 방설(放說)한데 불과한 부작의적(不作意的) "데마"도 있을 것이나 병원(病源)의 하종(何種)임을 물론하고 그 결과가 일반 민심을 불안 공포에 유도하여 (一) 피염(被染)된 각 개인의 사생활을 혼란에 유치(誘致)하며 이에 따라서 (二) 국가사회의 안녕질서를 문란케 한다는 일점에 있어서는 공통한 바가 있다.

국가를 한 생리적 유기체에 비해 말한다면 유언비어는 그 생리적 유기체를 내부로부터 부란(腐爛)시키는 악성 박테리아에 비할 수가 있다. 그러기에 국가는 그 미연방지 및 취체에 전력을 다하는 것이다.

二. 유언비어는 그 자의에 표현된 바와 같이 전시(戰時) 우(又)는 대사변을 끼고 일어나는 사실무근의 이론적 허설이다. 이론적 허설이기 때문에 최초의 발언자는 허설로 알면서 유포하지마는 제2인부터는 유근의 실설(實說)로 확신하고 혹은 불안을 느끼며, 혹은 공포를 느끼고 망동을 개시하게 되는 것이다. 또한 그 논리는 전시 우(又)는 사변을 끼고 나오는 논리이기 때문에 일언의 설명을 요치 않고도 만인이면 만인이 다 믿을 수 있도록 되어 있다는데 유언비어의 특징이 있는 것이다. 유언비어에는 이러한 특징이 있기 때문에 일국 일사회의 문화 정도의 고저여하(高低如何)에 불구하고 어느 사회에나 유언비어는 같은 정도로 유포될 수 있는 것이며, 또한 사회 내에서는 무식한 계급에만 유포되는 것이 아니라, 유식한 계급에도 유포될 수 있는 것이다. 그뿐 아니라 유식계급에 드는 사람일수록 유언비어에 한층 더 걸릴 소질을 풍부히 가졌다고 할 것이다. 그러므로 만약 어떤 사람이 있어서 나는 지식계급이니까 유언비어의 취체에 걸리지 않으려니 하고 믿는다고 하면 그는 우자(愚者)라고 할 것이다.

三. 하여간 유언비어는 이렇듯 막대한 사회적 국가적 해독이 반(伴)하는 것임으로 당국이 극히 그 취체를 엄히 하는 바 최근 조선헌병대사령부에서는 종래보다 그 취체 방침을 경일층(更一層) 엄혹히 하여 취체에 걸리는 자만 있거든 이제부터는 육군형법 제99조를 발동시키어 단호한 처벌을 할 지(旨)를 발포했다. 해(該) 조문은 "전시 우(又)는 사변에 제(際)하여 군사에 관하여 유언비어를 한 자는 3년 이하의 금고에 처함"이라는 내용을 가진 것으로서 말 한마디가 빗나가면 금고 3년이라는 가볍지 아니한 형벌이 돌아올 것을 각오해야 된다. 그리고 이때는 초비상적인 동시에 전시이므로 정치, 재정, 경제 어느 것에 관한 말이라도 다 군사와 긴밀한 관계를 가지고 있는 것이기 때문에 발언자 자신은 군사에 관한 것이 아닌 줄 생각하고 발언한 말도 이 조문 소위 "군사에 관하여"에 저촉되기 쉽다는 일점은 특히 주의할 바이다.

『조선일보』, 1937. 8. 9.
유언비어 취체에 육군형법을 적용, 3년 이하의 징역 처벌

북지사변에 관련하여 유언비어를 함부로 전파하는 사람은 경무당국에서 엄중히 처벌하겠다고 수차 경고한 바이거니와 요즈음 경향 각지에서 흔히 정자나무 밑에서나 술집 같은 데서 여러 사람이 모여 앉아서 사변 이야기 끝에 사실무근한 헛소문을 서로 전하여 민중을 현혹케 하는 일이 가끔 있어 헌병대에서는 한층 더 엄밀히 취체의 손을 뻗치고 있다.

만약 유언비어를 전파하는 사람을 발견하는 때는 육군형법 제99조의 "전시 또는 사변을 당해서 군사에 관한 조언비어를 하는 자는 3년 이하의 금고에 처함"이라는 조문을 적용하여 용서없이 처분하기로 되었다 한다. 그러므로 신문지상에 보도된 사실 이외에는 공연히 보도된 사실 이외에는 공연히 남의 말을 듣고 전하거나 혹은 억측으로 북지사변에 관련된 이야기는 모두 삼가해야만 할 일이다.

『매일신보』, 1937. 8. 11.
유언비어 취체

[해주] 해주읍 동애리 노동자 이성문(52)은 유언비어의 취체로 해주서에서 인치되어 구류 20일의 처분을 받았다더라.

『조선일보』, 1937. 8. 11.

유언비어 첫 송국자

부내 청엽정(青葉町) 2정목 사는 전남 출생인 모용달 사원 최대식(24)은 얼마전에 유언비어를 전파한 혐의로 용산헌병분대에 붙잡혀서 취조를 받고 있던 중 10일 오전에 드디어 경성검사국으로 넘어갔다. 그는 그의 친구에게 놀러가서 북지사변에 관련하여 엉터리없는 말을 지어 전파한 것이 탄로되었기 때문에 붙잡힌 것이라 한다.

『매일신보』, 1937. 8. 12.

조언비어범(造言飛語犯) 경성헌병대에 또 1명 잡혀, 3년 이하의 금고

북지사변 이래 각종의 조언비어와 악질의 언동을 하고 다니는 사람이 있어 경성헌병대에서는 그 취체에 예의 부심 중이던 바 지난번 부내 명치정 어떤 사람에게 대하여 악질의 '데마'를 떠들고 다닌 사실이 있어 그 출처를 추궁하여 온 결과 드디어 부내 길야정(吉野町) 모 회사원 산강정부(山岡正夫)(28)을 검거 취조하였던 바 전연 산강의 소위인 것이 판명되었음으로 11일 1건의 서류와 함께 검사국으로 송치하였다. 그리고 앞으로 이전 조언비어를 하는 사람이 발견되면 금고 3년 이하에 처하므로 일반은 크게 주의하여야 한다.

『동아일보』, 1937. 8. 12.

조언비어에 걸려 또 1명이 송국

입을 단속할 시대. 북지사변 홍교(虹橋)사건과 뒤이어 발발하여 지나 측의 도전적 태도는 날로 노골화하는 이때야말로 거국일치를 요하는 때에 당하여 최근 종종의 조언비어와 악질적 언동이 점차 증가하는 경향이 보여서 경성헌병대에서는 철저적으로 취체할 의향으로 적극 조사 중이다. 그런데 지난번 부내 명치정(明治町) 모모에 대하여 비상히 악질의 데마가 있음으로 이것의 출처를 추급하던 중 부내 길야정 모 회사원 산강정부(山岡正夫)(28)를 검거 취조한 바 전혀 산강의 소위

인 것이 판명되어 11일 1건 서류와 함께 검사국으로 송치되었다. 동 헌병대에서는 다시 이후로도 국가비상시에 처하여 조언비어의 근절을 기하기로 조사 중이다. 그리고 조언비어는 육군형법 제99조에 의하여 3년 이하의 금고에 처하게 된다.

『동아일보』, 1937. 8. 14.

유언비어의 진원

일반 접객업자의 주의를 환기 조선중앙정보위원회에서는 12일 오후부터 정례 간사회를 개최하고 시국의 당면 문제로 다음 몇 가지를 결정하였다 한다.

一. 별항과 같은 조선부인 중심으로써 애국금채회를 조직 활동케 할 것.

二. 중앙정보위원회의 경과 정황 등을 지방 각 도 정보위원회에 잘 통지하여 연락을 충분히 할 것.

三. 관보(14일부) 부록 제2호를 발행하여 시국과 관련된 여러 단체의 활동을 게재 발표할 것.

四. 대공장 대회사의 대표를 초치하여 노자관계의 간담을 할 것을 당분 유예할 것.

五. 여급 기생 등 접객업자들이 시국에 관한 유언비어를 많이 돌리고 있으므로 그들의 직업상 다수 각 방면의 인사와 만나는 기회가 많은 만치 그 존재가 가장 위험하고 유언비어의 진원지로 된 혐의가 적지 않은 현상에 감하여 그들에 특별한 강연회를 개최하든지 또는 일일히 경찰에서 호출하여 잘 주의시키든지 그 구체 방법을 강구하기로 할 것.

『매일신보』, 1937. 8. 14.

기생, 여급 등의 유언을 엄속(嚴束), 이들의 전파력은 매우 크다, 경무국에서 명령

북지사변 항쟁이래 유언비어의 취체에 대하여는 경무국에서 헌병대와 긴밀한 연락을 취하며 각 경찰부를 독려하여 취체하여 오는 중인데 화류계의 예기 기생 카페 바의 여급 기타 접객업자들은 실로 유언비어를 성히 전파시키고 있는 실상임으로 중앙정보위원회의 요구도 있음으로 일간 각 경찰서를 통하여 이를 접객업자에게 시국인식에 대한 것과 유언비어의 취체에 대하여 조심할 것을 엄중히 말하게 되었다 한다.

『매일신보』, 1937. 8. 17.

유언비어 피검속자 경기서만 십 수 명, 쓸데없이 입 놀리다가 붙들려, 20일 이상 구류 처분

상해까지 전운이 확대된 북지사변은 각일각으로 사태가 중대화하고 있는데 지난번 사변이 발발되면서부터 각 방면에 쓸데없는 유언비어가 돌고 있어서 그동안만 하더라도 경성헌병대에서 두 사람이나 검거 송국을 하여 당국은 이에 대한 철저한 취체를 하고 있는 중 앞으로도 경찰당국은 헌병대 당국과 협력하여 이를 엄중히 취체해서 이를 발견하는 대로 엄중 처벌할 방침인 만큼 일반은 총후의 성원을 보내는 의미에서 각자 유의하여 입을 함부로 버리지 말도록 주의할 것이다.

이에 대하여 16일 고(高) 경기도 경찰부장은 다음과 같이 유언비어 취체에 대하여 담화를 발표하였는데 현재에도 각 경찰서에서 20여일 이상의 구류 처분을 받고 있는 사람만 10여 명에 다수에 달하고 있는 바 그 성명은 다음과 같다.

▲ 강화군 선원면 농업 김현수(26) 구류 10일, ▲ 개성부 지정 무직 김석근(25) 동 25일, ▲ 개성부 만월정 무직 양형식(27) 동 10일, ▲ 연천군 군내면 온주국 관리 이재욱(26) 동 25일, ▲ 부내 행촌정 신문점상 오문환(22) 동 29일, ▲ 경성부 도화정 직공 진효관(30) 동 29일, ▲ 수원군 읍내 지야정 연정 강달원(38) 동 25일, ▲ 부내 강기정 재목상 장봉규(24) 동 29일, ▲ 기타 내지인 1 조선인 1

『유언비어의 성행은 유감, 정도 심한 것은 더욱 엄벌할』, 고(高) 경찰부장 담(談)

시국에 관한 유언비어가 도내 각처에 빈번히 떠돌고 있음은 유감천만인데 이 유언비어가 끼치는 좋지 못한 영향은 자못 큼으로 이러한 사실에 비추어 경찰부에서는 사변 발생 이래 사법당국과 헌병대 당국과 협력하여 각 경찰서를 독려해서 예의 이에 대한 취체를 엄중히 하는 중인데 오늘까지 도내 각서에서 검거 처벌을 한 자도 10여 명에 달한다.

그리고 앞으로도 계속하여 엄중 취체를 단행하여 그 정도가 심한 것은 육군형법 조언비어죄와 또는 기타 범죄로서 단호한 처치를 할 방침이다.

그럼으로 도민 각위도 각각 이에 유의하여 각 일층 이러한 불상사가 일어나지 않도록 경계하는 동시 총후 국민의 의무로서 이에 주의하여 주기를 바라는 바이다.

『동아일보』, 1937. 8. 17.

유언비어 엄중 내사, 단호 처벌을 엄명, 경기도에서 관하 각 서에 통첩, 최근 조언(造言) 피검자 격증

북지사변이 발발됨에 따라 경찰방면과 헌병대에서 유언비어의 취체에 일층 주력하여 오던 바 이미 경성헌병대에서 모 관청 관리 1명과 속달사 인부 1명을 송국한 일이 있고 다시 현재 취조 중에 있는 사람도 많이 있는데 이외에 경찰서에서 처벌된 사람은 더욱 증가하여 경기도내에만 다음과 같이 7명에 달하고 또 취조 중에 있는 사람이 일본 내지인 1명과 조선인 1명이 있다.

이와 같이 유언비어의 폐단이 넓어질 염려가 있어 경기도 경찰부에서는 관하 각 경찰서에 이 방면의 내사를 더욱 엄중히 하는 동시에 정도가 심한 자는 육군형법의 유언비어 또는 다른 죄명을 적용하여 단호히 처치하도록 통첩을 발하였다.

이에 대하여 고(高) 경기도 경찰부장은 다음과 같이 말한다.

고(高) 경기도 경찰부장 담: 시국에 관한 유언비어가 도내 각지에 빈발하는 것은 대단 유감이다. 그리고 해독의 미치는 영향이 중대한데 감하여 본도에서는 사법 당국과 헌병대 당국과 협력하여 극력 취체할 방침으로 도민 각위는 각각 주의하여 이런 불상 범죄가 다시 생기지 않도록 경계하여 주기 바란다. 이리하여 총후의 국민의 의무로써 이것의 절멸을 기하도록 시국의 급박과 함께 절실히 바란다.

경기 내의 사법 경찰당국에 처벌된 자는 연천군 군내면에 거주하는 만주국 관리 이재욱(26)이 구류 25일 받은 것을 비롯하여 다음과 같이 6명에 달한다.

▲강화군 선원면 김현수(26) 구류 10일, ▲개성부 지정 김석근(25) 구류 25일, ▲개성부 만월정 양형식(27) 구류 10일, ▲개성부 행촌정 오문환(23) 구류 29일, ▲동 도화정 진효관(30) 구류 29일, ▲수원군 수원읍 강달원(38) 구류 25일, ▲경기도 강기정 장봉규(29) 구류 29일

『조선일보』, 1937. 8. 17.

유언비어 주출자(做出者) 8명을 단호 처분, 방금 취조 중에 있는 자도 2명, 사변 후 경기 관내에서

북지사변이 점점 더 확대되어 가는 비상한 때를 당하여 총후의 국민으로서 그 임무에 더욱 충실됨은 물론이어니와 평소에 유언비어에 대하여도 조심을 해야된다함은 여러 번 본지에도 보도

한 바이었는데 그래도 간간히 조심을 못하는 어리석은 사람들이 많아 여태까지 경기도 안에서만 벌써 9명이 유언비어로 경찰에 붙잡히게 되고 그중 8명이 처벌을 받게 되었다. 그 중에는 심지어 만주국 관리까지 끼어있어 일반의 큰 경계꺼리가 되고 있는데 금후로 시국에 대한 여러 가지 유언에 대하여는 모두들 절대로 조심하여 입을 떼지 않도록 주의하여야 될 것이다. 이에 대하여 16일 경기도 경찰부장은 다음과 같은 담화를 발표하였다.

▲ 강화군 선원면 농업 김현수(26) 구류 10일, ▲ 개성부 지정 무직 김석근(25) 구류 25일, ▲ 개성부 만월정 무직 양형식(27) 구류 10일, ▲ 연천군 군대면 만주국 관리 이재도(23) 구류 25일, ▲ 경성부 행촌정 신문 매자(買子) 오문환(23) 구류 29일, ▲ 경성부 도화정 직공 진효관(30) 구류 29일, ▲ 수원군 수원읍 무직 강달원(38) 구류 25일, ▲ 경기도 강기정 재목점 장봉규(29) 구류 29일, ▲ 방금 취조 중 내지인 1명, 조선인 1명

유언비어에 대하여, 고(高) 경찰부장 담

시국에 관한 유언비어가 경기도내 각지에 빈발하는 정상에 있음은 심히 유감으로 생각하는 바다. 그리고 그 해악이 미치는 영향이 또한 심대한 것에 비추어 본도 경찰부에서는 사변발생이래 사법당국과 헌병대 당국과 협력하여 각 경찰서를 독려하여 예의 그 취체를 엄중히 하고 있던 중 지금까지 본도 내 각 서에서 검거처벌한 자가 별항과 같다. 또 금후 계속하여 엄중취체를 단행하고 그 정이 무거운 자는 육군헌법의 조언비어 또는 기타의 범죄로서 단호한 처분을 할 방침임으로 도민 각위는 각각 유의하여 있다고는 생각하나 금후 한층 더 이런 불상사범을 일으키지 않도록 서로 조심하여 총후 국민의 의무로서 그 절멸을 기하는 것은 시국이 더욱 중대한 때에 간절히 바라마지 않는 바이다.

『매일신보』, 1938. 8. 22.

단호 엄벌주의로 조언비어를 취체, 강화서(江華署)의 단속 강화

[강화] 북지 상해사변 발발을 기하여 황당무계한 유언과 비어를 산포하여 공연히 인심을 충동시키는 예가 적지 않음으로 미연에 방지하기 위하여 강화경찰서에서는 극력으로 유언을 엄중히

취체 중이었는데 현재 3, 4명을 구류취조 중인데 이는 상당히 중대시한 모양임으로 사건이 확대될 것으로 보아 헌병대에 그에 대한 조회를 하고 있는 중이라는 바 과연 반전 반국가적 의도가 유(有)한 자 유언비어를 주작(做作) 와전하여 일반 민심을 혹란케 하는 자 대하여는 금후 단연 엄벌할 일침이라는데 차제(此際) 일반 민중은 여사(如斯)한 유언비어에 곤혹치 않도록 특히 주의할 것은 물론 목하 국가 비상시국에 직면하여 국민의 적성을 다하여 일치단결 시난(時難) 극복에 매진하기를 요한다고 한다.

『동아일보』, 1937. 8. 22.

삼가라! 유언비어, 각서에서 엄중 취체

대구/ 대구공직자 모는 최근 모종의 회합 장소에서 대중을 앞에 두고 시국에 관하여 인식부족의 언사를 했다는 혐의로써 벌써부터 3, 4차나 경찰서에 출두하여 엄중한 취조를 받는 중인 바 사정에 의하여서는 신체구속까지도 하지 않을지 모른다 하며 귀결은 일반의 주목을 이끌고 있다고 한다. 그리고 전번 부회(府會) 간담회 석상에서는 일본 내지인 의원이 또한 인식 부족의 실언을 하여 한동안 세간의 문젯거리가 되었는데 차등 실언 문제가 공직자 사이에 많음은 크게 유감되는 것이라 하여 일반의 여론이 자자하다고 한다.

함평/ 전남 함평군 해보면 애국부인회에서는 동면 용산리에 사는 정서일(56)에게 위문금을 얻으러 갔던 바 전기 정서일은 위문금은 고사하고 시국에 부당한 말을 하여서 해보주재소에서는 유언비어 취체령에 의하여 이래 불구속 취조를 하여 오던 바 지난 19일에는 정씨는 본서로 압송하여 왔다는데 함평서(咸平署)에서는 금후를 엄계[22]하기 위하여 표면적으로 엄중 처벌할 방침이라고 한다.

예산/ 북지사변이 일어나서 지나측의 도전적 태도가 점점 노골화하게 되어 참으로 거국일치를 요할 때를 당하여 최근 여러 가지의 유언비어와 악질의 언동이 점차 증가하여 오는 경향이 있으므로 예산경찰서와 재향군인회에서는 철저적으로 이를 취체하고 있다는데 벌써 검거된 사람들도 있거니와 금후로 국가 비상시에 이러한 조언비어의 근절을 기하려고 더욱 조사를 엄밀히 하고 있다.

---

22 원문에는 '엄게'로 오기되어 있다.

이 조언비어는 육군형법에 의하여 3년 이하의 금고형에 해당함으로 일반 가정에서도 충분히 언동에 감하여야 되겠다.

『매일신보』, 1937. 8. 24.

황당한 조언비어를 엄중 취체할 방침, 연천서(漣川署)의 단속 준엄

[연천] 국가가 중대 시국에 직면한 이때 황당무계한 조언비어가 인심에 끼치는 해독과 국론통일에 저해하는 바 지대함에 감(鑑)하여 연천경찰서에서는 기(旣)히 사변 발발 이래 예의(銳意) 그 검찰과 미연방지에 불면불휴(不眠不休)의 활동 중이라 함은 기보한 바인데 지난 14일 지나군의 상해 공폭(空爆)과 중앙군 북상으로 인하여 사변은 일지(日支) 전면적 문제로 악화함에 당하여 당국에 대한 인식이 박약한 자들이 자칫하면 유언비어에 미혹될 우려가 유(有)하겠기 차제(此際) 일반 민중은 사종(斯種)의 망언에 곤혹(困惑)하지 말고 황군의 위력을 신뢰하여 소업(所業)에 충실 매진할 것이며 약위(若爲) 유언비어를 조작 와전하는 자는 단호히 엄중 처벌하리라 한다.

『매일신보』, 1937. 8. 25.

등화관제와 병행하야 삼엄한 경찰 포진, 도난과 조언비어를 단속토록 경찰부 관하에 명령

지난 21일 밤 경성 요지방호사령부(要地防護司令部)의 포고로서 실시를 한 경계 등화관계는 동일 밤 7시 반부터 시작하여 9시 30분까지 이를 행하고 해제가 되었는데 이 등화관제는 앞으로도 일지사변의 전면적 악화에 따라 수시로 포고를 내려서 계속적으로 행하리라고 한다. 그런데 이 등화관제 실시를 하는 동안에 갖가지로 도난의 폐가 발생할 염려가 있다 하여 경기도 형사과에서는 이것을 주의하도록 엄중한 주의를 도내 각 경찰서에 발하여 도난의 피해가 없도록 하였거니와 또다시 고등과에서도 도내 각 경찰서에 통고하여 만일의 유감이 없도록 엄중한 감시를 하였다. 즉 앞으로는 수시 등화관제가 실시됨에 따라 이것을 이해 못하는 사람들이 유언비어를 말하는 일도 있으며 혹은 터무니없는 망동을 하여 민심을 소란케 하는 일도 많을 것인즉 이러한 불상사가 없도록 엄중한 사찰을 행할 것과 또는 등화관제의 암야(暗夜)를 이용하여 공장가(工場街)라든지 혹은 대중이 모인 곳에서 선동 같은 것을 하는 부정한 분자들이 발호할는지도 모르는 만큼 이러한 점을 엄중히 사찰하도록 지시를 발하였다고 한다.

『조선일보』, 1937. 8. 27.

유언조어자(流言造語者)에 25일 구류 처분

[선천] 일지사변(日支事變)이 전면적으로 악화됨에 따라 일만 민중을 미혹케 하는 유언비어가 성행되며 선천서에서는 이 방면에 특별히 주력하여 엄중 취체하여 오던 바 근일에는 각 은행, 금융조합의 예금은 전부 군사비에 충당한다는 풍설이 돌아 지난 24일에는 수천 원의 예금고를 가진 일반 예금자가 금융조합에 살도하여 대혼잡을 일으켰다는데 이에 놀란 선천서에서는 아연 긴장 활동하여 선천읍 거주 김응록을 인치 취조 중인데 '데마'의 장본인으로 판명되어 25일 □□ 즉결 구류 처분을 당하였다는데 이제 그 발단의 내용을 들으면 범인은 어떤 과부에게 수십 원의 금전 차용을 요구하였던 바 예금은 있어도 현금은 없다고 사절을 당하매 이 같은 무근의 풍설을 풍긴 것이라는 바 선천서에서는 시국에 대한 유언비어에 대하여는 엄벌의 처분을 할 방침이라고 한다.

『조선일보』, 1937. 9. 1.

유언비어 주출자(做出者) 금고 10개월 구형. 육군형법 99조에 의준(依準), 사변 시국범죄의 최초 단죄

[대구] 30일 오전 11시부터 대구지방법원 제4호 법정에서 피고 ▲ 대구부 봉산정 고물상 윤봉조(30), ▲ 경산군 와촌면 동강동 농업 조후승(44) 등에 대한 시국 관계의 조언비어 주출에 관한 사건으로 강등(江藤) 재판주심, 전야(前野) 검사 관여 아래 공판이 개정되었는데 재판장으로부터 피고에 대한 심리가 시작되었는 바 피고 중 유봉조는 전연히 사실을 부인하였다.

그리고 재판장의 사실심리가 끝난 다음에 전야(前野) 검사로부터 피고 두 명에게 금고의 구형이 있었는데 윤봉조 10개월 조후승 6개월씩 육군형법 99조에 의하여 각각 논고가 있었으며 판결 언도는 래월 2일로 정하고 오후 2시 반에 폐정되었다.

『매일신보』, 1937. 9. 3.

유언비어 위법자 강원도내에 7명

[춘천] 상해까지 전운이 확대된 일지사변은 상태가 점차 중대화하는 있는데 지난번 사변이 발발되면서부터 각 방면에 유언비어가 돌고 있어 일반에게 미치는 영향이 큰 바 있음에 감하여 강원도 경찰부에서는 이런 류의 취체를 엄중히 하도록 관하 각서에 엄중 통첩한 바 있는 바 그런데도 불구하고 무지몽매한 자들은 얼토당토않은 말을 하다가 걸려들어 처벌을 받게된 자가 벌써 7명에 달한다고 한다. 이는 단순한 문제 같으면서도 일반에게 주는 바 영향이 큰 바 있음으로 금후에도 발견하는 대로 엄중 처벌하리라 하여 심한 것은 육군형법 조언비어죄와 또는 기타범죄로서 단호한 처치를 할 방침이라 한다. 그럼으로 도민은 이에 유의하여 이러한 불상사가 일어나지 않도록 경계하는 동시에 총후 국민의 신중한 태도로 주의함이 좋으리라 한다.

◇ 각 군별 처벌자

▲ 춘천 1명 구류 7일 ▲ 영월 1명 동 20일 ▲이천 1명 동 5일 ▲연천 1명 동 7일 ▲양양 1명 동 5일 ▲울진 1명 동 20일 ▲횡성 1명 동 10일

『매일신보』, 1937. 9. 4.

조언비어범(造言飛語犯)에 1년 징역 언도, 의성(義城) 출생 황금불이란 사람 대전지청(大田支廳)에서 판결

시국의 긴박한 틈을 타서 사회에 불안을 일으키게 하는 조언비어에 대하여서는 당국에서 엄중취체를 하고 있는데 경북 의성군 출생 주소부정 황금불이(39)를 조언비어의 혐의로 검거하여 육군형법 발동으로 송국하여 공주지방법원 대전지청에 취조 중이던 바 2일 징역 1년의 판결 언도가 있었다.

『동아일보』, 1937. 9. 4.

조언비어 유포자에 징역 1년 판결

육군형법의 최초 발동. 사회불안을 일으키는 조언비어에 대하여 당국에서는 엄중 취체를 해오던 바 경북 의성군 출생 황금불이(39)는 조언비어에 걸려 육군형법을 발동하여 공주지방법원 대전지청에서 취조 중 작 2일에 징역 1년의 판결 언도가 있었는데 이는 금번 사변에 관한 조언비어에 대하여 최초의 육군형법에 의한 판결이다.

『조선일보』, 1937. 9. 4.

허튼 수작 조심하라! 조언비어한 '황쇠불이' 징역 1년 판결 공주지방

공주지방법원 대전지청에서는 경상북도 의성군에 본적을 두고 일정한 주소가 없이 되는 대로 행상을 하면서 돌아다니는 황쇠불이(39)에게 유언비어죄로 2일 징역 1년의 판결을 언도하였다. 피고는 이번 지나사변에 관하여 황군에 불리한 유언비어를 조작하여 각지로 전파하고 돌아다니다가 대전경찰서에 검거되어 그와 같은 판결을 받은 것인데 이것이 지나사변 발발 이후 처음의 판결이다.

대구서는 10개월. 1명은 4개월 금고

[대구] 금번 사변 돌발 이래 최초의 유언비어 주출에 대한 정식공판이 지난 30일 대구지방법원에서 열려 육군형법에 의하여 금고 10개월과 6개월의 구형이 있었다 함은 본보에 기보한 바이어니와 그 판결 언도는 지난 2일 동 법원에서 강등(江藤) 재판장으로부터 윤봉조(30)에 금고 10개월, 조후승(44)에 금고 4개월의 판결 언도가 있었다고 한다.

『매일신보』, 1937. 9. 6.

사변 관계 조언비어범(造言蜚語犯) 검거 총 수 120명, 사변 발생 후 두 달 동안 통계 취체진(取締陣)을 일층 강화

지나사변이 일어난 후 경무국에서는 엉터리없는 소리를 퍼트리고 다니는 즉 유언비어에 대하여 전 조선경찰관을 총동원시켜 엄중한 취체를 하고 있는 중인데 사변 이래 전 조선 각 도에서 검거한 총수는 3일까지 120명의 많은 수에 달하였다. 그중에서 죄상이 극히 악성인 것은 경북 의성군 출생으로 일정한 주소 없는 황검불이(34)로 지난번 공주지방법원 대전지청에서 징역 1년의 언도를 받고 복역 중인 바 경무당국에서는 검찰진을 더욱 강화하여 이런 종류의 유언비어를 엄중히 취체할 것인즉 일반은 주의치 않으면 안 될 것이다.

『매일신보』, 1937. 9. 9.

조언비어 취체, 함흥서 2명 검거

[함흥] 시국은 점차 중대화하여 가는 이때, 국민은 한 가지로 시국을 철저히 인식하여 일시보국의 충성을 다하여야 할 터인데 왕왕 조언비어를 항간에 유포하여 세인을 놀라게 하는 무지몽매한 자가 생기어 다음은 그 취체에 머리를 앓고 있거니와 함흥에 있어서 처음의 희생자가 두 사람이나 생겼다. 함흥부 군영통 2정목 천리교 포교사 정천심조(淀川甚助)(44)와 부내 본정 3정목 이태형(28)을 허무맹랑한 조언비어를 유포한 혐의로 헌병대에서 검거하였다.

『동아일보』, 1937. 9. 23.

원산 유언비어 청년 취조 결과 공판 회부

[원산] 부내 중리 1동 주순덕(20)은 지난 8월 10일 및 동 18일 2회로 원산권번 기생들을 상대로 조언비어한 것을 원산헌병분대(元憲)에서 탐지하고 엄중 취조한 결과 육군형법에 위반된 점이 있어 원산검사국(檢局)에 1건 서류와 함께 송치한 바 드디어 공판에 회부되었다.

『매일신보』, 1937. 9. 24.

화교 조언비어범 2명은 수(遂) 송국, 초산서(楚山署)의 취조 끝나

[평양] [22일 평양헌병대 발표] 중화민국 모평현(牟平縣) 남찰촌(南察村)에 본적을 둔 평북 초산군 초산면 성서동 잡화상 왕자근(24)과 우영진(29)은 당지 화교들 사이에서 두텁게 신임을 받는 유력자들로서 지난 8월 15일부터 수회에 긍하여 라디오로 들어오는 본국 정부의 허구선전을 그대로 믿고 일본 군사가 전선에서 승리를 얻는다는 것은 모두 거짓말이오. 사실은 지나군이 ××××× 지도 비행 ×××을 가하고 있다는 엉터리없는 조언비언(造言飛言)으로 거류지나인들을 선동하고 있던 사실이 헌병분대원에게 탐문되어 범행에 대한 취조도 일단락을 마치고 신의주검사국으로 송치되었다.

『매일신보』, 1937. 10. 7.

조언비어 화가 인천서 공판 회부

[인천] 본적은 우도궁시(宇都宮市)[23] 각전정(塙田町)[24]에 두고 인천부 욱정 동향여관에 투숙하던 화가 금순정(51)은 비상시국에 있어서 온당치 아니한 조언비어를 하였다는 혐의로 인천경찰서에 검거되어 이래 엄중 취조를 받은 결과 육군형법 위반죄명으로 인천검사국에 송치되었는데 대국(大國)[25] 검사는 지난 30일에 공판에 회부하여 공판기일은 온 금월 중순경으로 되리라고 한다.

---

23 우츠노미야시.

24 원문에는 '고전정'으로 오기되어 있다. 일본어 발음은 '하나와다정'이다.

25 오오쿠니.

『조선일보』, 1937. 10. 13.

유언조어자에 금고 4월 언도

[마산] 조선에서는 처음인 일본 내지인의 유언비어 조출자 주소를 부산부 영주정에 둔 목수 부산태좌길(富森太佐吉, 28)은 마산으로 목수 일을 하러 와서 본정 장목(長木)여관에 투숙하면서 시국에 관한 터무니없는 조언을 만들어 내었던 것이 마산헌병대에 탐지한 바 되어 그동안 취조를 마치고 마산법원 공판에 회부되어 지난 8일 공판을 개정하고 담임판사로부터 금고 4개월의 판결 언도가 있었다.

『매일신보』, 1937. 10. 22.

유언비어를 위시하여 시국범죄가 점감(漸減)

본부 경무국의 조사에 의하면 시국 관계의 범죄는 점차 감소하여 간다한다. 즉 불온한 언동과 유언비어를 하고 처벌당한 것은 7월 40건 43인, 8월 78건 85인, 9월 53건 53인

지나인 관계의 분쟁사건은 7월 166건 506인, 8월 266건 659인, 9월 92건 256인

또 시국을 표방하고 사기기타의 범죄로 처벌된 것은 7월 6건 8인, 8월 20건 23인, 9월 17건 16인으로 이와 같이 모두 8월을 최고로서 9월부터는 격감하고 있는데 이것은 시국에 대한 인식이 점차 철저하여 일반민중이 더욱 긴장하여 가는 것을 증명하는 것이라 한다.

『조선일보』, 1937. 10. 25.

조언비어한 3명을 송국

[원산] 사변에 대한 유언비어를 하고 또 3명이 원산검사국에 송치되었다. 그는 원산 내 모 구두상점 이영구 외 2명인데 원산헌병분대에 검거되어 취조를 받다가 22일 1건 서류와 함께 송치되었다고 한다. 이로써 원산에는 육군형법 제99조의 조언비어에 걸린 사건은 모두 두 번째가 된다.

『조선일보』, 1937. 11. 6.

조언비어자를 취조

지난달 20일 수원군 서신면 매화리 사는 윤경의(44)라는 자를 수원서에서 검거하여다가 지금까지 절대 비밀에 부쳐가지고 취조를 하는 중인데 그 내용을 모 방면으로 탐지한 바에 의하면 전기 윤경의는 사기죄로 한 번 징역을 한 자인데 근일에 이르러는 동리 사람에게 자기의 신용과 또는 자기가 세상사를 잘 안다는 것을 표시하기 위하여 시국에 대한 조언비어를 하여 검거된 듯하다는데 불일간 1건 서류와 같이 송국하리라 한다.

『동아일보』, 1937. 11. 7.

보병대 정문 앞(前)에서 조언비어 선전

취조 끝나 금일 송국. 용산서 고등계에서는 그동안 부내 강기정(岡崎町) 토지중개업 오수현(47)을 검거하여 취조 중 6일 오전 1건 서류와 함께 경성검사국으로 송치하였다.

그는 지난 10월 20일 오전 9시경 한강통 보병 78연대 정부 앞에서 모종의 조언비어를 하여 통행인과 부근 사람들에게 선전하였다는 것이라 한다.

『조선일보』, 1937. 11. 12.

조언비어자에게 금고 4월 언도, 함흥에서 벌써 6건

[함흥] 조언비어로 금고 4개월의 판결. 지난 8일 함흥법원에서는 국가재판장의 주심으로 삼수군 호인면 고거리 이학구(26)에 대한 조언비어 사건의 공판을 열고 심리를 한 후 판사로부터 금고 4개월의 판결이 있었는데 그는 지난 10월 6일 정오 그 면 보성리에서 조병팔 외 1명에 대하여 혜산 영월서원 모가 출정하기 싫어서 자살을 하였다는 허무한 조언을 하여 전파시켰다는 것이다. 그리고 이 같은 조언비어로 처벌된 것이 함흥법원 관내에만 벌써 6건이나 된다고 한다.

『동아일보』, 1937. 11. 19.

관기(官紀)와 이도(吏道)를 숙정, 사법보국(司法報國)에 진력하라. 남(南) 총독의 훈시 요지

지나사변의 원인은 그 배태하는 바 심원(深遠), 지나정부는 이미 오랫동안 항일(抗日) 모일(侮日)로써 국책을 삼고 동양평화의 확보를 이상으로 하는 우리 국시와 배반하는 것이 심하다. 즉 우리 제국은 일만일체(日滿一體)에 지나를 더하여 삼국의 화협제휴로 공산주의를 소멸하여 동양 영원의 평화를 확립시키고 세계 인류 문화 완성에 공헌함이 있기를 기하였다. 연이(然而) 지나정부는 더욱 항일모일적 도전 행위를 감행(敢作)하였기 때문에 제국은 궐연(蹶然)히 일어나 응징을 가하고 그 반성을 촉(促)하려 하였으나 완미(頑迷)한[26] 지나정부는 도리어 공산 소련과 결탁하고 항일에 비(備)하여 동아(東亞)의 화인(禍因)을 내고 경(更)히 궤휼(詭譎)한[27] 선전공작으로 지나에 이해관계를 가진 열강을 유인하여 우리 제국에 불법한 책모를 하게 하여 이제 사태는 복잡하고 중대화되어 그 추이는 예측하기 난(難)하다. 광고미증유(曠古未曾有)한 비상지추(非常之秋)에 제(除)하여 반도의 치안은 평정을 보(保)하고 있는데 특히 일찍이 사상범인이던 자로 내선일체의 자각으로 숙성 있는 애국운동에 분주하여 총후봉사를 하고 있는 자 불소(不少)함은 획기적인 현상으로 경하(慶賀)에 불감(不堪)하나 집요한 '코민테른'은 장차 지나 전토를 들어서 적화의 노예가 되게 하려하고 있다. 그리하여 지나사변은 점차 방공전(防共戰)인 관(觀)을 정(呈)하게 되었다. 제국이 작년 11월 독일과 방공협정을 체결하고 경(更)히 금월 6일 일독이(日獨伊) 방공협정을 체결한 소이는 실로 이에 있다. 각위(各位) 현하(現下) 시국에 감(鑑)하여 간첩의 암약, 국경, 만주 공비의 침입, 각종의 조언비어 기타 시국에 관한 범죄에 대하여는 특히 주도한 주의를 하여 기민하고 엄중한 검거와 적실(適實)하고 민속(敏速)한 심판과를 기함으로써 총후 치안확보의 중책을 다할 것이다.

사법은 국가의 기강(綱紀)을 유지하고 국민의 권의(權義)를 보전하는 중요한 직책을 가지는 것으로 활동은 곧 민중권리의 신축, 생명재산의 안부에 관하여 휴척(休戚)[28]에 영향할 바는 극히 큰 것이 있어서 본관 시정 방침인 오대정강의 실적을 냄에 대하여서는 사직(司直)의 직사(職司)에 대함이 적지 않다. 연이(然而) 시세 진운에 반(伴)하여 사법사무는 축년(逐年) 긴극(緊劇)을 가(加)하

26 어리석은.

27 간사스럽고 교묘한.

28 안락과 근심.

여 왔으므로 금년도에서 판검사 이하 직원의 증원 및 대우 개선을 하는 동시에 시설확충을 도(圖)한 것이 있다. 이로써 충분하다고는 할 수 없어도 시우(時偶) 사변의 발발을 보게 되어 국가재정상 경(更)히 이에 충실을 기하기 곤란한 상황에 있어서 각위는 깊이 심사(深思)하여 일층 긴장 정려(精勵) 크게 식견을 넓히고 사무 쇄신과 능률 증진을 도모할 것은 물론 부나 직원을 동독(董督)하여 그 직책을 명(明)히 하고 위신을 보지(保持)하여 민중 요망을 구현시켜 그 신뢰를 전(博)하는 것에 노력함으로써 사법보국의 실(實)을 내어 방가(邦家) 진운(進運)에 기여하기를 요한다.

작년 말 실시를 본 사상범 보호관찰제도는 이래 각위의 지도적 원조와 협력으로 발전의 활기찬 보무(步武)를 진(進)하여 특히 지방법원 및 동 검사국의 장관은 혹은 보호관찰심사 회장으로 혹은 동 위원으로 직접 본 제도 운영에 참획(參劃)하고 있는 것이 있어서 그 노(勞)는 적지 않은 중 시국에 직면하고 경(更)히 본 제도 운영에 가일층 완벽을 기할 필요가 있음으로써 보호관찰소 활동에 관하여는 일층의 협력을 불석(不惜)하여 그 정화(精華)를 발전시키는 배려가 있기를 절망(切望)한다.

관기(官紀) 숙정에는 누차 훈시에 불구하고 관공리로서 독직 기타 죄벽(罪辟)에 촉(觸)하는 자 불선(不尠), 유(惟)컨대 관기 숙정은 치국요도(治國要道)로 민중의 의표(儀表)일 관공리로 여사(如斯) 위반행위가 있다면 국운의 쇠퇴를 초래하게 될 것인즉 실로 심우(深憂)에 불감(不堪)한다.[29] 각위는 국가 부탁의 중책상 염결조수신(廉潔操守身)[30] 모범을 보여 부하 직원을 계사(戒師)하여 이도(吏道)를 진숙(振肅)하고 사법의 위신(威信) 훼손함과 여(如)한 일이 없게 할 것은 물론, 사종(斯種) 사범(事犯)에 대하여서는 추호도 가차(假借)하는 바 없이 단호히 그 비위를 규탄하여서 관기 숙정에 일층의 치력(致力)이 있기를 망(望)한다.

1937년(소화12년) 11월 18일 조선총독 미나미 지로(南次郎)

---

29 깊이 우려치 않을 수 없다.

30 청렴결백하고 수신에 힘써.

『조선일보』, 1937. 12. 7.

유언조어(流言造語)한 지나인, 금고 3월 언도

[평양] 시국에 관하여 함부로 말하던 지나인 – 평북 초산군 초산면 성서동 지나인 우영상(于永祥, 29)에 관한 조언비어 사건은 평양복심법원에서 심리 중이던 바 4일 소송(小松) 재판장으로부터 금고 3개월의 판결 언도가 있었는데 그는 라디오를 통하여 남경 방면의 방송을 듣고 여기에 양념까지 붙여 허튼 수작을 하며 다니다가 검거되었던 것으로 제1심에서 무죄의 판결을 내린 것을 검사공소로 복심에 왔던 것이다.

『동아일보』, 1937. 12. 13.

양산 연말 경계

[양산] 양산서에서는 신구 연말 특별경계를 실시함에 과반 지나사변 발발 이래 경계는 축차 금숙함에 따라 민심이 긴장한 정축새말이 절박하였음에 불량도배의 발호와 조언비어의 철저적 방지 등으로 양산서는 22일부터 말일까지 특별경계를 실시한다고 한다.

『조선일보』, 1938. 1. 1.

경찰력을 총동원, 국가체제를 정비, 경무국장 삼교효일랑(三橋孝一郎)

동아의 요운(妖雲)이 바야흐로 개이려하고 욱일(旭日) 의연한 건곤일신(乾坤一新)의 가□(佳□)에 제(際)하여 공손히 성도(聖濤)의 무궁과 황국의 미영(彌榮)을 기념(祈念)하면서 자(玆)에 소회의 일단을 술(述) 기회를 얻은 것은 진실로 흔쾌로 여기고 또 감격하여 마지않는 바이다.

삼가 생각건대 황공하시옵게도 천황 황후 양 폐하께옵서는 대어심(大御心)을 항상 변경의 경비를 주(注)하옵시사 작(昨) 엄동(嚴冬)의 후(候) 친히 시종 무관을 어차견(御差遣) 국경 경비의 실정을 상세히 시찰시키시는 동시에 경비의 제원(諸員)에 대하여 우애(優涯)하오신 성지(聖旨)와 영지(令旨)를 사(賜)하오시고 어위문품을 하사하오신 것은 단지 국경 경비 제원뿐만 아니라 직(職)을 조

삼교 경무국장

선의 치안에 봉(奉)하는 자로서 함께 공구(恐懼) 감격에 불감(不堪)하는 바로 협심육력(協心戮力)[31] 일사봉공의 성(誠)을 다하여 성은의 만분지 일이라도 봉답(奉答)할 각오를 새로이 하는 바이다.

작하(昨夏) 돌연 북지 일각에 화개(花蓋)를 개(開)한 폭려(暴戾) 지나 응징의 성전은 이래 반세(半歲) 광범한 지나 해륙공(海陸空)의 전면에 긍(亘)하여 장렬 귀신을 곡(哭)케 할 황군의 충용과 총후국민의 강력한 일치 단결하에 황군의 위무(威武)를 유감없이 발휘하여 구랍 이미 수도 남경(南京)을 함락하고 대세가 벌써 결정되어 동양 평화 확립의 서광은 세계를 휘덮고 있는데 저간에 있어 조선에 있어서는 관민일체 잘 총후의 열성을 피력하고 언론 제 기관 또한 온건 중정(中正) 일치 협력하여 여론의 지도에 노력하며 사변을 기(幾)로 하여 내선일체의 실(實)을 더욱 강화하여 미증유의 기다(幾多)한 눈물겨운 미담 가화를 낳아서 과거에 있어 산견한 것 같은 일시동인(一視同仁)의 광피(光被)의 음(陰)에 반역적 언동을 감히 하려는 것 같은 □의 □할 여지가 없게 된 것은 진실로 동경불기(同慶不己)로 무한의 감격을 생각케 한다.

물론 금차의 사변은 그 의의가 극히 중대하여 소기(所期)의 목적을 달성하기까지에는 전도가 아직 기다(幾多)한 반근착절(磐根錯節)[32]을 각오하지 않으면 아니된다고 생각한다. 특히 아(我) 조선은 일만 공동 방위의 유대인 지위에 감(鑑)하여 조선 내 치안의 유지확보는 실로 국책 수행상 최(最) 긴요사(緊要事)라고 확신하고 사변 발발 이래 전 조선 2만의 경찰관을 총동원하여 혹은 소집, 징발 업무에 혹은 군사 수송 경계에 또는 군기 급(及) 자원의 보호 급 방공 방호 방역 등 적어도 군작전 행동에는 사소한 지장이 없기를 기대하는 동시에 각 도가 일제히 특별 경계를 실시하여 불온문서, 유언비어 등의 취체를 엄행(嚴行)하는 일방 총후의 민중으로 하여금 시국을 정(正)히 인식하고 일치단결 생업보국의 실(實)을 거(擧)하기 위하여 혹은 시국 좌담회를 개최하고 또는 타면(他面) 민심의 계몽지도에 자(資)하기 위하여 기다(幾多) 사교에 일대 탄압을 결행하는 등 전력을 다하여 치안의 완벽에 력(力)을 주(注)하였던 바 다행히 관계 제 기관의 긴밀한 연락협조와 2만 경찰관의 불면불휴의 노력에 의하여 오(吾) 경찰사상 미증유의 실적을 올린 것은 본회(本懷)로 하고 감사

31 서로 힘을 모아.

32 해결하기 어려운 일들.

감격의 염(念)을 새로이 하는 바이다.

또 총후 국민 활동의 근원인 보건 위생에 대하여서는 가축 위생과 함께 시국이 시국인 만치 특히 중시하여 각반 시설 개선을 도(圖)하여 만전을 기하였던 바 그 결과 일시 우려되던 '호열자'병의 만연 유행도 미연에 방지하게 된 것은 진실로 다행하였다고 생각한다.

돌이켜 장래를 생각하면 일만몽지(日滿蒙支)의 일 중점인 아(我) 조선은 금차(今次) 사변의 진전과 함께 제국의 국시 수행상 더욱 그 중요성을 증가한 것은 지금 새삼스럽게 □언(□言)을 요치 않은 바이다. 그런데 조선이 그 중요한 사명을 달성할 수 있을까 없을까는 오로지 치안의 확보 여하에 있는 것으로 아등(我等) 직(職)을 조선 경찰에 솔(率)하는 자는 일야(日夜) 그 책무의 중대함에 감(鑑)하여 일사(一死)로써 사(事)에 처하여 상(上)으로 성명(聖明)에 봉응(奉應)하는 동시에 하(下)로 일반 민중의 신의(信倚)에 부(副)하고자 굳게 결의하고 소소(騷騷)하게 진전하는 복잡다기에 긍한 경찰 사상(事象)에 대처하기 위하여 물심양면에 긍하여 항상 경비력의 충실을 도(圖)하여서 완벽을 기(期)하고 있으나 시설이 용이하게 구비치 못하고 또 낭자(曩子)에는[33] 다수 응소 경찰관을 내는 등 경찰관의 부(負)한 책무는 익익(益益) 증대하고 있는 실정으로 아등은 양(量)의 부족은 질(質)의 향상에 의하여 이를 보(補)하고 민중과 함께 인고단련 더욱 사기를 긴장 진작하여 시국에 대처하여 유감없기를 기하고자 염두하는 바이다.

바야흐로 제국의 전시체제는 점차 농밀 구체화하여 외(外)로 일독이(日獨伊) 방공(防共) 진영의 강화하는 동시에 동양 평화의 항구적 기초 확립에 매진하고 있는 바로 아등은 모든 경비력을 총동원하여 민중과 함께 강력한 국가체제를 정비하여 광휘 있는 제국의 사명 달성에 철력(徹力)을 다하여 유구(悠久) 2,577년 비□(比□)없는 황국의 진자(眞資)를 세계에 전(傳)하고 공국(鞏國)의 이상(理想) 팔굉일우(八紘一宇)를 구현하여 황위(皇威)를 육합(六合)에 광피(光被)시키도록 염원하여 마지않는 바이다.

---

33 예전에는.

『동아일보』, 1938. 1. 21.

장기 전시체제하에, 정신적 총동원이 필요, 물질적 방면에만 편중하는 경향, 말차(末次) 내상의 신계단 방침

[동경전화동맹] 말차(末次)[34] 내상은 금번(今番) 긴급 지방장관회의의 안목을 사변의 신단계에 대처하는 장기 전시체제하의 시국 재확인에 두고 별항과 여(如)히 문서에 의한 훈시를 부연하여 항일 정권 근절을 목표로 강경결의를 견고히 하였다. 제국정부의 방침과 이에 대응할 거국일치(擧國一致) 시간(時艱)[35] 극복을 절망(切望)하여 대요(大要) 여좌(如左)한 훈시를 행하여 장관 일동에게 깊은 감명을 주었다. 시국은 장기 전시체제의 제2단계에 들어 거국일치 불퇴전(不退轉)의 결의를 요(要)할 중대 시기에 직면하였다. 이에 대응할 중요책은 총후의 후원으로서 정신적 물질적 양 방면은 차(車)의 양륜(兩輪)과 같이 병행하여 진행하지 않으면 안 된다. 출정군인 엄호 병(竝) 유가족의 구호는 물질적 방면만으로는 안 된다. 총후의 국민이 모두 희생적으로 정신적 방면으로 일층 원조를 필요로 한다. 금일까지의 경과를 보건대 물질적 방면에 편중한 경향이 있으므로 정신적 총동원의 강조를 절망(切望)하는 바이다. 특히 최근 장기 전시체제하의 아국(我國)의 재정경제에 대하여 비관적 논(論)을 하는 자가 있으나 금일의 아국의 재정경제의 상태는 일본의 과거의 역사에 없었던 실(實)로 만족할 현상에 있어서 추호의 침체도 없다. 제군(諸君)은 잘 차종(此種)의 유언(流言)을 교묘히 유포하여 반군 반전 운동을 행(行)하려 하는 여론을 엄중 취체하기 바란다. 유래 전쟁이라고 하는 것은 백%의 안전율을 기대하는 것은 크게 틀린 일이다. 즉 50%의 안전율을 얻으면 후(後)는 결의의 문제이다. 백%의 안전율을 얻는다고 하는 전쟁 등은 절대로 있지 않다. 일청, 일로의 전역(戰役)도 다 이 전법(戰法)으로서 해왔다. 차제(此際) 국민이 가장 계심(戒心)을 요할 것은 의심암귀호의준순(疑心暗鬼狐疑逡巡)하는 것이다. 국민은 어떠한 것에도 두려워하지 않고 철열일거(鐵熱一擧)로써 거국일치의 체제하에 시간(時艱) 극복에 매진하도록 절망(切望)할 터이다.

---

34 스에츠구 노부마사(末次信正).

35 시국의 어려움.

『동아일보』, 1938. 2. 3.

조언비어범에 징역 10개월을 구형, 금일 경성법원에서

2일 오전 11시에 수원군 서신면 매화리에 사는 윤경의(44)는 조언비어죄로 경성복심법원에서 의전(依田) 검사로부터 금고 10개월의 구형을 받게 되었는데 언도는 9일에 있으리라고 한다.

피고는 작년 9월 3일 오전에 출정군인을 견송하러 나가는 사람들을 직접 간접으로 만류하며 방해한 외에 전기 매화리 시장에서 잡화상을 경영하고 있는 정봉해의 상점 앞에서 여러 사람을 상대로 하여 말하기를 소년단 청년단 기타 소방대원은 불원 일본 군대의 전위로 되어 북지로 강제로 파견된다는 조언비어로 작년 11월 초에 수원지청에서 금고 10개월의 판결을 받고 불복 공소한 것이라고 한다.

『동아일보』, 1938. 1. 26.

시국의 유언(流言), 점감(漸減)의 경향

삼교(三橋) 경무국장은 25일의 국장회의에서 시국에 관한 유언비어 취체에 대하여 보고한 바 이에 의하면 사변 이래 유언비어의 혐의로 검거된 건수는 다음과 같이 점차 감소의 경향에 있어 일반의 시국인식이 철저한 결과라고 보고 있다.

즉 7월 40건, 8월 79건, 9월 53건, 10월 34건, 11월 15건, 12월 6건

『동아일보』, 1938. 3. 17.

입을 단속하라. 조언비어에 걸려 8개월 징역을 받아

입을 단속하자. 쥐꼬리만한 지식으로 무엇이니 엉터리없는 유언비어를 하다가 취체당국에게 적발되어 지난 1월 13일 공주지방법원 횡성지청에서 금고 6개월에 2개년 집행유예의 언도가 있었던 바 동 공판에 관여하였던 검사로부터 공소하여온 예산군 고덕면 상몽리 이계한(51)에 관한 조언비어 보안법 위반(조언비어) 피고사건 공판은 16일 경성복심법원에서 시본(矢本) 재판장 주심

과 이견(里見) 검사 관여하에 개정되었는데 검사로부터 시국이 시국인 만큼 이러한 유언조어범은 근절시킬 절대 필요가 있다 하며 준렬한 논고가 있은 후 징역 8개월의 구형이 있었다.

『동아일보』, 1938. 4. 24.
유언비어 취체

[김천] 당지 농촌에는 처녀는 모두 북지로 보낸다는 유언비어가 돌아다니므로 이것을 염려한 처녀를 가진 농가에서는 자기 딸을 빼앗기기 전에 속히 출가시키기 위하여 급속히 결혼 준비에 분망 중이라는데 이 같은 무근지설의 출처를 당국에 탐지된 바 전연 사실이 없는 말을 행상하는 엿장사 외 박물 장사들의 입으로 나온 것이라 하여 당지 경찰서에서는 차등 민심을 소동시키는 자들을 그대로 방임할 수 없다 하여 엄중 취조할 작정이라더라.

『매일신보』, 1938. 5. 7.
유언비어 엄계, 황화천 서장(黃華川署長) 담(談)

작하(昨夏) □전(□戰) 발생 이래로 일반 민중은 시국의 중대성을 인식하여 총후 적성을 피력함이 격증하였으나 시국의 장기화에 따라 일부의 우자(愚者)는 유언비어와 췌마(揣摩)[36] 억측으로 인하여 견인지구 용왕매진의 정신을 저해한 염려가 불무(不無)하니 차는 절대로 배척하고 공정한 언론과 보도를 존중 이용하여 시국의 인식을 일층 철저히 하여 황국신민의 정신을 발휘하여 적성을 피력함을 절망(絶望)한다.

---

36 남의 마음을 미루어 헤아림.

『조선일보』, 1938. 5. 11.

대구 조언비어범 금고 4개월 구형, 언도는 오는 11일

[경북지사 발] 지나사변 발발 직후에는 각 방면에 유언비어가 유포되어 당국에서는 즉시 그 취체를 엄중히 하여 거의 시국에 대한 유언비어는 근절된 듯 하는 바 근자에 와서 다시 엉터리도 없는 무근한 조어가 유포됨으로 경북도 경찰부에서는 즉시 경찰부장 담을 발포하여 일반에 경고하는 동시 그 범인을 엄탐하여 취조를 마치고 대구지방 검사국에 송치하였던 조언비어 형사사건의 피고 칠곡군 칠곡면 매천동 최해암(22)에 관한 제1회 공판은 지난 9일 대구지방법원 제2호 법정에서 주전(舟田) 재판장 삼포(三浦) 검사 관여로 방청금지리에 개정되었던 바 사실심리가 끝난 다음 검사로부터 금고 4개월의 구형을 하였다고 하며 판결 언도는 오는 11일이라고 한다. 그 사건의 내용은 전기 최해암은 지난 3월 7일 정오경 대구부 달성정 김두연의 방에 와서 전기한 매천동에서는 순사가 동리에 출장하여 17세 이상의 처녀를 강제로 모집하여 북지 현지에 보내어 금번 사변의 희생자 부상병에 그 피를 빼서 수혈을 한다고 하여 결혼 연령인 처녀는 빨리 결혼을 시켜야한다고 하였다는 것이다.

『조선일보』, 1938. 6. 11.

유언비어로 금고 3개월

[경북지사 발] 얼토당토 않은 말을 전포하여 일반의 치안을 문란케 하는 유언비어에 대하여는 경북 경찰부장 담으로 일찍이 발표하여 이를 미연에 막으려고 하였으나 또다시 이 취체망에 걸리게 된 여자가 있어 지난 8일 대구 지방법원에서 금고 3개월의 판결을 받았는데 그는 의성군 의성면 시신동 정일봉의 처로 현주소를 대구부외 내당동에 둔 정옥분(34)이라고 한다.

『조선일보』, 1938. 8. 11.
진평주재소에서 유언비어 엄 취체

[진평] 시국의 중대화와 금번 일소 간 국경 사건 발생 이래 온갖 유언비어가 돌고 있어 함남 진평주재소에서는 금후 이에 대한 무근한 유언비어를 전하여 민심을 소란케 하는 자에게는 엄벌을 할 방침이라고 한다.

『매일신보』, 1938. 8. 15.
조언비어의 관리 등 송국

[목포] 부내 죽교리 주정식(45), 동(同) 남교동 이판석(35), 동(同) 김병모(46) 3명은 부내 모 관청에 근무 중인 직접 간접 민중 지도 격에 있음에도 불구하고 일지(日支), 일소(日蘇) 관계에 대하여 악질한 조언비어를 낭설하여 무지한 부락민을 유혹하였다는 것이 목포서에 알게 되어 동 서에서 취조의 단락을 짓고 12일 검사 분국에 송국되어 방금 궁정(宮井) 상석검사에게 군형법 위반으로 목하 심리 중이라고 한다.

『매일신보』, 1938. 9. 20.
조언비어범에 목포서 금고형

[목포] 입을 조심하라! 부내 죽교리 주정식(45), 동 남교동 이판길(35) 양 명(兩名)은 조언비어로 목포서에서 취조를 받다가 송국되어 공판에 회부되었던 바 15일 목포 법정에서 육군형법 위반죄로 좌기와 여(如)히 언도가 있었다.

금고 8개월 주정식, 동(同) 6개월 이판길

『조선일보』, 1938. 9. 22.

고공(高工)교수 안동혁(安東赫) 과학만필(3) 유언비어

유언비어는 집단생활에 부수된 무서운 그러나 비상히 매력이 있는 일종의 전염병이다. 세균학이 진보되어서 천연두가 호열자가 문명으로부터 격리된 줄로 안심하고 있으면 유행성 뇌척수염이라든가 기타 근원을 알 수 없는 신병(新病)이 출현한다. 어느 곳 온상(溫床) 중에서 배양되었는지 장질부사가 별안간에 만연하고 나(癩)와 결핵이 집요하게 쫓아다닌다.

그리고 그 병상이야말로 실로 천태만상이다. 담소열(談笑熱) 수중(睡中)에 백옥루(白玉樓)로 인도하는 선도식도 있으며 만신창이를 여(與)하고도 그 창도를 거두지 않는 패도식도 있고 정정당당히 침입하였다가 기일에는 정확히 퇴진하는 왕도류가 있는가 하면 거취부정(去就不定) 재채기 한 번에 자태를 감추는 도가자류(道家者流)도 있으며 기외에 윤회를 설법하는 석씨파 혹은 속죄를 강론하는 목사임(牧師任) 등 실로 형형색색이다.

유언비어도 요즈음과 같은 인지가 고도로 발달된 명랑한 세계에는 없어졌을 물건이나 그러나 좀처럼 간단히 절멸하는 것이 아닌 모양이다. 시대가 변하면 변하는 대로 어느 구석에선지 교묘하게 변장하고서 태연자약하게 민첩히 그 여자의 '팬'들 사이로 뛰어다닌다.

상식과 과학의 면사포 속에 요안(妖顔)을 숨기고 선동과 엽기의 교직(交織)을 몸에 감은 허언의 여신과 그 여자를 위요(圍繞)한 무수의 '에코-'들은 공상의 세계야말로 그들의 고향이요 또 맹렬한 회향병(懷鄕病)일 터임에도 불구하고 현실의 세계에서 유쾌한 듯하게 생활하고 있으니 이상한 일이다.

조선 상고의 요언 중에서 초노급(超弩級)은 백제의 서동이 제작한 그것일 것이다. 감서(甘薯) 캐는 총각인 그는 담대하게도 신라 진평왕[37] 선화공주에 연애를 걸기 위하여 동경성(東京城)에 잠입하여 아해들에게 자제(自製)의 감서를 주면서 꼬여서

선화공주님은
다른 사람을 싫다하고
저녁마다 남모르게

---

37 원문에는 '진평여왕'이라고 오기되어 있다.

서동방을 사모하네

의 신가요를 가르쳐서 유행시켰다. 이 허무맹랑한 서(薯) 총각의 간계로 인하여 무후(無后)의 처녀 선화공주는 왕궁에서 축출을 당하여 서동과 같이 유적(流謫)의 벌을 입었고 서 서방은 소기의 목적을 달하였을 뿐만 아니라 후일 백제에 귀환하여 부인의 원조로 왕위를 계승하게 되었다 하니 참으로 기꺼운 이야기로 유언비어도 이만큼 성공한다 하면 '말라리아'균을 이식하여 임질을 근치(根治)함보다 더욱 효과적일 것이다. 역성혁명은 유언비어사상의 부광대(富鑛帶)이다. 사회불안이 유언비어를 발생시키는 것인지 또는 역으로 유언비어가 사회불안을 양출(釀出)하는지 그 진가를 단정하기 어려우나 여하간에 정치적 목적을 위하여 교묘히 제조된 유언비어는 상대방에 대하여는 참으로 가공할 세균학적 전술이다. 혁명과 내란의 예비공작으로서의 유언비어는 사상(史上) 도처에 그 노두(露頭)가 산재하여 있음을 볼 수 잇다. 고려 말기의 왕통에 관한 추설(醜說) 금철을 쇄진하는 괴수 살이담(殺爾談) 등은 그 성공한 자일 것이며 홍경래의 선인화생설(仙人化生說)이나 정여립의 천명비기론은 실패자의 호례(好例)일 것이다. 그리고 실패한 유언비어는 그 비어 제조공장의 내막까지가 폭로되고 마는 것은 당연한 해결이나 역(亦) 가소(可笑)한 일이다.

이조 중엽 이래 최근까지의 대표적 유언비어는 필자가 지적할 것도 없이 정 도령 등극설이다. 그 요지는 이조의 식미후(式微後)[38] 역성혁명이 발생하여 신통력을 소지한 괴총각 정 도령이 신왕으로 계림에 군림하고 계룡산에 존도(尊都)한다는 것이다. 이 괴설의 출처는 불명이나 여말 우(又)는 선조 동서 분당 시에 실세인(失勢人)의 날조로 추측된다. 수백 년간 수천의 기요황당한 유언비어가 이 정 도령을 중심으로 일대 와권(渦卷)을 형성하였고 각색 사기 편재(騙財), 간음, 살육, 골계(滑稽) 반란이 이 정 도령의 명하(名下)에 실행되었다. 최근 당국의 철퇴하에 분수된 백백교 보천교 청림교 기타 유사 종교단체의 대부분은 다 정 도령의 화신으로 우부우부(愚婦愚夫)를 광편(誑騙)하여 그 피해는 심상비도(尋常匪徒)에 비할 바 아니었다. 해산 명령과 검거는 일반 사회의 환호를 수(受)하였고 각 신문지는 추격을 시(試)하여 다년 역내(域內)의 인민을 괴롭게 하던 백일의 마귀 정 도령은 완전히 사멸하게 되었음은 실로 근래의 쾌사(快事)이다. 끝으로 현하와 여(如)한 전시는 유언비어의 최호적기(最好適期)이다. 사변 이래 별별 허설(虛說) 낭설이 시시로 떠돌고 상식을 소지한 인사도 간혹 미망(迷妄)의 끌리는 때가 있는 모양이다. 조선은 정 도령의 사망으로 유언비어

---

38 쇠퇴한 후.

의 면역이 되어도 좋을 만치 신음하였다. 비상시일수록 냉전과 이지(理智)의 항마검(降魔劍)으로 제2 제3의 정도령을 박멸할 것이다.

『동아일보』, 1938. 10. 14.

해군형법 위반, 금고 4개월 언도, 한구(漢口) 방송 듣고 선전

[인천] 해군형법 위반사건 피고 장문유(22)에 관한 공판은 전일 경성지방법원 인천지청 법정에서 김세완 판사주심 가등풍(加藤豊)[39]씨 관여하에 심리를 마치고 피고에 금고 4개월에 언도를 내렸는데 이 사건의 내용은 전기 피고인은 산동성 출생의 중국인으로서 현재 인천부내 미생정 면포잡화상을 경영하는 지나인 동순동(同順東)의 점원으로 있는데 지난 7월 4일 오전 6시경 동가 2층에서 소제를 하다 동 소에 설비된 7구(球)의 라디오 수신기의 원기를 통하여 지나 한구(漢口)방송국의 전파를 수신 청취하였으나 잡음이 많아 불명료하였다.

라디오로 청취한 사실을 말한 일이 있어 군사에 관한 조언비어를 한 것이라 이에 해군형법 제100조에 해당함으로 소정 형기 범위 내에서 피고인을 4개월 금고형에 처하게 된 것이라 한다.

『동아일보』, 1938. 11. 1.

조언비어한 인부에 4개월 금고 언도. 인천지청에서 판결

[인천] 기보= 충남 홍성군 광천면 죽내리에 본적을 두고 현주소를 인천부 부도정에 두고 인천항 수축 사무소 인부로 있던 정은교(41)의 군사 조언비어에 관한 공판은 작 29일 경성지방법원 인천지청에서 금고 4개월의 언도를 받았다는데 이는 일찍이 경성 휘문고보를 3년에서 중도 퇴학한 일이 있던 인테리 인부로서 지난 5월 상순경 점심시간에 공사장 인부와 점심을 같이 하면서 현재 지나사변이 무력전으로는 일본이 승첩하고 있다 하나 사변이 장기화하면 일본이 어찌될지 아느냐

39 가토 유카타.

는 등 군사에 관한 조언비어를 한 것이라 한다.

『조선일보』, 1938. 11. 1.

전변(田邊)씨를 검거

[진남포] 진남포경찰서 고등계에서 지난 28일 아침부터 돌연 긴장하여 형사대가 대활동을 개시하더니 부내 삼화정에 거주하는 76세의 노령으로 진남포에 일류 부호요 또 명망가인 전변 모(田邊 某)를 동일 정오경에 검속하여다가 방금 유치한 후 취조 중이라는 바 사건의 내용은 일체 비밀에 부치므로 자세한 것은 알 수 없으나 탐문한 바에 의하면 현하 시국이 매우 중대한 이때 제국 신민으로 삼가야 할 유언비어를 함부로 토하여 비국민적 행위를 한 것인 듯 하다는 바 시국이 시국이요, 사건이 사건이니 만치 취조결과가 매우 주목된다고 한다.

『조선일보』, 1938. 11. 18.

세 여인의 구화(口禍)! 조언비어로 유치장

[춘천] 가정 부인들이란 말조심을 하여야 할 좋은 교훈을 준 다음의 네 여자가 있다. 정선군 신동면 예미리에서 떡 장사하는 노파 이봉선(61)이와 최금자(23), 김옥자(31), 이옥출(18) 등은 쓸데없는 헛소리를 돌아다니며 떠들어 시국에 대한 부정한 조어를 퍼뜨렸다는 혐의로 방금 소관 경찰에 인치되어 차디찬 유치장 신세를 짓고 엄중한 취조를 받고 있는 중이라 한다.

『매일신보』, 1938. 11. 18.

입 조심하라 16세 소녀 송국

[춘천] 어른 애 할 것 없이 입조심을 할 때! 삼척군 상장면 황지리에 사는 윤부길의 누이동생 청운이란 금년 16세 된 소녀는 평창군 미탄면 평안리에 볼 일이 있어 갔다가 지난 9월 24일 아침에

동리 윤해운의 집에서 요즈음 삼척 지방에서는 20세 이하의 처녀는 모조리 혈액을 빼서 전지로 보내고 있다는 등 허무맹랑한 조언비어를 하다가 경찰에 잡히어 이래 엄중한 취조를 받던 중 수일 전 육군형법 위반죄로 송국되었다는데 이러한 일이 없도록 일반은 조심함이 좋으리라 한다.

『동아일보』, 1938. 12. 7.

수원서원이 인천에 와서(來仁) 지나인 2명 압거(押去) 군규(軍規)에 관한 혐의인 듯?

[인천] 수원서에서는 지난 3일 서원 2명이 내인 인천서원의 협력을 구하여 부내 거주의 중국인 2명을 체포하여 갔다는 바 이는 탐문한 바에 의하면 일찍이 수원 가서 군사에 관한 조언비어를 한 혐의로서라 한다.

『조선일보』, 1939. 1. 21.

유언(流言)한 양 명(兩名)에게 금고 각 6개월, 대전법원서 구형

[충남지사발] 중대 시국에 처하여 국민의 본문을 망각한 소홀한 자에 대한 유언비어 사건 공판.

충남 천안군 천안읍 본정, 청부업, 광곡준랑(廣谷駿郎, 33)

대전부 춘일정 3정목, 전(前) 도(道) 토목기사, 도진용(島津勇, 33)

이상 양 명에 대한 제1회 공판은 지난 18일 오후 3시 대전지방법원에서 입택(立澤) 재판장, 영정(永井) 검사 관여로 방청금지리에 심리를 진행한 후 관여 검사로부터 양 명에 각 금고 6개월의 구형이 있었다고 하며 더욱 언도는 21일이라고 한다.

『매일신보』, 1939. 2. 14.

조언비어범 선산(善山)서 송국

[선산] 선산군 고아면 다식동 권재호(35)는 만주국 목단강 밀산현에서 훈도로 봉직하다가 양력과

세차로 작년 연말에 고향에 돌아와서 시국에 대한 무근거한 말을 한 것을 선산경찰에서 탐지하고 검거하여 엄중한 취조를 한 결과 죄상이 판명되었음으로 김천지청 검사 분국에 구속 송치하였다.

『조선일보』, 1939. 3. 12.
유언비어자 검사국에 송국

[강릉] 지난 8일 강릉 검사국에는 조언비어에 관한 육해군 형법 위반자 1명이 삼척경찰서로부터 송국되어 왔는 바 범인은 원적을 삼척군 노곡면 상월산리에 둔 현주소 동경시(東京市) 황천구(荒川區) 미구정(尾久町) 1정목에 둔 고물상 김동신(30)으로 일직이 소화8년 7월에 동경서 조선인 단체인 동아공조회의 총무로서 활동하여 나아오던 바[40] 지난 2월 9일 그의 장남의 혼인 준비로 전기 본적지인 삼척읍 남양리에 있는 그의 아우 김동옥 방에 와 머물러 있는 중 모이는 사람들을 향해 여러 가지 시국에 관한 유언비어를 전파한 것이라는데 동인은 일찍이 전과도 다섯 번이나 있었다고 한다.

『동아일보』, 1939. 3. 19.
무당, 판수에 철퇴, 청주서 200명 소환 설유(說諭), 금후 행동을 단속

[청주] 청주군내에 산재하여 있는 무녀, 정각쟁이(法師)는 200여 명에 달하고 있어 조언비어로 일반 민심을 동요시키는 동시 해독을 끼치는 것이라 함은 다언을 요하지 않는 바 본보에 누보한 바와 같이 청주 지방에는 실로 이런 분자가 발호하여 사회질서를 문란하게 만들어놓고 무지몽매한 부녀들을 감언이설로 속여 금전금품 등을 편취한 사건이 부지기수에 달하고 있다. 미신퇴치 운동에 주력 중인 청주서에서는 이것의 발호방지를 도모하고자 근히 단속하기 위하여 오는 27일 오후 1시에 전기 200여 명 무녀 법사를 청주서에 출두시키어 놓고 고등계 주임 전촌(田村) 씨로

---

40 원문대로 표기함.

하여금 엄중한 훈계를 비롯하여 앞으로 엄중한 취체를 가하기로 되었다 한다.

『조선일보』, 1939. 6. 10.

유언비어에 허욕(虛慾)난 청년

[인천] 유언조어에 돼지 장사가 속아서 1전짜리를 사러 다니다가 경찰에 걸린 폭소극 일막이 있다. 현주를 인천부 송현정에 둔 돼지 장사 김천연(28)은 2, 3일 전에 송현정 공설시장 앞에서 여러 사람이 모여 앉아 이야기 하던 끝에 전시 관계로 동정 1전짜리가 귀해서 '알미늄' 1전짜리가 새로 난 것이 세상에 흩어지게 되었는데 이것도 앞으로 얼마가지 않으면 없어질 터이므로 조선은행에서는 알미늄제 1전짜리 1원을 1원 20전씩 사들인다는 유언조어를 정말로 듣고 그 후로는 새로 난 '알미늄' 1전짜리 1원을 1원 15전에 사서 오전씩 이를 본다고 2원 35전 어치를 사들였다. 그 사실을 인천서 고등계에서 탐지하고 전기 김을 소환하여 취조한 결과 그 동리 사람들의 유언조어에 속아서 그리된 것이므로 동 서에서는 시국 관계로 이러한 허무맹랑한 유언으로 인심을 동요시키게 된다 하여 금후로는 단호한 처벌을 하리라 한다.

『매일신보』, 1939. 7. 15.

유언비어범 수원서 피착

[수원] 세상에는 듣고 보고한 소리도 다 못하는데 듣지도 못하고 보지도 못한 소리를 함부로 지껄이다가 유언비어죄로 사법 당국의 손을 비는 자가 생기었다. 그는 본적을 수원군 음덕면 남양리에 두고 현주소 경성부 아현정에 둔 홍원표(20)라는 자로 마늘 장사를 하면서 남양시장에 내왕하다가 6월 20일경 음덕면 소사 김두영이를 만나 경의선 복선공사에 출동한 근로보국단은 집에 돌려보내지도 않을뿐더러 달아날 의심이 있는 자는 헌병이 총살을 한다는 허무맹랑한 소리를 전파하였으므로 지난 10일 수원서에서 검거하여 방금 엄중 취조 중이라 한다.

『조선일보』, 1939. 7. 29.

유언비어를 단속, 경무국, 철저 취체하라 통첩

남조선 일대의 한해가 상당히 심함에 따라 여러 가지 풍설이 돌고 있음으로 총독부 경무국에서는 시절이 시절인 만큼 공연히 근거 없는 유언비어가 돌아다닐 염려가 있어서 각 도 경찰부를 통하여 한해를 싸고도는 유언비어를 철저히 취체하도록 하였다.

『매일신보』, 1939. 8. 12.

조언비어는 금물 – 보안과장 회의에서도 대책 세우고 – 한해지(旱害地) 인심 동요 취체

상상하던 것과는 달리 경기 이남 여섯 도의 한해(旱害)는 하루라도 비가 오지 않으면 그만큼 그 범위가 넓어져서 지금이라도 비를 기다리는 마음은 하늘 끝에 배회하고 있는데 총독부에서는 이번 한해에 철저한 대책을 세워 이재민 구제에 만전을 다함으로서 조금도 유감이 없도록 모든 준비를 하고 있는 중이다.

그러나 이렇게 적극적 방침을 세우고 총독부의 여러 가지 방침을 채 기다리지 못하고 재해지의 이재민들은 각지로 분산하여 이동하는 자가 많은 것과 또한 지방에 따라 여러 가지 조언(造言)이 성행하여 민심에 좋지 못한 영향을 주고 있는 일도 있음으로 경무국에서도 이것을 경계하도록 재해지는 물론 다른 각 도에도 통첩을 발해서 이러한 조언이 성행하지 않도록 경계하리라고 한다. 수재가 날 때 혹은 이번같이 한해가 있을 때에는 의례히 조언비어가 떠돌게 됨으로 지난번에 개최되었던 각 도 보안과장회의에서도 이에 대한 주의가 있었고 이번에 다시 이러한 것을 경계하고 단속하며 조언을 발하는 자는 엄벌하도록 통첩을 발할 터이며 일반 경관으로 하여금 한해의 비상시를 당한 민중을 잘 지도하며 조언비어에 걸리지 않도록 유감없는 단속을 하기로 하였다 한다.

『매일신보』, 1939. 8. 27.

유언비어 취체, 변소에 낙서하면 엄벌

요즘 우리나라를 에워싸고 움직이는 미묘한 국제정세와 수십 년 만에 만난 남부 중부 조선 지방의 한해로 인하여 그에 따르는 여러 가지 유언비어가 항간에 떠돌고 있는데 특히 동대문서 관내에서는 비상시국을 인식하지 못한 사람의 극히 악성을 띄운 유언비어가 입에서 입으로 퍼지고 있는 한편 각 공장 학교의 변소와 공동변소 벽에는 격월한 문구의 낙서가 많이 쓰여 있는 것을 그 서원이 발견, 경찰 당국에서는 대경실색하여 유언비어의 감시와 취체를 엄중하게 하기로 되었는데 그서 고등계에서는 앞으로 유언비어를 내는 사람이나 그에 귀를 기울이는 사람, 그리고 낙서를 하는 사람을 발견되는 대로 엄중히 처벌하기로 되었다 한다.

『조선일보』, 1939. 8. 29.

개성서(開城署)에서도

[개성] 요즘 개성부내에는 시국을 인식치 못하는 사람의 극히 악성을 띄운 조언비어와 또는 터무니없는 낭설이 성히 떠돌아 부민을 미혹케 하고 있으며 각처 공동변소에는 입에 담지 못할 더러운 낙서가 많이 쓰여 있다. 이를 발견한 개성서에서는 풍교상 좋지 못한 이런 악풍을 없이 하기 위하여 특별한 감시를 하고 있다는 바 적발하는 대로 엄중히 처벌하리라 한다.

『매일신보』, 1939. 9. 28.

조언비어범 3명을 취조

[부산] 부산헌병분대에서는 2, 3일 전에 부산부내에서 조선인 3명을 검거 유치하고 엄중 취조 중인데 그들은 과반 동래읍에서 사실무근한 시국에 대한 조언비어로써 무지한 민중의 머리를 어지럽게 한 사실이라고 한다. 그리고 최근에 조언비어로 검거되어 취조를 받고 있는 자가 6명이나 되므로 동 헌병대에서는 일반 부민에게 무의식적이라 할지라도 이러한 일이 없도록 주의하여

달라는 것과 금후도 이러한 분자는 여지없이 엄중히 단속하리라 한다.

『동아일보』, 1939. 10. 13.

경찰부장회의와 소원(小原) 내상(內相) 훈시

[동경전화동맹] 경찰부장 회의의 소원(小原)[41] 내상 훈시 요지 여좌(如左)

이 중대 시국에 제(際)하여 아(我)대 외(外) 급(及) 대내국책에 관한 논의 내지 운동은 국책에 즉응하여 건실한 방면을 밟고 있음은 실로 필요한 일인데 금후 사태의 추이 여하에 의하여는 불온교격(不穩矯激)한 언동을 하게 되기 때문에 시국하 국내의 치안을 문란케 하여 수행에 불측의 장해(障害)를 급(及)함과 여(如)한 일 없음을 보(保)하기 난(難)하므로 십분 경계를 요한다. 우(又) 차간(此間) 좌익분자는 상금(尙今) 집요한 책동을 반복하고 있다. 혹은 일소 정전협정 성립의 기운에 승(乘)하여 혹은 경제통제에 반한 국민생활의 불안을 이(利)하여 하시(何時) 그 조아(爪牙)를 나타낼지 모르는 실정에 있다. 이들 좌익분자에 대하여는 단호 제압을 가하여 그 절멸을 기하지 않으면 안 된다. 현하의 사태에 즉응하여 전시 경제체제를 정복하기 위하여 각반의 경제통제를 일층 강화함은 각하(刻下)의 급무다. 이 때문에 금반(今般) 가격 임은(賃銀) 등의 인상 금지를 단행하기로 되었다. 그리고 이들 조치는 산업에 대하여는 물론 일반 국민생활에 대해서도 영향하는 바 심대한 바 있다. 이들 국책의 원활한 운영을 기할까 협력의 목적을 달성하기 위하여는 익익(益益) 국민의 자각을 촉(促)하고 나아가 국책에 협력하여 관민일치 시간(時艱) 극복에 매진할 정신을 진작함을 제1의(義)로 한다. 오직 차간(此間) 혹은 통제의 법망을 뚫고 부정을 감행하려는 자 혹은 경제적, 사회적 불안을 양성할 유언부설(流言浮說)을 하는 자 없음을 난보(難保)하므로 이들에 대하여는 단호 이에 대하여 경제사회의 동요를 방지하고 통제의 효과를 확보하지 않으면 안 된다.

그리고 금일과 여(如)히 복잡한 경제사회에 있어서는 당초 일견 자세한 데서 불측의 중대한 사태를 야기할 염려가 있으므로 항상 주밀한 주의를 하여 각각 기의(機宜)의 조처를 강구 유루(遺漏) 없기를 기(期)할 필요가 있다.

---

41 오하라 신조(小原新三).

『조선일보』, 1939. 11. 29.

유언비어하다 피체

[성율] 수원 출생의 전과 5범 최대(31)라는 자는 지난 9월 4일 목단강 모 토목공사장으로부터 경성 방면으로 인부 모집 차 가던 길에 명천(明川) 부근 차중에서 소만 국경의 군사 사정에 대하여 황당무계의 사실을 만들어 가지고 일반에게 유포하다가 이동 경찰관에 들켜 그 후 길주서(吉州署)에 유치되어 엄중한 취조를 당하고 있던 중 육군형법 제99조 위반에 해당한 유언비어의 죄명으로 27일 1건 서류와 함께 성진 법원지청에 송치되었다고 한다.

『동아일보』, 1939. 12. 12.

유언비어를 단속, 국장회의에서 지시

11일 총독부에서 개최된 정례 국장회의에서 남(南) 총독이 해를 보내고 새해를 맞이하는데 일단 의의 있게 할 것과 정치 계절을 당하여 유언비어 등을 경계하라는 것을 지시하였다. 즉 신전은 성전 제4년으로서 세계에 새로운 기원을 지을 흥아유신(興亞惟新)을 완성할 해이므로 이 의의 깊은 신념을 맞이함에는 모든 것을 적극적으로 할 필요가 있으니 지나친 금주 금연은 도리어 사기를 저상하니 적당하게 먹고 노는 것이 좋고 그렇다고 사치한 정도에까지 간다면 또한 폐해가 있으니 정신연맹에서도 지나친 금제는 하지 말고 의기를 높여서 신년을 맞이하는 동시에 1년의 계획은 정초에 있는 것을 실천하도록 하라 하였다. 그리고 지금은 정치 계절이 되어서 잘못하면 여러 가지 유언비어가 돌기 쉽고 쌀의 출회 관계와 각종 통제 경제 때문에 민심에 불안을 가져오기 쉬우니 경무국을 비롯하여 관계 방면에서 그 취체에 특별히 유입하리라는 것을 명령하였다 한다.

『매일신보』, 1940. 2. 1.

선우도(鮮于禱), 1일 1인: 유언비어

이것은 작년 가을 전 조선 방공훈련 때에 시골 어느 산골에서 생긴 일인데 내 머릿속에서 아직도 사라지지 않는다. 무슨 용무로 인해서 어느 광산사무소를 찾아갔더니 남녀 십 수 명이 모여 앉은 가운데서 색안경 너머로 신문을 보고 있던 소위 광주(廣主) 나으리가 황급히 나더러 이렇게 말한다. “여보소 신문 좀 보우. 큰일 났소. 요즈음 신문에는 날마다 보도되는 거의 전부가 경성과 평양에 공중전한다는 보도뿐이니 이 일이 장차 어찌 될까요”하며 자못 긴장한 낯빛으로 신문장을 나의 앞으로 밀어놓는다. 나는 얼른 그 신문장을 들고 위선(爲先) 대호 활자 제목하에 있는 횡서(橫書)한 ‘가상(假想)’ 2자를 발견하고 비로소 그 광주의 상식에 의심을 갖게 되고 딱한 인물인 줄을 알게 되면서 차 소위 “명주 자루에 깨동이로구나”하는 한탄을 하였다. 그러면서도 한참은 어찌할 줄을 모르고 서서 있었다. 왜 그러냐 하면 ‘가상’ 2자를 가지고 당장에 솔직하게 말한다면 광주의 체면에 낯이 붉어질 듯도 하고 그렇다고 해서 그냥 그대로 묵과한다면 회석했던 남녀 회원 여러분께서 시국 인식을 그릇하고 유언비어를 조포(造布)할 염려도 있고 해서 일개인의 체면보다는 남녀 회원 제씨의 시국 인식을 바르게 하려는 미의(微意)에서 약 10분간의 침묵을 깨뜨리고 이렇게 말했다. 지금이 신문에 보도된 부분과 한강철교를 폭파했다는 것은 방금 우리 조선 13도에 방공훈련을 하고 있음에 당해서 우리나라 비기(飛機)를 가지고 적기(敵機)가 날아와서 폭격하는 듯이 모의 연습하는 실황을 보도하는 것이지 절대로 실지로 적기가 경성이나 평양에 날아왔다는 것이 아니라는 것을 말하고 ‘가상’의 2자가 붙어있는 이유를 세밀하게 이야기하니까 그제서야 그들은 안심한다는 듯이 회원의 대부분은 필자의 말이 옳다는 사람도 있고 혹은 반신반의해서 요행(僥倖) 그렇다면 다행이라는 사람도 있었다. 그러나 한쪽 광주 나으리의 심리상태를 얼른 살피어보면 의연히 자기의 말이 옳다는 듯이 조금도 자기의 인식 부족을 모개(侮改)함이 없이 필자의 당돌함을 책(責)하는 듯하였다.

대개 어느 나라 어느 사회를 막론하고 문화수준이 높은 사회에는 유언비어가 유포되는 일이 적지만 문화정도가 저열한 사회에는 유언비어가 성행하기 쉽다함은 누구나 잘 아는 바이나 그 근원이 어디서부터 시작되는가 함은 알지 못했을 것이다. 나는 그때야 비로소 유언비어가 유포되는 것은 이런 데서부터 기인하는 것이라고 생각했다. 우리 사회에는 문화정도가 비교적 저열한 현상임으로 시국의 추이와 사변의 진전함에 따라서 때로는 그와 같은 열외의 거사(擧事)가 있을 때에

‘인찌가’ 신사들이 일시의 오해로 말미암아 건전한 국민들의 머리를 산란케 하는 일이 비일비재인 줄 안다. 우리는 바야흐로 각자의 입장에서 자기의 인격을 반성하고 시대에 뒤떨어지지 않게 상식을 갖추어서 시국 인식을 바르게 하고 신동아 질서 건설에 방해가 되는 유언비어가 유포되지 않도록 주의를 해야 한다.

그리고 우리 조선 사람은 고래로부터 체증(滯症)에 못한다는 말이 있다. 없는 놈도 있는데 모르는 놈도 아는 체 잘못하면서도 잘하는 체하는 따위의 체증이 많기 때문에 모르면서도 아는 사람에게 배울 생각은 않고 도리어 선각자를 시기하고 훼방하려는 못된 생각이 우리들의 머릿속에 남아있기 때문에 우리 사회는 명랑을 결(缺)하고 뚜렷이 우리들이 실력을 발휘하지 못하는 줄로 생각한다.

나는 어느 도청원과 몇 시간 대해서 이야기해 본 일이 있다. 그는 일견(一見)에 생활에 여유가 있어 보이고 세상일이란 자기 혼자 다 아는 듯하다. 장개석이가 하야를 한다거니 왕조명(汪兆銘)이 정치수완이 어떠하다거니 하는 등 자못 대 의사 자리가 없어서 못하는 유자격자인 듯이 보인다. 나는 그런 사람을 대할 적마다 이러한 감상이 느껴진다.

우리 사람은 어찌하면 남과 같이 원대한 이상하에 현실을 밝게 하고 위대한 인격을 완성하게 될까 하는 것이었다. 어쨌든 지나사변이 발발한 이래 우리 반도 신민들은 선(善)히 본업에서 근면해서 총후봉공에 유감없이 전 성력과 적성을 피력한다 함은 병참기지의 반도 신민으로서 사명을 다하고 있음은 내지 동포에 비해서 조금도 손색이 없다는 평판이 높은 이때에 우리들 식자층에서는 좀 더 열과 성을 바치어서 총후의 건전한 국민사상을 일시라도 미궤(迷軌)케 하는 유언비어가 유포되지 않도록 힘쓰자.

『매일신보』, 1940. 2. 3.

미국인을 검거 – 조언비어 혐의로

[동경전화] 미국통신사 “인터내셔널 뉴스서비스” 극동지배인과 “킹 주쳐 신디게트” 극동지배인 “제임스 영”(37) 씨는 거 1월 21일 야(夜) 숙소 제국호텔로부터 환내서(丸內署)에 검거되어 조언비어의 혐의로 구미계 궁기(宮崎) 경부의 손으로 취조를 받고 있는데 동씨의 사건에 대하여 외무성 수마(須磨) 정보부장은 2일 오전의 외인기자단과의 회견에서 좌와 여(如)히 설명하였다.

영씨는 작년 11월 16일 장기(長崎)로부터 지나에 가서 상해, 남경(南京), 중경(重慶), 향항(香港), 곤명(昆明), 하내(河內), 청도(靑島), 제남(濟南), 천진(天津), 북경(北京), 봉천(奉天) 등의 각지를 여행한 후 1월 6일 동경으로 돌아왔는데 상해와 기타 지방에서 미국본사와 일본의 신문잡지 등에 약 38의 시국정보를 송부했는데 그 시국보는 지나 각지에서 행동 중인 일본군에 관하여 비상히 왜곡된 것이고 또 지나에서의 일본군의 행동에 관한 조언비어를 제국호텔과 기타에 체재 중인 제외국인과 일본인에게 반포한 까닭에 이들의 행동은 육군형법 제2조, 제3조 및 제99조에 위반한 고로 취조를 받고 있다.

『동아일보』, 1940. 2. 21.

미국인(米人) 영씨 송국

[동경전화동맹] 지난 1월 21일일 조(朝) 숙사(宿舍) 제국호텔로부터 검거된 인터뷰스 극동지배인 미국인 쩽스 영 씨는 우치노마루서(丸之內署)에 유치 이래 경시청 외사과에서 취조 중이던 바 조언비어에 기(基)한 육군형법 위반이 명백하게 되어 19일 1건 서류, 20일 신체를 송국하였다.

『조선일보』, 1940. 6. 20.

대전법원 검국에 유언비어자

[충남지사발] 대전부내 본정 2정목에 있는 양기석(26)은 북지 방면에서 얼마 동안 전전하고 있다가 지난 4월 20일경에 돌아와서 5월 13일 오전 12시쯤 부내 어느 찻집에서 동무 5, 6명과 함께 터무니없는 유언비어를 함부로 지껄인 사실이 발각되어 대전서에서 엄중한 취조를 마치고 육해군법 위반죄로 18일 대전지방법원 검사국에 송치되었다.

『매일신보』, 1941. 1. 29.

민중 지도에 친절하고 유언비어 근절하라 – 국장(局長)회의서 남(南) 총독 훈시

총독부 정례 국장회의는 28일 오전 9시 30분부터 제3회의실에서 개최하고 흑목(黑木)[42] 해군대좌로부터 과반 정부 주최의 관민 간담회에서 급천(及川) 해상(海相)[43]이 연술한 요령에 대한 설명이 있은 후 남(南) 총독은 기(其) 시(時)의 근위(近衛)[44] 수상과 동조(東條)[45] 육상(陸相)의 연술에 대한 대야(大野)[46] 정무총감의 보고에 기(基)하여 설명, 이에 기초를 두고 반도에 있어 현 시국에 처할 각오를 촉(促)하여 중요 훈시를 여(與)했는데 이 훈시 내용은 래(來) 31일 임시 지사회의에서 남 총독으로부터 거듭 강조될 모양이다. 이어서 총독은 별항과 여(如)한 유언비어의 취체와 민중 지도의 철저화에 대하여 소감을 술하고 최후로 탕촌(湯村)[47] 농림국장으로부터 15년도 미(米) 실수고(實數高)에 대하여 보고가 있은 후 동 11시 산회하였다. (사진= 남 총독)

총독 훈시 요지

국제관계가 긴박함에 따라 특히 다음과 같은 점에 대하여 유의하기 바란다.

一. 유언비어의 철저한 근절

유언비어의 행행은 국제관계가 긴박한 이때에 일상생활에 무용한 불안을 생기게 하고 불측의 사태를 유기(誘起)하는 사례가 적지 않으므로 경무 당국뿐만 아니라 전 관민이 협력하여 이와 같은 사태가 발생치 않도록 민중을 지도하기에 노력할 것

二. 민중 지도를 친절히 할 것

관청사무의 취급에 당하여는 직원들이 왕왕히 지령이라든지 통첩에만 고집하여 일방적 취급을

---

42 쿠로키 히로시(黑木博司).

43 오이카와 고시로(及川古志郎) 해군대신.

44 고노에 후미마로(近衛文磨).

45 도조 히데키(東條英機).

46 오노 로쿠이치로(大野緑一郎).

47 유노무라 다츠지로(湯村辰二郎).

하는 경향이 많은데 전시하에 관민일치 총력을 발휘하려면 이 파행적 관념을 근본적으로 시정하고 충분히 말초에 이르기까지 중앙의 본의를 철저히 하도록 온갖 노력을 다하기 바란다. 일례를 들면 미곡을 매상할 때에 매상 대금이 지연되어 농민에게는 적지 않은 고통을 주는 일이 적지 않다는 말을 누차 듣는데 이와 같은 일이 중적(重積)하면 통치상에 영향이 적지 않음으로 세심의 주의가 있기를 바란다.

『매일신보』, 1941. 1. 30.
당치 않는 유언비어. 경무국, 엄중 처벌 방침을 결정

중대화하는 시국에 따라 총후를 시키는 우리는 일억 일심 한덩어리가 되어 직역봉공(職域奉公)에 매진해야할 이 때 태평양의 물결은 거칠어지기 시작하여 우리들에게 "더욱 분발하여 시국을 극복하고 나가기에 주저치 말라!"는 것을 말하고 있다. 이렇듯 지금의 시국은 긴장과 총력 발휘만이 요구되고 있는데 가끔 이러한 시국을 싸고도는 유언비어가 떠도는 것이 항용 있는 일임으로 이에 대하여는 어제 총독부에서 열렸던 정례 국장회의에서도 남(南) 총독으로부터 특히 이 점을 주의한 바 있었고 이러한 쓸데없는 유언비어는 신중히 취체하라고 지시하였다.

즉 자칫하면 우리는 시국을 철저히 인식 못 하는 쓸데없는 말을 하기 쉬우며 혹은 요새 한참 의회에서 의론되고 있는 일미(日米) 문제 같은 것에 대해서 당치도 않은 말을 퍼뜨리는 자가 없지 않으면 이러한 유언비어를 들음으로써 총후봉공에 지장이 생기게 한다든지 혹은 상당한 악질적인 것이 많은 경우에는 철저히 이를 조사하여 엄벌하도록 총독부 경무국에서는 취체 방침을 세우고 있는 중이다.

그럼으로 이러한 유언비어에 귀를 기울이지 말 것과 시국하에 입을 단속할 것이며 다만 일독이(日獨伊) 세 나라가 세계 평화를 건설하고자 각각 동양과 구라파에서 애쓰고 있는 것에 대하여 영국과 미국은 부동이 되어 한편으로 장개석을 원조하여 지나사변 해결을 방해하는 것은 물론 동양과 구라파의 평화공작을 문란케 함으로 이러한 정의를 벗어나는 행동에 대하여는 우리는 오직 비상한 각오를 가지고 이에 대처하지 않아서는 안 될 것이다. 이에 대하여는 이번 의회에서 동조(東條) 육군대신 급천(及川) 해군대신이 각각 자신 있는 언명을 하여 우리 제국의 방력 무비한 위력을 자랑한 바도 있음으로 우리는 이 초비상시를 당하여 오직 직역봉공 – 각각 맡은 바 직장에서 총후의 지킴을 굳게 하여 전시 자원 증산에 일로 매진하도록 최선의 노력을 다하지 않아서는 안 될 것이다.

언행을 삼가라, 더욱 일미 문제에 악질 유언이 많다. 경무국 천기(川崎)[48] 사무관 담

별항과 같이 유언비어에 대하여 엄중한 취체를 하도록 구체적 방침을 세우고 있는 총독부 경무국 보안과 천기 사무관은 다음과 같이 말하였다.

전시체제의 확립을 위하여 관민은 한 가지로 일심협력하여 할 것은 물론 서로 믿고 서로 도와서 시간(時艱) 극복에 힘쓰지 않아서는 안 될 것이다.

그러나 요새와 같이 일미의 관계에 대해서 여러 가지 말이 많이 있는 이때 우리 나라의 실력과 우리 나라 황군의 위용을 이해 못 하는 반시국적인 유언비어가 있다면 이러한 것은 철저히 밝히어 엄중 처벌할 터이며 이러한 그릇된 유언비어가 없도록 단속을 할 터이다. 그리고 다만 구체제라 할 수 있는 영미를 숭상하는 영미 계통의 인물이 가끔 이러한 유언비어를 만들어내는 경향이 없지 않음으로 이런 친영미파라 인정되는 언행이 없도록 행동과 말을 삼가서 오로지 직역봉공과 총후를 지킴에 유감이 없도록 노력할 것이며 우리는 일단 유사지추에 멸사봉공할 결의를 갖고 무적황군을 믿음으로 총후의 이바지함을 게을리하지 말아야 할 것이다.

『매일신보』, 1941. 2. 5.

유언비어의 배제, 관민 협력, 상호경계가 간요(肝要), 국장회의 석상 남(南) 총독 주의

총독부의 정례 국장회의는 4일 오후 9시 반부터 10시 30분까지 제3회의실에서 개최 먼저 상롱(上瀧)[49] 내무국장으로부터 각 도회의 기간 단축과 조선황군후원연맹의 황군 위문에 대한 것을 보고하고 염전(鹽田)[50] 광산과장은(식산국장代) 지난 31일 자본금 3백만 원의 조선무역진흥주식회사가 창립되어 전시 조선 무역 진흥에 노력하기로 되었다는 것을 보고하였다. 이어서 삼교(三橋) 경무

48 가와사키 노부토시 또는 가와사키 엔주(川崎延壽).

49 코오타키 모토이(上滝基).

50 시오다 마사히로(塩田正洪).

국장으로부터 지원병 응모 상황에 관한 보고와 추방(諏訪)[51] 외사과장, 복전(福田) 경리과장(체신국장代)의 소관 사항 보고가 있었으며 탕촌(湯村) 농림국장으로부터 내지에 순응하여 조선에서도 래 15일부터 농지가격 통제령을 실시하도록 부령을 준비 중이라고 보고하였다.

끝으로 남(南) 총독으로부터 다음과 같은 주의가 있었다.

재작일 대야(大野) 정무총감으로부터 온 보고에 의하면 조선의 소화16년도 예산은 무수정으로 중의원을 통과하였으며 다시 귀족원에 회부되었는데 이에 대하여 각별한 관심을 가지고 그 예산 수행에 유감이 없도록 유의하여야 하며 총후 반도의 생산력 확충을 위해서 소중히 예산의 운행을 기하지 않아서는 안 될 것이다.

그리고 작 3일 경성시내 재계, 언론계, 중추원 참의, 국민총력연맹 이사, 참사, 평의원 등 각계 대표자를 초집하여 간담회를 개최하였는데 이 간담회 석상에서 특히 유언비어의 취체에 대해서도 언급한 바 있었거니와 요컨대 이 취체는 경찰과 헌병 측의 소관 사무라 할 것이지만 이 비상시국의 중대함을 호상 경계하여 시국의 간난(艱難)을 배제하고 유언비어에 구애되지 않겠다는 주지(主旨)를 확호(確乎)히 파악하지 않아서는 안 될 것이다.

최근 적성 제3국은 선전전에 막대한 자금을 투(投)하고 있을뿐더러 국제정세의 미묘한 것을 선전하고 있는 사실에 감(鑑)하여 우리는 신중히 언행을 자계하지 않아서는 안 될 것이다.

더욱이 국방보안법이 금반 의회에 제안되어 불원(不遠)해서 공포를 보게 되면 조선에서도 이것을 시행하게 될 터인즉 특히 이 점을 주의하지 않아서는 안 될 것이다. 과거에 있어 왕왕히 신사참배에 식자계급에서 경건(敬虔)치 못한 언행을 하는 자가 있었다든지 무책임하고 비판적인 행동을 하는 자가 또한 많았던 것은 유감된 일이라 아니할 수 없다.

그 외에 시국의 추이에 감(鑑)해서 금융상 상서롭지 못한 풍문을 전파하는 자 또는 방첩에 저촉되는 자 등도 없지 않으니 앞으로 국방보안법의 공포를 앞두고 더욱 관민은 한 가지로 긴장한 중에 직업봉공에 노력하도록 큰 관심을 갖지 않아서는 안 될 것이다. (사진= 남 총독)

51 스와 츠토무(諏訪務).

『매일신보』, 1941. 2. 6.

유언비어 근절의 필요

최근 국제관계가 점차 긴박의 도(度)를 가하고 있음에 따라 유언비어가 성행하고 있음은 실로 우려할 현상이다. 이 유언비어의 취체에 있어서는 총독부 당국에서도 특별히 유의하고 있는 바이어서 남(南) 총독은 임시 도지사회의와 정례 국장회의 기타 각계 대표자와의 간담회 석상에서도 유언비어의 근절을 강조한 바 있었거니와 의회의 국방보안법 위원회에서도 교본(橋本) 경보국장이 언명한 바와 같이 국내의 반국가적 언론에 관하여는 그 출처가 여하한 방면임을 불문하고 단호 처분할 것이라 한 것은 자못 당연한 조치라 하겠다. 그러나 시국이 금일과 같이 긴박한 때에 있어서는 유언비어의 근절을 도(圖)함에 당하여 그것을 전혀 위정 당국에만 일임하는 것은 불가한 일이요, 실로 관민이 일체가 되어 자성자계하고 호상 지도함으로써만 그 해독을 삼제(芟除)[52]할 수 있는 것이니 차제에 오인은 위정 당국의 철저한 취지 선전과 아울러 민간 측의 일층 계심(戒心)을 바라는 바이다.

二. 무릇 유언비어라는 것은 각 개인의 과대망상성과 부화뇌동에서 출발하는 것으로 사변이 장기에 긍(亘)하고 국내 국외적으로 모든 질서가 역사적 전화기에 있는 만치 무지몽매와 무정견한 일부 계급의 황당무계한 촌탁(忖度)[53]은 무근한 사실을 유포하고 또 적성국의 선전을 그대로 신빙하여 그것이 드디어 총후의 국민생활과 사회의 질서를 교란하게 되는 것이다. 오인이 이제 저 독일의 예를 보면 독일에는 "일 남자의 일언"이라는 말이 있다. 말은 쓸데없는 말을 많이 말고 최선의 일언을 할 것이라는 의미로 생각되는 동시에 전시하의 생활에 대한 불평을 말함이 없이 일상 각자의 의무에 실생활에 최선을 다하라는 것일 것이다. 동양 성인의 말에도 "교언영색선의의(巧言令色鮮矣仁)"이라고 하여 내용적인 최선의 언사를 쓰지 않고 허위 가□적인 언동을 하는 것을 엄계하였으니 유언비어가 성행하는 곳에 허위의 사회가 발생하고 각종의 죄악이 준동하는 것이다. 그럼으로 오인은 유언비어를 엄계함에 당하여 비단 우리가 처하여 있는 사회가 전시하의 시국이라서 뿐만 아니라 한 걸음 더 나아가 우리의 사회생활에 있어서 내적 완성에 힘써야 하고 일본

---

52 베어버림.

53 남의 마음을 미루어 헤아림.

정신에 즉한 도덕률을 절대의 규준(規準)으로 해야만 되는 견지에 있어서도 허위 불평 시기 등 온갖 죄악을 산제하지 않으면 안 되기 때문이다.

三. 현하 아국의 최대 급무는 사변의 처리와 고도 국방국가 건설 따라서는 대동아공영권 확립에 있다. 그럼으로 이러한 급선무를 완성하기 위하여는 전선에서의 승리와 아울러 총후의 국민생활에 혼란이 없도록 해야만 될 것이니 제1차 대전 때의 독일의 국내정세를 보아도 명백한 바와 같이 연합국 측의 마수가 독일 국내에 침범하여 유언비어를 유포하고 국민의 사상을 악화시켜 각 고장에는 파업이 일어나고 주요 도시의 교통기관이 정지되어 전 독일로 하여금 "혼란의 거리", "암흑의 거리", "기아의 거리"로 화하게 한 과거 독일의 쓰라린 경험을 보더라도 유언비어가 어떻게 총후를 교란하고 또 그 화가 여하히 참혹하다는 것을 알 수 있다. 특히 현대전은 무역, 경제, 외교, 사상의 국가총력전이다. 그런 만큼 우리 국민된 자로서는 모든 점에 협력하고 견인지구(堅引持久)하여 금후 여하한 적성국의 선전과 사상공격이 있을지라도 그것에 혼미함이 없을만한 마음의 수양이 있어야 하겠다. 전 국민이 일치 협력하여 각자의 언행을 주의하고 또 그와 동시에 타인의 언행이라도 그것이 유언이 되고 비어가 되는 우려가 있는 것이면 상호 신칙(愼飭)하여 국가의 대목적 완수에 향하여 매진하지 않으면 안 될 것이다.

『매일신보』, 1941. 2. 13.

유언비어의 경계, 남(南) 총독 거듭 지시

총독부 정례 국장회의는 12일 오전 9시 반부터 제3회의실에서 남(南) 총독 임석하에 개최 각 도 예산도회는 래 22일, 경북도회를 위시하여 3월 8일부터 강원도회의를 최종으로 착착 개최할 터인데 익찬의회를 감(鑑)하여 5일 내지 9일간으로 회기를 단축시키겠다는 것과 신사신사(神社神祀) 신설에 관한 것을 상롱(上瀧) 내무국장으로부터 보고하였다. 궁본(宮本)[54] 법무국장과 삼교(三橋) 경무국장으로부터는 금일 공포된 조선사상범 예비 구금령에 대한 설명과 지원병 응모자 수에 대한 보고가 있었다.

---

54 미야모토 하지메(宮本元).

이어서 이등(伊藤)[55] 인사과장의 만주성장 회의 출석보고, 염원(鹽原)[56] 학무국장의 국경교육 위문에 관한 것을 보고한 후 산지(山地)[57] 이재과장(재무국장 대리)로부터 초등교육, 경찰관, 부읍면 이원(吏員)의 임시 수당 급여에 관한 자료를 동경으로 제출코자 준비 중이라. 보고 끝으로 남 총독으로부터 유언비어 특히 방공시설 혹은 피난자 조사에 관해서 공습이나 있는 것 같이 유언비어가 도는 것을 경계하라는 주의와 한 가지 이는 평소의 준비를 위함이라는 것을 인식시키라는 지시가 있은 후 10시 반 산회하였다.

『매일신보』, 1941. 2. 27.

백만 명 애국반원에 유언비어의 방어진, 3월 상회서 익찬을 강조

국가의 충성을 다한다는 높고 큰 정신으로써 일체의 사사로움을 버리고 전신전영(全身全靈)을 국가에 바칠 각오를 더한층 굳게 하자 이것은 시국은 시시각각으로 중대화하여 가는 중에서 3월 1일의 열 일곱 번째 맞이하는 애국일을 앞두고 국민총력경성부연맹이 경성의 백만 애국반원들에게 외치는 소리다. 더구나 종래 애국일을 '쉬는 날'같이 오해하고 상점이나 찻집 등 음식점에서 휴업하는 곳도 없지 않았음으로 지난 2월 1일의 애국일부터는 이같이 그릇된 관념을 단연히 청산하고 한층 힘써 일하여 직역봉공의 취지를 다하도록 지도하여 온 만큼 이번 애국일은 여러 가지로 뜻깊은 바 있는 터이다. 그래서 부연맹에서는 그 준비에 바쁜 중인데 이날 오전 7시 45분 각정 연맹에서는 일정한 장소에서 연맹상회를 시작하고 동 50분에는 연맹원이 일제히 궁성에 요배할 터이다. 그리고 각종 연맹원들은 신궁신사에 참배하고 금주금연, 일채주의(一菜主義)를 실행함은 물론이요. 적당히 근로 작업도 실시할 터이다.

그런데 이날 연맹상회에서 협의할 것은 특히 여론의 지도이다.

즉 이즈음 국제정세는 날로 험악하여 간다. 그리고 사변이 길게 끌어나가는 데 따라 통제경제는 강화되고 저물가 정책은 철저하여짐에 따라 물자의 배급은 원활치 못하고 물건 값은 올라만

---

55 이토 타이키치(伊藤泰吉).

56 시오바라 토키사부로(鹽原時三郎).

57 야마지 야스유키(山地靖之).

감으로 이에 대한 사생활의 불평불만의 소리가 들려오는 것이 사실이다. 그러나 우리 총후 민중으로서는 동아공영권을 확립하기 위하여 모든 장애물을 물리치고 오직 앞으로 걸어 나갈만한 각오를 굳게 하여야 할 때이다. 즉 일억 일심으로 한데 뭉치어 힘써 나갈 뿐이오. 무책임한 비판적 논란을 하는 것과 같은 태도는 절대로 배격하여 유언비어에 혹하지 않을만한 신념을 굳게 하여야만 한다.

이렇게 우리나라에서는 만 가지 어려움을 물리치고 동아공영권을 확립하기 위하여 힘써 나가는 중인데 그 군비는 말할 것도 없고 일반 민중의 생활에 필요한 물자도 넉넉히 마련되어 있는 터임으로 일반 민중은 근거 없는 유언비어에 속지 말고 오직 국가에 충성을 다하도록 노력하자는 것을 특히 강조하기로 된 것으로 몹시도 뜻깊은 상회라고 할 수 있을 것이다.

그리고 이날 정연맹상회의 뒤를 이어 3일 의정상회, 5일의 구(區)상회, 7일 반(班)상회 등에서도 이 같은 취지를 힘써 강조하여 백만 부민으로 하여금 굳은 각오를 가질 수 있도록 지도하기로 되었다.

『매일신보』, 1941. 6. 27.

유언비어 혐의로 포목상 3명 취조

[의주] 여주군 개군면 구미리 이동점불(46), 동군 읍내 홍문리 정성례(57)외 여자 1명 등 세 사람은 포목 잡화 행상인데 군내 각 부락으로 돌아다니며 "여자청년대를 결성 훈련 후 전부 전지에 보낸다" 운운하는 황당무계한 말질들을 하였음으로 이것을 탐지하려 한 여주서에서 지금 엄중 취조 중인데 일반은 이러한 유언비어에 미혹치 말고 입들을 조심하길 바란다 한다.

『매일신보』, 1941. 7. 5.

악질의 유언비어를 일소하자

一. □□ 개전 이래 각각으로 변전해 가는 국제정세에 대응하기 위하여 지난 2일 어전회의를 열어 제국 부동의 최고국책을 결정하였음은 국민이 주지하는 바이어니와 항간에서는 그 최고 국책의 내용이 발표되지 않은 것을 기화로 하여 이에 대한 여러 가지 췌마(揣摩)와 억측을 하는 자가 없지도 않게 되었다. 이 같은 악질의 유언비어는 공연히 국론의 통일을 문란케 하여 국민의 일치된 보조를 교란하는 것으로 용서치 못할 비국민적 행동이니 당국에서는 이러한 악질의 '데마'를 일소하기 위하여 전 경찰력을 기울여 이에 당(當)하게 되었다. 종래도 이 같은 유언비어는 그 동기가 비교적 단순하였던 것으로 당국도 관대하게 처리하여 다만 경찰범처벌령에 의한 구류도 과료로써 복잡화에 따르는 방첩 강화의 필요상 금후는 형법에 의하여 5천원 이하의 벌금 또는 7년 이하 징역이라는 엄벌주의로 임하게 되었다.

二. 종래로 유언비어의 발원지는 주식시장, 각 회사, 공장적 등이 있으니 이들은 내외의 정세를 비교적 빨리 알게 되는 관계로 이 같은 정세를 알고 있다는 유치한 허영심에서 부지불식간에 그것을 과장하여 유포하고 이것을 들은 무지몽매의 □들은 거기다가 제 마음대로 윤색을 가하고 부연을 더하여 드디어 턱없는 '데마'가 되어 항간에 유포하게 되는 것이니 우선 이 같은 경제 관계 방면의 회사, 공장, 시장 등의 책임자를 단속하여 그 책임자 자신부터 언동을 삼가고 그 부하 사원들의 부질없는 요설(饒舌)을 엄계하여 유언비어의 근원지를 청소하기에 힘써야 할 것이다. 그리고 다음으로는 제 애국단체의 언설에 대한 취체의 강화이니 이들 애국단체가 때로 교격(矯激)[58]에 이르는 혐(嫌)이 없다고도 할 수 없는 언설을 유포하는 것은 그 동기에 있어서는 물론 애국의 충정(衷情)에서 나온 것임으로 용서할 수도 있는 것이지만 그러나 그 결과에 있어서는 국가에 불리한 것이 됨으로 이들의 언설에 대해서 엄중한 감시를 게을리 하지 말아야 할 것이다.

三. 그러나 이 같은 유언의 발원지를 단속하는 것과 동시에 무엇보다도 필요한 유언비어의 일소책은 국민이 정부의 대방침을 절대로 신뢰하는 것이다. 국민이 정부의 제 시책에 대하여 만폭(滿幅)의 신뢰를 가져서 공중의 면전에서는 외교 문제 등 국가의 중요 문제에는 일절로 언급하지 말고 국민의 각자가 방첩전사라는 각오로써 '데마'를 들었을 때에는 곧 그 자리에서 말살하여 버리도록 하지 않으면 안 된다. 제1차 세계대전 때에 독일 국내에는 악질의 유언비어가 유포되어 국내가 혼□에 빠진 결과 드디어 독일은 패전하였으니 이 전례를 보더라도 유언비어가 얼마나 무서운 국가 파괴력을 갖고 있는 것을 알 수 있다. 우리 국민 일동은 철석의 단결을 견지하고 일억 일심 일신 일체가 되어 정부의 대방침을 신뢰하고 이에 순응하여 국가의 대 목적 완수에 협력 매진하기를 기할 것이다. 국민이 애국의 정열에 불타 있다면 그 사이에 데마가 횡행하고 유언비어가

58 언동이 지나치게 과격함.

유포될 여지가 절대로 없기 때문이다.

『매일신보』, 1941. 7. 6.

국책 결정을 억측하는 유언비어 엄중 취체. 3일, 경기도에서 각서에 발첩(發牒)

독소(獨蘇) 전쟁을 계기로 하여 국제정세는 한층 긴박하게 되었음으로 정부에서는 지난 2일의 어전회의에서 성단(聖斷)을 우러러 받들어가지고 이에 대처할 중대한 국책을 결정하여 국민의 나갈 길을 밝히었다. 그런데 그 내용이 공표되지 않았기 때문에 여러 가지로 터무니없는 추측을 하여 이러니저러니 하고 떠드는 나머지 불온한 언동과 악질의 유언비어를 만들어내는 자가 있게 되면 총후 민심에 영향되는 바가 매우 클 터임으로 경기도 경찰부에서는 3일 관하 각 경찰서에 통첩을 보내고 조금이라도 불온한 언동을 하거나 악질의 유언비어를 퍼뜨려 총후의 결속을 어지럽히는 자가 있으면 단호한 취체를 하여 민심의 불안을 일소하는 동시에 시국의 중대성을 재인식하여 직역봉공에 매진하도록 민중을 엄히 사찰(査察) 지도하라고 엄명하였다.

『매일신보』, 1941. 7. 20.

함구령! 사실유무를 불구, 유언비어를 엄벌

[충남지사발] 시국이 갈수록 긴박해지고 있음에 따라 고도 국방 국가의 완성을 향하여 돌진하는데는 비록 털끝만한 것이라도 유언비어를 철저히 근절하고 '무언실행'의 경구를 깊이 새겨서 성의껏 직역봉공을 하지 않으면 안 되겠음으로 충남도 경찰부에서는 국민총력과장을 통하여 관내 각 애국반에게 이러한 취지를 철저히 인식시켜서 상의 하달을 도모하게 되었다. 즉 금후에 있어서 군사에 관하여 듣고 본 일은 사실의 여하를 불구하고 다른 사람에게는 물론이고 집안 식구 사이에라도 누설하는 자에게는 절대로 용서 없이 처분하기로 되었다.

『매일신보』, 1941. 7. 22.

조언비어 엄벌 방침, 검사국에서 각 서의 취체진 독려

국제정세가 점점 복잡 미묘해짐에 따라 최근 여기저기서 유언비어가 불똥 튀듯 떠돌고 있음으로 경성지방법원 검사국에서는 산택(山澤) 검사정을 중심으로 재등(齋藤), 삼본(杉本) 등 사상검사가 이의 취체에 대한 대책을 연일 거듭 협의한 결과 악질이든 부주의에서 나왔든 시국에 대한 유언조어를 퍼뜨린 자는 엄벌에 처할 방침을 세우고 관내 각 경찰을 독려하여 취체에 만전을 다하기로 되었다.

『매일신보』, 1941. 7. 24.

유언비어는 하지 말 것, 믿지 말 것. 오직 국가를 태산처럼 믿읍시다. 국민총력조선연맹 총무부장 오천교원(烏川僑源)[59] 씨 담

시국이 긴박해지는 데 따라서 자칫하면 근거로 없는 유언비어 같은 것이 돌아가기 쉬운 것 같습니다. 그리고 또 이런 때라면 보통 사람의 생활심리가 스스로 유언비어의 사로잡히기 쉬운 약점을 가지게 되는 것이 사실이올시다. 이런 때일수록 우리 총후 국민은 더욱 침착하고 냉정하게 살아가면서 일체의 근거 없는 말에 귀를 기울이지 않는 것이 좋은데 여기에 대하여 국민총력조선연맹 총무부장이신 오천교원 씨는 이런 유익한 말씀을 해주십니다.

나날이 변하여가는 국제정세가 복잡해지고 급박해 갈수록 우리 국민은 더욱 냉정하게 살아가야 합니다. 이런 때는 아무런 사실도 없는 뉴스에 대담한 유언비어가 여기저기서 생기기가 쉬운데 우선 우리들은 그런 유언비어에 넘어가지 않는 이성과 국민다운 신뢰를 가져야겠습니다.

대동아를 건설하기 위하여 동양 민족의 장래의 평화를 위하여 생명을 아끼지 않고 제일선에서

59 정교원(鄭僑源). 창씨개명한 이름이 가라츠가와 교오겐(烏川僑源)이다.

싸우는 황군과 일심 합력하여 총후를 건강히 지키는 우리는 다만 대일본제국인 우리 나라를 믿고 스스로 자기의 직역을 충실히 이루는데 그칠 뿐이 아닐까요.

그렇다면 유언비어라는 단어가 생겨난 것만 해도 우리의 수치라 생각합니다.

적어도 국민의 각오를 굳게 가진 분들이면 그런 모든 유치한 유언비어에 속아 넘어가지 않을 것입니다.

또 한편으로 철없는 사람들도 있어서 철따구니 없는 소견을 가지고 시국을 억측하고 상상해서 헛된 말을 제조해내는데 그와 같은 근거 없는 말을 도깨비 이야기 하는 듯한 영향이 얼마나 국가에 해를 끼치는지 생각하면 누구나 자기가 부끄러워질 것입니다.

그런 것을 생각하면 무의식중이라도 무슨 자랑이나 하듯이 헛된 말을 꾸며 말하는 경박한 극단의 죄는 큽니다. 또 그러기에 국가에서도 쓸데없이 유언비어를 하는 사람은 엄벌에 처하는 것입니다.

그러나 유언비어를 하는 사람을 취체한다는 것이 무서워서 안 한다는 것보다 여러분은 확실한 국민적 신념과 양심에 비추어서 절대로 말을 삼가야 하고 또 남들이 유언비어를 하는 것을 보시면 하지 않도록 주의시키십시오. 유언비어를 하는 것은 그처럼 중대한 것이니까 서로서로 삼가서 과실을 범하지 않도록 합시다.

『매일신보』, 1941. 8. 1.

향락과 사치를 추방, 본정서의 취체진 가두로 총동원

본정서 고등계에서는 총력연맹에 협력하여 총후거리의 자숙을 더욱 강화시키고자 형사대를 총동원, 암행어사 식으로 각 요정, 찻집, 식당, 빠, 카페 같은 환락가로 잠행시켜 시국 인식에 철저치 못하고 당황 무괴한 조언비어로 상서롭지 못한 언동을 한다거나 총후의 긴장을 어지럽히는 자가 있다면 거침없이 검거 취체하기로 되었다. 즉 일어 일심 물샐틈없는 긴장으로 나아가는 이때에 일본 청년 더욱이 인텔리 청년 중에 제집에 먹을 만치 사는 것만을 믿고 아무런 하는 일도 없이 빈둥빈둥 찻집이나 환락가로 돌아다니며 허송세월하기에 일을 삼는 자가 많은데 이런 남자들은 대게 떼를 지어 찻집 같은 데로 돌아다니며 별로 자신도 없으면서 가장 아는 체 유언비어를 하는 등 시국을 역행하는 수가 많다고 한다. 또 전문 이상의 학생 신분으로서도 빠나 카페 같은 데 출입하는 것을 흔히 보는데 이것은 원래 취체하여 오는 터이지만 정복 정모인 채로 여자를 데리고 찻집 같은 데로 돌아다니며 공연히 수 시간씩 버리고 앉아있는 경우 또는 아무런 하는 일도 없이 사치 생활만을 꿈꾸는 유한부인 기생 여급 처녀 등도 정도를 지나쳐서 그 몸차림과 언행에 풍기를 어지럽힐 염려가 있다거나 시국에 맞지 않는 점이 있다면 단연히 취체하기로 되었다.

『매일신보』, 1941. 8. 15.
삼가야 할 유언비어, 애국반상회에는 더욱 주의하라, 뇌호(瀨戶)[60] 경찰부장 담

국가의 기밀을 누설치 말자고 국민방첩에 대하여 관계 당국에서는 여러 가지로 민중을 지도하는 터인데도 이즈음 애국반상회 같은 데서 비교적 유식층이라고 할만한 사람들이 잠시의 부주의로 터무니없는 유언비어를 퍼뜨리는 경향이 있다고 뇌호(瀨戶) 경기도 경찰부장은 다음과 같은 담화를 발표하여 아직도 깨닫지 못한 일부 국민들에게 경고한 바 있었다.

국제정세가 긴박하여 감에 따라 적성 국가의 '스파이'들은 이즈음 맹렬히 활약하는 중이다. 그런만큼 사소한 유언비어라도 그들 '스파이'에게는 귀중한 재료를 제공하게 되고 또는 총후를 어지럽히는 도화선이 되는 중대한 결과를 가져오게 되는 것이다. 그런데도 불구하고 이즈음 애국반상회 등 많은 사람이 모이는 장소에서 잠시의 부주의로 유언비어를 만들어내는 경향이 늘어가는 모양이다. 더구나 그 장본인은 비교적 유식층에 속하는 사람들이 많은 것은 참으로 유감천만이다. '데마' 가운데도 외국과 짜고서 또는 외국에 어떠한 이익을 제공할 목적으로 치안을 방해할 성질의 유언비어를 퍼뜨리거나 혹은 전시나 평상시를 물론하고 천재사변을 당하여 인심을 어지럽히고 또는 경제생활을 혼란시킬 염려가 있는 터무니없는 허위사실을 늘어놓는 자에 대해서는 엄벌하기로 된 것이다.

그 정도에 따라서는 무기징역이라는 중형으로 처벌할 수 있는 것이며 이밖에도 육해군 형법에 따라 보통 사람이라도 군사에 관하여 유언비어를 한 때는 처벌되는 규정이 있다. 한편 경찰범처벌규칙에 의하면 단순한 유언이며 부설허보(浮說虛報)도 취체를 받게 되는 것이다. 그래서 경찰에서는 일반 국민이 이 같은 '데마'에 사로잡히지 않도록 힘쓰고 있는 터인데 총후 국민들도 각자가

---

60 세토 미치가즈(瀨戶道一).

단연히 반성하여 한때의 호기심으로 '데마'를 방송하여 부지불식간에 비국민적 매국노가 되는 일이 절대로 없도록 주의해야 할 것이다. 그리고 일반 사람들은 이 같은 '데마'나 항간에 떠도는 풍설에 귀를 기울이지 말고 정부의 시책을 절대로 신뢰하여 오직 직역봉공 신도실천의 적성을 다하여 현하 미증유한 시국에 대처해야 할 것이다.

『매일신보』, 1941. 8. 15.
유언비어의 원천, 종로서 도식배(徒食輩) 소탕

14일 새벽 5시를 기하여 부내 종로서 고등계에서는 돌연 북촌 중심 지역의 여유 있는 가정의 사랑 혹은 여관을 전격하고 도식배 약 70명을 일거에 검거하였다.

그중 4명은 취조할 여지가 있어 그대로 유치하고 나머지는 강촌(岡村)[61] 고등주임으로부터 장설유를 하여 각기 돌려보내었는데 이번 동서의 거사는 오로지 유언비어의 원천을 없애고 따라서 직역봉공에 동원토록 도식배를 소탕하려한 것이다. 오랫동안 묵인되어있던 도식배들에게 반성의 선풍은 드디어 불기 시작하였는데 이에 대하여 강촌 주임은 다음과 같이 말한다.

강촌 고등주임 담: 아무런 일이 없이 시골서 올라와서 남의 사랑방 혹은 여관 신세를 지면서 한세월을 보내는 도식배들은 요즈음 유언비어의 원천같이 노리어 이들의 소탕에 착수한 것이다. 대개 40 이하 젊은이들로 모두 직장에 나서서 직역봉공에 몸을 바치도록 종용할 방침이다 운운.

『매일신보』, 1941. 8. 27.
유언비어 삼가자, 총력 충남연맹 각지에 통첩

[충남지사발] 전시생활을 강화 실시하여

一. 주주(晝奏)는 절대로 폐지하자

61 오카무라 히로요시(岡村寛義).

二. 화려한 의복과 도유(徒遊)를 배격하자

三. 폐품 회수를 철저히 하자

四. 화환을 전폐(全廢)하자

등의 네 항목을 엄수하기로 약조한지도 벌써 한 달이 되었음으로 총력 조선연맹에서는 오는 9월 1일의 애국일을 기해서 그 실시 성적 여하를 묻는 동시 다시 9월부터는

一. 방공훈련은 실전과 같은 기분으로 더욱 열심히 하자

二. 서로 경계하여 유언비어를 절대로 삼가자

三. 도회나 농촌이나 일층 절미(節米)에 힘쓰자. 야채도 타 지방에 의뢰치 말고 자급자족이 되도록 공지(空地) 이용을 철저히 하자

는 3대 항목을 증강하여 전파를 이용해서 대중에게 극력 고취하기로 되었는데 충남도 연매에서도 이 취지에 말 맞추어 도내 각 도시의 극장영화관 등에 통첩하여 당일은 방송을 되도록 관중에게 잘 들려주도록 하는 외 농촌에는 공동 '라디오'를 다수 이용하도록 하는 한편 아주 벽지 주민들에게는 부락연맹 이사장을 통하여 그 요강을 주지시키도록 되었다.

『매일신보』, 1941. 12. 13.

총후 부인은 저축에 힘쓰고 유언비어를 절대 삼가라

간악하고 교활한 적국인 미국과 영국을 격멸하기 위하여 정의의 일대 결전을 시작한 우리 육해군의 정예는 서남 태평양에 버티고 있던 그들의 각 주요 기지를 부수고 10일에는 비율빈[62]에 적전 상륙을 하여 그들 미영군의 간담을 서늘케 하고 일장기를 높이 달았습니다. 또 마래 반도 동쪽 연안 '관탄' 근해에서 우리 나라를 치러 오던 영국 전투함 '레파루스'와 또 최신식 전투함이라는 '프린스 어부 웰스'를 우리 제국 해군기가 이를 폭격하여 격침시켰습니다. 따라서 영국의 극동 주력함은 고기능을 거의 상실하도록 되었습니다. 이때에 있어 우리 가정 부인은 첫째는 앞으로 경제전으로 들어갈 것을 미리 아시어 한 푼이라도 저축해야 합니다. 우리의 목표는 6억 원인데 아직

62 필리핀.

이 목표에는 달치 않았습니다. 이 달은 또한 상여금 달인 만큼 기어코 이 목표를 달성하여 우리 총후 국민으로서 면목을 세워야 하겠습니다. 모든 것은 맘먹기에 있는 것이므로 적은 금액이라도 적다고 말고 저축합시다. 이것은 곧 무적황군을 위하여 훌륭히 돕는 길이 되는 것입니다. 또 둘째로는 유언비어를 삼갈 것입니다. 이때는 유언비어가 상당히 많이 돌아지는 때입니다. 그래서 본부 창도(倉島) 정보과장은 10일에 정보과장 담으로 유언에 속지 말라고 발표하였습니다. 이제 그 정보과장 담을 잠깐 이곳에 말씀드리면 이렇습니다.

[총독부 정보과 10일 발표] 대결전은 시작되었다. 우리 육해의 정예는 '하와이', '싱가포르', '괌', '비율빈' 등의 적의 거점에서 혁혁한 전과를 거두고 있다.

만주사변 이래 영미가 우리 나라에 보낸 불손한 행동을 생각하면 우리 1억 국민은 진실로 의분을 금할 수 없는 것이다. 무던히도 참아오다가 드디어 폭발되어 이번의 정전을 일으키게 된 것인데 우리 육해군은 이미 만단의 준비를 갖추고 필승의 태도로써 궐기한 터이므로 최후의 승리가 우리에게 올 것은 의심할 여지가 없는 것이다. 그런데 이때를 당하여 국민이 가장 주의해야 할 것은 눈에 보이지 않는 모략의 마수다. 즉 선전전인 것이다, 사상적인 것이다. 독일의 모략에 걸려 그 유언비어를 믿고 적이 아직 오지 않는데 앞을 다투어 안주의 향토를 버리고 피난하여 독일군의 말발굽에 유린되었다는 것은 너무도 유명한 사실이다. 금후 전국의 진전과 함께 적국의 선내에 대한 이 같은 종류의 모략선전전도 일단 치열해질 것이 명백한 일이다. 그럼으로 이에 대한 경계는 가장 엄중히 해야 할 것으로 국민으로서는 필승불패의 우리 육해군에 절대로 신뢰하여 전황발표 같은 것도 당국 발표를 굳게 믿고 외국이 여러 가지 방법으로 선내에 유포시킬지도 모르는 보도 같은 것은 조금도 귀를 기울이지 말아야 한다. 오직 우리는 반드시 승리한다는 신념으로 철화와 같이 뭉치어서 일치 협력 매진할 뿐이다.

이상과 같은 담화가 발표되었는데 언동에 대하여 부인네들은 좀 더 진중할 것을 늘 잊지 마시기 바랍니다.

『매일신보』, 1941. 12. 14.

무기 안 가진 적은 무서운 "스파이", '유언비어'에 헤매지 말라【창도(倉島) 정보과장의 방송 내용】

창도 정보과장

총독부 정보과장 창도지(倉島至)[63] 과장은 대영미 개전이 있은 나흘째 되는 11일 오후 7시부터 D.K를 통하여 우리 국민이 지킬 바 책임에 대하여 간곡한 방송을 하셨습니다. 여기에 그 내용을 여러분이 잘 아실 수 있게 쉽게 풀어 소개하겠습니다.

우리의 적성국가 영국과 미국은 만주사변 이래 오랫동안에 걸쳐 우리나라가 완수하려는 대동아공영권 확립을 방해해 오고 또 그 외 여러 가지 차마 말할 수 없는 수단으로서 우리 나라를 방해해 왔습니다. 우리 나라는 오랫동안 평화스럽게 하기 위하여 참고 견디어 왔습니다만 드디어 우리 나라는 대국으로서 견딜 수가 없어서 지난 12월 8일에 선전포고를 했던 것입니다. 전쟁이 시작되자마자 우리의 황군은 혁혁한 승리의 전과를 남기고 있습니다. 앞으로도 우리 나라가 반드시 이기리라는 것은 여러분이나 누구나 군민은 다 믿고 있습니다만 이렇게 우리가 꿋꿋하게 신념을 가지고 나가는 것을 적국은 또한 방해하려는 것입니다. 그것이 유언비어라는 즉 하나로 근거가 없는 말을 가지고 우리의 마음을 산란케 하는 수단입니다. 적국은 우리가 마음 놓고 생활할 수 있는 든든한 마음에 '데마-'와 유언을 날려 보내려 할 것입니다. 어떠한 나라고 서로 전쟁을 할 때에는 총과 군함과 함께 대포를 가지고 제일선에서 싸움하는 무력전 외에 그 뒤에 경제전과 또는 선전전이 있는 것입니다. 전쟁에는 물론 무력전과 경제전에 이겨야하지만 선전전에도 이기지 않으면 최후의 승리를 얻기 어려운 것임은 우리의 마음을 산란케 하는 것이니까요. 이번 구주전쟁에 있어서 독일이 보는 바와 같이 승리를 해나가는 것은 물론 무력의 힘이 큰 것도 있지만 선전전에 기막힌 것이 있었다 합니다. 그 한 예로는 독일군이 백이의(白耳義)[64]에 진주하기 앞서 백이의에 있는 독일의 제5열은 처음의 폭탄이 떨어지자마자 "이제 바로 피난하지 않으면 이 마을은 멀지 않아 파괴되고 말 것이다. 비행기 뒤에 오는 것은 독일군이다. 독일군이 폴란드 군을 어떻게

---

63 쿠라지마 이타루.

64 벨기에.

취급했는지는 잘 알고 있을 것이다"라는 것을 주민은 제5열의 선전인지 모르고 귀를 기울이고 두려움에 떨며 피난하기를 시작했다 합니다.

동내에 있는 총장이든지 모두가 피난을 하느라고 길이 미여지게 인산인해를 이루었다 합니다. 그래서 불란서의 기계 화병단이 움직일 수가 없었다는 것입니다. 이와 같이 유언비어가 이 입에서 저 입으로 전해지는 것은 무서운 힘이 있는 것입니다. 사람의 마음을 산란케 하기는 그만이니까요.

여러분은 대일본의 소국민들입니다. 언제나 쓸데없는 유언비어는 입에 담지도 말고 귀를 기울이지도 말고 제국을 믿고 나가는 신념만 가지고 맡은 바 학업을 닦으시기 바랍니다.

『매일신보』, 1941. 12. 23.

유언비어와 스파이

이 복잡 미묘한 전시에 있어 유언에 흔들리며 비어(飛語)를 나는 것과 같은 일은 적군의 대포와 비행기에 지나지 않는 손해를 주는 것이므로 절대로 주의하지 않으면 안 됩니다.

유언의 나온 곳을 깊이 찾아들어간 즉 여행하는 사람, 행상인에게서 나온 뉴스도 있고 전차와 버스 자동차 속에서 들었다는 것이 대부분입니다.

대개는 여행하는 사람에게 무슨 새로운 것이나 알까 혹은 무슨 새로운 이야기나 들을까 하여 그들에게 너무 친근히 굴고 호기심으로 대하는 까닭이 많습니다. 따라서 여행하는 사람은 호기심을 가지고 오는 사람에게 무엇이나 이야기해 주어야 하겠으므로 있는 소리 없는 소리 지껄인 결과는 큰 해를 입는 일이 많게 됩니다.

또 편지 같은 것을 쓸 때 여행 갔다 온 사람은 다소 과장해 쓰는 일이 있는데 이것이 유언이 되어 해독을 끼치는 일도 많습니다.

그런데 유언에는 무의식적으로 만들어진 유언과 의식적으로 만들어진 유언의 두 가지가 있는데 후자는 소위 제5열의 하는 일로서 이들은 사회, 사상, 경제 등 각 방면에 걸쳐 유언을 내는 만큼 그 해는 실로 크게 되는 때가 많습니다. 따라서 잘 아는 척 하고 떠드는 것이 모르는 가운데 '스파이'의 이용이 되는 수가 많습니다.

전시하의 주부는 아무 소리에나 또는 아무 소리도 하지 말고 그저 절대 우리 나라와 우리 황군을 믿을 것입니다. 또 부득이 말을 할 때에는 이 말이 나라에나 황군에게 아무런 영향이 없는가를 먼저 생각하고 말을 할 것입니다. 그리고 들은 말은 우리나라에 황군에게 좋은 일이면 관계없으나 조금이라도 불리한 소리거든 전하지 말 것입니다. 또 우리나라에나 항군[65]에게 불리한 소리를 하거든 그는 곧 의심나는 자니까 유의해 볼 것은 물론이고 심한 자는 관헌에게 통지할 것입니다.

『매일신보』, 1941. 12. 26.

정전(征戰)을 뒤에 지키는 맹서(7) 정부를 신뢰, 유언비어에 들지 말자, 천성활란(天城活蘭)

우리 나라는 지나사변을 완수하기 위하여 자그만치 5년이라는 햇수를 거듭하여 왔습니다. 그동안 우리 나라가 들인 돈과 노력은 말할 것도 없이 막대한 것이었습니다. 여기에다 겹쳐서 지난 8일에 미국과 영국과 전쟁을 시작한 것입니다. 이 전쟁이야말로 우리의 국력은 다 걸고 싸우는 전쟁입니다. 여러분은 세계에서도 강국이라고 불러온 미국이나 영국과 싸운다는 뉴스를 들었을 때에 얼마나 긴장하셨는지요. 우리는 그 순간에 느낀 긴장미를 이 전쟁을 완수하기까지 잃지 말아야겠습니다. 마음을 느슨히 해서는 안 될 줄 압니다. 전쟁이 시작되자마자 우리나라는 싸우는 곳에서는 꼭꼭 이기고 있습니다. 수월히 여기는 것 같지만 우리 황군은 문자 그대로 생명을 내걸고 싸우는 것입니다. 생명을 내놓고 싸우는 곳에 어떠한 적군의 무기도 무서운 것이 없는 것입니다. 그러면 여러분은 총후에서 참말로 제일선의 장군같이 생명을 내놓고 싸우고 있습니까. 여러분은 다시 말할 것도 없이 총후를 지켜나가는 싸워나가는 전사라는 것을 아셔야 합니다. 총후는 여러분의 손에 맡겨진 것입니다. 제일선의 황군장병은 자기 생명과 함께 무엇을 가지고 싸우는 것입니다. 그들은 총을 들었고 대포와 폭탄을 가지고 싸우는 것입니다.

그러면 총후의 우리는 무슨 무슨 길을 가질 것입니까. 첫째, 우리는 한 사람도 놀고먹는 사람 없이 어떠한 방식으로든지 일을 하여야겠습니다. 일하는 무기가 필요합니다. 자기 집을 위해서도 물론 누구나 서로 의뢰하지 말고 일을 해야겠지만 우리는 나라를 위해서 더욱 일을 하지 않으면

---

65 원문대로 표기함. '황군'의 오기로 보인다.

안 되실 것입니다. 둘째는 절약하셔야 합니다. 낭비는 물론 마셔야 하고 하나하나 절약하여야겠는데 절약하는 방식에 있어서는 여러분이 가정생활을 하시는 데 결국 살림살이를 알뜰히 할 것입니다. 알뜰한 살림꾼이 되시기 바랍니다. 있는 것을 아껴 쓰고 헌것을 새것으로 살려 쓸 것입니다. 모두 풍성풍성하게 지내실 생각을 마셔야 할 것입니다. 셋째는 저축이라는 큰 무기입니다. 이 저축에 있어서는 나라에서도 적극적으로 장려를 하고 있는 것입니다. 전선 목표액을 6억으로 세우고 이 6억 저축을 위하여 노력하고 있는 것입니다. 그런데 이 저축 장려 실천 방법에 있어서는 돈 있는 사람이 수만 원을 저금하는 것도 큰돈이 되지만 그것보다도 우리는 한 사람 한 사람 각 사람의 적은 돈의 저축을 바라는 것입니다. 하루에 얼마 한 달에 얼마씩 꼭꼭 저축하는 힘이 큰 것입니다. 넷째는 유언비어에 사로잡히지 마셔야겠습니다. 이것은 적군의 폭탄보다도 소이탄보다도 무서운 것입니다. 유언비어를 배격하고 정부를 절대 신뢰할 것입니다.

위에서 말한 바와 같은 튼튼한 진을 우리 여성의 힘으로 총후에 쳐놓는다면 최후의 승리는 우리 것이라 확실히 믿을 수 있는 것입니다.

『매일신보』, 1942. 4. 20.

유언비어에 현혹치 말자

一. 지난 18일 경빈(京濱), 신호(神戶) 지방에 적기가 내습하였으나 육해군 방공부대의 철벽진에 즉시 격퇴되었고 국민의 방공활동 또한 눈부신 바가 있어 피해를 극소에 그치게 하였다. 대동아전쟁의 개시 이래 적기의 내습은 당연히 예상되던 바로 육해군이 엄연히 수호하였고 국민방공진이 유사즉응의 태도를 완비하고 있는 이상 국민은 조금도 겁낼 것 없이 일상의 업무에 종사하는 것이 좋다. 더구나 이번의 경험에서 얻은 바와 같이 적기의 내습을 보자. 인조(隣組) 방호단은 침착하고 기민한 문자 그대로의 일사불란의 활동을 보여주었고 시민들도 냉정히 질서정연한 조치로 이에 임하였다. 이리하여 어느 때 어떠한 적의 내습이 있을지라도 유유히 이를 격퇴시킬 자신을 얻었다. 이는 실로 국민들이 평소의 훈련을 충분히 발휘한 까닭이니 일조유사(一朝有事)의 때에 이 자신 있는 역량을 발휘하기를 기하면 그만이다. 어찌 허무맹랑한 유언비어에 현혹하여 적의 모략에 빠지는 우(愚)를 거듭하랴.

二. 아 반도는 대동아전쟁의 개시 이래 1차도 적기의 내습을 받지 않았다. 그 위에 국민방공의 진용은 더욱 견고하고 훈련도 더욱 강화되어 있고 사기도 자못 왕성하여 있다. 이 진용과 훈련과 사기로 임하면 적기 내습은 족히 두려워할 바가 없으니 다만 염려되는 것은 민중의 정신적 동요다. 민중이 근거 없는 유언비어에 현혹되어 혼란에 빠진다면 어떠한 견고한 방공진이라도 소용이 없다. 일반 민중은 군 방공기관을 절대로 신뢰하고 평소의 훈련에 자신을 가져 일일유사의 때에 용약하여 의용봉공의 실(實)을 거(擧)하도록 하지 않으면 안 된다. 유언비어를 자행하는 비국민적 도배에 대하여서는 단호한 처벌이 있으려니와 일반은 대국민적 자신과 총명한 지혜로 허무한 유언에 현혹되지 않아야 할 것이다. 만일 일부 우맹(愚盲)한 자가 있어 유언에 현혹된다면 이는 당국을 신뢰치 않고 국민의 방공활동에 자신을 갖지 않는 자이니 비국민의 심한 자이다. 2천 4백만 민중은 필승의 신념을 더욱 공고히 하고 반석의 자신을 가져 어떠한 경우일지라도 훌륭한 방공전사가 되기를 기하여야 할 것이다. 이것이 유언비어를 소멸시키는 가장 좋은 방법인 것이다.

『매일신보』, 1942. 4. 22.

적의 신경전을 일척(一擲), 유언비어 경계하라, 내무당국, 일반 국민에 주의 환기

[동경전화] 패전에 허덕이기는 미국이 궁여의 일책으로 기도한 18일의 제국 본토 공습은 1억 국민으로서는 실로 귀중한 경험이었다. 지나사변 발발 이래 5개년여 대동아전쟁 개전 후 4개월 반 국민 일반이 황군의 혁혁한 전과에 자칫하면 적을 경시하는 경향이 있었음인지 금회의 초(初) 공습의 경험이 기차나 전차 가운데서 혹은 사회 인조(隣組) 등 모일 때마다 화제에 올라 피해와 □□적기에 대해서 풍설이 꼬리를 물고 떠도는 경향이 보이는 것은 실로 유감이다. 함부로 유언을 하는 자는 작년 12월 20일부터 시행된 "언론 출판 집회 결사 등 임시취체법"에 의하여 엄벌에 처할뿐더러 적이 계획한 신경전에 떨어지는 결과로 되는 것이니 총후 국민은 일층 더 냉정하여 사(事)에 처하고 십분 계심(戒心)하지 않으면 안 된다. 우(右)에 대하여 내무성 당국은 18일의 공습 당일부터 21일까지 유언비어의 죄로 처벌된 자는 전국에 거의 없고 국민의 자중이 규찰되나 아직 공습의 피해 기타에 대해서 풍설이 떠돌고 있는 듯하다. 법의 처벌을 받기 전에 일반 국민은 계심하여 특히 피해의 정도, 방공시설 등에 대해서 허구의 방언을 하는 일이 없도록 주의하라고 주의를 환기하였다.

『매일신보』, 1942. 9. 12.

조언비어를 삼가라, 임시보안령 발포 후로 20여 건을 기소

대동아전쟁 아래 국내 치안의 확보를 꾀하고자 작년 12월 26일 공포 실시된 조선임시보안령에 대한 일반의 인식은 아직도 철저히 되지 않아 그동안 경성지방법원 검사국에서 기소한 건수만이 20건에 달하였는데 이러한 아무런 근거도 없는 조언비언을 한 사람 또는 이것을 다른 사람으로부터 듣고서 유포한 사람들은 모두 시국하 민심을 교란하는 악질의 범죄자로서 당국에서는 단호한 태도로써 이를 비국민을 응징하고 있는 터이다. 예를 들면 여러 가지가 있겠지만 여기에 공통점은 터무니없는 말을 지어내 가지고 쓸데없이 이것을 전파하다가 당국에 적발되어 2년 내의 징역 언도를 받게 된 것이다. 더구나 개중에는 이 같은 유언비어를 지어내 가지고 자기의 사사로운 이익을 꾀하려는 극히 악질인 것도 있어 듣는 사람을 아연케 하고 있는 터이다. 총후 국민다운 반성과 자각이 없이 터무니없는 조언비어를 하는 것도 결코 용서치 못할 비국민적 행동이거니와 사리를 위하여 이 같은 악질의 행위를 감행하는 것은 참으로 가증한 일로서 절대로 용서할 수 없는 일이다. 대동아를 지도할 황국신민으로서 참으로 부끄러운 일이라. 이 기회에 각자가 단호히 반성해야겠는데 이에 대하여 검사국에서는 1억이 일심이 되어 성전 완수에 매진하고 있는 이때 이러한 조언을 하여 주위에 나쁜 영향을 끼치는 것에 대하여는 이후로도 엄벌로써 나간다고 단호한 태도를 언명하고 있다.

『매일신보』, 1942. 11. 10.

준법강조운동 실천좌담회(5) 줄지 않는 경제사범, 사실이라도 말하는 것은 유언비어

정 편집국장: 그러면 취체 처단에 대하여 이토(伊藤) 검사께서 말씀해 주십시오.

이토 검사: 여러분이 말씀하신 바와 같이 유어비어는 사회적인 매균(黴菌)[66]으로서의 존재일 것입니다. 이런 것은 한 가지도 남기지 말고 전부 적발하여 처단해야만 할 것입니다. 유언비어라는

66 원문대로 표기함. 한자대로라면 '미균'이라 표기해야 한다.

것은 다시 말씀할 것도 없이 사상모략, 경제모략의 근본이 되는 중대한 범죄임으로 경찰당국으로서는 이 유언비어의 처단에 당하여는 극히 중한 형벌로써 단하고 있는 것입니다. 그러면 구체적으로는 어떻게 처단해 나가는가 하면 여러 가지로 우선 그 원인을 규명해 보아야만 하지만 우리들의 눈으로 보면 조언비어에는 반도인 측이 좀 더 철저히 시국을 인식해야 할만할 점이 많다고 생각합니다. 즉 전쟁에 대한 근거도 없는 불온당한 억측을 하는 등 부정한 생각으로 전쟁을 희망적으로 비판하는 일이 불소한 것입니다. 미국과 영국의 전력을 과대하게 평가하고 또는 역선전하는 조언비어를 하고 혹은 민족적인 편협에서 반국가적인 언동을 하는 자도 없지 않습니다. 또 최근 식량사정을 중심으로 하여 여러 가지 악질의 선전을 하는 것입니다.

그밖에 여러 가지 정치적인 유언도 있다고 생각하는데 결국은 철저히 시국을 인식하지 못하고 또 세계 대세를 인식하지 못하는 조언비어가 대단히 많다고 생각하는 바입니다.

비교적 경한 사례를 말씀드리면 어떤 잡화 행상이 아무리 준비해도 미영 등 큰 나라에 일본과 같은 작은 나라가 이길 수는 없다는 유언을 퍼트린 자가 있었습니다. 이에 대하여 징역 10개월의 처단을 했습니다. 또 작년 말 농촌의 애국반장이 "일본은 지금 대동아전쟁에서 미국의 다수한 함선을 격침시키고 있지만 군인이 부족 됨으로 이를 보충하자 도로부터 계원이 출장하여 16세 이상 35세 이하의 반도인 청장년을 강제적으로 모집하여 군대에 보내기로 되었다"라고 말하였습니다. 이에 대하여 금고 10개월에 처단했습니다. 또 양말 한 켤레의 비밀 거래에 벌금 20원에 처단한 일이 있었는데 이에 대하여 당국은 인민으로부터 1전이라도 더 징수하여 이것을 전쟁하는 데 쓰는 것이다. 전쟁이 길어지면 우리의 소유물은 전부 징수된다고 허무맹랑한 말한 자가 있었는데 이 자에게는 징역 8개월의 처단을 내렸습니다. 실례로는 대개 이런 것입니다. (후략)

『매일신보』, 1943. 3. 1.

유언비어를 말라, 원산서에서 부민에게 경고

[원산] 결전체제하 반도 2천 4백만 총후 민중의 결속은 더욱 단단하여 사상전, 선전전에 완벽을 기하고 있는 중 원산경찰서에는 관내 부민 일반의 총후 단속을 더욱 강조하여 유언비어에 걸리지 말 것은 다음과 같이 경고하고 있다.

적국의 모략전은 매우 공교하여 때에는 일반민이 도무지 알지 못할 유언비어를 그 지방에 알맞도록 퍼트리는 일도 있어서 이러한 유언을 방비하자면 장질부사에 걸리지 아니하도록 예방주사를 맞는 것과 마찬가지로 유언비어에 속지 않도록 예방주사를 맞아야 한다.

유언비어에 대한 예방주사는 일반이 총후 인식을 깊이 하고 필승 신념을 굳게 가지는 일이다. 그리하여 근거 없는 유언이 만약 떠돌아다닐 때는 경찰과 꼭 같은 기분으로 "그런 일은 없다. 쓸데없는 말은 하지 말아라"고 말하여 냉정히 판단하는 것이 제일 긴요한 일이다. 원산 부민은 어느 누구나 유언비어에 속지 말고 총후 결속을 더욱 굳게 하여 유언 방지에 노력하여야겠다.

『매일신보』, 1943. 3. 8.

유언비어 주의하라. 원산부연맹서 15만 반원에게 경고

[원산] 원산부연맹에서는 관하 15만 애국반원에게 유언비어 취체에 관한 경고문을 3월 5일에 일제히 배부하였다. 결전하 총후의 결속을 문란케 하는 유언비어의 횡행은 시국 인식의 부족과 필승신념이 결여한 탓에 생기는 것으로 원산 15연맹원은 한 덩어리가 되어서 유언비어를 조심하고 또 방지하도록 다음과 같이 비격(飛檄)하였다.

애국반원에게 경고

一. 유언비어에 절대로 속지 말라.

二. 유언비어에 속는 것은 총후의 결속을 문란하는 행위임을 아는가.

三. 부녀자들 가운데 유언비어에 속는 일이 많으니 특히 주의하라.

四. 유언비어에 속지 말자면

1. 황국신민인 것을 한시라도 잊지 말라.

2. 시국을 바르게 인식하고 필승신념을 꼭 가지라.

3. 황군의 실력과 관의 지도를 절대 신뢰하라.

4. 함부로 국책에 불평과 불만을 말하지 말라.

5. 입빠른 소리, 쓸데없는 이야기, 농담이 때에는 유언이 된다.

『매일신보』, 1943. 12. 26.

객설을 맙시다, 유언비어의 출처

전쟁이 더욱 치열해감에 따라 '스파이'의 암중 활약도 또한 맹렬하게 되는 것은 당연합니다. "벽에 귀가 있다" "낮일은 새가 보고 밤일은 쥐가 듣는다"는 격으로 적의 첩보망은 우리도 모르는 동안에 어떠한 교묘한 방법으로 늘이고 있는지 모릅니다. 심상하게 대수롭지 않게 지껄인 말이 우리군의 중대한 기밀이 새나가게 되는 결과가 된다면 큰일입니다. 특히 군수공장에서 일하는 징용공, 그 외의 공원이며 그 가족들은 특히 기밀에 속한 일을 하고 있으니까 스파이의 눈은 그 방면으로 일층 불을 밝히고 있습니다. 말 한 마디 행동 한 가지에도 주의를 하지 않으면 안 되겠습니다.

당국의 조사에 의하면 종래로 비밀이 새어나가는 장소는 애국반상회라든지 방공연습이 단연 많고 그 다음으로 영화관, 음식점, 기차, 전차 같은 사람이 많이 모인 장소라고 합니다. 유언비어가 도는 것도 역시 이런 장소에서라고 합니다.

그래서 지방에 따라서는 공원과 일반 시민과의 혼합상회를 금하고 있는 형편인즉 남이 모르는 것을 잘 아는 체 귀둥대둥[67] 지껄일 일이 아닙니다.

한 개피의 성냥불로 수백 정보나 되는 산림에 큰불이 생기듯이 조그마한 아는 체 지껄이는 말이 모르는 동안에 꼬리가 달리고 날개가 돋치고 해서 악질의 유언비어가 되어 적국의 선전 자료가 되는 것입니다.

그런데 이렇게 기밀을 알고 있는 사람이 그것을 입 밖에 내는 것은 물론 안 되지만 듣는 편도

67 원문에는 '뒤둥대둥'으로 오기되어 있다.

좋지 않습니다. 묻고 캐게 되는 것입니다. 나라의 기밀에 관한 것을 아는 사람이 있는 가정에서는 온 가족이 모여 즐겁게 세상이야기를 하고 놀 때라도 일의 관한 것은 아무리 재미있을 듯하더라도 들려준다든지 듣는다든지 하지 않도록 십분 주의하십시다.

『매일신보』, 1944. 5. 17.

가정 / 필승 신념을 굳게, 우선 부수자 '유언비어'

경성 본정서장 성출수웅(星出壽雄)[68] 씨 담, 이달 애국반 실천사항의 하나가 방첩이다.

방첩은 적의 모략선전에 걸리지 않는 것인데 결국 유언비어를 하지도 말고 귀담아 듣지도 않는 것이다.

당국의 근본방침과 계획에 대해서 국민된 의무를 잊어버리고 근거 없는 말에 이끌리어 이상한 '데마'를 퍼트린다든지 그리고 전국(戰國)에 대해서도 대국적인 관점을 떠나서 일부분에서 싸움한 결과를 보고 이른 파단을 내리고 전의를 죽이는 결과를 맺게 하는 것 같은 언어 행동을 하는 것은 전부 적의 모략선전에 걸린 것이다. 이런 것은 다 어디서 나왔는가 하면 적성국가로부터 나온 것이고 또는 국내의 너절한 사람의 입에서 나오는 경우가 많은 것이다. 유언비어를 생각 없이 말하는 결과는 총후의 통지상 방해가 크며 또 전국에 대해서는 비관적인 공지를 자아내서 싸움하기 싫어하는 사상에 물들게 되어서 우리나라가 반드시 이긴다는 필승의 신념이 박약하게 된다. 그러한 결과 민심을 불안케 하여 생산력 증강에 나쁜 영향을 미치게 되는 것이다.

유언비어가 흔하다는 것, 그것부터 적의 모략에 넘어가는 것이다. 여러분은 이러한 점을 잘 생각해서 충분히 자각하는 동시에 필승신념을 굳게 가지고 유언비어를 들으려고 하지도 말고 물론 하지도 말고 한 걸음 나가서 유언비어를 정신없이 하는 사람을 제재하여야 할 것이다.

조금만 전국이 불리하면 곧 우리나라가 질 것이라고 간단하게 추측하는 사람이 있는데 싸우는 곳에서는 전부 이길 수는 없는 것이다. 그러나 대세로 보아서 우리 나라는 반드시 이기고 말 것이다. 하루라도 빨리 적을 물리치고 대동아에 사는 여러 민족이 평화스럽게 살게 하기 위하여 총후

68 호시데 토시오.

의 우리는 한 대라도 많이 비행기를 전선으로, 전선으로 보낼 밖에 없는 것이다.

여성은 남성보다도 보고 듣는 점이 적어서 시야가 좁다. 조금이나 색다른 이야기를 들으면 곧 지껄이는 일이 많다. 소중한 자제를 양육하는 어머니가 쓸데없는 말을 일삼는 데서야 장래의 건전한 국민을 길러낼 수 있을 것이냐 말이다.

여성은 좀 더 시야를 넓히기를 힘쓰고 가정의 주부로서 훌륭한 어머니로서 총후의 생활을 철저히 하고 한결같이 전쟁 완수를 위하여 매진하기 바란다.

『매일신보』, 1944. 6. 23.

유언비어를 계(戒)하라

一. 지난 16일 적미기군(敵米機群)이 지나 기지로부터 날아와서 북구주를 엄습하였다. 적의 허둥거리는 맹폭이 있었지만 우리쪽 군관민이 철통 같은 방공진을 베풀었기 때문에 소해를 극히 적게 받았을 뿐만 아니라 도리어 적기의 태반을 쏘아 떨어뜨려 적의 불령하고 불손한 아(我) 본토 공습의 기도를 좌절시켰다. 더구나 □□당한 적 비행기 중에는 적 미국이 "공중의 요새"라고 스스로 과칭하는 최신 우수기도 섞여 있어 이 신예기가 여지없이 추락된 것은 아대공화포(我對空火砲)가 얼마나 적확하고 우수한가를 입증하는 것이다. 실로 신주(神洲)는 일찍이 적의 구입(寇入)을 받은 일이 없었고 또 적의 구입을 허하지 아니하여 왔다. 적이 우세한 물량을 믿고 망령되고 무모한 아 신주에의 구입을 꾀한다 하더라도 금성철벽의 방어진이 있는 이상 적은 오직 패퇴만 거듭할 뿐인 것이다.

二. 이와 같이 북구주 지방에는 손해가 극히 경미하였음에 불구하고 일부 항간에서는 터무니없는 유언비어가 왕왕 있다고 한다. 만일 극소수의 일부분일지라도 이 같은 유언비어에 현혹되어 있다고 하면 이야말로 적의 모략에 어리석게 빠지는 자이다. 적기의 내습 목적은 철석의 일단이 된 아(我) 국민의 단결을 이완시키자는 민심 교란의 모략에 있었던 것이다. 그런 것을 모르고 적기가 □래하였다는 사실만으로 주□ 낭패하여 터무니없는 낭설을 그럴 듯이 곧이듣고 또 한술 더 떠서 이 낭설을 부연하여 이 사람 저 사람에게 유포한다면 총후 민심에 미치는 악영향은 실로 가외(可畏)할 바가 있을 것이다. 아 대본영 발표는 극히 정확하다. 적국 측의 전과 발표가 황당무계함에 대하여 중립국은 물론 적국측까지도 아 대본영의 전과 발표를 정당한 것으로 믿고 있다. 그럼으로 국민은 대본영의 발표에 절대로 신뢰하여 다른 어떠한 유언비어라도 현혹되지 말아야할 것이다.

三. 적 미국 기동부대의 사이판도 출격으로 말미암아 서태평양의 양심(洋心)에 치열한 □□가 벌어졌다. 지나에 기지를 둔 적 미국 항공부대의 □동도 또한 낙관을 불허하는 정세하에 놓였다. 실로 언제 어디로 적기의 아 본토 공습이 행하여질는지 알 수 없는 긴박한 사태에 직면하였다. 그러나 이미 우리가 북구주의 적 내습기 격퇴에서 경험한 바와 같이 금성철벽의 방공진을 가지고 있다. 이 실력과 자신이 있는 이상 적의 어떠한 공습에 대하여서라도 족히 두려워할 것이 없다. 요는 국민이 엄숙 또 냉정한 대국민적 긍지를 견지하여 군 방공에 절대의 신뢰를 갖고 일차(一旦) 유사시에 용약 출동 평소 훈련에서 연마한 실력을 충분히 발휘하여 일사불란의 민방공진을 굳게 하여야할 것이다. 어찌 허무맹랑한 유언비어에 현혹하여 조그만치라도 국민의 사기를 저상(沮喪)시킬까보냐. 무엇보다도 먼저 우리는 유언비어를 일소하여야 한다.

『매일신보』, 1945. 7. 23.

“아는 체”가 큰 탈, 유언비어는 이적 행위. 경성종로서 고등주임 강두구희(江頭駒喜)[69]씨

전시하에 있어서 무엇보다도 우리가 아는 체하는 것은 금물입니다. 유언보다도 조언(造言)을 먼저 조심해야 할 것입니다. 조언은 말을 만들어내는 것인데 무식한 사람들보다 유식계급에서 많이 나오는 경향이 많습니다. 조그마한 사건의 실마리와 어떤 부면의 나쁜 면만 보고 과장해서 이야기하는 것도 옳지 않은 일이요 그리고 터무니없는 말을 잡아 늘여서 선전하는 것은 언어도단의 일입니다. 긴급 중대해진 시국에 직면하여서 말 한마디라도 신중히 하지 않으면 안 될 것입니다.

우리가 시국에 관해서 의식하면서 너만 알라고 속삭이는 비밀한 말이라든지 다 조언 아니면 유언이 되는데 이 조언과 유언은 전부 일상생활에 불평불만을 품은 데서 나오는 것이라 생각합니다. 일상생활에 불평불만을 갖는다는 것은 벌써 이적 행위로 적을 이롭게 하는 행동이요, 적을 기쁘게 하는 행동입니다.

---

69 에토 고마요시.

맹방 독일국민은 어느 나라 민족보다도 따지고 캐기로 유명한 민족입니다. 그러나 그들은 국가를 절대적으로 신뢰하면 잠자코 아무 소리 없이 국가의 명령을 따라갈 뿐이라 하였습니다. 백림(伯林)이 몇 차례고 대편대폭격을 받아도 그들은 하등 정신적 동요를 받지 않는 굳은 신념하에 국가를 위하여 협력하고 있다는 것입니다.

우리에게도 이러한 신념이 필요합니다. 정부를 절대적으로 믿고 각각 자기의 맡은 일을 위하여 최선을 다하기 바랍니다.

전쟁은 제일선 사이판도에서만 하고 있는 것이 아닙니다. 제일선 황군만이 적 미영을 격멸하고자 싸우는 것이 아닙니다. 총후 국민도 일선장병 못지않게 생산 부분에서 전력 증강을 위하여 싸우고 있는 것입니다.

1억 국민이 총력을 들어 전쟁 완수에 매진하고 있는데 한 사람이라도 전쟁 목적에 저해가 되는 말을 만들어낸다든지 또는 근거 없는 말을 아는 체하고 퍼뜨릴 수 있겠습니까.

발 없는 말이 천 리를 가고 낮말은 새가 듣고 밤말은 쥐가 듣는다는 속어는 모두 말을 삼가게 하기 위한 말입니다.

특히 전시하에는 말을 신중히 해서 알면 아는 대로 모르면 모르는 대로 다만 당국을 절대적으로 신뢰하고 전력 증강을 위하는 생활을 하기 바랍니다.

『매일신보』, 1944. 7. 31.

당국 발표를 믿고 유언비어 삼가라. 경기도서 긴급 경고

적기가 어느 때 날아와도 쳐 물리칠 결의와 준비를 한 순간이나마 놓쳐서는 안 된다. 총후 우리는 결전하는 긴급명령을 받은 방공전사는 사명을 다하기 위하여 오직 감투를 거듭할 것이다. 29일 조선 일부 지방에는 공급경보가 있었다.

이 경보는 적을 쳐 물리칠 우리의 투혼을 더 한층 공고히 하게 하였는데 이날 오후 경기도 경찰부장은 다음과 같은 긴급경고를 발하여 일반의 감투정신을 북돋고 결전생활의 좌우명을 삼았다.

거리거리에 내건 긴급경보의 전문은 다음과 같다.

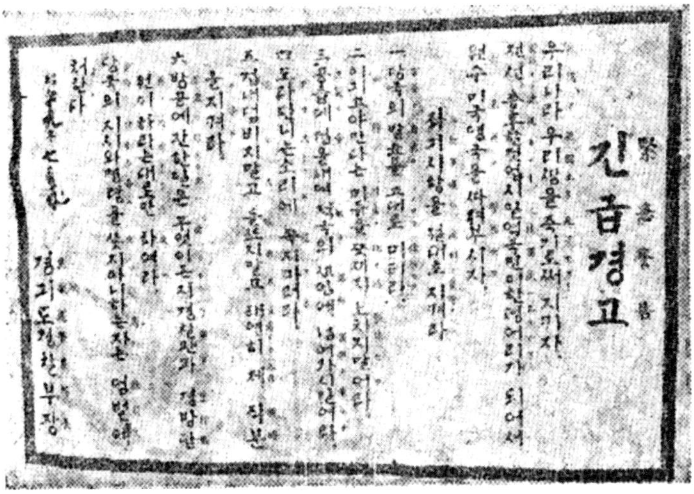

거리에 붙은 경고문

긴급경보

우리는 우리의 땅을 죽기로써 지키자… 전선 총후 할 것 없이 일억 국민은 한덩어리가 되어 원수 미국을 때려 부수자!

◇다음과 몇 가지를 절대로 지켜라◇

一. 당국의 발표를 절대로 믿어라.

一. 이기고 만다는 믿음을 끝까지 놓지 말아라.

一. 공습에 겁내어 적국의 꼬임에 넘어가지 말라.

一. 돌아다니는 소리에 속지 말아라.

一. 겁내 덤비지 말고 들뜨지 말고 태연히 직분을 지켜라.

一. 방공에 관하여 무엇이든지 경찰관과 경방단원이 하라는 대로 하라.

이 같은 여섯 가지 항목을 적은 긴급경보는 발걸음을 멈추고 읽어 내려가는 우리의 긴장과 미영 격멸의 결의를 더욱 재촉하여 직장으로 향하는 발걸음을 힘차게 하였다.

『매일신보』, 1945. 5. 3.

무력보다 모략으로 적은 조선을 노린다, 첫째 마음을 무장하라, 천강(川江) 중좌(中佐) 방송

적은 조선의 무엇을 노리고 있는가? 오키나와의 결전은 황국 흥망의 운명을 갈아□ 기로점이 되어 있고 적의 본토에 대한 무차별 폭격은 갈수록 치열해지고 있는 이때 눈을 돌려 변전무쌍한 구라파의 정체를 바라보면 한시도 마음을 놓을 수 없는 중대국면에 부닥쳐 있다. 지구의 역사가 일찍이 경험하지 못한 과정 위에서 우리는 과연 어떻게 하여야 이 어려운 시련을 극복하고 승리의 피안에 도달할 수 있을 것인가? 그것은 무엇보다도 우리들 국민이 마음의 무장을 굳게 하고 어떠한 꼬임 어떠한 사태에도 흔들림 없이 필승의 의지를 견지하는 데 있다. 적은 지금 무력전과 아울러 갖은 수단 온갖 방법을 다하여 우리들의 마음을 좀먹으려 들고 있다. 실로 무력보다도 무서운 것이 모략전이다. 이 싸움에 이기는 날 무력전에도 이기는 날이다. 여기에 조선헌병대 사령부 가와에(川江正敏) 중좌는 2일 오후 7시 경성중앙방송국 '마이크'를 통하여 다음과 같은 뜻으로 2천 6백만 반도 동포에 부르짖어 '마음의 무장'을 강조하였다.

(중략) 유언비어 조심하라 – 다음은 유언인데 이것은 속삭이는 전술이라고도 말하는 것과 같이 방송 삐라와 달리 그 출처 모르는 점에 묘미가 있고 위엄성도 있다. 여러분이 악의 없이 말하는 것이 적의 선전을 중개하는 결과를 초래하는 것이다. 따라서 금후 만일 당국발표 이외의 소문을 들었을 때에는 "아- 적의 유언이로구나. 그 꾀에 넘어갈 줄 아느냐"라고 전연 묵살해 버리는 것이 상책이나 이것만으로는 만족하지 않는 분은 그것이 정말인가 거짓말인가를 주저할 것 없이 헌병대나 경찰에 물어보는 것이 좋다고 생각한다.

이상 간단하나마 서두에서 말한 바와 같이 적은 조선을 사상적으로 미약하다고 판단하고 사상모략이 가장 효과적이라고 생각하여 조선의 교통선 공장 도시 등을 철과 화약과 소이제(燒夷劑)로 공격하기 전 한 걸음 앞서 사상폭탄으로 우리의 마음을 공격하고 있는 것이다. 적이 노리고 있는 것을 적중케 하고 안하고와 적의 모략에 빠지고 안 빠지고는 오로지 우리들의 마음의 무장 여하에 있다. 앞으로 조선에 대해서 실제로 공습이 시작되면 적의 모략은 한층 맹렬해질 것이다. 그러한 경우에도 우리의 마음만 단단히 먹고 있으면 결코 무서워할 것이 못된다. (후략)

『매일신보』, 1945. 5. 26.
유언은 불안동요로, 민중에 절대 신뢰감 주라, 사상전편④ 물결 같은 유언비어

도사와 교수

유언비어란 말은 글자 자체가 가리키는 대로 물결 혹은 벌레처럼 확고한 근거로 공공연하게 시인하는 정상적인 소문인데 대하여 유언비어는 사회에서 공공연하게 시인하지 않고 사람과 사람 사이에 은밀히 떠돌아 다니는 극히 소박하고 원시적인 소문이다.

그러나 우리는 이렇게 유언비어의 정의라고도 할 만한 것을 생각하여볼 때 예상 이외로 지극히 소박하고 원시적인 소문 가운데는 결코 경솔히 취급할 수 없는 어떤 저항력을 느끼는 것이다. 그것은 원체 유언비어라는 것이 밑도 끝도 없이 함부로 떠들어 다니는 것이기 때문에 정체와 발전과정을 파악하기가 극히 힘이 들 뿐 아니라 만일 이 뜬소문 가운데 어느 정도의 진실성이 곁들이기만 하면 실로 놀라운 만치 무서운 힘을 발하여 결국은 눈 깜짝할 동안에 한 나라를 망쳐버리는 결과까지 있어오는[70] 때문이다.

유언은 왜 생기는가 – 그러면 유언비어란 도대체 어떠한 원인으로 생겨나는가. 그 발생 근원을 잠깐 캐어보기로 하자. 짐승은 숲속에 깃들이고 물고기는 물속에 생명을 누리듯이 사람도 반드시 어떠한 환경이 갖추어야만 비로소 건전한 생활을 누릴 수 있다. 만일 어떤 재난이나 혹은 뜻밖의 변을 당하여 이 환경이 한 번 허물어지게 되면 온갖 건전치 못한 현상은 마치 인간생활의 부작용처럼 헤아릴 수 없이 무수히 일어나는 것이니 예를 들어 어떤 뜻밖의 사건으로 말미암아 지금까지 전해지던 사회에서 공공연하게 시인하는 정상적인 보도가 끊어지거나 또는 격심하게 제한이 되면 사람들은 갑자기 어두운 불안 속에서 빠져서 일조에 마음의 평온을 잃어버려 현재 몸을 두르고 있는 환경에 대하여 가장 진실한 인식을 가지려고 허둥대는 나머지 결국은 보통 때 같으면 웃음 없이는 듣지 못할 이야기도 그럴듯하게 신용을 하여 터무니없는 유언비어를 퍼뜨리게 되는 것이다.

방지의 대책은 무엇 – 그러면 유언비어란 대개 어떠한 종류의 것이 떠돌게 되는가. 유언비어란 어

---

70 원문에는 '잇그_오는'으로 오기되어 있다.

느 때도 민중을 토대로 하여 생겨나는 것이기 때문에 또 어느 때고 사회 전체의 흥미와 이해관계에 대한 것이 대부분이다.

그래서 처음으로 들은 사람이 자랑이나 하듯이 아는 사람에게 귓속으로 은근히 이야기한 말은 뿔이 솟고 날개가 뻗어 실로 놀라운 속도로 널리 퍼져나가는 것이다. 이상에 나는 이른바 유언비어의 성격을 대강 이야기하였거니와 그러면 유언비어란 도대체 어떠한 방법으로 막아낼 것인가. 물론 뜬소문을 방비하는 데는 국민들의 끊임없는 투지와 조국애로써 어느 때든지 똑바로 필승의 길을 날려가는 것이 가장 필요하겠지만 위에서도 말한 바와 같이 어느 면으로 보면 유언비어란 자연히 발생하는 것이기 때문에 누구보다도 위정자가 끊임없는 노력과 지혜와 애정으로써 민심을 파악하여 항상 그 근원 문제를 해결하여야 될 줄 안다.

민중에 불안 없도록 – 즉 바꾸어 말하면 뜬소문은 도대체 어떤 사정으로 생겨났으며 사회에 가장 적합한 생활을 하여나가려고 끊임없는 노력을 하고 있는 민중의 당연한 요구와는 어느 정도로 밀접한 관계를 가지고 있느냐 하는 것을 연구 조사하여 될 수 있는 대로 이를 미연에 방지하자는 말이다.

그렇게 하는 한 가지 방법으로서 위정자는 내외 정세에 따라 보도를 제한하거나 혹은 한동안씩 차단시키어 버리지 않을 수는 없는 경우도 있겠지만 될 수 있는 대로 보도가 충분히 시행되도록 노력하여 민중으로 하여금 유언비어의 근원이 되는 불만을 품지 않도록 해주어야 될 것이다.

그리고 유언비어 가운데도 가장 두려운 것은 적이 어떤 모략적인 수단으로 국민 사이에 퍼트리는 소문이다.

종류를 들면 군관과 국민 사이에 이간을 부치는 것과 국민들의 전의를 저상시키려는 것 등 여러 가지가 있겠지만 이 또한 위정자가 끊임없는 노력과 지혜와 애정으로써 항상 먼 장래를 바라보면 충분히 민심을 조사 연구하여 사정이 허락하는 한도로 국민생활의 안정을 꾀하고 절대로 불공평한 일이 없도록 하여 무엇보다도 민중의 굳은 신뢰를 얻는 것이 필요한 줄 안다.

국민도 국가만 신뢰 – 따라서 국민들은 국가의 실력을 바르게 인식하여 어떤 일이 있더라도 군이나 정부 당국을 의심하는 일 없이 맡겨진 바 책무 달성에만 정진하면 적이 아무리 노회한 모략을 쓰더라도 결코 넘어가는 일이 없을 것이다.

Ⅳ. 원문 자료

Ⅰ. 조선총독부 경무국 자료

Ⅰ-1. 조선총독부 경무국 보안과, 『치안상황』 44-47, 1938

地檢秘第一〇〇八號

昭和十三年六月二十五日

京城地方法院檢事正

控

高等法院檢事長

京城覆審法院檢事長 殿

檢事正

治安狀況送付ノ件

首題ノ件ニ付朝鮮總督府警務局保安課警察署長ヨリ別紙

寫ノ通報告アリタリ

同文報告先 法務局長

高等法院檢事長

京城覆審法院檢事長

自第四十四報
至第四十七報（昭和十三年度）

治安状況

警務局保安課

171

大 檢
200

昭和十三年六月十日

思想係検事

次席検事

治安状況

検事正

朝鮮總督府警務局保安課

目次

一〇、警戒事項

不穩言動流言蜚語

不穩言動流言蜚語ハ當局不斷ノ取締ト一般民衆ノ時局認識徹底トニ依リ事變當初ニ比シ著シク減少ヲ示シツヽアリト雖モ今尚左記ノ如キ不穩言動ヲ弄シ或ハ流言蜚語ヲ流布良民ヲ惑ハシムルモノ其ノ跡ヲ斷タザルヲ以テ民衆ノ啓蒙ト之ガ絶滅ヲ期スベク嚴ニ取締中ナリ最近ニ於ケル主ナル流言蜚語及處罰狀況並ニ事變後本年五月末迄ノ不穩言動流言蜚語處罰表、時局關係犯罪表左ノ如シ

(一) 本籍、住所、氏名、年令不詳　鮮　男　當六十年位

右者忠北青陽郡雲谷面位羅里宿屋金顯濟方ニ立寄リ「今年ハ日韓併合後二十九年目デ來年ハ三十年ニ當ツテ居ルガ日韓併合ハ三十年限リトシ丙子丁丑年(昭和十一、二年)ニ何カ事變ガアレバ朝鮮ハ獨立スル筈ナリ茲一、二年ニ事變ガナケレバ百年後ニ非ザレバ朝鮮ハ獨立ノ見込ナカリシモ丁丑(昭和十二年)ニ支那事變發生シタルヲ以テ日韓併合モ將來如何ニ展開スルヤ興味アル問題ナ 19

不穩言動及流言蜚語處罰表　三月 四月中

道別	不穩言動又ハ流言要旨	檢擧月日	刑罰	署名	氏名
全南	二月二十六日國民精神總動員週間生業報國ニ當リ居里部民ノ薪採取ヲ爲シ之ヲ賣却國防獻金スベク實施シタルガ翌二十七日ニ至リ昨日薪ヲ採取セラレタ爲昨日ノ夕飯ヲ焚キ得サリシモノアリト無實ノ暴言ヲ吐キ全里實行組合長ノ辭職ヲ爲サシムル等生業報國ノ妨害ヲ爲シタルモノナリ	三月九日	檢	珍島	許元日
慶北	近隣部民ニ對シ日本ハ戰爭ハ強イガ現在世界各國ヨリ猜視セラレ全ク孤立無援ノ立場ニ在リテ經濟的ニ惠マレザル爲長期戰ニハ弱シト洩シタル外。內地及朝鮮ニハ戰斗力弱キ老年兵又ハ若年兵ノミ殘留シ居ル爲。今回朝鮮人ヲ軍人ニ募集シ之ガ補充ヲ企圖シツヽアリトノ無稽ノ不穩言動ヲ爲セリ	三月二日	拘留十五日	尙州	車應燮

道	内容	日付・処分	住所	氏名
慶北	最近十五才以上ノ未婚ノ婦女子ハ何レモ日支戰線ニ送リ軍隊ノ炊事等ニ使役スルコト、ナレル旨金泉警察ノ掲示板ニ之ガ廣告ヲナシ居リタルヲ先日敵見シタルガ自分ノ妹モ十五才ナルガ幸ヒ親戚中ニ警部ノ叔父アリシ爲滿洲行ヲ免レタリト稱シ金泉郡釜項面龍斗星ノ二女ヲ此ノ際自分ト結婚セシムベシト情交關係ヲ結ビタル外金錢ヲ騙取ス	三月九日 懲役一年六月	金泉	朴八甲
慶北	目下居洞鎮谷面梅川洞ニ於テハ十七才以上ノ子女ヲ調査シ居ルガ其ノ目的ハ負傷兵ニ對シ娘ノ血ヲ輸血スルガ爲之ヲ強制的ニ支那ヘ輸送スル趣ニシテ娘アル者ハ何レモ狼狽シ配偶者ノ物色ニ奔走シツヽアリ	三月十六日 拘束取調中	大邱	都大根 崔大龍
慶北	自宅ニ於テ友人ト座談中大邱聯隊兵士ハ行軍中ト雖モ一度空腹ヲ覺ユルヤ軍律ヲ紊シ果樹園等ニ侵入シ擅ニ之ヲ窃取貪食スルコト多々アルモ相手ガ軍人ナル爲全ク如何トモスル能ハザルモノアリ	三月廿四日 拘留廿九日	浦項	盧石述

道	内容	日付・処分	郡	氏名
慶北	義城郡鳳城面部民ニ對シ、今回鮮内未婚婦女及寡婦ハ軍隊ノ炊事ヲ爲サシムベク强制的ニ輸送セラルヽコトヽナリ既ニ某地ニ於テハ貨物自動車二台ヲ以テ輸送セラレ目下官廳ニ於テ輸送者ノ調査ヲ爲シツヽアルヲ以テ近ク當地モ調査アルベシ云々ト洩セリ	四月三日 拘留十五日	義城	朴致鶴
慶北	大邱府南城町飲食店ニ於テ、今次ノ日支戰爭ハ支那ガ飽クマデ長期抗戰スルニ於テハ日本ハ經濟的ニ敗レ結局負ケル云々ノ言ヲ弄セリ	四月九日 五月三日 送局	大邱	禹壽岩
慶北	青松郡眞寶面ニ於テ反物行商中目下義城方面ニ於テハ十五才乃至十七才位ノ娘ハ國家ヨリ强制的ニ連行サレ血ヲ採リ軍人若ハ軍馬ニ之ヲ飲マセル云々ト洩セル外義城ニ於テハ或ル娘ガ徵發ヲ嫌ヒ溢死セル事件アリタルガ警察ハ之ヲ部民ニ氣付カレザル樣密ニ埋葬セリ云々トノ言辭ヲ弄セリ	四月廿四日 拘留十四日	青松	女 禹南伊

地檢秘第二[illegible]號

昭和十二年　月　十日

京城地方法院檢事正

高等法院檢事長
京城覆審法院檢事長　殿

首題ノ件ニ付朝鮮總督府警務局保安課ヨリ別紙寫ノ通報告アリタリ

同文報告先―高等法院檢事長
　　　　　　京城覆審法院檢事長

昭和十三年八月五日

思想係検事

次席検事

検事正

治安状況

朝鮮總督府警務局保安課

一、本治安狀況ハ前報後ノ狀況ヲ蒐錄シタルモノナリ

一、張鼓峯ニ關聯スル對蘇事件ハ別途一括通報スルコトトシ削除セリ

目次

八、不穩言動流言蜚語ノ狀況

不穩言動流言蜚語ニ關シテハ引續キ嚴重取締中ノ處最近ニ至リ當局ハ戰地ニ移送スル目的ヲ以テ鮮內各地ニ於テ未婚婦女子ヲ徵集シツツアリ又近時盛ニ貯金ヲ奬勵シツツアルハ軍事費不足シタル爲人民ノ貯金ニ依リ之ヲ補充センガ爲ナリ或ハ又戰爭終了後ニ於テ惡疫流行ノ災害ヲ蒙ルヘシ云々等ノ流言流布セラレツツアリ嚴重取締中ナリ

尙本年五、六月中ニ於ケル不穩言動流言蜚語ノ處罰狀況別表ノ如シ

不穩言動及流言蜚語處罰表　五月中

道別	不穩言動又ハ流言要旨	檢擧月日 刑罰	署名	氏名
京畿	「日本ガ如何ニ強敵ト云フテモ世界戰爭ニハ堪エラレヌダラウ、朝鮮獨立モ今コソ出來ルダラウ」云々ト他人ノ名義ヲ使用シ通信シタルモノ（相手方ヲ陷害センガ爲敢行シタルコト判明）	五月二十五日 警察犯處罰規則違反 拘留二十九日	京城東大門	韓與杓
慶北	數名會談中其ノ一人ヨリ「日本軍ハ實ニ強イ既ニ支那ノ大半ヲ征伐シタトノ事ナリ」ト洩スヤ本名ハ眞正面ヨリ之ニ反對シ「何ガ日本軍ガ左樣ニ強イモノカ南京陷落ト先般喜ンデ居タケレドモアレハ全ク嘘ダ朝鮮民衆ヲ欺瞞セムトスルモノダ」云々ト不穩ノ言辭ヲ弄シタルモノナリ	五月五日 五月十六日陸軍刑法違反トシテ送局	聞慶	朴時若

15

道	内容	日付・処分	地名	氏名
慶北	大邱高等女學校ニ於テ友人ニ對シ「福岡ニ於テ件（牛頭人體）ガ生レ生後間モナク死亡シタルガ死亡ニ際シ日支事變ハ本年七月勝敗決スルモ其ノ後ニハ惡疫流行スルニ付之ヲ豫防スルニハコノ話ヲ聞キタル日ヨリ三日間以內ニ赤飯ニ味ヲ附セズ豆腐ト共ニ食スベシ」ト云々ト洩ス	五月二十三日 嚴重戒告	大邱	那須加江
慶北	下記ノ者等ハ自宅其他ノ場所ニ於テ前後數回ニ亘リ多數人ニ對シ「日支戰爭ニ出征中ノ日本兵士ハ非常ニ疲勞シ活潑ニ戰爭ガ出來ナイ之ガ元氣恢復策トシテ朝鮮人娘ノ十六歲以上ノモノヲ强制的ニ徵發シ戰地ニ輸送シ機械ヲ以テ血ヲ取リ兵士ノ腕ニ注射スルト共ニ彈丸避ケノ爲メ女ノ口カラ機械ヲ入レ月經ノ血ヲ	五月十八日 五月二十一日 陸軍刑法違反トシテ送局	大	朴春 鄭玉紛 林莫郞 （全部女）

道	内容	月日・処分	地名	氏名
	取リ之ヲ軍服ニ塗ル爲メ徵發シツツアリテ既ニ或ル地方ニ於テハ娘十八名ガ徵發サレタリ」云々ト洩ス		邱	（林莫郎ハ改悛ノ情顯著ナルヲ以テ起訴猶豫意見ニテ送局）
慶北	本名ハ迎日郡杞渓面美峴洞外一ケ所ニ於テ多數人ニ對シ「十四才以上ノ處女ハ悉ク滿洲及支那方面ノ戰地ニ送リ出征軍人ノ炊事洗濯ノ手傳ヒ並ニ軍人ノ慰安ヲ爲サシメ且該處女ノ血液ヲ軍人ニ輸血スル」云々ノ流言ヲ爲シタルモノナリ	五月二十七日 警察犯處罰規則ニ依リ拘留十日ニ處ス	浦項	金元壽（女）
慶南	「今次ノ事變ニ出征セル軍人慰安ノ爲メ十六才以上二十才迄ノ處女及十六才以上三十才迄ノ寡婦ヲ強制的ニ狩リ集メテ戰地ニ送リ晝間ハ炊事及洗濯ノ勞務ニ服セシメ夜間ハ軍人ト性的關係ヲナサシムル由ニ付之等婦女子ヲ有	五月二十四日 禁錮四月	密	張仁植（女）

16

住所氏名	警察署	處分	言動内容	道
	陽		スルモノハ早ク處置ヲ要ス」云々	
朴金伊(女)	右仝	五月二十四日 起訴猶豫	右仝	右仝
張鳳鶴	右仝	五月二十四日 禁錮四月	右仝	右仝
姜性玉	右仝	右仝	右仝	右仝
金三得	右仝	五月二十四日 起訴猶豫	右仝	右仝
本籍 平安北道新義州府老松町六 住所 仝 若竹町六ノ二 周旋業	新義	五月三十日 檢擧取調中	1. 晝モ夜モラヂオヤ新聞ハ日本軍占領々々ト報道スルガ現地ヲ見ナイ限リ果シテ事實カドウカ判ラズ 2. ニユースニハ虚報モアリ現地ヲ見ナイ限リ果シテ上海ガ陷落シタカドウカ判ラナイ 3. 此ノ度ノ戰爭デ日本ノ飛行機ガ多數墜落シ損害ガ大キイノデ金ノ廻リガ悪ク税金ハ上	平北

不穩言動及流言蜚語處罰表　六月中

道別	不穩言動又ハ流言要旨	檢擧月日 刑罰	署名	氏名
慶北	迎日郡曲江面烏島洞ニ於テ部民數名ニ對シ「朝鮮人處女十七、八才ノモノヲ強制的ニ募集シ滿洲方面ニ送リ其ノ血ヲ搾リ戰傷兵ニ輸血スル」云々ト洩ス	六月八日 警察犯處罰規則ニ依リ拘留二十日ニ處ス	浦項	朴鎭瑩
慶北	永川郡新寧面華西洞ニ於テ部民數名ニ對シ「近時當局ニ於テ農繁期ニモ拘ラズ叺製造方ヲ、積極的ニ督勵シ相當高價ニテ無限ニ買上ゲツツアルガ之等ハ全部支那ニ送ラレ過般蔣介石ガ皇軍ヲ水攻メニス可ク黃河堤防ヲ決潰セル、ガ皇軍ニ於テ之ヲ防グ爲メ急ニ大量ノ叺ガ入用ト爲リタル爲メニシテ爾今叺ノ價格ハ大暴騰ヲ來スデアラウ」云々ト語リタルモノナリ	六月十八日 嚴重戒告	永川	朴基鳳

慶北	尙州郡化西面下杉里ニ於テ部民數名ニ對シ「都會地ニ於テハ警察官ガ十五才以上ノ娘ヲ強制的ニ捕ヘ戰地ニ送リ軍人ニ其ノ血ヲ飲マセツツアルヲ以テ娘ヲ持ツ親ノ心痛ハ誠ニ氣ノ毒ナリ」云々ト洩シタルモノナリ	六月二十一日 目下取調中	尙州	池守東
慶北	奉化郡乃城面都村里ニ於テ部落農民數名ニ對シ「此ノ頃ハ內地渡航ノ最好機ト思フ何故ナラバ既ニ內地人ノ大部分ハ支那事變ノ爲メ出征シ居ル爲メ其ノ妻ハ獨身或ハ寡婦トナリ其ノ日其ノ日ヲ暮シテ居リ中ニハ相當財產ヲ持テル者モアル故此ノ際內地ニ行キ之等ヲ嫁ニ貰ヘバ一生何等ノ心配無ク生活スルコトガ出來ル此ノ話ハ冗談デナク理屈ヨリ考ヘテモ首肯出來ル、今內地ニ行ケバ金儲ケハ自由ダ」	六月二十九日 警察犯處罰規則ニ依リ拘留十五日ニ處ス	奉化	李元燮

秘

昭和十三年十月十五日

思想係檢事

次席檢事

檢事正

治安狀況

朝鮮總督府警務局　保安課

地檢秘
13.10.18
第1639號

目次

ス」トノ聲明書ヲ朗讀セシメタルニ更ニ平壤老會牧師沈益鉉ハ決議ヲ實行スル爲總會及各老會長代表シテ平壤神社ニ參拜方動議シ平西老會牧師崔華周再請動議成立シタルニ奉天老會宣敎師韓富善（邦偉良ノ婿）自分ハ公薦部員ナルモ（公薦部員ハ老會長タルコトヲ原則トス）參拜シ難シトテ動議ニ反對シタルモ黃海老會牧師張弘範（宗敎敎育部長）發言ヲ求メ神社參拜ノ當然ナル所以ヲ自己ノ体驗ヲ通シテ力強キ長廣舌ヲ振ヒ會同者ニ多大ノ感銘ヲ與ヘタリ

神社不參拜ノ急先鋒邦偉良（ブレーヤー）ハ長椅子ニ打伏シ暫シ顏ヲ上ケ得ス他ノ宣敎師一同モ悄然タルモノアリ異常ノ光景ヲ呈セリ

六、不穩言動及流言蜚語ノ狀況

不穩言動及流言蜚語ニ關シテハ引續キ嚴重取締中ニシテ其ノ件數モ漸次減少シツツアリタルカ本年七月發生シタル張鼓峰事件ハ一般民衆ニ多大ノ衝動ヲ與ヘ左表ノ如ク七、八兩月各種ノ流言蜚語頓ニ增加シタルモ全事件ハ既ニ解決民心安定シタルヲ以テ其ノ增

加モ一時的現象ニ過キサルモノト認メラル

前報後ニ於ケル不穩言動及流言蜚語ノ內容並處罰狀況別表ノ如シ

19

不穩言動及流言蜚語處罰表 七月

道別	不穩言動又ハ流言要旨	檢擧月日 刑罰	署名	氏名
京畿	當局ニ於テ奬勵中ノ貯金ハ眞ノ全部ヲ戰費ニ充當スルモノニシテ吾々個人ノ貯金トハナラズ云々	七月廿七日 拘留五日	京城西大門署	金世吉
忠北	最近新聞紙上ニハ日蘇關係險惡化ヲ告ゲ居ルガ若シ日蘇開戰スルニ至ラバ皆死スルナラム云々	七月廿七日 警犯拘留二十日	忠州署	崔順吉
全南	六月十九日咸平郡大同面鄕校里朴正奎ノ妻ノ病氣占ニ招カレタル際全邑李載允妻金安順外二名ニ對シ「目下官廳ニ於テハ四十才以下ノ寡婦及處女ヲ募集シ戰地ニ送リ炊事ヲヤ	七月六日 陸軍刑法違反ニ依リ送局中	咸平署	韓小史

	慶北
ラセ又ハ兵士ノ慰安ニ供スル外處女ハ其ノ皮ヲ剝キ油ヲ搾リ飛行機ニ使用スル由」トノ造言ヲ爲シタリ	本名ハ清道郡大城面上洞徐順吉外數名ニ對シ「最近內地ニ居ル朝鮮人ハ支那人同樣ニ拔ハレル朝鮮人ノ全部內地ヨリ追出サル、何故ナラバ在滿鮮人ガ支那ト密通シ日本ノ軍事機密ヲ支那ニ諜報シタルコトヲ今回日本軍ガ知リ朝鮮人ハ支那人ト同樣ニテ油斷ハナラヌトテ全部內地ヨリ追出サレツツアルモノナリ內地ニ於テハ朝鮮人勞働者ニ對シ三、四日每ニ寄附金ヲ募集シ軍部ニ獻金スルガ若シ之ニ應セザルモノハ非常ニ虐待ヲ受ケツツアリ」云々
	七月二十日 警察犯處罰規則ニ依リ 拘留 十日
	清道署
	石允好

慶北	黃海	平北
軍威郡山城面三山洞林縣內外數名ニ對シ「今度兵隊ノ炊事ヲ爲サシメル爲十五才以上ノ處女ヲ滿洲ニ送ルトノ事故貴殿ノ息子及娘ヲ結婚セシメラレテハ如何」云々	約十日前外國ノ飛行機一台ハ兼二浦邑上空ニ飛來爆彈ヲ投下シタルモ幸ヒニシテ河中ニ落下シ何等被害ナキモ邑民ハ極度ニ恐怖シツツアリ云々	七月十日ヨリ同月二十六日迄ノ間ニ平安北道龜城郡西山面坪地洞許允光外數十名ニ對シ「目下當局ニ於テ奬勵シツツアル強制貯金ハ其ノ繼續年月日不明ナルノミナラズ假令貯金スト雖モ昭和三十年以後ニ
七月廿三日 八月五日 陸軍刑法違反トシテ送局	七月廿三日 九月三日 禁錮四ケ月	七月廿六日 警犯 拘留十五日
軍威署	黃州署	龜城署
裵玉蓮（女）	韓好植	鄭德轄

全北	全北
六月三十日郡山府本町一丁目二八米穀商若尾董雄當四十二年方店舗ニ於テ同人ニ對シ「日支事變ハ長期ニ入リタルガ支那ハ土地廣ク第三國ヨリ借款ヲ爲シ武器購入等モ出來行詰ラザルモ日本ハ武力ニ於テハ獨逸ト共ニ世界最强國ト雖國狹ク經濟的ニ行詰リ最後ニハ負ケルモノナリ云々」トノ流言ヲナス	本名ハ八月十六日午后八時頃任實郡江津面玉井里朴太周方ニ於テ同里宋春浩外數名ニ對シ「南原方面ニ於テハ最近盛夏ニモ不拘婚姻ガ頻繁ニ行ハレ居ルガ之ハ支那事變ニ依リ手頃ノ處女ヲ軍部ニ徵發シ戰地ニ送リツツアリ之ヲ
八月三日 送局中 陸刑及保安法違反	八月廿四日 取調中
群山署	任實署
鄭殷鍾	金粉伊（女）

28

	全北
免レム爲ニ處女ヲ有スル父兄ハ非常ニ憂慮シ居レリ 二、居里ニ於テハ三十五才未滿ノ男女ヲ集合セシメ月夜ヲ利用シ訓練ヲ爲シ居ルガ之レハ日本ガ敗戰シタル場合戰鬪員タラシムル爲ナリ云々ト傳ヘタリ	八月一日ヨリ居里小學校ニ於テ夏季課外講習會開催サレタルニ長女朴世讓ガ總ニ無斷受講スルヲ快シトセズ之ヲ斷念セシムル目的ヲ以テ八月二日午后一時頃居里黃熙南方ニ於テ同人妻朴姓女ノ面前ニ於テ朴世讓ニ對シ[illegible]セサルノハ良イガ後日成績ノ良イ者等ヲ戰地ニ送ツテ兵隊ノ炊事ヤ洗濯其ノ他ノ雜務ニ使用スルヲ知ラヌカ」ト放言シタル外翌日居里李基先ノ母林姓女ニ
	八月十日 八月十二日 警犯 拘留十五日
	井邑署
	朴順京妻 李姓女

	對シ同樣ノ言辭ヲ弄シタルモノナリ			
全北	井邑郡北面南山里郭日鳳ノ長女愛已十五年ヲ他ニ世話スベク同人方ニ赴キタルニ既ニ他ニ雇傭中ナリシタメ不滿ヲ感ジ郭ノ妻金順禮ニ對シ「オ前ハ世ノ中ガ騷ガシクナツテ居ルヲ知ラヌカコンナ時娘ヲ內地人ノ家ニヤツテドウスルノダ今滿洲方面ノ兵隊ノ炊事ヤ洗濯其ノ他雜役ニ使用スルタメ朝鮮人處女ヤ寡婦料理屋、飲食店ノ雇女等ヲ募集中デハナイカ」ト他人ヲ誑惑セシムベキ流言浮說ヲナシタリ	八月二十日 八月廿四日 警犯 拘留十五日	井邑署	申東圭妻 柳淳玉
27	全北長水デハ最近警察官ガ或ル娘三名居ル家ニ來テ之ヲ連			

全南	慶北	慶南
レテ行クベク娘三名ニ對シ外へ出ヨト言ツタ處中二名ハ外へ出ルオリ川ノ中へ飛込ミ自殺シ他ノ一人ハ手ヲ出スト警察官ハ其ノ娘ノ手ニポンプヲ當テタ處娘ハ直ク骨ニナツタ云々	金泉郡甑山面修道里山中ニ於テ村間道路開鑿工事出役人夫李[illegible]星外二十餘名ニ對シ「支那事變最中ニ突然露西亞ノ挑戰行爲ニ依リ日露戰爭勃發シタリ日本軍ハ咸鏡南道迄退却シ約一萬ノ死傷者ヲ出シタルノミナラズ露西亞國境ニハ電氣仕掛ケノ鐵條網張リアル爲メ日本軍ハ一歩モ近ヅクコトヲ得ズ」云々ト告ゲタリ	居住里內ニ於テ納凉中部民ニ對シ「八月六日敵ノ飛行機ガ東萊邑ニ飛來シ爆彈ヲ投下セ
八月廿三日 八月廿三日 警犯 姜ハ拘留廿九日 鄭ハ〃十日	八月二十日 九月二日陸刑トシテ送局	八月九日 八月十八日 起訴意見ニ
谷城署	金泉署	山淸署
姜姓女 鄭小斥阿只	李在鴻	盧址玉

I-2. 조선총독부 경무국 보안과, 『고등외사월보』, 1939. 7.~1940. 9.

1) 「시국 범죄의 경향」, 『고등외사월보』 1, 1939. 7.

配布號數 第九號

嚴秘

高等外事月報

第壹號 (昭和十四年七月分)

朝鮮總督府警務局保安課

高等外事月報 昭和十四年七月分

目次

治安状況

七月二十一日	忠南江景	江景新聞記者團 排英同志會結成	江景劇場に於て午後八時より同十一時迄 會長 西島寅吉（道會議員） 副會長 伊賀倭治（邑會議員） 日英東京會談激勵電報を關係要路に打電す
七月二十三日	江原道 長箭	長箭邑有志 排英同志會結成	午後七時三十分より長箭漁業組合棧橋に於て開催、排英宣言決議をなし午後九時散會す
七月二十四日	江原道 高城	高城邑有志 排英同志會結成	高城公會堂に午後九時より集合、日英東京會談に對する激勵電報を首相、外、陸、海相に打電し午後十時三十分散會す
七月二十六日	元山	元山毎日新聞社 排英同志會結成	午後四時三十分より元山神社に府民三八〇名集合結成式を擧行、日英東京會談に對する激勵電報を關係要路に打電午後五時四十分散會す
七月二十六日	大邱	大邱新聞協會 排英同志會結成	午前十一時より大邱府公會堂に於て地方有志十八名會合結成を終り午後零時三十分散會す
七月三十日	春川	春川新聞記者團 排英同志會結成	午後四時より春川公會堂に邑民三百名集合結成を了し、日英東京會談激勵電報を首相外關係要路に打電す
七月三十一日	開城	開城商工會議所 排英同志會結成	午前九時三十分より開城神社前に各官公署員府內有志約三百名集合、會長に中樞院參議朴鳳鎭、副會長に孫洪駿を推し、午前十時三十分散會す

二、時局犯罪の趨向

今次未曾有の重大時局に際し一般民衆の時局認識は良好にして、治安上特に憂慮すべき傾向を認めず、從つて時局に對する犯罪も事變發生當初民心の不安動搖甚しかりし當時に比し、著しく減少し居れりと雖も、尚一部に在りては別表の如く時局に伴ふ特殊犯罪の發生を見つゝあり。而して其の最も多數を占むる流言不穩言動の內容は殆ど有り得べからざる低級のものにして、冷靜なる判斷を持つてすれば一顧に値せざるもの多しと雖も、民度低級なる山間僻地に於ては如斯流言が豫想外の反響を齎すことあり、殊に國際情勢の變動等に依り民心の不安動搖の機會に於ては其の反響一層大なるものありて、低級輕微なる妖言と雖も輕視すべからざるものあり、嚴重なる取締を加ふると共に一面民衆に對して時局を正しく認識せしめ、如斯流言に迷はしめざる素地を培ふことのより必要なるを痛感し、時變以來當局は積極的に時局認識運動に努めつゝあり。又事變に伴ふ政治經濟上の諸問題或は戰況等を利用し純朴なる民衆或は出征軍人の遺家族等を欺瞞して私利を貪らんとし、又は民心を指導すべき地位にあり乍ら、其の地位を逆用して國防獻金其の他の淨財を橫領私消するが如き極めて惡質の犯罪あり。

尙事變當初に於ては在留中國人に對する反感より各種の紛爭或は迫害等の事件一時急激に增加の傾向を示したるを以て既往不幸なる事態の勃發等に鑑み特に細心の注意を拂ひ之が指導取締に當りたるが、最近に於ては在住中國人は悉く新政權の傘下に在りて、防共、親日滿を標榜しつゝある爲、對敵國人の觀念漸次拂拭せられ、內鮮人對中國人の紛爭も著しく減少し居れるが、尙一部不良徒輩に於ては殊更中國人に對し侮蔑的態度を以て臨み、或は恐喝的態度を以て私利を貪らんとするが如き惡刺なる行爲に出でんとする者未だ其の跡を絕たず。

以上時局關係特殊犯罪は其の內容に於て特に重大性を有するが如きものなしと雖も、國民一致銃後報國に邁進しつゝある折柄、時局を辨へず如斯き犯行を敢てするは其の情極めて憎むべきものあるを以て、嚴重なる取締を加へ以て自他の警醒に努めつゝあり。

本年一月以降六月末迄の間に於ける之等時局關係の犯罪別表の如し。

附一　不穩言動流言蜚語處罰表

一月

道名	不穩言動又は流言要旨	檢擧月日・刑罰	署名	氏名
慶北	善山郡龜尾面元坪洞裵永慶方に於て新年酒宴の席上權在鎬外數名に對し「ソ滿國境地帶附近に駐屯せる日本軍隊は種々辛苦を極め居り戰死者の腦漿を取出し「テンプラ」を作つて喰つて居る」「國境地帶に在りては日本軍は絕大の權力を有し我儘な振ひ多く人の生命等は勝手にする」云々の言說を流布したり。	一月十八日 二月六日　陸刑として送局 三月八日　禁錮四箇月即日服罪	善山署	權在鎬
江原	昭和十三年八月二十五日蔚珍郡蔚珍面鳳坪里農安順天方に於て安順天に保險勸誘するに當り「報國貯金奬勵は事變の爲にして事變が繼續する限り拂戾を受けられぬことは勿論、日本が戰爭に負ければ全く受け取れぬかも知れぬ、報國貯金の代り生命保險に加入するが適策なり」云々の言動を爲す。	一月二十日　取調中 二月三日（陸軍刑法違反）盈德支廳檢事分局不起訴	蔚珍署	盧元達
江原	昭和十三年九月十七日夕刻、三陟郡所達面田頭里方農李孟大方に於て李孟大外二名に對し、「最近官廳で未婚の娘を探し其の澧より油を搾り飛行機の油に使用するそうであるが、娘の徵收を免るゝ爲各地で結婚式を擧げるものありとの話を聞いたが、自分も斯樣な結婚式に參加し酒食の饗應を受けたり」云々と軍事に關する造言を爲したり。	一月十三日 二月二十五日　禁錮四箇月 「即日服罪す」	三陟署	金順大

二月

道名	不穏言動又は流言要旨	検挙月日 刑罰	署名	氏名
京畿	結婚前の娘を滿洲に送り採血搾油する爲、官廳に於ては各地に亙り娘の調査を實施中なるが旣に忠北丹陽郡永春に於ては娘一人に付七十圓を父母に支拂ひ「トラック」に積み滿洲に送り出したり。	二月十五日 警察犯處罰規則違反拘留七日	堤川署	（女）金順德 當六十年
忠南	煙草の「カチドキ」を「マコー」と同一の材料にて製造し「マコー」より四錢高價にて販賣し其の利益を國費に充當するものなりとの流言を發したり。	二月二十四日 警察犯處罰規則違反拘留十五日	大田署	車錫萬 當二十二年
慶南	今迄は戰爭は支那一國だから勝つたが此の頃は支那に對し西洋諸國の援助があり、殊に露國の積極的援助があるので日本は敗戰に近い、敵國飛行機が何十萬臺か出て來て爆彈を落したら朝鮮も危いではないか云々の言動を爲す。	二月二日 二月二十八日 陸軍刑法違反禁錮四箇月	晋州署	朱花實
平南	鶴田正吉なる者に長男出生したるを以て其の祝意を表すべく昭和十三年十二月二十六日官製ハガキに『皇太子御出產の由萬々歲〳〵〳〵』非常時型の上々品だろう、もう一人の子の親だね、まあ立派な御正月うんと祝つて下さい『皇后陛下によろしく御傳言を、御祖母樣は御丈夫ですか、よろしく』と鶴田正吉の長男を皇太子に、同妻を皇后陛下に例へ、皇室の尊嚴を冒瀆し不敬の行爲をなしたるもの。	二月十五日 三月二日 起訴猶豫	平壤署	鶴田定平 當三十二年

2) 「시국 범죄의 경향」, 『고등외사월보』 4, 1939. 10.

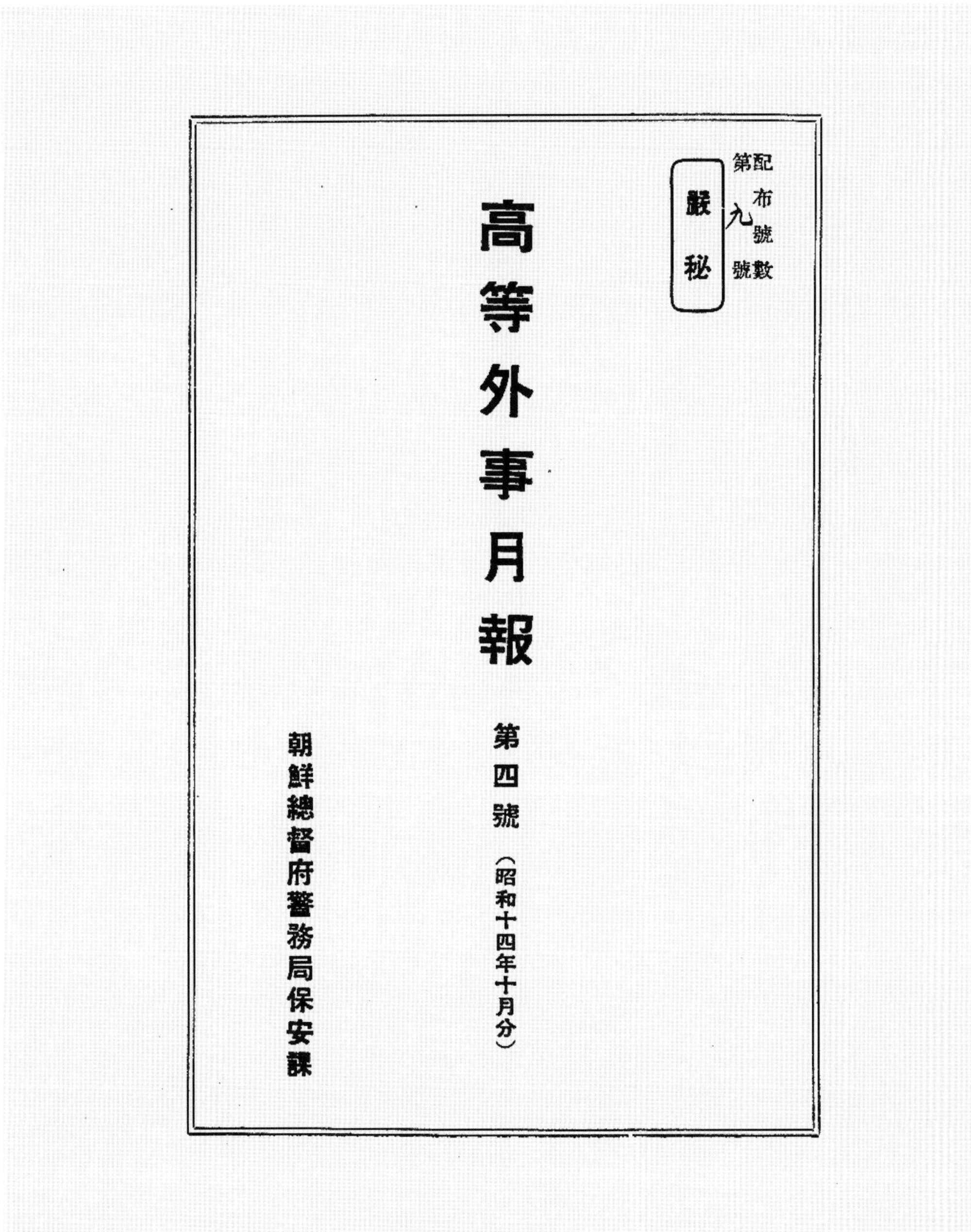
配布號數 第九號

嚴秘

高等外事月報

第四號

(昭和十四年十月分)

朝鮮總督府警務局保安課

高等外事月報 昭和十四年十月分 目次

治安狀況

一、高等

(一) 特高事變關係

一、事局犯罪の趨向

最近に於ける不穩言動流言蜚語其他の檢擧狀況次表の通なるが、不穩言動流言蜚語は何れも荒唐無稽の浮說にして著しく惡質のものなきも、事變長期化に伴ひ之等無智の言動の中に厭戰的又は事變の前途に杞憂を懷けるが如きものあるは、民心の動向視察及之が啓導上注意を要する點なり。

其の他の時局犯罪は何れも時局を種に金品を詐取又は橫領せる頗る惡質の犯罪にして、之等は被害金額些少なりとするも、民心に及ぼす惡影響測り難きものあるを以て、徹底的取締を要す。

不穩言動流言蜚語處罰表　(九月)

道名	不穩言動又は流言要旨	檢擧月日 刑罰	署名	氏名
京	支那事變勃發以來人民は苦しめられ、稅金は加重せられて來た云々と不穩言動を弄す	九月八日 警察犯處罰規則違反拘留十日	鍾路署	郭云奎
	南京所在皇軍慰安所娼妓となり、本年八月中旬歸鮮せるものな			

道	言動内容	月日・處分	署	氏名
	る處、八月二十八日京城府西大門町二丁目一二一番地徐萬奎方に於て『第一線の娼妓は軍人と共に戰爭に參加したることありて實に危險なれば、如何なることあるも今後は皇軍慰安所娼妓とはならぬ』と軍事に關する造言飛語をなす	九月十一日 警察犯處罰規則違反拘留七日	鍾路路	女中 順在
	新聞記事中「ノモンハン上空に於て蘇聯機四百一臺撃墜」とあるは針小棒大なる虛報にして、新聞報道は總て信ずるに足らぬと軍事に關する造言蜚語をなす	八月十五日「取調中」	開城署	具本建
京畿	先日雷鳴ありたるは日本が敗戰滅亡し同時に朝鮮が獨立するを表するものにして、自分は韓山李氏なるが故に王位に就くものにして、都を忠淸道鷄龍山に定むる豫定なりと不穩言動をなす	七月十八日「取調中」	楊平署	李定植
	朝鮮は現在日本の領土となり居れるも元來支那の屬國にして、今でも朝鮮人は支那の屬國たらんことを希望して居る。今次事變は支那と日本の戰爭なるにも不拘、朝鮮人に愛國運動をせよとか國防獻金をせよとか謂ふのには反對にして、日支戰爭に朝鮮人は何等關係なく又事變は結局支那の勝利となり、朝鮮は日本帝國の羈絆より離脫し昔時の如く支那の屬國とならんと軍事に關し不穩言動をなす	九月十一日	京畿道警察部	劉永謨 鄭鎬璜
忠北	日本は物資の缺乏に依り敗戰は當然にして、現在日本が連戰連勝したる旨の新聞報道は事實に於て然らず、新聞紙は針小棒大に報道し居るものなり	九月三十日「取調中」	忠州署	支那人 丁文華

3) 「시국 범죄의 경향」, 『고등외사월보』 12, 1940. 7.

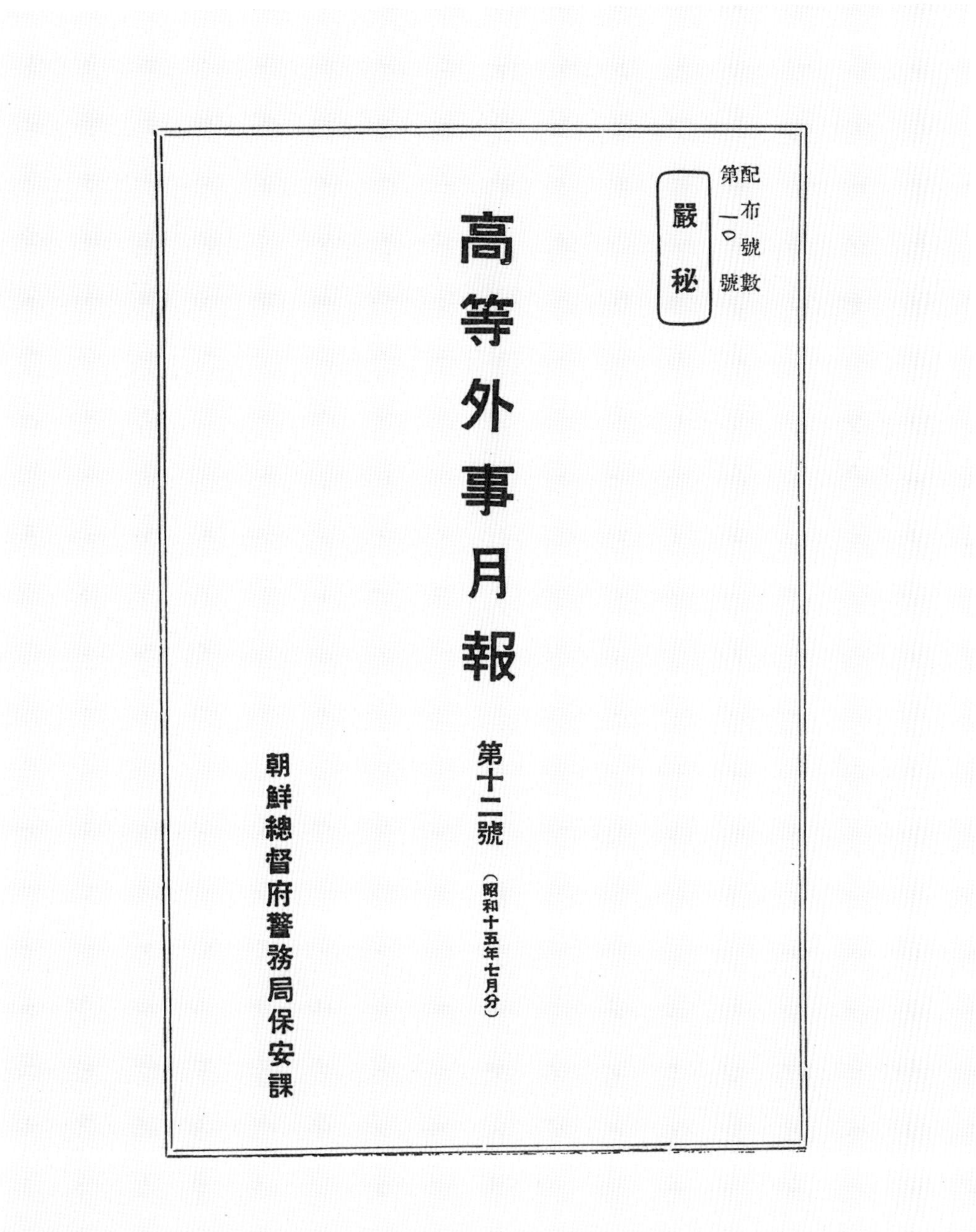
配布號數
第一〇號

嚴秘

高等外事月報

第十二號

(昭和十五年七月分)

朝鮮總督府警務局保安課

高等外事月報　昭和十五年七月分　目次

治安状況

三、時局犯罪の趨向

不穩言動流言蜚語處罰表

三月

道名	不穩言動流言蜚語要旨	檢擧月日 刑罰	署名	氏名
慶北	全南地方は最近寡婦税を取りつゝあり、何となれば、現在人的資源不足の際寡婦を其の儘置けば子供が生れず國家の損である子供が多く生れると戰爭に多く出るからである、故に寡婦に速に再婚する樣勸めるのである云々との流言をなしたるものなり	三月十三日 拘留五日	青松	黃昇昌
	昭和十五年二月十日石倉良雄の入營祝に招宴せられ共の席上入營者たる石倉に對し『軍隊に行つて死ぬる奴は馬鹿だから君は行つても要領よくやつて歸れ』と軍の士氣を沮喪せしむる不穩言動をなしたるものなり	三月二十三日 一起訴意見身柄拘束送局一	鬱陵島	高畑權太郎
慶南	今回政府に於ては各地住民より眞鍮製食器類及餘分の布團類等を公用徵收し軍部に納入することに決定したるを以て、一般部民は之を安價にて賣却し又は便所、地中等に隱匿中なり云々の造言蜚語を弄したるものなり	三月二十六日 拘留二十九日	釜山	金灘善

道名	不穩言動流言蜚語要旨	檢擧月日 刑罰	署名	氏名
京畿	日本政府は戰爭に負けても朝鮮は取られても內地だけ守ればよいと云つて居る、云々と不穩言動を弄す	五月三十日 六月十八日起訴意見送局	安城署	吳晋泳
忠南	京都の或田舍で陸軍の在鄕軍人が今次事變に應召したが間もなく召集解除となり歸鄕せるも再度召集を受けたる際、該軍人は之を忌避逃走し家人も亦之を隱匿し期日迄應召せざりし爲數日後搜查の爲來た憲兵に自宅押入中を發見され其の場に於て斬殺されたと云々と造言飛語をなしたるものなり	五月二日 五月十八日禁錮八ヶ月二年間執行猶豫	公州署	女給 朴淑濟
忠南	五月十三日大田府內喫茶店朴漢奎方に於て日本軍が支那人部落を占領したときは種々の物品家畜等を略奪又は支那人美女を抱いて寢る云々との造言飛語を弄したるものなり	五月十三日 〔六月七日送局〕	大田署	梁基錫
咸南	現在の新聞は半分以上嘘言であつて蔣介石は直ぐ降伏し和平が實現するが如きもなか〳〵そうではない、日本は十年間の戰爭準備があるそうだが蔣介石は二十年の戰爭準備があるから早急に實現は出來ない、現在支那で日本軍の勢力の及ぶのは占領地域丈で他に及ばず、日本が不足する綿を占領地域內支那人に栽培强要して居るが支那人は却々聞入れぬ、現在英、米、蘇の支那援助國に對しても、容易に降伏は出來まい云々と時局に關し不穩言動を弄したるものなり	五月二十七日 〔六月十日起訴意見身柄拘束送局〕	下碣署	支那人 郝春海

I-3. 경찰 잡지 기사

1) 경무국장 담, 「유언비어 단속에 관하여」, 『경무휘보』 376, 1937. 8.

流言蜚語の取締に就て

警務局長談

去る七日深更北平郊外蘆溝橋に於ける中國軍隊の不法射擊に端を發して勃發致しました、所謂北支事變は其の後中國の不信行爲の反復に依り遂に我國は一部々隊を北支に派遣するの已むなきに立到りました。

事變發生以來鮮內一般住民はよく時局の重大性を認識し愛國の至情に燃え到る處に銃後の赤誠を披攊せられつゝあるこ共に內鮮各方面の有識者に依り或は時局懇談會或は講演會等各地に開催せられ擧國一致の實を示しつゝあり、此の間鮮內の治安はよく確保せられ民心亦極めて平穩に經過しつゝあるは國家の爲寔に慶祝に堪えないところであります。併し乍ら時局の進展に伴ひ民心一段こ緊張を加ふるに從ひ極く少部分の者ではありますが、種々時局に對し荒唐無稽の言辭を流布して一般民衆に不安の念を抱かしめ或は徒に內鮮人對在留中國人間の感情を刺戟し又は經濟的妖言を放ちて經濟界攪亂を誘發するが如き言動を敢てする者のある事は甚だ遺憾こするところであります。

時局柄斯る流言は直ちに他に波及し豫測すべからざる反響を伴ひ不測の事態を誘發する機緣こもなる虞があるのでありますから、一般は特に其の言動に注意せらるゝこ共にかゝる流言に迷はさるゝ事なく正しい時局の認識に努められ度いのであります。

此の點に鑑みまして警察當局に於きましては軍憲當局こも緊密なる連絡を保ちまして民心の不安動搖を招き或は經濟界の不安を誘致するが如きもの若くは反戰、反國家的意圖あるものその他一般民心を惑亂するが如き流言蜚語に對しては斷乎たる取締を加へ時局柄特に嚴罰を以て臨む事こし各道に通牒を發しました。

就きましては國防關係諸團體等にては當局の意のある所を諒こせられ、進んで此等流言蜚語の防遏是正に協力せられん事を切望致します、尙一般國民もよく時局の重且つ大なる現下の情勢を充分認識せられ、殊に我が朝鮮の地域的重要性に鑑み自重自戒輕擧を愼み內鮮一致官民協力して銃後の赤誠を披攊し以て報國の誠を盡されん事を希望して已まない次第であります。

— 7 —

2) 평택경찰서 가쿠나이산(郭內山), 「유언비어의 사회학적 일 고찰」, 조선경찰협회 경기도 지부, 『자계(自啓)』 120, 1937. 12.

(56)……流言蜚語の社會學的一考察

流言蜚語の社會學的一考察

平澤署 郭内山

流言蜚語とはたゞ抽象的に何處から何處までが流言蜚語だと限界を明示することは素より出來ないが、確かにそれは社會生活に於ける變態的な報道形態である。變態的報道形態は社會生活が變態的な狀況に置かれて居る時に發生し、正常にかへる時消滅する。そこで變態的報道形態發生の社會的好條件は何であるかに對しては、吾人の眼や耳其他の感覺機關並之が延長とも云ふべき機械文明が與ふる交通機關やラヂオ新聞・電信・電話の樣なものゝ機能發揮如何にあるのである。

A　之等の機關の機能の停止

B　其の機能が發揮するも吾人が之等の機關より遮斷されたる場合

C　其の機能の發揮が甚だ不充分なる場合

等と言へよう。

今假りに吾々が斯樣な狀態の中へ急に移されるとすれば、その時の吾々の心は荒唐無稽として輕く片附られるやうな事でも、その儘受け入れるのであつて、どんな暗示にも容易にかゝるであらうことは想像に難くない。

斯る場合からした狀態が始まる以前、或は以後に於て先づ或る事實に關し斷片的な知識が提供され、そしてその知識の斷片と斷片との間に溝があり、矛盾があつて到底それだけでは首尾一貫した統一のある報道形態が出來上らぬ時に之の斷片的な知識を統一して理解出來る全體に纒め上げる爲め、どうしても上述した或る事實に付與へられぬものと缺けてゐるもの、卽ち知識の斷片と斷片とを連結すべき接合劑を作り上げる必要がある。

斯樣に或る事實の全體を終始一貫した統一のあるものになすべく變えられた斷片的な知識に與へられぬもの、卽ち接合劑を補塡することは吾人の想像力の作用であつて、その事實の眞相を細大洩らさず知らうとする大衆の欲求は社會的現實に對して持つてゐる理解の深さや、それ以前に於ける社會的狀況の動きに依り各人が屬する社會層とその事實との利害を中心にして見て最も適當だと思はれる接合劑を決定するのであつて、此の想像力の作用形態如何に依り或る事實の斷片的知識を連鎖せしむる接合劑は各人に依り千態萬樣なるべく斯うして事實は色々と歪曲される。

昔アレクサンドル三世は土地分配を要求する多くの農民の代表者を御前に召して地主の所有權を侵害してはならぬ所以を說いて大いに威嚇されたことがあるが其後農民の間に傳はつた話。「皇帝は指で脅かしたのだが其の指の大きいことゝ言つたら‥‥」「いや、それで皇帝は一體全體何を仰せになつたんだね」「あ――皇帝のおつしやつたことかね、それは今に土地を分けてやるといふことさ」

もう一つ、之れは私の知つてゐるRといふ女教員とSといふ男の教員との間の巷間に擴まつた艷聞。Rは或る日の夕方買物の歸途Sと途中で出會ひ談話を交しつゝ歸つた。之れを眺めた街の人 甲「RとSは仲がいゝね」 乙「君、それやいゝ筈だ何分戀仲ださうな」 丙「お前等は實に鈍感だなアありやもう‥‥迄進行濟ださうな、之の前だつてM公園で二人丈けで居るのを見たが、見る此の僕がひや／＼されたんだ」

斯樣に流言蜚語は夫々尤もらしさを以て凡ゆる暗示に自己の心を開いてゐる。大衆の間を樣々な變態的報道形態を以て驅け廻り、そして自分の意見とし或は其等を更に組み合せて新しい系列を作り、この系列は無限に延長されるのである。之れに依つて全體が意外な或は驚くべき筋を與へられて人々の間を流れて行き、多くの大衆が之の流れで貫かれ結び付けられるやうになればそれはもはや押しも押されもせぬ流言蜚語である。

而して言語と意見とは何時までも單なる言語と意見に止まつてゐることは出來ない。それは行動まで發展し行動を通して自己を生かすのである。然るに樣々な變態的報道形態を以て自分の意見とし、或は其等を更に組み合せて新しい系列を作り、其の系列が無限に延長さるゝ時に其の行動も自から千態萬樣な行動方針が生起せらるべきは、明白な理である。如斯問題が進行し來るとき社會の統一と安寧秩序は根本から脅かされるものである。(了)

3) 고등법원 검사 마이바라 센(米原先), 「유언비어에 대하여」, 『경무휘보』 420, 1941. 4.

流言蜚語に就て

高等法院檢事　米原　先

「デマを飛ばす」といふ言葉がある、これはなんとなく愛嬌があつてしかもある種の滑稽味さへ含んでゐるが「流言蜚語」となると何か物々しく一種のスリルさへ感ぜられ、その字劃又は字音から受ける印象自體が已に暗く重い。「造言飛語」に至つてはいかにも軍隊式で四角張つてゐる感じである。

流言蜚語といふ言葉は隨分古くから用ひられてゐる支那の言葉ださうであるが、その意味は判つてゐる樣でなかく〵はつきりしてはゐないのである。大體は「無根の風說」或は「根も葉もない噂」といふ風に解せられてゐるが、單にそれだけではすまされない複雜な色合なり味なりを持つてゐる言葉であると思ふ。法律上流言蜚語といふ言葉を使つてゐるかどうか、私の調べた範圍内ではかゝる用法は見當らない樣である。流言蜚語の一般的取締規定と目されてゐる警察犯處罰規則第一條第二十一號も「人ヲ誑惑セシムベキ流言浮說又ハ虛報ヲ爲シタル者」とあつて、流言蜚語といふ言葉は使つてゐない。戰時又は事變に際し軍事に關する流言蜚語は、陸海軍刑法に依つて律せられるのであるが、これも「造言飛語」といふて流言蜚語といふ使ひ方はしてゐない。信用及び業務に關する罪の刑法第二百三十三條も「虛僞ノ風說ヲ流布シ」といふ言葉を使つてゐるのである。更に先般施行せられた改正刑法中安寧秩序に對する罪の第百五條ノ二及第百五條ノ三はいづれも「虛僞ノ事實ヲ流布シタル者」とあり、これに對應する國防保安法第九條には「治安ヲ害スベキ事項ヲ流布シタル者」とある。かやうに色々な使ひ方をしてゐるのであつて、それぐ〵その立法の目的に依つて用語が異る如く言葉の意味も必しも同一ではない。今その解釋上の差異についてこゝに說明をする餘裕はないのであるが、先づ以上列記した樣なものを引つくるめて、流言蜚語なる言葉を法律的に理解して差支へないと思ふ。

結局流言蜚語は社會的に重要な意味を持つてゐるだけでは

— 10 —

なく、法律殊に刑罰法規の上に於ても相當な重大な役割を演じてゐることが判る。流言蜚語といふ言葉自體は虛僞の事實といふ觀念卽ち無根性と、それが人心を不安ならしめるとか或は人を惑はせるとかいふ觀念卽ち有害性を含んでゐるかに見えるが、有益と迄はいへないが少くとも無害なものもあり得ると考へられないことはない。然し少くも取締の對象として流言蜚語を見る場合はそれが有害であることを要件とすべきであらう。又虛僞の事實といつても、全然眞實に反する場合ばかりでなく、寧ろある眞實と虛僞とが結合してゐる場合、或は眞實が著しく誇張せられる場合が相當あり得るのであつて、かやうなものも勿論流言蜚語の範疇に入るものと考へられる。

かゝる流言蜚語なるものは一體どうして發生するのであらうか。交通が發達せず通信報道の機關が不充分であつた時代に於ては、流言蜚語の發生は極めて稀である。結局それ等のものゝ發達に比例して流言蜚語が增加して來るのであつて、出版物殊に新聞紙の普及が却つて流言蜚語の增加を促してゐる樣に觀察せられてゐる。「檢閲の嚴格さは流言蜚語の增加と正比例する」とまで言はれる位であつて、出版が旺盛ならば、それだけ檢閲が嚴重となる、從つて流言蜚語が增加するといふ現象が生じて來るのである。近時出版物の統制が強く要求せられてゐるのであるが、流言蜚語との關係に於ては愼重に考慮すべき點がある樣に感ぜられるのである。勿論天下泰平萬民鼓腹擊壤といふ時代には流言蜚語の發生は考へられないのであつて、今日の如く狂瀾怒濤逆卷き社會人心が激しく動搖してゐる時代こそ、まさしく流言蜚語の最も好適な溫床を提供するのである。かゝる時代は益々言論報道の統制禁止の必要性が增加する、從つて益々流言蜚語が橫行するといふ關係になつて來る譯である。淸水幾太郎氏は、通信報道の禁止又は杜絶に對する民衆の飢えが流言蜚語發生の原因である、と論じてゐるがけだし至言であらう。天災地變のため一時報道が杜絶した場合如何なる混亂を呈するかは、關東大震災の例を見れば直ちに判るのであつて、結局流言蜚語は言論報道の自然的又は人爲的抑制と民衆の本能感情との摩擦から發生するものであるといふことが出來ると思ふ。言論報道がある程度抑制せられてゐると、民衆心理は非常に猜疑心が深くなり、眞實が眞實として發表せられてもそれを額面通りに受取らなくなつて來るといふ傾向がある。「秘密」といふものに對して民衆が抱く本能的な感情を無視しては流言蜚語を考へることは出來ないのである。ある事項を最も迅速に廣範圍に傳播させたい時には「之は秘密だが」と前置きして話せば一番效果的である、といふ逆説が成立つといはれる位であるから、かやうな民衆心理の弱點を忘れて言論報道の抑制をやることは隨分危險であつて、却つて逆效果を來す虞があるのである。

次に流言蜚語が最も流言蜚語としての特長を發揮するのは先づそれが「ほんとらしさ」を具へてゐることであらう。全然あり得べからざること、常識では考へられない樣なことは流言蜚語としては價値に乏しい。さうしてそれが新奇であり、あるひは民衆の秘かに欲してゐる事項に觸れて來れば來る程、流言蜚語はその猛威を逞うする譯である。唯その「ほんとらしさ」は時と場所によつて非常な變化があることに注意せねばならぬ。戰爭又は大天災の場合の如く人心が興奮顚倒してゐる場合には、平常に於ては馬鹿々々しくて到底相手にされぬ樣な事項でも「ほんとらしさ」を帶びて流言蜚語として登場して來る。同じ樣に內地では流言蜚語として成立たぬ事項が、半島に於ては立派な流言蜚語として通用する場合も考へられる。我が半島は古來から流言蜚語の國であつた、といはれ、又そのスピードは急行列車よりも速かつたといはれてゐる位であつて、現在に於ても半島の特殊事情から考へて、依然流言蜚語の點に就ては内地と同じ樣に考へることは出來ないのではあるまいか。

以上私は流言蜚語の性質に關し若干の考案を試みたのであるが、然らばこれが對策如何といふ點である。流言蜚語が人心を不安ならしめ、國家社會の治安確保に大なる障害を來すものであることは言ふまでもない。殊に現時局下に於ては一層取締の必要が痛感せられるのである。然し流言蜚語なるものは大部分が自然發生的の性質を帶びてゐるのみならず、前記の如く社會の裏路を口移しに放浪する影の如き怪物であつて、これを捉へること自體が仲々困難である。更にこれを捉へて見たところで、既にそれが流言蜚語として傳播して了つた後であれば、一人や二人を檢擧處罰したところで效果は知れたものである。現在ほど流言蜚語取締の必要が切實に要求せられる時期は尠い、しかも現在ほどその發生の可能性の多い時期も稀である、その矛盾が必然的であるといふ悲劇の下に於ける取締官の苦惱は、まことに言語に絶するものがあるであらう。言論報道統制の手加減によつて、ある程度自然發生的な流言蜚語の防止は出來ると思ふのであるが、それはそれとして取締官としては現在ありのまゝの狀態に於けるその絶滅の方法を考へなければならない。

—12—

半島に於ける流言蜚語の傳播の速度は急行列車よりも速かつたといはれるのであるから、可及的速に之を捉へること、つまり流言蜚語となり得る可能性のある事項を、それが流言蜚語にならぬ間に捉へること、換言すれば流言蜚語たるべき事項を流布する者、陸海軍刑法の所謂造言者を速に檢擧することが、最も必要である。それがためには別に目新らしい方法がある譯でもなく、結局熱心な細心な、民情に對する怠らざる査察内偵といふことを力說するより外はない。

尙注意すべきは改正刑法及國防保安法の制定により、悪質流言蜚語に對する罰則が極めて强力化されたことである。殊に國防保安法に於ては、それが「外國ト通謀シ又ハ外國ニ利益ヲ與フル目的ヲ以テ」流言蜚語をなす者、つまりスパイによる我が後方攪亂工作と認められるものに對して、最高無期刑を以て臨むことになつたのである。(第九條、第十條)前歐洲大戰に於て、獨逸が武力戰そのものよりも寧ろ英國のかやうな謀略工作に敗れたことは世間周知の事實であるが、今時大戰に於ては、逆にフランスその他の諸國が獨逸の謀略工作にしてやられたのであると批判する識者が多い樣である。近代戰に於ける思想的謀略工作は斯樣な實例があるので、益々その效果が高く評價されて來つゝあるのであつて、當然我が國に對しても猛烈な工作が施されつゝあるものと覺悟しなければならない。これが國防保安法制定の重要な目的の一であると信ずる。自然發生的な流言蜚語は、大體に於て國内のある出來事に對する好奇的なものが多いのであつて、質に於ては左程悪質なものは尠いと思ふのであるが、スパイによつて作成流布されるものは、非常に悪質なものが巧妙な方法によつてほんとらしさの假面を被つて登場して來るのである。かやうな悪質の流言蜚語の取締は、流言蜚語そのものゝ本質から見ても、又彼等の用ふる手段方法が極めて隱密に行はれる點から考へても非常に困難である。然し國を護るためには必死にその發生を防止しなければならぬ。彼等の魔手にかゝり、いやしくも半島治安を攪亂せられるが如きことがあつては、取締官としてまこと痛恨限りなき次第である。流言蜚語の取締に就ては、先づその本質の究明が急務と考へ、各位の御研究の資となさんためこの拙文を草したに過ぎぬ。忽々の執筆にて過誤多きことゝ思ふ、御叱正を賜はれば幸甚である。

(昭和十六年三月)

Ⅱ. 조선총독부 법무국 자료

Ⅱ-1. 형사판결문

Ⅱ-2. 경성지방법원 검사국, 「사상에 관한 정보」

Ⅱ-3. 고등법원 검사국 사상부, 『대동아 발발 후의 특수범죄 조사 조언비어 및 불경사건』, 1943

II-1. 형사판결문

1) 1938년형공제130호(昭和十三年刑公第一三〇號)

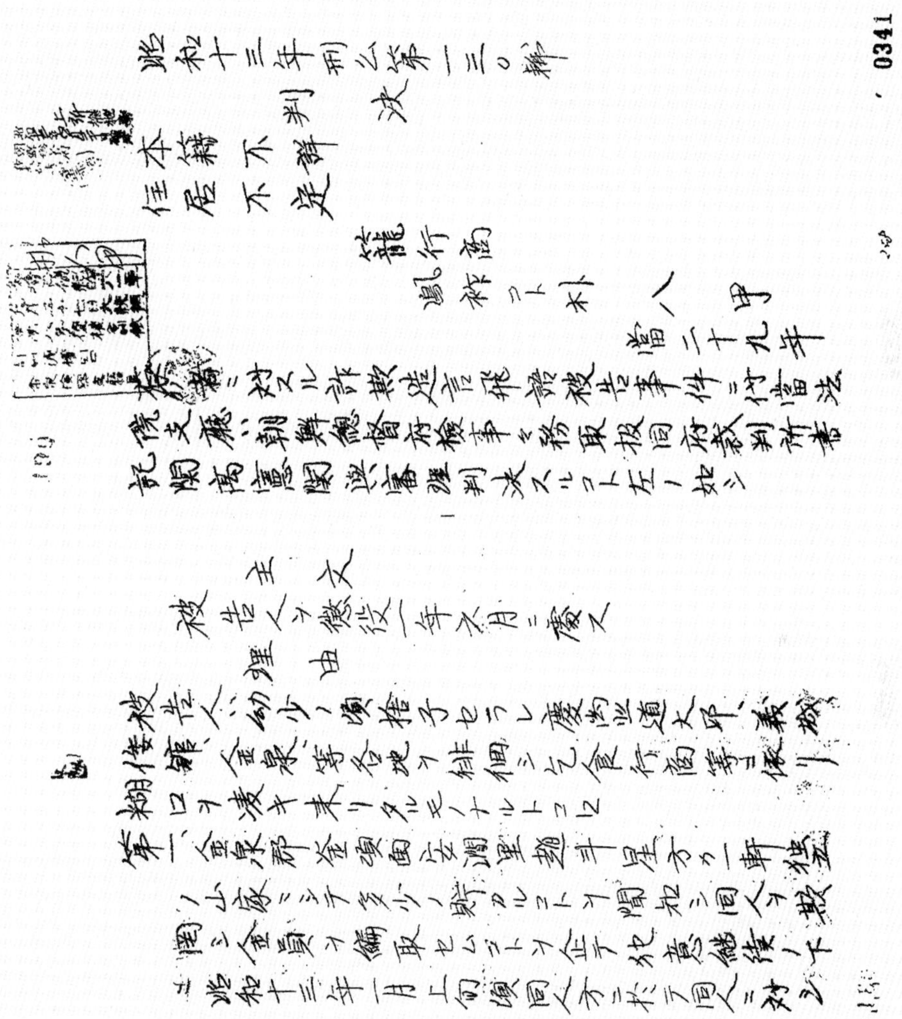
昭和十三年刑公第一三〇號

判決

本籍 不詳
住居 不定

籠行商
鳳祚コト 朴 八甲
當二十九年

右者ニ対スル詐欺造言飛語被告事件ニ付當法院支廳ハ朝鮮總督府檢事々務取扱同府裁判所書記閔高憲関與審理判決スルコト左ノ如シ

主文

被告人ヲ懲役一年六月ニ處ス

理由

被告人ハ幼少ノ頃捨子セラレ慶尚北道大邱、義城、倭館、金泉等各地ヲ徘徊シ乞食行商等ニ依リ糊口ヲ凌キ来リタルモノナルトコロ

第一、金泉郡釜項面安澗里趙斗星方カ一軒独立ノ山家ニシテ多少ノ貯カルコトヲ聞知シ同人ヲ欺罔シ金員ヲ騙取セムコトヲ企テ犯意継續ノ下ニ昭和十三年一月上旬頃同人方ニ於テ同人ニ対シ

191

自分ハ金泉邑富豪高瀬方ノ事務員ニシテ今
田高瀬林檎園ノ使用農民ニ家財道具ヲ分與
スルコトトナリ之ニ為メ荻製籠ヲ買求メ
度旨申出テ恰モ富豪高瀬ノ事務員ナリト信
頼セシメタル上其ノ傭保証金洋服代等仕度金
衣位ヲ提供セハ趙并星ノ二男徳述ヲ高瀬方事
務員ニ就職方周旋スヘシト甘言ヲ以テ虚構ノ事
実ヲ申向ケ其ノ旨趙并星ヲ誤信セシメテ其ノ頃
数回ニ亘リ同人方ニ於テ同人ヨリ合計金百十余
ヲ保証金身仕度金等名義ノ下ニ受取リ 騙
取シ

第二、更ニ昭和十三年一月十六日頃午後一時頃右趙并
星方ニ於テ同人ニ対シ現在満洲方面ニテ支那兵
ト交戦中ノ日本兵ハ炊事婦ナキ為メ困却シ居リ
テ近ク鮮人十五才以上ノ未婚處女ヲ強制的ニ
満洲ニ輸送シ日本兵ノ炊事婦ニ使用スルコト
トナリ其ノ旨金泉警察署前掲示板ニ之掲
記セラレカルヲ自分モ目撃シタリ今ノ内末順
(趙并星ノ二女當十五年)ヲ嫁セシメサレハ満洲ニ
連行カルル故自分ト結婚セシメテハ如何サスレハ

0342

満洲ニ連行セラレルコトヲ免ルヘシト無根ノ事実ヲ申向ケテ其ノ旨誤信セシメ同月二十[illegible]右趙寺星夫婦ノ家認ノ下ニ[illegible]ト情交関係ヲ結ヒ爾来趙寺星方ニ同居シテ十数回情交ヲ重ネタルカ右虚偽宣傳ノ発覚ヲ虞レ其ノ頃右釜項面安瀾里居等部落民ニ対シ極力[illegible]事實ノ真実ナル旨强調シ以テ現在日支事変ニ際シ挙國一致内鮮一体事局ニ善處ノ折柄軍事ニ関シ造言飛語ヲ為シ[illegible]該地方部民ヲ惑ハシメタルモノナリ

而シテ被告人ハ曩ニ昭和十年二月十五日公州地方法院大田支廳ニ於テ詐欺及恐喝罪ニ因リ懲役八月ニ處セラレ當時右刑ノ執行ヲ終リタルモノナリ

法律ニ照スニ被告人ノ判示所為中詐欺ノ点ハ刑法第二百四十六條第一項第五十五條ニ該當シ判示[illegible]アルヲ以テ同法第五十六條第一項第五十七條ニ依リ法定ノ加重ヲ為シ造言飛語ノ点ハ陸軍刑法第九十九條ニ該當スルトコロ右ハ同法第四十五條ノ併合罪ナルニ依リ同法第四十七條第十條ニ依リ重キ[illegible]

0343

ノ刑ニ法定ノ加重ヲ為シ同法第十四條ノ制限ニ従ヒ
タル範囲内ニ於テ被告人ヲ懲役一年六月ニ處スヘ
キモノトス
仍テ主文ノ如ク判決ス

昭和十三年四月三十日

大邱地方法院金泉支廳

朝鮮総督府判事　中津市五郎

0344

2) 1938년형공제797호(昭和十三年刑公第七九七號)

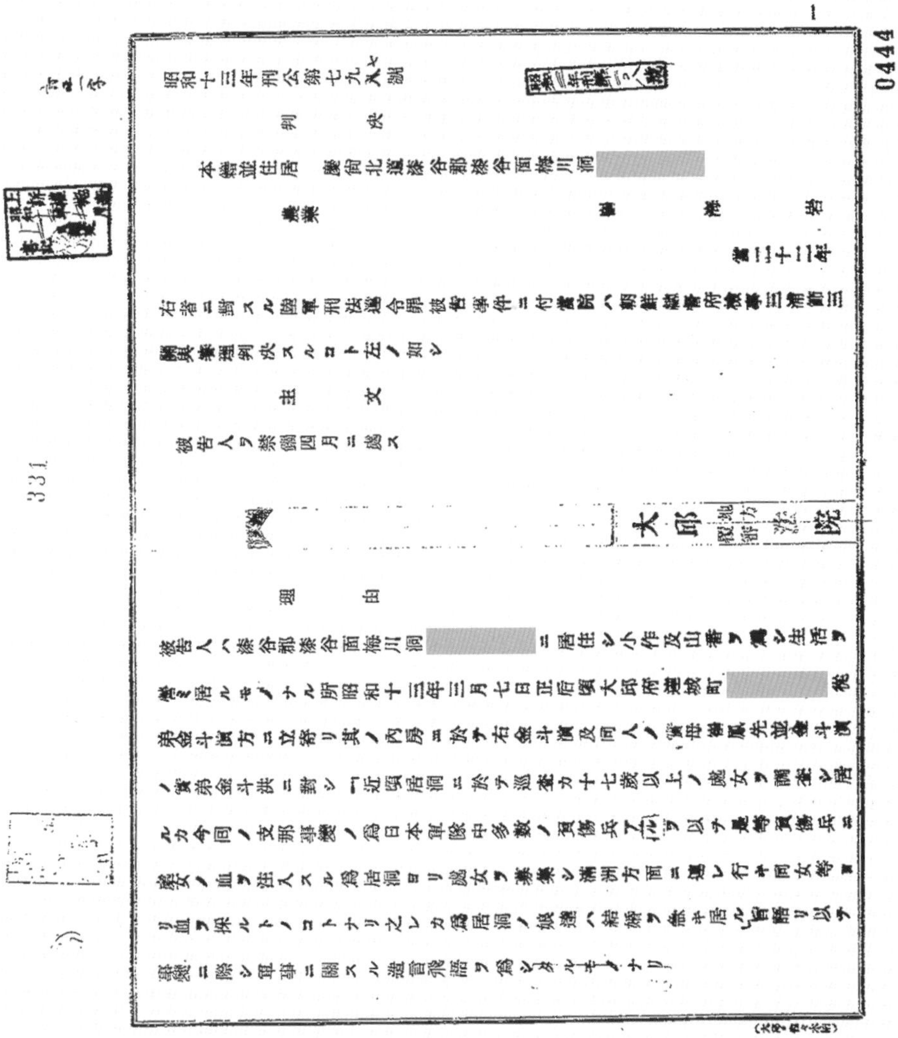

昭和十三年刑公第七九七號

判決

本籍並住居 慶尙北道漆谷郡漆谷面梅川洞

農業 [illegible]海岩

當二十二年

右者ニ對スル陸軍刑法違反被告事件ニ付當院ハ朝鮮總督府檢事三浦節三關與審理判決スルコト左ノ如シ

主文

被告人ヲ禁錮四月ニ處ス

大邱地方法院

理由

被告人ハ漆谷郡漆谷面梅川洞ニ居住シ小作及山番ヲ爲シ生活ヲ營ミ居ルモノナル所昭和十三年三月七日正午頃大邱府達城町ノ實弟金斗洪方ニ立寄リ其ノ內房ニ於テ右金斗演及同人ノ實母[illegible]氏並金斗演ノ實弟金斗洪ニ對シ「近頃居洞ニ於テ巡査カ十七歲以上ノ處女ヲ調査シ居ルカ今回ノ支那事變ノ爲日本軍隊中多數ノ負傷兵アルヲ以テ是等負傷兵ニ處女ノ血ヲ注入スル爲居洞ヨリ處女ヲ募集シ滿洲方面ニ連レ行キ同女等ヨリ血ヲ採ルトノコトナリ之レカ爲居洞ノ娘達ハ結婚ヲ急キ居ル」旨語リ以テ事變ニ際シ軍事ニ關スル造言飛語ヲ爲シタルモノナリ

332

證據ヲ按スルニ被告人ハ冒頭判示ノ如ク小作及山番ヲ爲シ生活シ居ルモノ
ナル所判示日時判示金斗演方内房ニ於テ同人及其ノ母並金斗演實弟ニ對シ
判示末尾ノ居洞ノ娘等カ結婚ヲ急キ居ル旨ノ點ヲ除キ其餘ノ判示事實ニ付
事實ニ非サルコトヲモ熟知シ居リ乍ラ判示ノ如ク語リタルコト被告人ノ當
公廷ニ於ケル其旨ノ供述ニ依リ明カニシテ前敍居洞ノ娘等カ結婚云々ノ點
ニ付テハ檢事ノ證人金斗演ニ對スル訊問調書中判示日時判示場所ニ於テ被
告人ヨリ十七歳以上ノ處女ヲ滿洲ニ連レ行キ多數ノ負傷兵ニ同女等ノ血ヲ
注入スルトノコトニテ居洞ノ娘等ハ急キ相手方ヲ捜シ結婚ヲ焦リ居ル旨聞キ
タル旨ノ供述記載ニ依リ認ムヘク以上ヲ綜合スレハ判示事實ハ其ノ證明十

大邱地方法院

分ナリトス
法ニ照スニ被告人ノ所爲ハ陸軍刑法第九十九條ニ該當スルヲ以テ其ノ所定
刑期範圍内ニ於テ被告人ヲ禁錮四月ニ處斷スヘキモノトス
仍テ主文ノ如ク判決ス

昭和十三年五月十一日

大邱地方法院

朝鮮總督府判事

二

0445

3) 1938년형공제376호(昭和十三年刑公第三七六號)

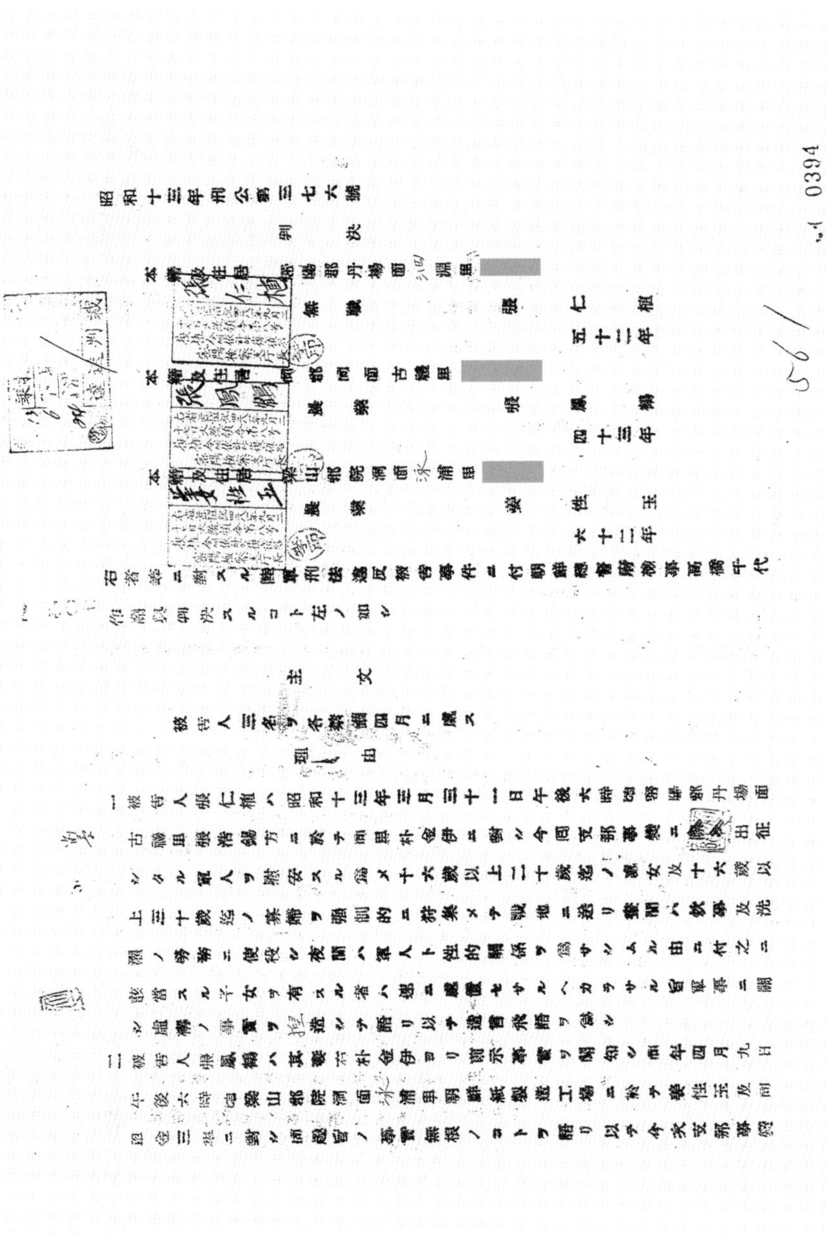

ノ軍事ニ關シ造言飛語ヲ爲シ

三被告人姜性玉ハ同日午後九時頃居里金元甲方ニ於テ同里崔永相外一名ニ對シ被告人張鳳鎬ヨリ聞知シタル前記同旨ノ事實無根ノロトヲ語リ以テ今次支那事變ノ軍事ニ關シ造言飛語ヲ爲シタルモノナリ

法ニ照スニ各被告人ノ判示所爲ハ陸軍刑法第九十九條ニ該當スルヲ以テ其刑期範圍内ニ於テ各禁錮四月ニ處スヘキモノトス

仍テ主文ノ如ク判決ス

昭和十三年六月二十四日

釜山地方法院密陽支廳

朝鮮總督府判事 徐廷□

0395

4-1) 1938년형공제1100호(昭和十三年刑公第一一〇〇號)

158

昭和十三年刑公第一一〇〇號

判　決

本籍　慶尙北道義城郡義城面是新洞

住居　同道達城郡達西面內唐洞

無職　玉粉コト　鄭　玉　分

當三十四年

右者ニ對スル陸軍刑法違反被告事件ニ付朝鮮總督府檢事三浦節三關與審理ヲ遂ケ判決スルコト左ノ如シ

主　文

被告人ヲ禁錮三月ニ處ス

理　由

被告人ハ戶主丁日鳳ノ妻ナルカ同人ハ昭和三年頃ヨリ癩患ニ罹リタル爲約四年前同人ト別居シ漆谷郡若木面居住ノ漢藥商崔斗甲ト情ヲ通シ同人ヨリ月額約十圓ノ仕送リヲ受ケ現ニ實父鄭且快方ニ居住シ居ル者ナル處昭和十三年三月下旬日不詳午后五時頃當時被告人カ一時間借リシ居リタル大邱府東雲町　金景德方自己居室側ニ於テ右金景德同人妻金占樂同居人金粉年及被告人ノ妹鄭福蘭等ニ對シ

(一)今回支那事變ニテ支那及滿州方面ニ出征中ノ日本軍隊ハ戰鬪ノ結果甚シ

大邱地方覆審法院

1134

159

ク疲勞シ特ニ軍人ノ肱ノ力カ拔ケ滿足ナル活動ヲ爲シ得サルニ至リシ爲其ノ元氣恢復ノ方法トシテ十六七歲位ノ朝鮮娘ヲ多數徵發シ戰地ニ送リ右處女達ノ肱ヨリ血ヲ採取シ之ヲ軍人ノ肱ニ注射スル由

(二)尙敵彈避ケノ方法トシテ右處女達ノ口ヨリ或ル機械ヲ挿入シ月經ノ血ヲ採取シ之ヲ軍服ニ塗布スル由

(三)鐵城郡城北面山格洞方面ニ於テハ既ニ之カ爲十數名ノ朝鮮娘カ徵發サレタル由

(四)從而田舍ノ各地ニ於テハ娘ノ徵發ヲ免ルル爲結婚ヲ急キ擧式ヨリモ結婚屆出手續ヲ爲シ式モ酒盃ノ代リニ水盃ヲ用ヒ簡單ナル擧式ヲ爲スニ止ムル實例アル由

等ヲ語リ以テ事變ニ際シ軍事ニ關スル造言飛語ヲ爲シタルモノナル

法ニ照スニ被告人ノ所爲ハ陸軍刑法第九十九條ニ該當スルヲ以テ其ノ所定刑期範圍內ニ於テ被告人ヲ禁錮三月ニ處スヘク仍テ主文ノ如ク判決ス

昭和十三年六月十日

大邱地方法院

朝鮮總督府判事 三ヶ野五次

二

1135

4-2) 1938년형공공제227호(昭和十三年刑控公第二二七號)

昭和十三年刑控公第二二七號

判決

本籍 慶尙北道義城郡義城面是新洞[redacted]

住居 同道達城郡達西面內唐洞[redacted]

無職 玉粉コト

鄭玉分

當三十四年

右ニ對スル陸軍刑法違反被告事件ニ付昭和十三年六月十日大邱地方法院ノ言渡シタル判決ニ對シ被告人ヨリ控訴ノ申立アリタルニヨリ當院ハ朝鮮

大邱地方覆審法院

總督府檢事佐藤𧫴關與審理判決スルコト左ノ如シ

主文

被告人ヲ禁錮三月ニ處ス

理由

被告人ハ昭和十三年三月下旬日不詳午後五時頃當時被告人カ間借シ居リタル大邱府東雲町[redacted]金景德方緣側ニ於テ偶々同所ニ居合セタル金景德同人ノ妻全占樂、同居人金粉年及被告人ノ妹鄭福蘭ノ四名ニ對シ

今回支那事變ニテ支那及滿洲方面ニ出征中ノ日本軍隊（陸軍ヲ指ス）ハ戰鬪ノ結果甚シク疲勞シ特ニ軍人ノ肱ノ力カ拔ケ滿足ナル活動ヲ爲シ得サル

ニ至リシ為其ノ元氣恢復ノ方法トシテ十六十七歳位ノ朝鮮娘ヲ多數徵發シ
戰地ニ送リ右處女達ノ肱ヨリ血ヲ採取シ之ヲ軍人ノ肱ニ注射シ尚敵彈避ケ
ノ方法トシテ右處女達ノ口ヨリ或機械ヲ押入シ月經ノ血ヲ採取シ之ヲ軍服
ニ塗布スルトノコトニテ達城郡城北面山格洞方面ニ於テハ既ニ之カ為十數
名ノ朝鮮娘カ徵發サレシ由從而田舍ニ於テハ娘ノ徵發ヲ免ルル為結婚ヲ急
キ擧式ヨリモ婚姻屆出手續ヲ為シ式モ酒盃ノ代リニ水盃ヲ用ヒ簡單ナル擧
式ヲ為スニ止ムル實例アル由
等ノ虛妄ノ事項ヲ語リ以テ事變ニ際シ軍事ニ關スル造言飛語ヲ為シタルモ
ノナリ

大邱覆審地方法院

證據ヲ按スルニ判示事實ハ被告人ノ當公廷ニ於ケル判示旨說カ虛妄ナリト
ノ點並ニ右旨說中ニ所謂軍隊トハ陸軍ヲ指スモノナリトノ點ヲ除キ判示同
旨ノ自供、原審第一回公判調書中ニ被告人ノ供述トシテ私ハ判示內容ノ話
ヲ其ノ頃母ヨリ聞知シタルノミニテ之カ眞否ヲ知ラスシテ判示ノ人々ニ語
リタル次第ニテ其ノ內容カ眞實ナリトハ信シ居ラサリシ旨ノ記載、檢事ノ
被疑者鄭玉粉訊問調書中ニ私達ノ所謂日本軍隊ハ屢々停車場ヲ通過輸送セ
ラレツツアル出征兵ヲ指稱スルモノト思ヒ居ル旨ノ供述記載、司法警察官
ノ證人金景德訊問調書中ニ被告人ハ昭和十三年三月初ヨリ同年四月末頃迄
ノ間證人方ニ於テ間借ヲ為シ其ノ妹鄭福蘭ト共ニ居住シ居リタルカ判示日

1137

訂正一字

時内唐洞ノ自己ノ實家ヨリ歸リ來リ證人方緣側ニ於テ私及私ノ妻金[illegible]、鄭福蘭、金甲松ノ妻金粉年ニ對シ判示内容ノ話ヲ物語リタルコト相違ナシ

右話中ノ軍人ニ付陸海軍何レトモ明ハサリシモ其ノ時ノ話ノ狀況ヨリ陸軍ヲ指稱セシ樣ナリシ旨ノ供述記載アルヲ綜合考覈シテ之ヲ認メ得ヘキヲ以テ判示事實ハ其ノ證明アリ

法律ニ照スニ被告人ノ判示所爲ハ陸軍刑法第九十九條ニ該當スルヲ以テ其ノ刑期範圍内ニ於テ被告人ヲ禁錮三月ニ處スヘキモノトス

仍テ主文ノ如ク判決シタリ

被告人ノ控訴ハ理由ナシ

昭和十三年六月二十七日

大邱覆審法院刑事第二部

裁判長朝鮮總督府判事　百　武　一

朝鮮總督府判事　豐　島　正　已

朝鮮總督府判事　中　川　宗　孝

右謄本也

昭和十三年六月二十八日

大邱覆審法院刑事[illegible]

朝鮮總督府裁判所書記　大[illegible]

大邱地方覆審法院

三

1138

5) 1938년형공제258호(昭和十三年刑公第二五八號)

昭和十三年刑公第二五八號

判決

本籍 慶尚北道尙州郡内西面[illegible]

住所 同道同郡化西面[illegible]

反物行商 池[illegible]東

當三十二年

右者ニ對スル詐欺被告事件ニ付審理[illegible]

ノ上判決スルコト如左

主文

被告人ヲ懲役六月ニ處ス

[illegible]

理由

被告人ハ反物類ヲ販賣スル[illegible]

[illegible]昭和十三年七月六日午前十一時頃[illegible]

[illegible]

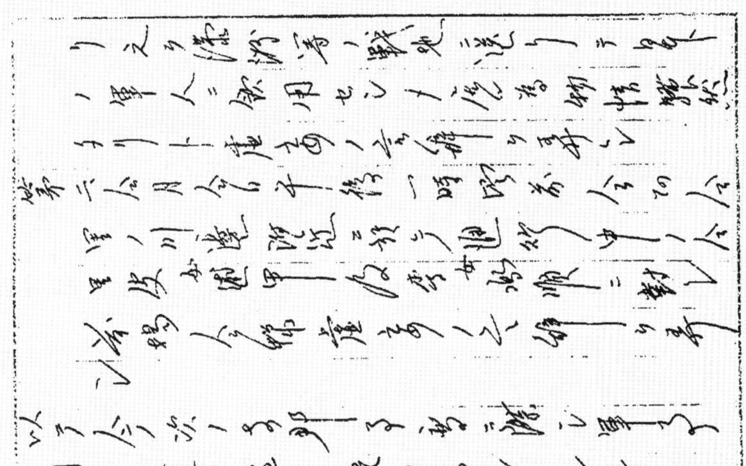

6) 1938년형공제733호(昭和十三年刑公第七三三號)

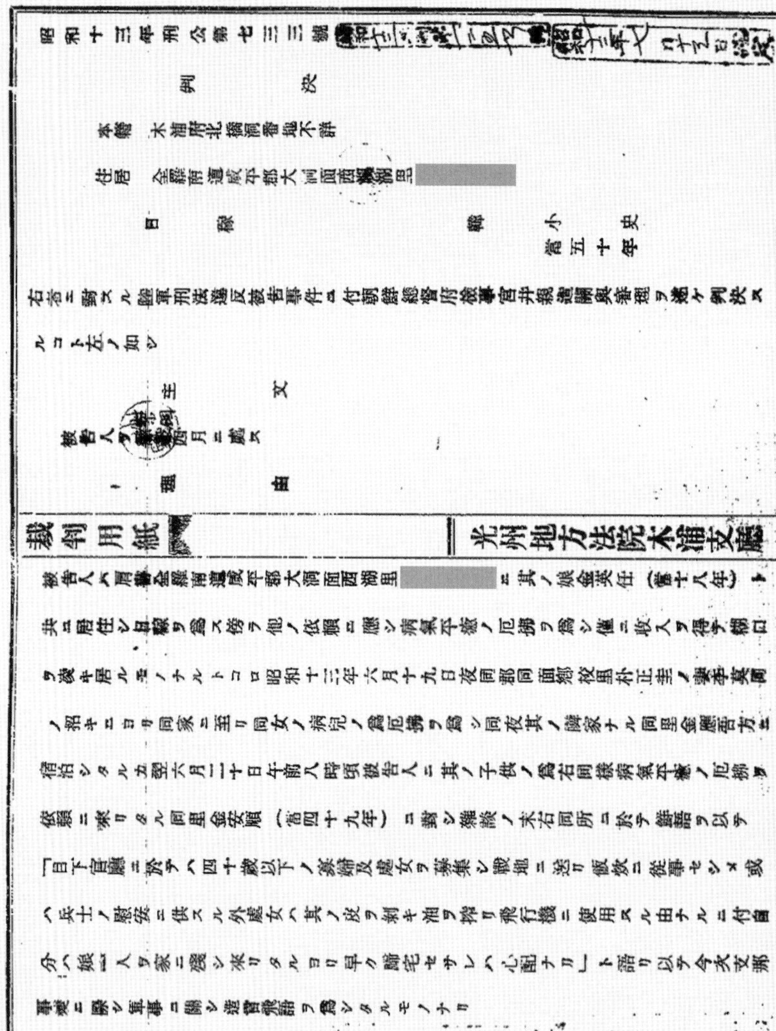

昭和十三年刑公第七三三號

判決

本籍 木浦府北橋洞番地不詳

住居 全羅南道咸平郡大洞面西湖里 [redacted]

日稼 鄭小史 當五十年

右者ニ對スル陸軍刑法違反被告事件ニ付朝鮮總督府檢事宮井銀造關與審理ヲ遂ケ判決スルコト左ノ如シ

主文

被告人ヲ禁錮四月ニ處ス

理由

裁判用紙 光州地方法院木浦支廳

被告人ハ肩書全羅南道咸平郡大洞面西湖里[redacted]ニ其ノ娘金英任（當十八年）ト共ニ居住シ日稼ヲ爲スト傍ラ他ノ依頼ニ應シ病氣平癒ノ厄拂ヲ爲シ僅ニ收入ヲ得テ糊口ヲ凌キ居ルモノナルトコロ昭和十三年六月十九日夜同郡同面鄕校里朴正圭ノ妻李莫順ノ招キニヨリ同家ニ至リ同女ノ病兒ノ爲厄拂ヲ爲シ同夜其ノ隣家ナル同里金應吾方ニ宿泊シタルカ翌六月二十日午前八時頃被告人ニ其ノ子供ノ爲右同樣病氣平癒ノ厄拂ヲ依頼ニ來リタル同里金安順（當四十九年）ニ對シ雜談ノ末右同所ニ於テ鮮語ヲ以テ「目下官廳ニ於テハ四十歲以下ノ寡婦及處女ヲ募集シ戰地ニ送リ飯炊ニ從事セシメ或ハ兵士ノ慰安ニ供スル外處女ハ其ノ皮ヲ剝キ油ヲ搾リ飛行機ニ使用スル由ナルニ付自分ハ娘一人ヲ家ニ殘シ來リタルヨリ早ク歸宅セサレハ心配ナリ」ト語リ以テ今次支那事變ニ際シ軍事ニ關シ造言飛語ヲ爲シタルモノナリ

314

法ニ照スニ被告人ノ所爲ハ陸軍刑法第九十九條ニ該當スルヲ以テ其ノ所定刑期範圍内ニ

於テ被告人ヲ禁錮四月ニ處スヘキモノトス

仍テ主文ノ如ク判決ス

昭和十三年七月二十九日

光州地方法院木浦支廳

朝鮮總督府判事

1181

裁判用紙

光州地方法院木浦支廳

7) 1938년형공제457호(昭和十三年刑公第四五七號)

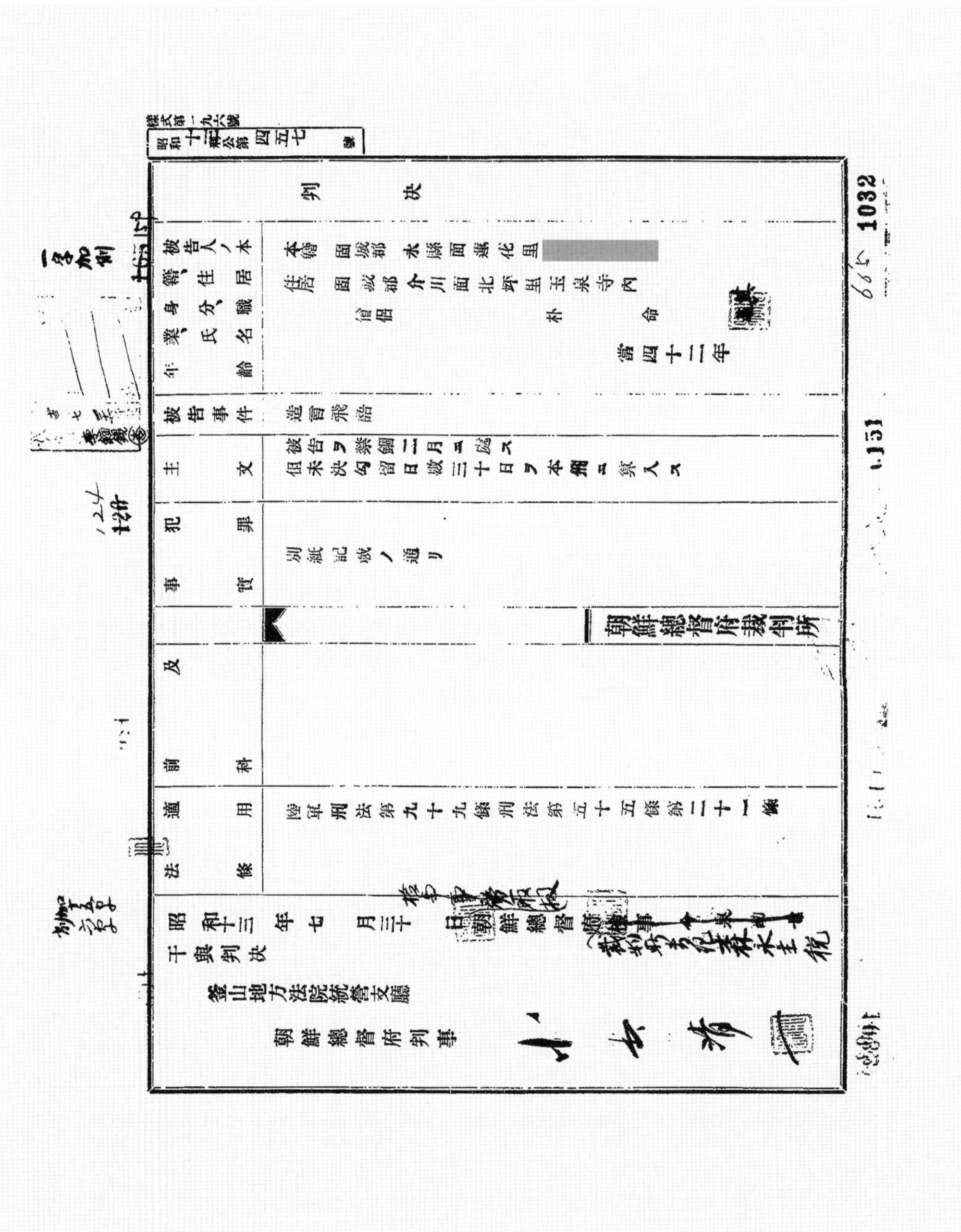
樣式第一九六號
昭和十三年刑公第四五七號

判決

本籍 固城郡永縣面遂化里

住居 固城郡介川面北坪里玉泉寺內

僧侶

朴 命

當四十二年

被告事件 造言飛語

主文 被告ヲ禁錮二月ニ處ス 但未決勾留日數三十日ヲ本刑ニ算入ス

犯罪事實 別紙記載ノ通リ

朝鮮總督府裁判所

法適用條 陸軍刑法第九十九條刑法第五十五條第二十一條

昭和十三年七月三十日判決

釜山地方法院統營支廳

朝鮮總督府判事

160

犯罪事實

被告ハ約二十五年前固城郡介川面北坪里玉泉寺ニ入リ爾來同寺僧侶トナリ其ノ傍被告本籍地ニ於テ農業ニ從事シ來リシモノナル處妻ノ母尹今順ヨリ十四歲乃至十六歲ノ朝鮮人處女ヲ募集滿洲ニ送ル噂アル旨聞知スヤ犯意ヲ繼續シテ昭和十三年二月二十一日午后五時頃同寺内青蓮庵ナル自己居室ニ於テ同寺僧侶劉鋒秀ニ對シ翌日夕方同寺内ニ於テ同寺小僧姜東錫ニ對シ今次支那事變ニ於テ多數朝鮮人婦女子死亡シタルヲ以テ之カ補充ノ爲全鮮ニ亘リ十五歲乃至十七歲ノ朝鮮人處女ヲ一面ヨリ十五名宛募集シ之ヲ滿洲國ニ送リ軍服作成ニ從事セシムル旨全ク虛構ノ事實ヲ申向ケ以テ今次支那事變ニ際シ軍事ニ關シ造言飛語シタルモノナリ

1033 152

8) 1938년형공제1092호(昭和十三年刑公第一〇九二號)

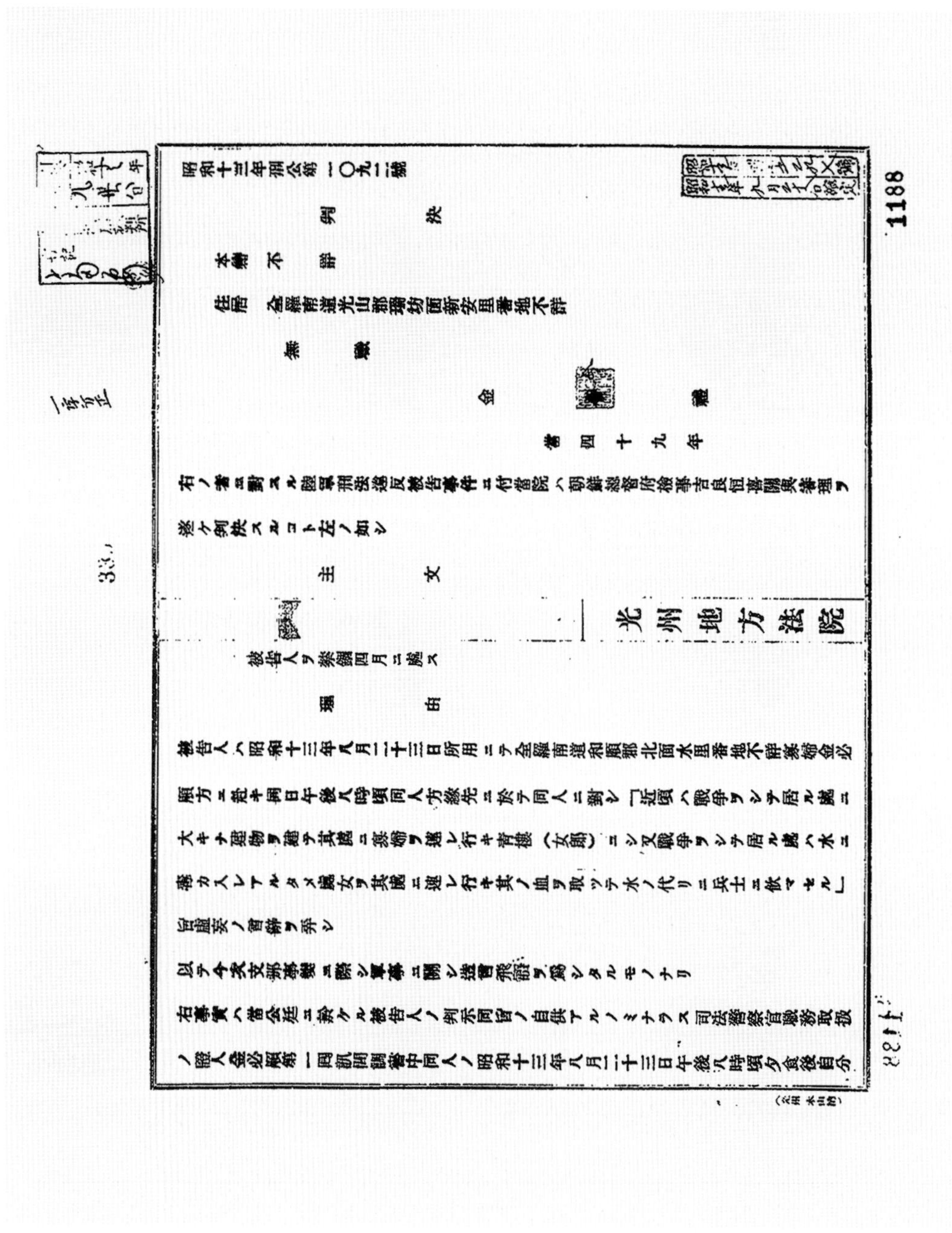

昭和十三年刑公第一〇九二號

判決

本籍 不詳

住居 全羅南道光山郡瑞坊面新安里番地不詳

無職

金[illegible]禮

當四十九年

右ノ者ニ對スル陸軍刑法違反被告事件ニ付當院ハ朝鮮總督府檢事吉良恒喜關與審理ヲ遂ケ判決スルコト左ノ如シ

光州地方法院

主文

被告人ヲ禁錮四月ニ處ス

理由

被告人ハ昭和十三年八月二十三日所用ニテ全羅南道和順郡北面水里番地不詳寡婦金必順方ニ赴キ同日午後八時頃同人方縁先ニ於テ同人ニ對シ「近頃ハ戰爭ヲシテ居ル處ニ大キナ建物ヲ建テ其處ニ寡婦ヲ連レ行キ青樓（女郎）ニシ又戰爭ヲシテ居ル處ハ水ニ毒カ入レテアルタメ處女ヲ其處ニ連レ行キ其ノ血ヲ取ッテ水ノ代リニ兵士ニ飲マセル」旨虛妄ノ言辭ヲ弄シ

以テ今次支那事變ニ際シ軍事ニ關シ造言飛語ヲ爲シタルモノナリ

右事實ハ當公廷ニ於ケル被告人ノ判示同旨ノ自供アルノミナラス司法警察官職務取扱ノ證人金必順第一回訊問調書中同人ノ昭和十三年八月二十三日午後八時頃夕食後自分

1188

方總側ニ於テ金今盛カ自分ニ對シ近頃戰爭ヲ爲シ居ル處ニ大キナ建物ヲ建テ居ルモ寡
婦ヲ其處ニ連レテ行キ住マセ又戰爭ヲシテ居ル處ハ水ニ毒ヲ入レアル慣レアルタメ處
女ヲ其處ニ連レテ行キ其ノ血ヲ取ッテ兵士ニ飲マセルト話シタルヲ以テ自分ハ大ニ驚
キ同人ニ對シ今日迄寡婦ヲ通シ來リタルモ何ニモナラヌト話シタル旨ノ供述記載アル
ニ依リ之ヲ認ム
サレハ判示事實ハ之カ認定ニ付證明充分ナリ
法律ニ照スニ被告人ノ右所爲ハ[illegible]法第九十九條ニ該當スルヲ以テ其ノ所定刑期範圍内
ニ於テ被告人ヲ禁錮四月ニ處スヘキモノトス
仍テ主文ノ如ク判決ス

昭和十五年九月二十八日

光州地方法院

朝鮮總督府判事

光州地方法院

1189

9) 1938년형공제998호(昭和十三年刑公第九九八號)

148

昭和十三年刑公第九九八號

昭和十三年十月五日確定

樣式第一九六號

判決

被告人ノ本籍、住居、身分、職業、氏名、年齢	本籍 全羅北道淳昌郡龜林面令昌里番地不詳 住居 同道同郡同面安谷里番地不詳 日稼 全學順 當二十八年
被告事件	陸軍刑法違反「造言飛語罪」
主文	被告人ヲ禁錮四月ニ處ス
犯罪事實	被告人ハ昭和十三年八月二十日頃任實郡江津面玉井里旅人宿朴平仲方ニ於テ同里朴造主外一名ニ對シ「淳昌警察署ニ於テ洋具ノ通安ニ住ム某某ノ娘十七八歳ヲ戰地ニ連行スル爲メ調査シタルニヨリ同女ハ悲嘆ノ餘リ三日間モ飲食モ攝ラス泣キ續ケタル」旨虚構ノ事實ヲ流布シ以テ現下ノ支那事變ニ際シ軍事ニ關シ造言飛語ヲ爲シタルモノナリ
	朝鮮總督府裁判所
及前科	
法條適用	陸軍刑法第九十九條

昭和十三年十月五日朝鮮總督府檢事 長谷川寛 關與判決

全州地方法院

朝鮮總督府判事 [signature]

0254

10) 1938년형공제1121호(昭和十三年刑公第一一二一號)

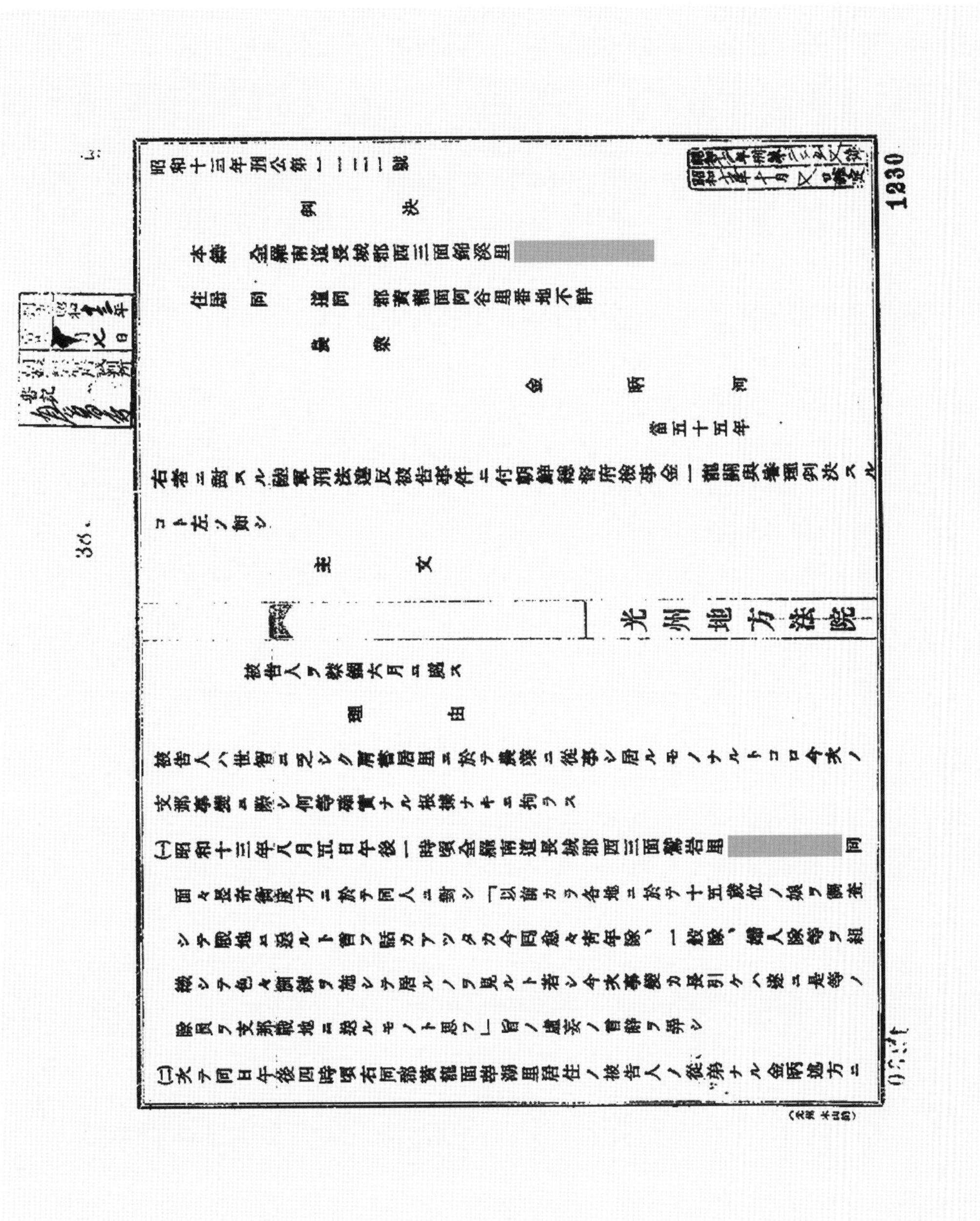

昭和十三年刑公第一一二一號

判決

本籍 全羅南道長城郡西三面錦溪里

住居 同 道同 郡黃龍面阿谷里番地不詳

農業

金昞河

當五十五年

右者ニ對スル陸軍刑法違反被告事件ニ付朝鮮總督府檢事金一龍關與審理判決スルコト左ノ如シ

主文

被告人ヲ禁錮六月ニ處ス

理由

被告人ハ世智ニ乏シク肩書居里ニ於テ農業ニ從事シ居ルモノナルトコロ今次ノ支那事變ニ際シ何等確實ナル根據ナキニ拘ラス

(一)昭和十三年八月五日午後一時頃全羅南道長城郡西三面鷲岩里 同面々長奇衡度方ニ於テ同人ニ對シ「以前カラ各地ニ於テ十五歲位ノ娘ヲ調査シテ戰地ニ送ルト言フ話カアツタカ今回愈々靑年隊、一般隊、婦人隊等ヲ組織シテ色々訓練ヲ施シテ居ルノヲ見ルト若シ今次事變カ長引ケハ遂ニ是等ノ隊員ヲ支那戰地ニ送ルモノト思フ」旨ノ虛妄ノ言辭ヲ弄シ

(二)次テ同日午後四時頃右同郡黃龍面莘湖里居住ノ被告人ノ從弟ナル金昞迪方ニ

光州地方法院

33、

立寄リ両人ニ對シ「自分ハ今日西三面長ノ處ニ行ツテ勤勞報國隊ナルモノニ付テ種々說明ヲ聞イテ來タカ結局納得カ出來ナカツタ現在各面ニ於テ組織サレツツアル婦人隊ナルモノノ如キハ其ノ隊員タル婦女ヲ支那ノ戰地ニ送ル目的テハナイカト考ヘラレルカラオ前ノ娘モ早ク結婚サセタカヨイタラウ」ト申聞ケ以テ陸軍ノ軍事ニ關シ造言飛語ヲ爲シタルモノニシテ右被告人ノ所爲ハ犯意繼續ニ係ルモノトス

右犯罪事實ハ被告人ノ當公廷ニ於ケル判示同旨ノ自供並(一)事實ニ付司法警察官警部取扱ノ奇徳挺ニ對スル證人訊問調書中同人ノ供述トシテ私ハ昭和十年五月ヨリ西三面長ヲ勤メ居ルモノナルカ昭和十三年八月五日舊知ノ間柄ナル金時河カ西三面事務所面長室ニ來リ最近黃龍面ニ於テハ青年隊、一般隊、婦人隊ヲ盛ンニ組

光州地方法院

織シツツアルカ西三面ハ如何又其ノ任務ハ如何ト尋ネラレタルカ晝食時ニナリタル爲金時河ヲ伴ヒテ私ノ家ニ歸リ共ニ晝食ヲ爲シ居ル中同日午後一時頃同人ハ私ニ對シ以前カラ各地ニ於テ十五歲位ノ娘ヲ調査シテ戰地ニ送ルト言フ話カアツテ當局ニ於テハ之ニ對シ全ク事實無根ノ流言ト言ツテ嚴重取締ヲ爲シ今帯ノ如キモ或ル者ノ夫婦カ此ノ樣ナ話ヲ言ツタ爲西三駐在所ニ呼出サレ朝カラ終日留メラレタトノ話モアツタカ今回愈青年隊、一般隊、婦人隊等ヲ組織シ色々訓練ヲ施シテ居ルノヲ見ルト若シ今次ノ事變カ長引ケハ遂ニ之等隊員ヲ支那戰地ニ送ルモノト思ワカ若シサウナレハ私ハ結局子供ヲ皆支那戰地ニ送ツテ私一人トナルタラウカラ隊ノ組織ヨリ拔キ後ニ戰地ニ送ラナイ樣ニスル爲子供等ヲ死亡シタコトニ屆出ルカラ左樣受理シテハ如何ト話シ居リタル旨ノ記載(二)事實ニ付被告ノ金時河ニ對

1231

スル被疑者訊問調書中同人ノ供述トシテ私ハ昭和十三年八月五日西三面長ノ宅ニ
於テ勤勞報國隊ナルモノノ組織ノ趣意ニ付種々說明ヲ受ケタルカ私トシテハ何ウ
シテモ納得出來サリシ爲同家ヨリノ歸途同日午後四時頃黃龍面莘湖里ニ居住スル
從弟金昞述方ヲ訪レ同人ニ對シ自分ハ今日西三面長ノ處ニ行キテ勤勞報國隊ナル
モノニ付種々說明ヲ聞キタルカ結局納得出來サリシ旨申告ケタル後更ニ同人ニ對
シソレ故現在各面ニ於テ組織サレツツアル婦人隊ナルモノノ如キハ其ノ隊員タル
婦女ヲ支那ノ戰地ニ送ル目的テハナイカト考ヘラレルカラオ前ノ娘モ早ク結婚
サセタ方カヨイタラウト申向ケタル事實アル旨ノ記載、及司法警察官職務取扱ノ
金昞述ニ對スル證人訊問調書中同人ノ供述トシテ昭和十三年舊七月十日頃午後四
時頃從兄ニ該ル金昞河カ私ノ宅ニ來テ私ニ對シ君ノ部落モ婦人隊ヲ組織シテ居ル

光州地方法院

カト話シテ居リマシタノテハイ私ノ部落モ婦人隊ヲ組織シマシタト答ヘタコトカ
アリマスカ更ニ然ラハ君ノ娘モ婦人隊ニ入レタカト尋ネマシタノテ私ハ左樣入レ
タト答ヘタラ更ニ私ニ對シ最近當局ニ於テ靑年隊ト力婦人隊トカヲ組織シテ種々
訓練ヲ施シテ居ルノハ果シテ何ンノ爲カ疑念サレル時局ハ益々穩カテナイカラ何
ントカシテ早ク結婚サセテ仕舞ヘト話シテ居リタルカ今ノ世ノ中ニソンナ馬鹿ナ
コトカアルヘキ筈カナイモノト思ヒ尙左樣ナコトヲ話セハ處罰ヲ受クルモノト思
ヒタル旨ノ記載ニ徵シテ之ヲ認定スルニ足ルヲ以テ被告人ノ判示所爲ハ其ノ證明
十分ナリトス
法律ニ照スニ被告人ノ判示所爲ハ陸軍刑法第九十九條刑法第五十五條ニ該當スル
ヲ以テ所定刑期範圍內ニ於テ被告人ヲ禁錮六月ニ處スヘキモノトス

35

仍テ主文ノ如ク判決ス

昭和十三年十月七日

光州地方法院

朝鮮總督府判事 金闥鎬

光州地方法院

1233

11) 1938년형공제927호(昭和十三年刑公第九二七號)

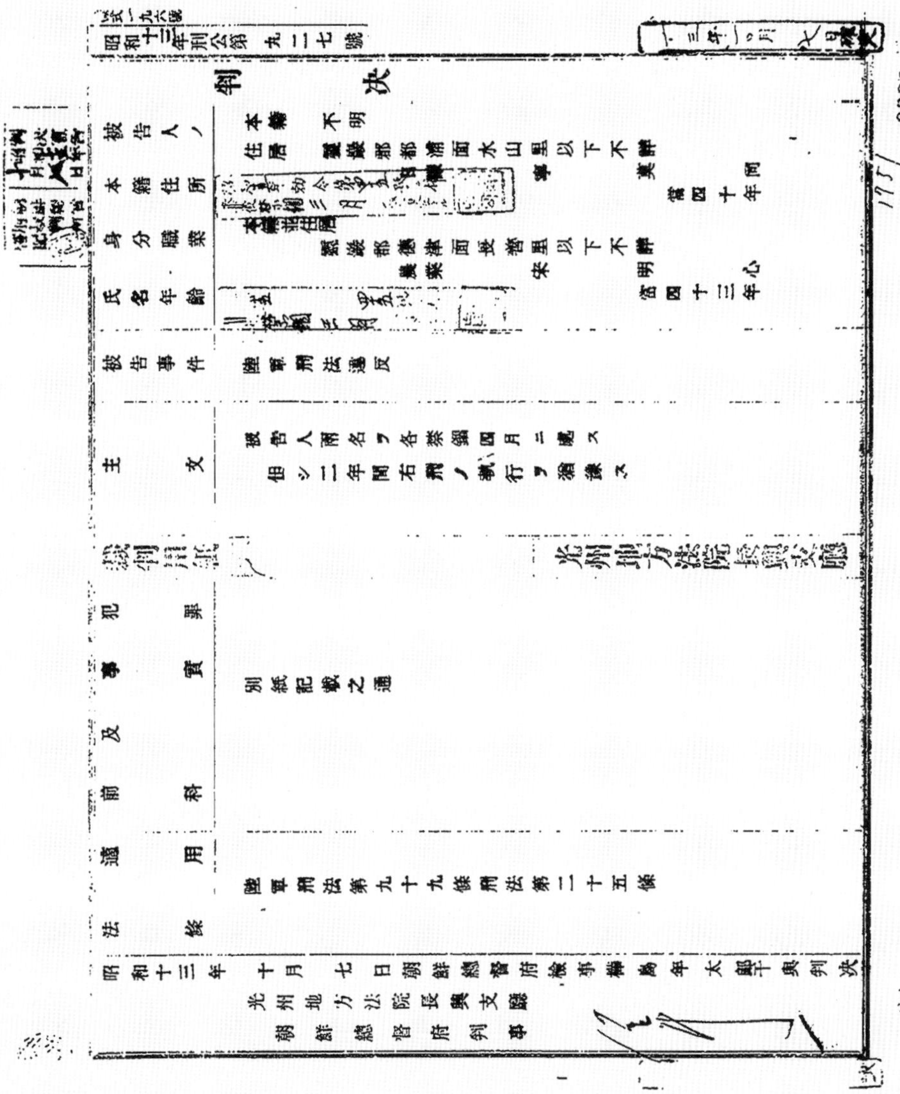

昭和十三年刑公第九二七號

判決

被告人ノ本籍住所身分職業氏名年齢

本籍 不明

住居 全羅南道長興郡長東面北山里以下不詳

被告事件 陸軍刑法違反

主文

被告人両名ヲ各禁錮四月ニ處ス

但シ二年間右刑ノ執行ヲ猶豫ス

犯罪事實及前科 別紙記載之通

適用法條 陸軍刑法第九十九條 刑法第二十五條

昭和十三年十月七日

光州地方法院長興支廳

朝鮮總督府判事

手削ル

犯罪事實

被告人兩名ハ我國カ昭和十二年七月暴戾支那膺懲ノ聖師ヲ起シタル以來支那事變ノ際中ナルコトヲ知リナカラ

第一 被告人等兩名ハ昭和十三年八月八日午後一時頃被告人宋明心方ニ於テ同人ニ對シ仝年八月五日和順郡綾州面ニ行キ歸ル途中綾州郡南面地內道路上ニ於テ或ル二名ノ鮮人男ヨリ皇軍慰問ノ爲十二歲以上四十歲以下ノ娘及寡婦ヲ募集シテ滿洲ニ送ル爲今年ノ農繁期後ハ結婚スル者多カルヘシト聞キタル從軍（陸軍）ニ於テ出征兵士慰問ノ爲婦女子ヲ徵發シテ戰地ニ送ル旨語リ以テ軍事ニ關シ造言飛語ヲ爲シ

第二 被告人宋明心ハ昭和十三年八月十五日ノ夕方田野ヨリ歸宅シ同日居里區長カ被告人ノ部落ニ來リ十二歲以上四十歲以下ナル婦女子ノ數ヲ調査シタルカ居里李仁和ノ指示ニ依リ被告人ノ娘李三女當十五年モ右調査表ニ記載セラレタル旨聞知スルヤ被告人ノ居宅ニ於テ右李仁和ニ對シ先日相被告人ヨリ皇軍慰問ノ爲十二歲以上四十歲以下ノ娘及寡婦ヲ募集シ滿洲ニ送ル由聞キタルカ區長ノ調査モ之カ爲ナルヘシ而シテ李三女ハ齡既ニ十五ナルモ体軀矮小ナル故十年ト言フモ人ハ之ヲ信スヘキニ汝ハ何故調査表ニ記載セシメタルヤ等前同趣旨ヲ言ヒツヽ同人ヲ叱責シ以テ軍事ニ關シ造言飛語ヲ爲シタルモノナリ

0990

12) 1938년형공제1128호(昭和十三年刑公第一一二八號)

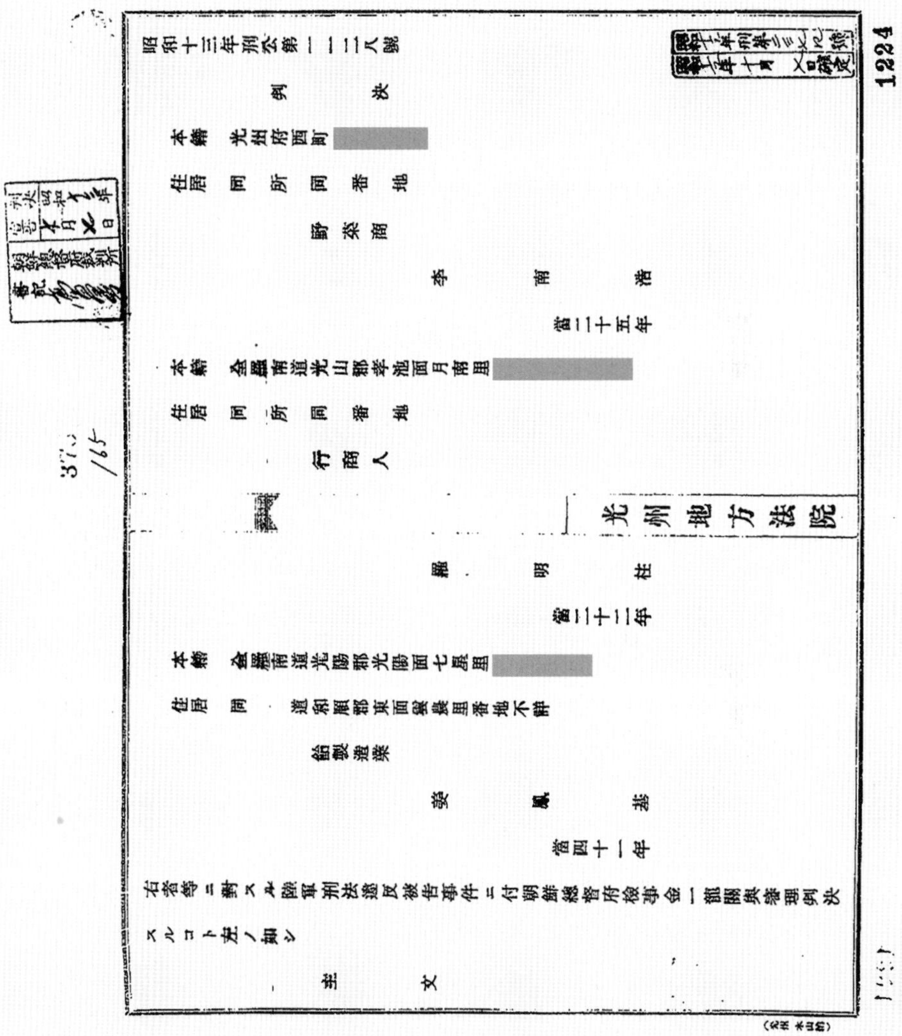

昭和十三年刑公第一一二八號

判　決

光州地方法院

本籍　光州府西町[redacted]

住居　同所同番地

靴染商

李　南　浩

當二十五年

本籍　全羅南道光山郡孝池面月南里[redacted]

住居　同所同番地

行商人

羅　明　柱

當二十二年

本籍　全羅南道光陽郡光陽面七星里[redacted]

住居　同道和順郡東面[illegible]盤里番地不詳

飴製造業

姜　鳳　杰

當四十一年

右者等ニ對スル陸軍刑法違反被告事件ニ付朝鮮總督府檢事金一瓶關與審理判決スルコト左ノ如シ

主　文

1224

被告人李甫浩ヲ禁錮三月ニ、被告人羅明柱及同姜鳳基ヲ各禁錮四月ニ處
ス

理　由

被告人等ハ孰レモ今次ノ支那事變ニ際シ何等確實ナル根據ナキニ拘ラス

第一、被告人李甫浩ハ昭和十三年八月七日午後八時頃光州府光州公園下ニ於テ相被告人羅明柱ニ對シ「若林工場ノ女工四五名カ今度募集サレテ滿洲ニ行ツタ其レハ戰地ニ行ツテ軍隊ノ洗濯ヲ爲シ或ハ飯炊ヲ爲ス爲募集サレテ行ツタモノテアル」旨ノ虛妄ノ言辭ヲ弄シ

第二、被告人羅明柱ハ右同月八日午後一時頃全羅南道和順郡和順面廣德里飮食店朴和順方店先ニ於テ相被告人姜鳳基外七名ノ者ニ對シ「近頃十六歲以上ノ處女ヲ

光州地方法院

戰地ニ送ツテ飯ヲ炊カシメ或ハ洗濯ヲ爲サシメテ居ルノテアツテ光州ニ於テモ現ニ四名カ募集セラレテ戰地ニ送ラレタ長城方面ニ於テモ處女ヲ戰地ニ送ルヘク戶口調査ヲ爲シ未婚ノ處女ヲ登錄シ居ルヲ以テ處女ヲ持ツ親ハ非常ニ心配シテ居ル」トノ旨虛妄ノ言辭ヲ弄シ

第三、被告人姜鳳基ハ右同月十五日正午頃右和順郡南面院里金在洪方ニ於テ同人外五名ノ者ニ對シ「近頃十六歲以上ノ處女ヲ軍隊カ募集シ戰地ニ送リ飯ヲ炊カセ或ハ洗濯ヲ爲サシメテ居ルノテアツテ光州ニ於テモ現ニ女四、五名ヲ戰地ニ送ツテ居ル長城方面ニ於テハ十六歲以上ノ未婚ノ處女ヲ戶口調査ノ上登錄シ居ルヲ以テ處女ヲ持ツ親ハ非常ニ心配シテ居ル」旨ノ虛妄ノ言辭ヲ弄シ

以テ陸軍ノ軍事ニ關シ夫々造言飛語ヲ爲シタルモノナリ

(光州 本山版)

1225

右各事實ハ被告人等ノ當公廷ニ於ケル各判示同旨ノ自白ニ據リ夫々之ヲ認定スルニ足レリ

法律ニ照スニ被告人等ノ各所爲ハ孰レモ陸軍刑法第九十九條ニ該當スルヲ以テ所定刑期範圍內ニ於テ被告人李南浩ヲ禁錮三月ニ、被告人羅明柱及同姜鳳基ヲ各禁錮四月ニ處スヘキモノトス

仍テ主文ノ如ク判決ス

昭和十三年十月七日

光州地方法院

朝鮮總督府判事 金闓鎬

光州地方法院

1226

13) 1938년형공제1133호(昭和十三年刑公第一一三三號)

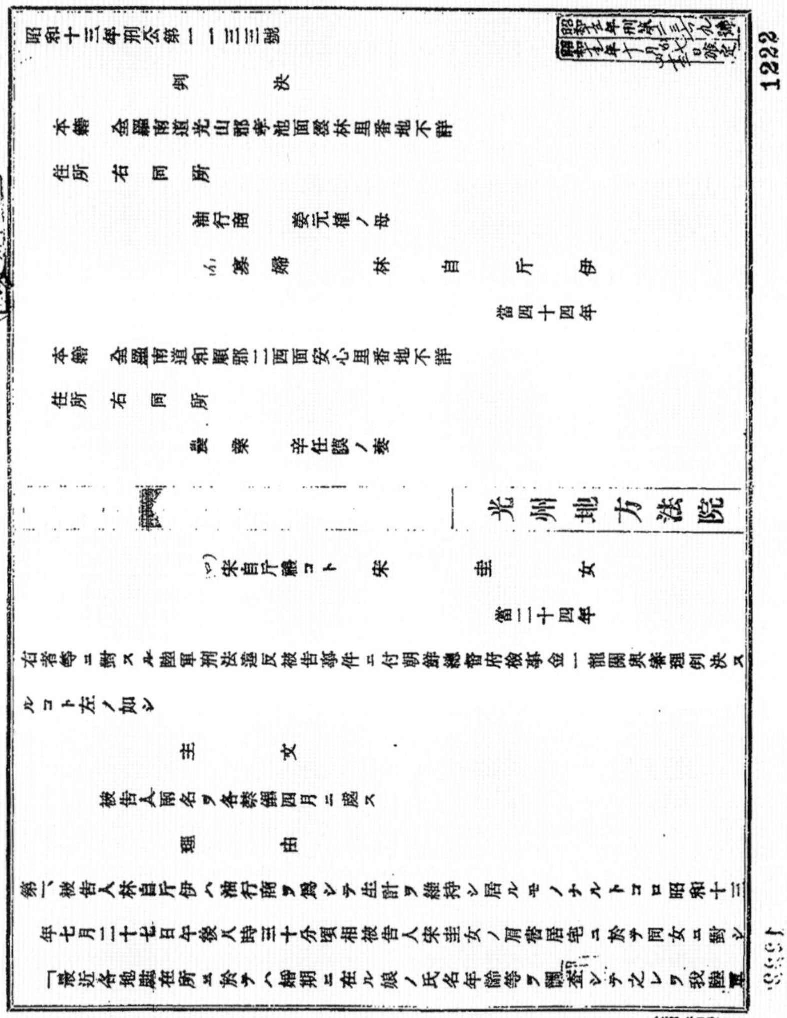

昭和十三年刑公第一一三三號

1222

判　決

本籍　全羅南道光山郡孝池面發林里番地不詳

住所　右同所

[illegible]行商　裴元植ノ母

寡婦　林自斤伊

當四十四年

本籍　全羅南道和順郡二西面安心里番地不詳

住所　右同所

農業　辛任談ノ妻

光州地方法院

宋自斤禮コト　宋主女

當二十四年

右者等ニ對スル陸軍刑法違反被告事件ニ付朝鮮總督府檢事金一龍關與審理判決スルコト左ノ如シ

主　文

被告人兩名ヲ各禁錮四月ニ處ス

理　由

第一、被告人林自斤伊ハ[illegible]行商ヲ爲シテ生計ヲ維持シ居ルモノナルトコロ昭和十三年七月二十七日午後八時三十分頃相被告人宋主女ノ肩書居宅ニ於テ同女ニ對シ「最近各地駐在所ニ於テハ婚期ニ在ル娘ノ氏名年齢等ヲ調査シテ之レヲ戰地

37

ノ出征シテ居ル支那ノ戰地ニ輸送シ兵士ノ慰問、炊事及洗濯物ノ世話等ニ使役シヤウトシテ居ル」旨虛妄ノ言辭ヲ弄シ

第二、被告人宋圭女ハ世智ニ乏シキ農夫ノ妻ナルトコロ右同年八月五日頃ノ午前十一時頃肩書居里金波谷ト稱スル山中ノ大豆畑ニ於テ偶々被告人ト共ニ除草ニ從事シ居リタル同里鄭致實及同里成順遠ニ對シ「最近各地駐在所ニ於テハ婚期ニ在ル娘ノ氏名年齢等ヲ調査シテ之ヲ我陸軍ノ出征シテ居ル支那ノ戰地ニ輸送シ兵士ノ慰問、炊事及洗濯物ノ世話等ニ使役シヤウトシテ居ル」旨ノ虛妄ノ言辭ヲ弄シ

以テ孰レモ今次ノ支那事變ニ際シ軍事ニ關シ造言飛語ヲ爲シタルモノナリ

右各犯罪事實ハ被告人等ノ當公廷ニ於ケル各判示同旨ノ自供ニ徵シテ孰レモ之

光州地方法院

ヲ認定スルニ足ルヲ以テ其ノ證明十分ナリトス

法律ニ照スニ被告人等ノ判示各所爲ハ孰レモ陸軍刑法第九十九條ニ該當スルヲ以テ其ノ所定刑期範圍內ニ於テ被告人兩名ヲ各禁錮四月ニ處スヘキモノトス

仍テ主文ノ如ク判決ス

昭和十三年十月七日

光州地方法院

朝鮮總督府判事 金闋鎬

（光州 木山納）

1223

14) 1938년형공제886호(昭和十三年刑公第八八六號)

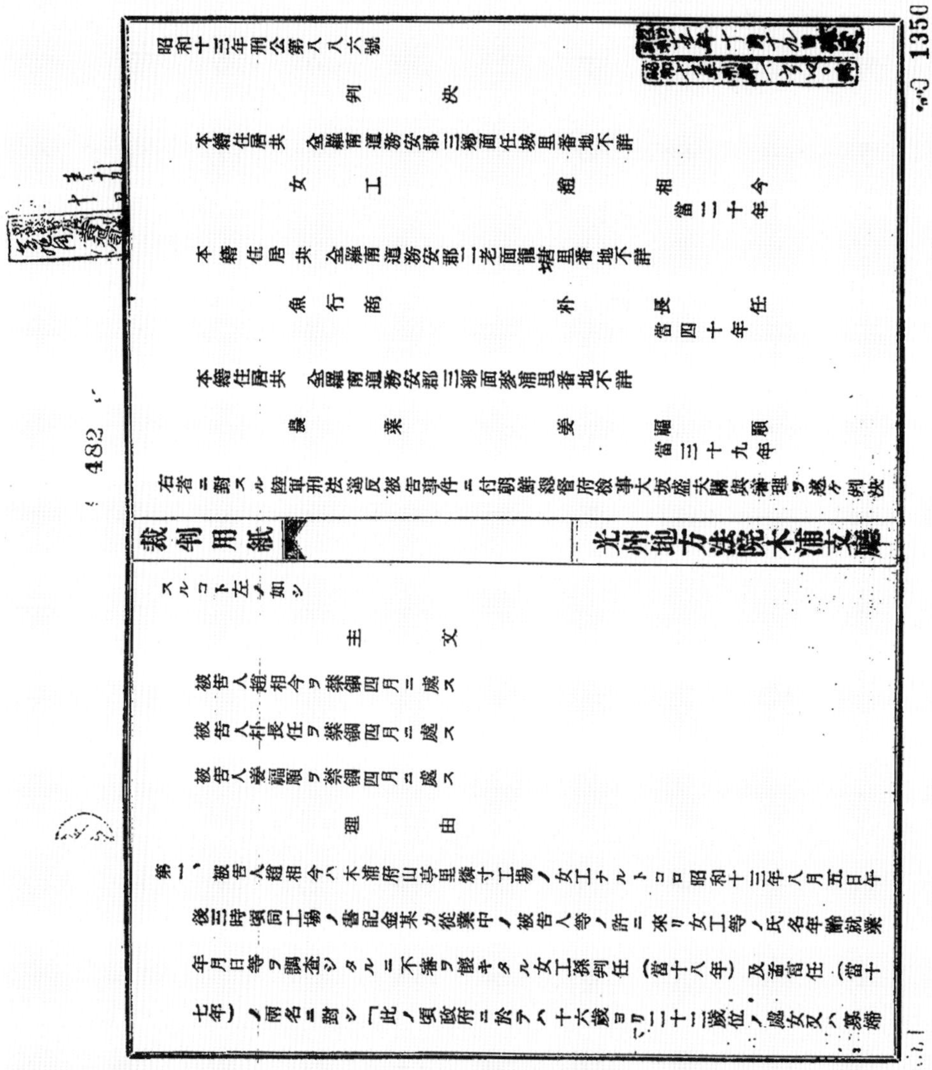

昭和十三年刑公第八八六號

判決

本籍住居共 全羅南道務安郡三郷面任城里番地不詳
女工 趙相今 當二十年

本籍住居共 全羅南道務安郡二老面龍塘里番地不詳
魚行商 朴長任 當四十年

本籍住居共 全羅南道務安郡三郷面麥浦里番地不詳
農業 姜福順 當三十九年

右者ニ對スル陸軍刑法違反被告事件ニ付朝鮮總督府檢事大坂盛夫關與審理ヲ遂ケ判決

裁判用紙　光州地方法院木浦支廳

スルコト左ノ如シ

主文

被告人趙相今ヲ禁錮四月ニ處ス
被告人朴長任ヲ禁錮四月ニ處ス
被告人姜福順ヲ禁錮四月ニ處ス

理由

第一、被告人趙相今ハ木浦府山亭里燐寸工場ノ女工ナルトコロ昭和十三年八月五日午後三時頃同工場ノ書記金某カ從業中ノ被告人等ノ許ニ來リ女工等ノ氏名年齡就業年月日等ヲ調査シタルニ不審ヲ懷キタル女工孫判任（當十八年）及孟富任（當十七年）ノ兩名ニ對シ「此ノ頃政府ニ於テハ十六歲ヨリ二十二歲位ノ處女又ハ寡婦

483

ヲ一人千圓ニテ買上ケ支那戰地ニ送リ出征中ノ負傷兵ニ之等女性ノ生血ヲ採取シテ注射ヲ爲シ又同地ニハ女子不足ノ爲十人每ニ一人宛分ケテヤル」旨放言シ

第二、被告人朴長任ハ其ノ娘ナル孫判任ヨリ同年八月二十二日午後八時頃鹽魚行商ノ途次務安郡三鄕面麥浦里姜右秀方ニ至リ雜談中右姜后秀ノ母カ結婚式ハ例年冬又ハ秋頃行ハルルニ拘ラス本年ハ不思議ニ夏ニ行フ者多キハ何故ナラント云ヘルニ對シ被告人ハ其ノ娘ナル孫判任ヨリ右趣相今ノ話ヲ聞知シ居タルトコロヨリ姜后秀ノ母及居合セタル被告人姜福順等ニ對シ「此ノ頃政府ニ於テハ十二歲ヨリ四十歲迄ノ處女又ハ寡婦ヲ一人一千圓ニテ買上ケ支那戰地ニ送リ出征中ノ兵士ニ其ノ生血ヲ採取シ注射ヲ爲ス由ナルカ其ノ爲滿州行ヲ恐レ其ノ回避策トシテ婚姻ヲ急クモノナラム」ト放言シ

裁判用紙　**光州地方法院木浦支廳**

第三、被告人姜福順ハ昭和十三年八月二十二日午後八時頃右姜后秀方ニ於テ被告人朴長任ノ前記ノ如ク語リタルニ對シ「自分モ亦約二十日前自宅ニ於テ住所氏名不詳ノ反物行商朝鮮婦人ヨリ十二歲ヨリ四十歲迄ノ處女及寡婦ヲ一人千圓ニテ買ヒ出征兵士ニ此等女性ノ生血ヲ採取シテ注射ヲ爲ス旨聞知シタル」旨放言シ

何レモ今次事變ニ際シ軍事ニ關シ造言飛語ヲ爲シタルモノナリ

法ニ照スニ被告人等ノ判示各所爲ハ孰レモ陸軍刑法第九十九條ニ該當スルヲ以テ其ノ所定刑期範圍内ニ於テ被告人等ヲ夫々主文ノ如ク量刑處斷スヘキモノトス

仍テ主文ノ如ク判決シタリ

昭和十三年十月八日

光州地方法院木浦支廳

朝鮮總督府判事

1351

15) 1938년형공공제370호(昭和十三年刑控公第三七〇號)

昭和十三年刑控公第三七〇號

判決

本籍住居共

全羅南道求禮郡艮文面艮文里

農

高大岳伊

當四十六年

右ニ對スル陸軍刑法違反被告事件ニ付昭和十三年九月十三日光州地方法院順天支廳ノ言渡シタル判決ニ對シ被告人ヨリ控訴ノ申立アリタルニヨリ當

大邱覆審法院

院ハ朝鮮總督府検事佐藤[illegible]關與審理判決スルコト左ノ如シ

主文

被告人ヲ禁錮四月ニ處ス

理由

被告人ハ昭和十三年八月十九日午後八時頃居住金[illegible]方ニ於テ同人ノ妻朴[illegible]伊（當四十一年）及其ノ娘金[illegible]（當十五年）ニ對シ「[illegible]方ニ於テハ最近十二歲以上ノ處女ヲ集メテ支那ノ戰場ニ送リ處女カラ血液ヲ採取シテ之ヲ日本軍隊ノ軍用ニ供シツツアルカ此等處女ニ對シテハ[illegible]サセル爲生命ニハ異常ナイカ顔色蒼白トナツテ身体カ非常ニ衰弱シテ居ル[illegible]

二

0034

旨無根ノ事實ヲ流布シ以テ支那事變ニ際シ軍事ニ關シ造言飛語ヲ爲シタル
モノナリ

證據ヲ按スルニ判示事實ハ被告人ノ當公廷ニ於ケル私ハ昭和十三年八月十八日午後七時頃私ノ娘タル原審相被告人李玉順ヨリ判示造言ヲ聞キ右ハ虛僞ノ事實ナリト知リ乍ラ判示日時場所ニ於テ判示兩名ニ對シ其ノ旨話シタルコト相違ナキ旨ノ自供、原審公判調書中李玉順ノ私ハ昭和十三年八月十八日正午頃居里鄭大兒方ニ於テ朴小阿蓮ヨリ判示造言ヲ聞キ同日午後七時頃之ヲ私ノ母高大岳伊ニ話シマシタ旨、朴小阿蓮ノ私ハ同月十六日午前八時頃私方ニ於テ鄭大兒ヨリ判示造言ヲ聞キ之ヲ同月十八日正午頃李玉順ニ

大邱地方覆審法院

話シタルコトアル旨、鄭大兒ノ私ハ同月十三日午後八時頃私方ニ於テ魚行商鮮女二名ヨリ判示造言ヲ聞キ同月十六日午前八時頃朴小阿蓮ニ話シタルコトアル旨ノ各供述記載、司法警察官職務取扱道巡查ノ證人朴重伊訊問調書中ニ證人ハ判示日時頃證人方ニ於テ被告人ヨリ判示內容ノ話ヲ聞キタルコトアル旨ノ供述記載、同上ノ證人金德洙訊問調書中ニ證人ハ判示日時證人方ニ於テ母朴直伊ト共ニ被告人ヨリ判示內容ノ話ヲ聞キタルコトアル旨ノ供述記載アルヲ綜合考覈シテ之ヲ認定シ得ヘキヲ以テ判示事實ハ其ノ證明アリ

法律ニ照スニ被告人ノ判示所爲ハ陸軍刑法第九十九條海軍刑法第百條ニ各

刪一字

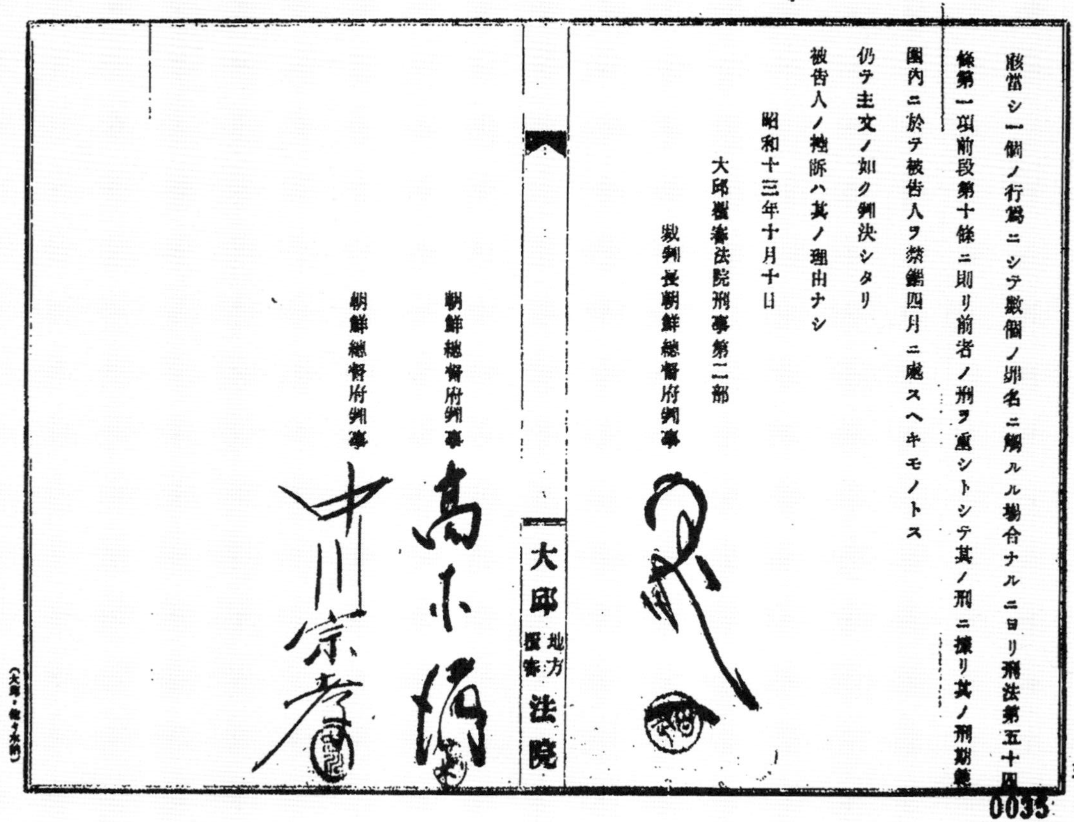

三

該當シ一個ノ行爲ニシテ數個ノ罪名ニ觸ルル場合ナルニヨリ刑法第五十四條第一項前段第十條ニ則リ前者ノ刑ヲ重シトシテ其ノ刑ニ據リ其ノ刑期範圍内ニ於テ被告人ヲ禁錮四月ニ處スヘキモノトス

仍テ主文ノ如ク判決シタリ

被告人ノ控訴ハ其ノ理由ナシ

昭和十三年十月十日

大邱覆審法院刑事第二部

裁判長朝鮮總督府判事

朝鮮總督府判事 高木

朝鮮總督府判事 中川宗孝

大邱 地方 覆審 法院

0035

16) 1938년형공제428호(昭和十三年刑公第四二八號)

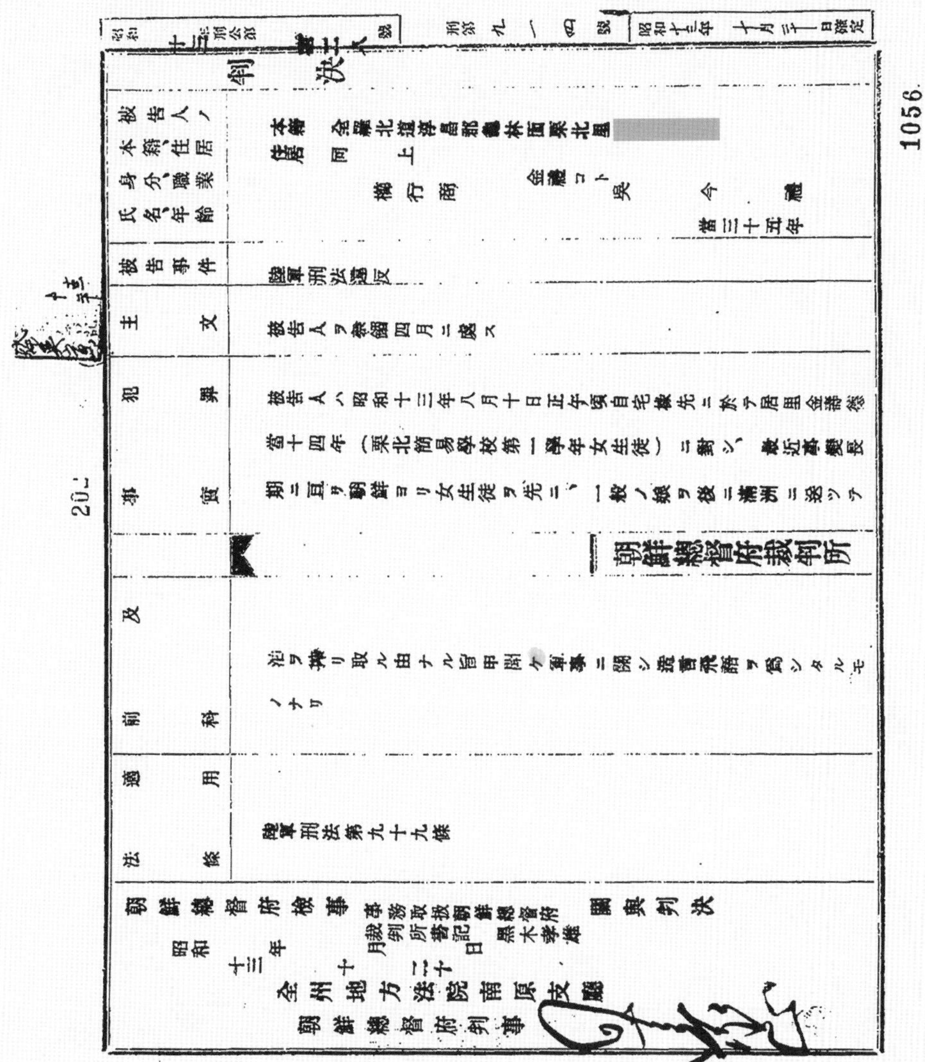

昭和十三年刑公第四二八號

刑第九一四號

昭和十三年十月三十一日確定

判決

被告人ノ本籍、住居、身分、職業、氏名、年齢	本籍 全羅北道淳昌郡龜林面栗北里 [redacted] 住居 同上 攤行商 金禮コト 吳今禮 當三十五年
被告事件	陸軍刑法違反
主文	被告人ヲ禁錮四月ニ處ス
犯罪事實	被告人ハ昭和十三年八月十日正午頃自宅椽先ニ於テ居里金壽修當十四年（栗北簡易學校第一學年女生徒）ニ對シ、最近事變長期ニ亘リ朝鮮ヨリ女生徒ヲ先ニ、一般ノ娘ヲ後ニ滿洲ニ送ツテ
及前科	油ヲ搾リ取ル由ナル旨申聞ケ軍事ニ關シ造言飛語ヲ爲シタルモノナリ
適用法條	陸軍刑法第九十九條

朝鮮總督府裁判所

朝鮮總督府檢事 事務取扱朝鮮總督府裁判所書記 黒木孝雄 關與判決

昭和十三年十月二十一日

全州地方法院南原支廳

朝鮮總督府判事

1056

17) 1938년형공제429호(昭和十三年刑公第四二九號)

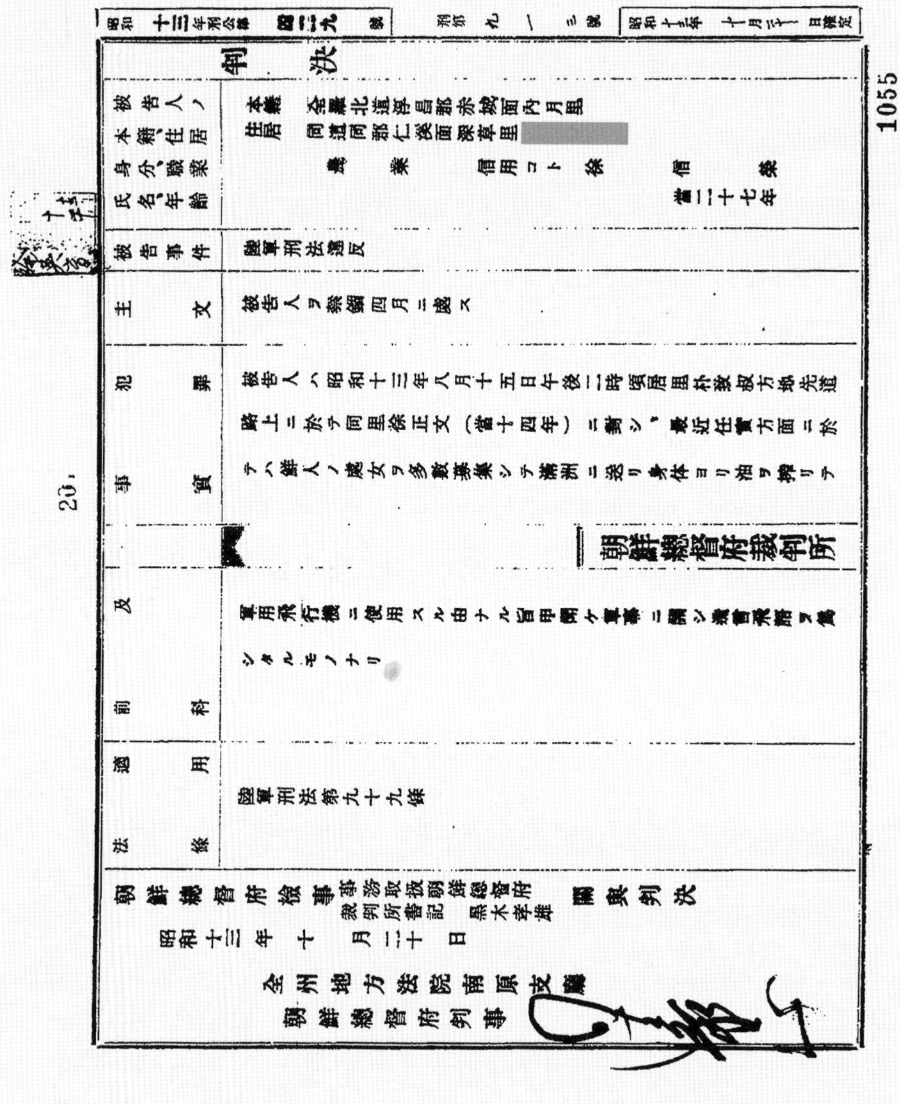

昭和十三年刑公第四二九號　刑第九一三號　昭和十三年十月二十一日確定

1055

判決

被告人ノ本籍、住居、身分、職業、氏名、年齢
本籍　全羅北道井邑郡赤城面内月里
住居　同道同郡仁後面深草里
農業　信用コト　徐信業
當二十七年

被告事件　陸軍刑法違反

主文　被告人ヲ禁錮四月ニ處ス

犯罪事實　被告人ハ昭和十三年八月十五日午後二時頃居里朴致叔方先道路上ニ於テ同里徐正文（當十四年）ニ對シ、最近任實方面ニ於テハ鮮人ノ處女ヲ多數募集シテ滿洲ニ送リ身体ヨリ油ヲ搾リテ軍用飛行機ニ使用スル由ナル旨申聞ケ軍事ニ關シ造言飛語ヲ爲シタルモノナリ

朝鮮總督府裁判所

及前科

適用法條　陸軍刑法第九十九條

朝鮮總督府檢事　關與判決
事務取扱　朝鮮總督府裁判所書記　黒木幸雄
昭和十三年十月二十日
全州地方法院南原支廳
朝鮮總督府判事

20,

18) 1938년형공제980호(昭和十三年刑公第九八〇號)

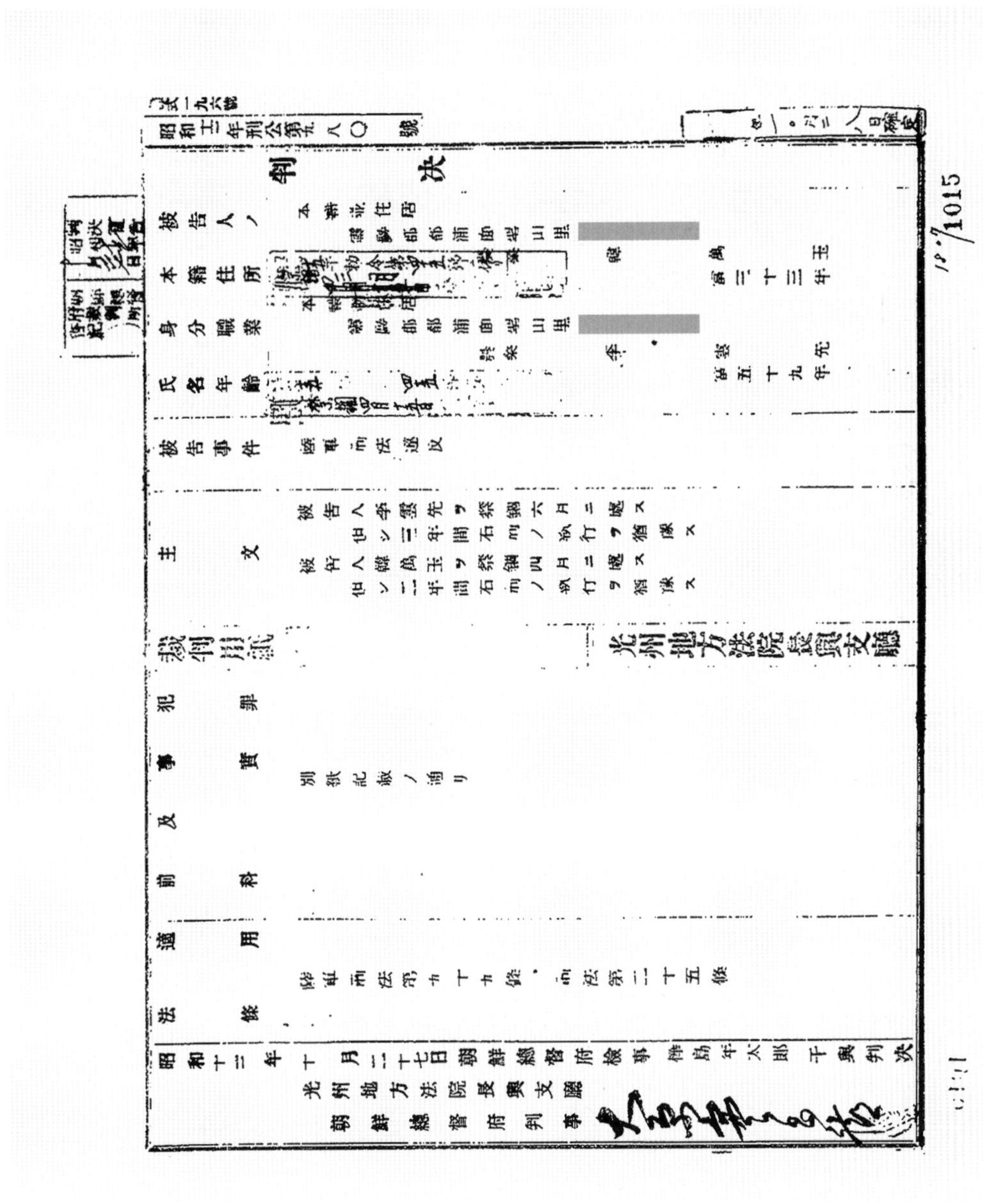

1016

犯罪事實

第一 被告人孫萬玉ハ昭和十三年八月九日被告人ノ住居ニ於テ羅州郡旺谷面以下不詳徐有升ヨリ「羅州方面ニ於テハ娘ヲ從支那ノ皇軍慰問ノ為メ求ルヘク募集中ナル旨ヲ聞知シ同日午後三時頃居里李擧先ノ出奔取ニ赴キタル際同人ニ對シ右同趣ノ話ヲ為シ

第二 被告人李擧先ハ前項記載ノ如ク孫萬玉ヨリ聞知シタル後同月十五日午前十一時頃居里酒類販賣業徐德行方ニ於テ被傭人外數名同席ノ場所ニ於テ「娘ヲ持ツ者ハ早ク嫁ニ遣ラネト皇軍慰問ノタメ當局ニ於テ募集中ナ羅州方面ナハ既ニ三四名ノ娘カ支那ニ遣ラレタ」ト語リ

以テ何レモ支那事變ニ關シ軍事ニ關スル造言飛語ヲ為シタルモノナリ

19) 1938년형공제879호(昭和十三年刑公第八七九號)

507

昭和十三年刑公第八七九號

判決

昭和13年刑第一五九六號
昭和13年11月9日確定

本籍 全羅南道康津郡道岩面龜化里[redacted]
住居 木浦府大成洞[redacted]
穀物仲介業 金秉渡 當五十年

本籍 全羅南道羅州郡文平面雲峰里番地不詳
住居 木浦府大成洞[redacted]
濱油行商 陳德賀 當三十八年

本籍 全羅南道咸平郡海保面金峰里番地不詳

裁判用紙 光州地方法院木浦支廳

住居 木浦府大成洞[redacted]
鮮魚行商 鄭鍾彩 當五十一年

右者ニ對スル陸軍刑法違反被告事件ニ付朝鮮總督府檢事大坂盛夫關與審理ヲ遂ケ判決スルコト左ノ如シ

主文

被告人金秉渡、陳德貫、鄭鍾彩ヲ各禁錮三月ニ處ス

但未決勾留日數中四十日ヲ夫々右各本刑ニ算入ス

理由

被告人金秉渡、陳德貫、鄭鍾彩ノ三名ハ何レモ木浦府大成洞ニ居住シ金秉渡ハ穀物仲介業陳德貫ハ濱油行商、鄭鍾彩ハ鮮魚行商ヲ爲シ居ルモノナルトコロ昭和十三年八月西瓜

1375

出廻期ヲ利用シ同シク同府大成洞居住ノ鮮魚行商金學洙ト共ニ臨時西瓜商賣ヲ始メルコトトナリ同月十九日一同打連レ務安郡押海面大川里ニ西瓜ノ仕入ニ赴キタルカ其ノ途中同日晝過頃同郡同面鶴橫里番地不詳宿屋業崔寅賢方ニ立寄リ晝食ヲ爲シ暫時同所ニ休憩中偶同所ニ居合セタル平服ノ押海駐在所巡査朴銓駿ト雑談ヲ交スニ至リタルカ

(一)被告人金秉浚ハ右朴銓駿カ被告人等ニ對シ「西瓜ニハ甘味ヲ着ケル爲「サッカリン」ヲ注射スル由ナルカ如何」ト質問シタルニ答ヘ同人及同家女主人朴富吉外同行ノ他ノ三名ノ者ニ對シ「左様ナコトハ聞カサルモ木浦ニ於テハ鮮内在留ノ支那人等カ我國民ヲ毒殺スル爲夜間西瓜畑ニ侵入シ西瓜ニ毒薬ヲ注射スルトノ噂アリ」トテ恰モ在留支那人カ銃後擾亂ノ目的ニテ斯ル擧ニ出テタルカ如ク放言シ次テ

(二)被告人陳德賢ハ右同席ノ者ニ對シ「自分ハ靈光咸平方面ニ行キシ際同所ニテ八十七八

光州地方法院木浦支廳　裁判用紙

歳ノ鮮人ノ處女ヤ寡婦ヲ政府ニ於テ調ヘ強制的ニ之ヲ滿州又ハ戰地ニ送リ日本軍人ノ炊事又ハ慰問ヲ爲サシメ或ハ此等少女寡婦等ノ血管ヨリ血ヲ採リ之ヲ日本傷病軍人ニ輸血注射ヲ爲ストノ話ヲ聞キ」タル旨放言シ

(三)被告人鄭鍾彩モ亦之ニ次テ右同席ノ者ニ對シ「自分モ亦政府ニ於テハ鮮人ノ少女又ハ無籍ノ女數名ヲ滿州國又ハ支那ニ輸送シ皇軍ノ炊事又ハ慰問ヲ爲サシメ居ル由ヲ聞キタリ現ニ自分ノ居住セル木浦大成洞ニ於テモ右ノ風評ヲ聞キ未婚少女等五十名位本年春頃ヨリ夏頃ニカケ急ニ結婚シタル事實〃アリ尚又咸平ニテハ右ノ如ク少女ヲ戰地ニ輸送シ居ルコトヲ吹聽シタルタメ約三十名位ノ者カ懲役ニ處セラレ服役中」ナル旨放言シ

以テ今次支那事變ニ際シ軍事ニ關シ夫々造言飛語ヲ爲シタルモノナリ

509

法律ニ照スニ被告人等ノ判示各所爲ハ夫々陸軍刑法第九十九條ニ該當スルヲ以テ其ノ所定刑期範圍內ニ於テ被告人等ヲ孰レモ禁錮各三月ニ處スヘク尙刑法第二十一條ニヨリ未決勾留日數中四十日ヲ夫々右各本刑ニ算入スヘキモノトス

仍テ主文ノ如ク判決ス

昭和十三年十一月七日

光州地方法院木浦支廳

朝鮮總督府判事

裁判用紙 光州地方法院木浦支廳

1377

20) 1938년형공제1010호(昭和十三年刑公第一〇一〇號)

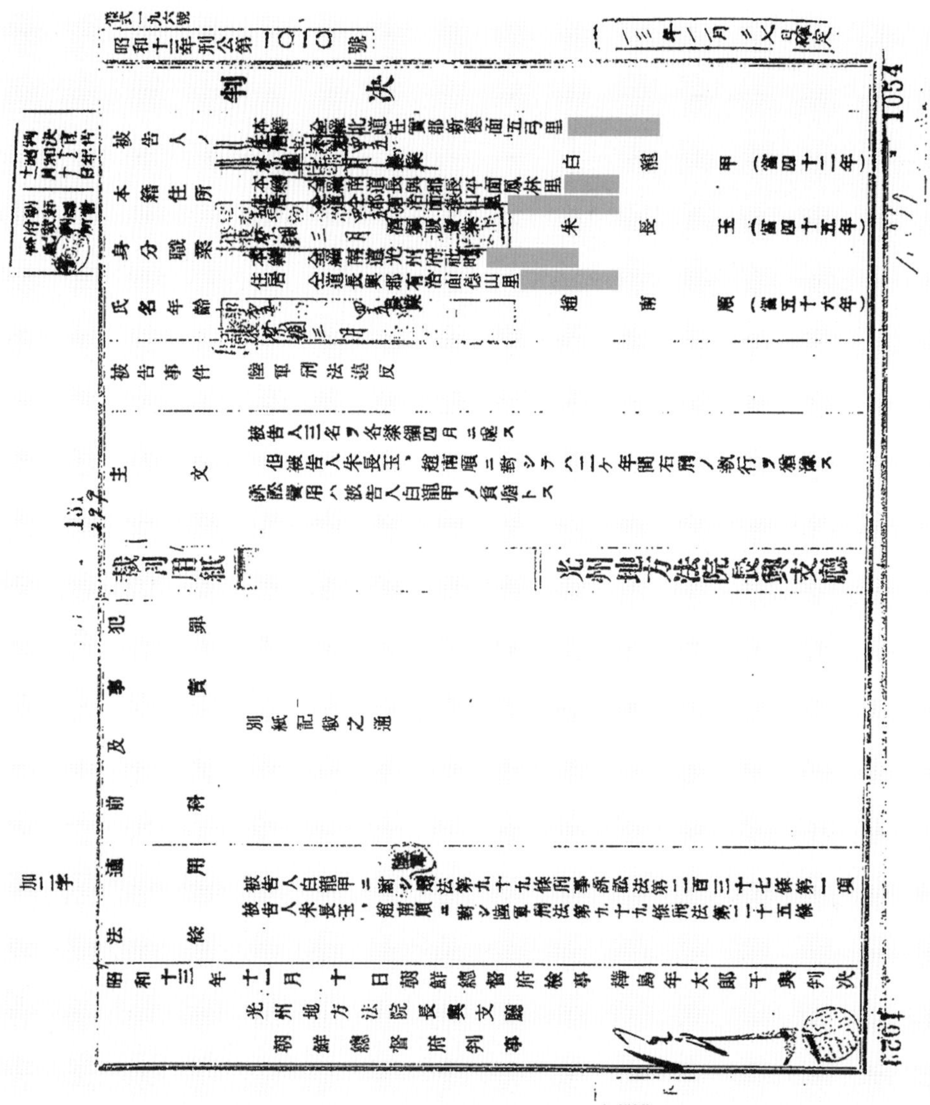

昭和十三年刑公第一〇一〇號

判決

被告人ノ本籍住所身分職業氏名年齡

白龍甲（當四十二年）

朱長玉（當四十五年）

趙南順（當五十六年）

被告事件 陸軍刑法違反

主文

被告人三名ヲ各禁錮四月ニ處ス

但被告人朱長玉、趙南順ニ對シテハ二ヶ年間右刑ノ執行ヲ猶豫ス

訴訟費用ハ被告人白龍甲ノ負擔トス

裁判用紙 光州地方法院長興支廳

犯罪事實 別紙記載之通

前科

適用法條

被告人白龍甲ニ對シ陸軍刑法第九十九條刑事訴訟法第二百三十七條第一項

被告人朱長玉、趙南順ニ對シ陸軍刑法第九十九條刑法第二十五條

昭和十三年十一月十日 朝鮮總督府判事 [illegible] 判決

光州地方法院長興支廳 朝鮮總督府判事

1054

1055

光州地方法院長興支廳

犯罪事實

被告人等ハ我國カ昭和十二年七月中暴支膺懲ノ聖師ヲ起シタル以來支那事變中ナルコトヲ知リナカラ

第一 被告人白龍甲ハ

昭和十三年八月中旬頃職ヲ求メテ長興郡有治面德山里ニ赴キタル際晝食ノ爲被告人朱長玉方ニ立寄リ同人ニ對シ此ノ地方ニハ結婚者多カラスヤ順天地方ニハ結婚スル者頗ル多シ夫レハ目下日本ト支那トノ戰爭カ長期ニ亘ルモ勝敗決セサルニヨリ日本ニ於テハ朝鮮ヨリ未婚ノ女子ヲ徵發シテ支那ニ送リ支那人ト結婚セシメ以テ和ヲ構スル由ニテ順天地方ニテハ既ニ多數ノ婦女子ヲ徵發シ自動車二台ニテ支那ニ送リタルカ爲ナル旨語リ

第二 被告人朱長玉ハ

右飛語ニ驚キ當十六歲ナル娘ノ身上ヲ案シナカラ其ノ頃被告人方前畑附近ニ於テ被告人趙南順ニ對シ順天地方ニハ結婚スル者多キ由夫レハ――――――云々ト前同趣旨ヲ語リ

第三 被告人趙南順ハ

右飛語ニ驚キ當十八歲ナル娘ノ身上ヲ案シナカラ其ノ頃被告人方ニ於テ居里安成花ニ對シ前同趣旨ヲ語リ

以テ夫々軍事ニ關スル造言飛語ヲ爲シタルモノナリ

21) 1938년형공제1196호(昭和十三年刑公第一一九六號)

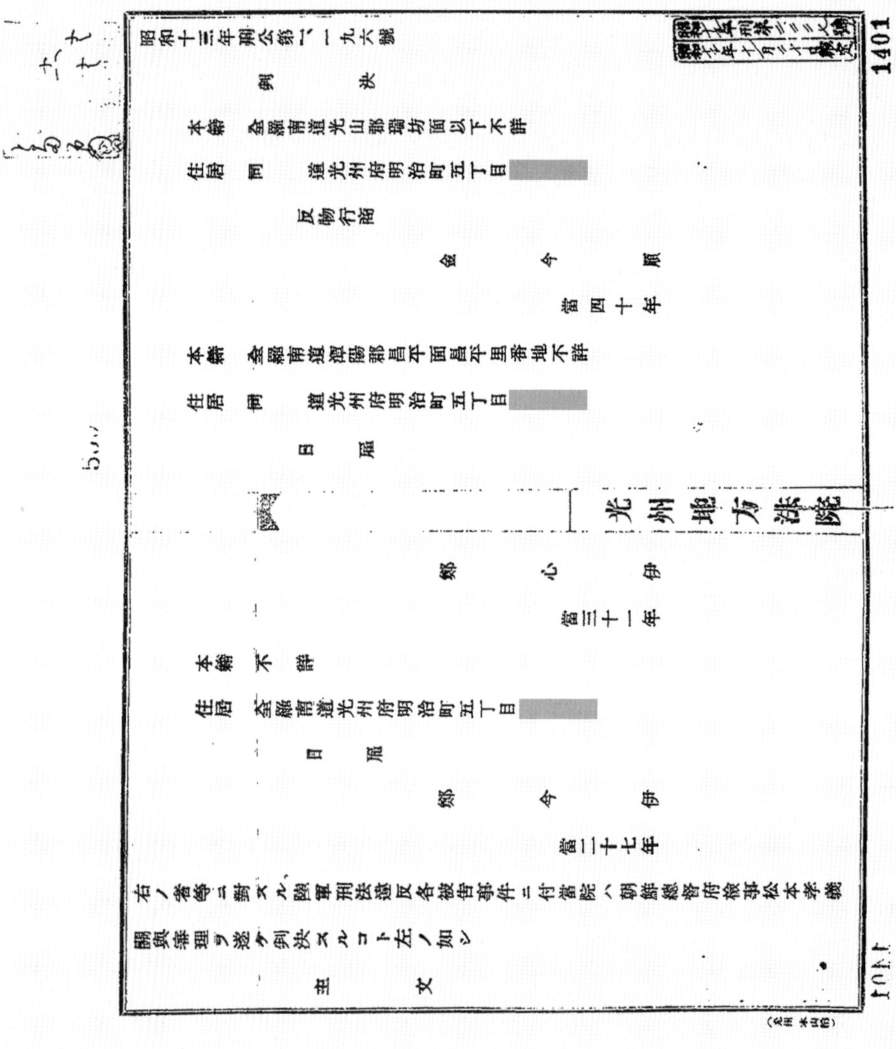

昭和十三年刑公第一一九六號

判決

本籍 全羅南道光山郡瑞坊面以下不詳

住居 同 道光州府明治町五丁目

反物行商

金 今 順

當四十年

本籍 全羅南道潭陽郡昌平面昌平里番地不詳

住居 同 道光州府明治町五丁目

日雇

鄭 心 伊

當三十一年

本籍 不詳

住居 全羅南道光州府明治町五丁目

日雇

鄭 今 伊

當二十七年

右ノ者等ニ對スル陸軍刑法違反各被告事件ニ付當院ハ朝鮮總督府檢事松本孝議關與審理ヲ遂ケ判決スルコト左ノ如シ

主 文

55.

被告人等ヲ各禁錮四月ニ處ス

理　由

被告人金今順ハ常ニ全羅南道各地ヲ廻リ反物行商ヲ爲シ被告人鄭心伊及鄭今伊ハ同道光州府北町三〇七番地張鳳翼精米所ニ於テ日雇ニ從事中ノ者ナルトコロ

第一、被告人金今順ハ昭和十三年七月二十四日午後八時頃偶同被告人方ニ遊ヒニ訪レ來レル相被告人鄭心伊ニ對シ行商中聞知シタリト稱シ「田舍ニ於テハ娘、寡婦及妾等ヲ強制シ戰地ニ送ル爲區長カ其ノ取調ヲ爲シ居リ戰地ニ於テハ是等ノ者ヲシテ兵隊ノ爲洗濯、裁縫、炊事等ヲ爲サシメ居ル」旨虛妄ノ言辭ヲ弄シ以テ今次支那事變ニ際シ軍事ニ關シ造言飛語ヲ爲シ

第二、被告人鄭心伊ハ同年七月二十五日午後二時頃前記張鳳翼精米所ニ於テ被告人

光州地方法院

鄭今伊ニ對シ被告人金今順ヨリ聞キタルト同樣ノ虛妄ノ言辭ヲ弄シ以テ今次支那事變ニ際シ軍事ニ關シ造言飛語ヲ爲シ

第三、被告人鄭今伊ハ同年七月二十五日夜肩書自宅ニ於テ同居中ノ金麗達ニ對シ被告人鄭心伊ヨリ聞キタルト同樣ノ虛妄ノ言辭ヲ弄シ以テ今次支那事變ニ際シ軍事ニ關シ造言飛語ヲ爲シ

タルモノナリ

被告人等ノ右各所爲ハ同被告人等ノ當公廷ニ於ケル判示同旨ノ各自供アルニヨリ之ヲ認ム

法律ニ照スニ被告人等ノ各所爲ハ陸軍刑法第九十九條ニ該當スルヲ以テ其ノ所定刑期範圍內ニ於テ各被告人ヲ夫々禁錮四月ニ處スヘキモノトス

1402　1403

仍テ主文ノ如ク判決ス

昭和十三年十一月十二日

光州地方法院

朝鮮総督府判事

1403

光州地方法院

22-1) 1938년형공제1917호(昭和十三年刑公第一九一七號)

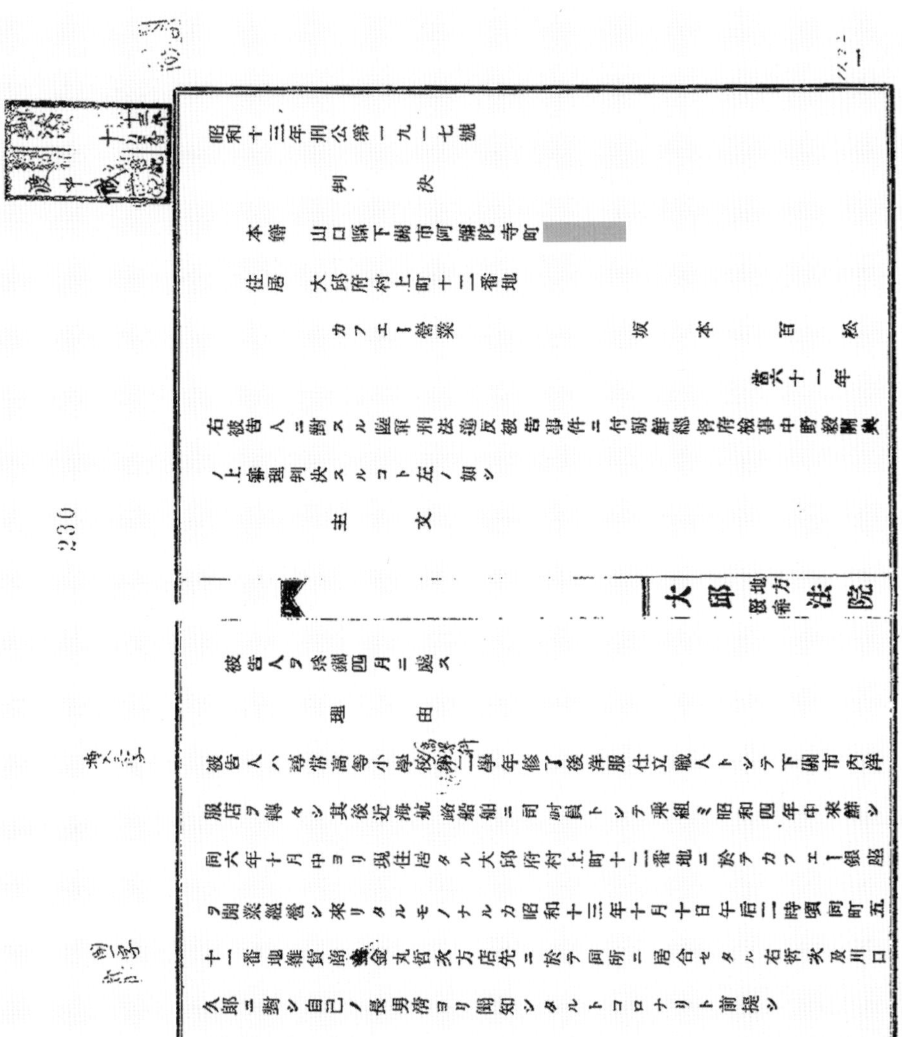

230

昭和十三年刑公第一九一七號

判決

本籍 山口縣下關市阿彌陀寺町

住居 大邱府村上町十二番地

カフエー營業 坂本百松

當六十一年

右被告人ニ對スル陸軍刑法違反被告事件ニ付朝鮮總督府檢事中野毅關與ノ上審理判決スルコト左ノ如シ

主文

大邱地方覆審法院

被告人ヲ懲役四月ニ處ス

理由

被告人ハ尋常高等小學校第二學年修了後洋服仕立職人トシテ下關市內洋服店ヲ轉々シ其後近海航路船舶ニ司厨員トシテ乘組ミ昭和四年中來鮮シ同六年十月中ヨリ現住居タル大邱府村上町十二番地ニ於テカフエー銀座ヲ開業經營シ來リタルモノナルカ昭和十三年十月十日午后二時頃同町五十一番地雜貨商鑄金丸皆次方店先ニ於テ同所ニ居合セタル右皆次及川口久郎ニ對シ自己ノ長男淸ヨリ聞知シタルトコロナリト前提シ

(一)最近門司入港ノ船ニテ日本兵ノ戰死者ノ遺留品ヲ盜ンタ者共蔵黨ニ關

0940

231

二

係シタ者或ハスパイヲヤツタ者等澤山ノ日本兵カ荒縄テ珠数繋キニサレ送還サレテ居ル

(二)荒縄テ括ツタ屍体モアル由タカ共産黨ニ關係シタ兵カ或ハスパイヲヤツタ兵ニ違ヒナカラン

(三)日本軍人テ戰地ニ於テ強姦強奪ヲスル者モ相當多イ模様タカ此等ハ若イ者タカラ前ノ様ナ重大犯ニ比較シテ軍當局ハ餘リ咎メナイラシイ

ト申向ケ以テ現下事變ニ際シ軍事ニ關スル造言飛語ヲ爲シタルモノナリ

證據ヲ按スルニ判示事實ハ被告人ノ當公廷ニ於ケル自分ハ判示經歷ヲ有シ判示年月頃ヨリカフエー銀座ヲ經營シ居ルトコロ判示月日午后二時頃

陸[illegible]法[illegible]太郎

判示金丸哲次方店先ニ於テ向人及川口久郎ニ對シ長男清ヨリ聞知シタルトコロナリト前提シ判示(二)ノ如ク申聞ケタル旨ノ供述被告人ニ對スル司法警察官ノ訊問調書中判示日時金丸哲次方ニ於テ判示(一)及(三)ト同様ノコトヲ哲次及川口久郎兩名ニ語リタル旨ノ供述記載前同上ノ證人金丸哲次同川口久郎ニ對スル各訊問調書中右證人等カ孰レモ判示場所ニ於テ被告人ヨリ其ノ長男ヨリ聞知シタルトコロナル旨前提シ判示(一)及(三)ト同旨ノ事實ヲ申向ケラレタル旨ノ各供述記載ヲ綜合スレハ之ヲ認ムルニ其ノ證明十分ナリ

法律ニ照スニ被告人ノ判示所爲ハ陸軍刑法第九十九條ニ該當スルヲ以テ

1160

0941

232

其ノ所定刑期内ニテ被告人ヲ禁錮四月ニ處スルヲ相當ト認メ主文ノ如ク判決ス

昭和十三年十月二十九日

大邱地方法院

朝鮮總督府判事

三

大邱 地方 覆審 法院

(大邱・佐々木納)

0942

22-2) 1938년형공공제419호(昭和十三年刑控公第四一九號)

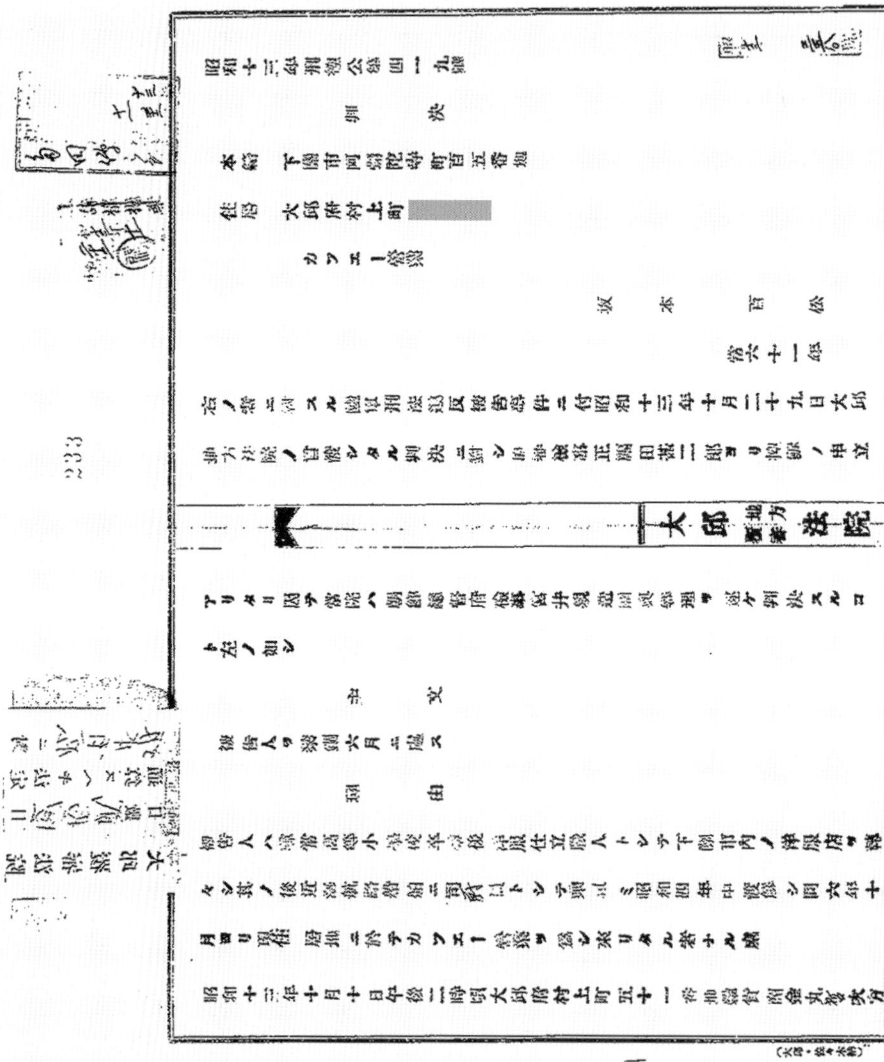

昭和十三年刑控公第四一九號

判決

本籍 下關市阿彌陀寺町百五番地

住居 大邱府村上町

カフエー營業

坂本百松

當六十一年

右ノ者ニ對スル陸軍刑法違反被告事件ニ付昭和十三年十月二十九日大邱地方法院ノ言渡シタル判決ニ對シ同院檢事正勝田甚二郎ヨリ控訴ノ申立アリタルニ因テ當院ハ朝鮮總督府檢事宮井義[illegible]關與審理ヲ遂ケ判決スルコト左ノ如シ

大邱覆審法院

主文

被告人ヲ懲役六月ニ處ス

理由

被告人ハ尋常高等小學校卒業後洋服仕立職人トシテ下關市内ノ洋服店ヲ轉々シ其ノ後近海航路汽船ニ司厨員トシテ乘込ミ昭和四年中渡鮮シ同六年十月ヨリ現住居地ニ於テカフエー營業ヲ爲シ來リタル者ナル處

昭和十三年十月十日午後二時頃大邱府村上町五十一番地貸席金丸[illegible]方

0943

233

234

店先ニ於テ個人及其ノ場ニ居合セタル同府東雲町三百九十六番地ノ一川
口久郎ニ對シ自己ノ[illegible]男將ヨリ聞知シタルトコロナリト前掲シ
(一)最近門司入港ノ船ニテ日本兵ニシテ戰死者ノ遺留品ヲ湛ミタル若共産
黨ニ關係シタル者或ハ人パイヲ為シタル者神山[illegible]ヲ以テ[illegible]ニ
シテ送還サレ居リ
(二)又[illegible]ニテ括ラレタル[illegible]遺骨モアル由ナルカ右ハ共産黨ニ關係シタ
ル兵　或ハスパイヲ為シタル兵ニ相違ナカラン
(三)尚日本軍人ニシテ戰地ニ於テ强姦强奪ヲ爲ス者相當多キ模樣ナルカ此等
ノ者ハ若キ者ナル故軍當局ハ軍紀風紀ニ比較シ餘リ咎メルコトナカ

ラン
旨申向ケ以テ現下日支事變ニ際シ國軍ノ軍紀ニ關スル造言飛語ヲ爲シタ
ルモノナリ
證據ヲ按スルニ判示事實ハ被告人ノ當公廷ニ於ケル自分ハ判示ノ如キ經
歴ヲ有スル者ナルカ判示日時頃判示場所ニ於テ金丸[illegible]次及川口久郎ニ對
シ自分ノ提男將ヨリ聞知シタルトコロ最近門司入港ノ船ニテ荒縄ニヨリ
括ラレタル日本兵ノ死體ノ送還セラレタリトノ由ナルカ右ハ共産黨ニ關
係シタル兵カ或ハスパイヲ為シタル兵ニ相違ナカラント[illegible]實トハ思ハレ
サルコトヲ申向ケタル旨ノ供述記載公判調書中被告人ノ供述トシテ何テ

大邱地方法院 檢事局

(大邱・佐々木印)

二

0945

モ門前ニハ荒縄ニテ括ラレテ上ル兵隊カアリ尚死骸遺骨ニテモ荒縄ニテ括ラレ居ルモノアリトノコトナルカ右ハ甚敷ヤスバイニ關係シタル者ナルヘシ又戰地ニ在ル日本兵ノ中ニテヨイテヨイ支那人ヲ强姦シタリスル者居ルトノコトナルモ、當局ニ於テハ見テ見ヌ振ヲ爲シ居ル樣ナリ何レ若イ者ノコトナル故前ノ如キ獄大罪ニ比較シ寛當局ハ餘リ咎メサル模樣ナル旨ノ記載、司法警察官ノ被告人ニ對スル訊問調書中其ノ供述トシテ判示日時頃判示場所ニ於テ金丸哲夾及川口久郎ニ對シ判示同旨ノ話ヲ申向ケタル旨ノ記載並同上ノ證人金丸哲夾同川口久郎ニ對スル各訊問調書中其ノ供述トシテ夫々判示當時判示場所ニ於テ被告人ヨリ判示同旨ノ話

大邱覆審法院

ヲ申聞カサレタル旨ノ記載ヲ綜合シテ之ヲ認メ得ヘキヲ以テ判示事實ハ其ノ證明アリタルモノトス

法律ニ照スニ被告人ノ判示所爲ハ陸軍刑法第九十九條ニ該當スルヲ以テ其ノ所定刑期範圍内ニ於テ被告人ヲ禁錮六月ニ處スヘキモノトス

仍テ主文ノ如ク判決ス

檢事ノ控訴ハ理由アリ

昭和十三年十一月二十二日

大邱覆審法院刑事第一部

裁判長朝鮮總督府判事　五井節藏

三

0946

236

朝鮮總督府判事 高木 滿

朝鮮總督府判事 中川 宗孝

大邱 地方 覆審 法院

右謄本也

大正十二年三月廿七日

朝鮮總督府[illegible]

四

0947

23) 1938년형공제541호(昭和十三年刑公第五四一號)

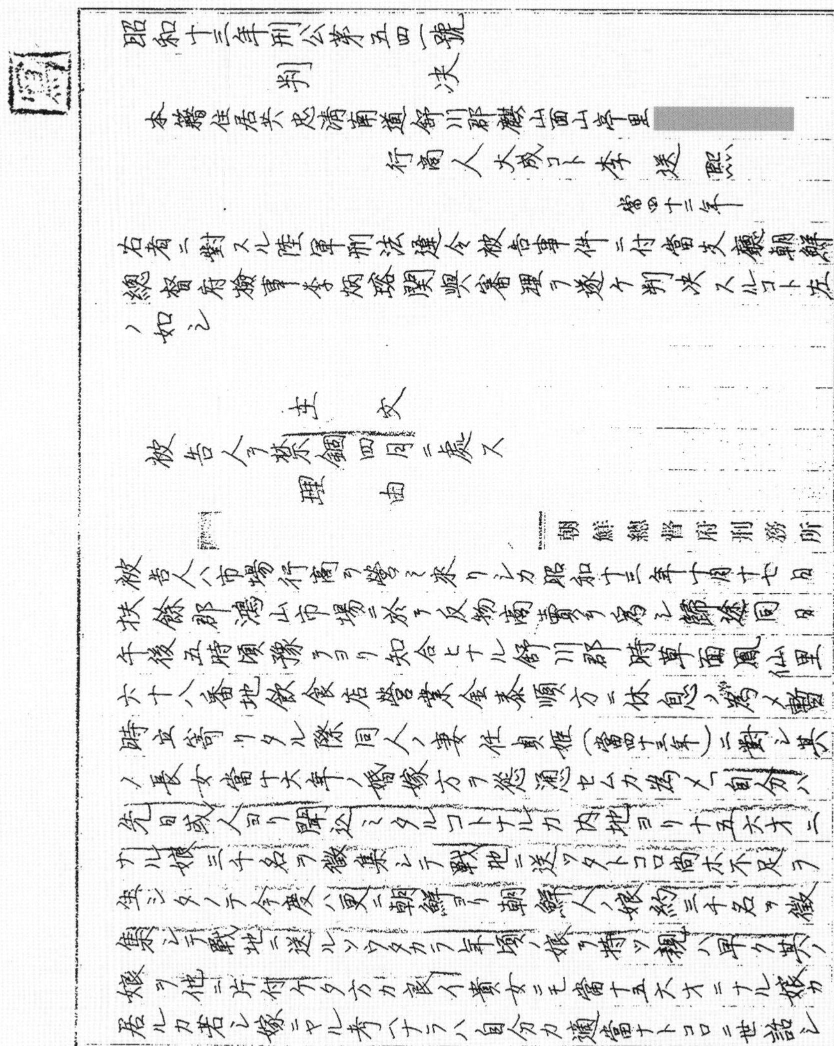

昭和十三年刑公第五四一號

判　決

本籍住居共忠清南道舒川郡韓山面山亭里

行商人 大成コト 李達熙

當四十三年

右者ニ對スル陸軍刑法違反被告事件ニ付當支廳ハ朝鮮總督府檢事本多昭瑞關與審理ヲ遂ケ判決スルコト左ノ如シ

主　文

被告人ヲ懲役四月ニ處ス

理　由

被告人ハ市場行商ヲ營ミ來リシカ昭和十三年十月十七日扶餘郡鴻山市場ニ於テ反物商賣ヲ為シ歸途同日午後五時頃豫テヨリ知合ナル舒川郡時草面鳳仙里六十八番地飲食店營業金泰順方ニ休息ノ爲メ暫時立寄リタル際同人ノ妻徐貞姫（當四十三年）ニ對シ其ノ長女當十六年ノ婚嫁方ヲ慫慂セムカ爲メ「自分ハ先日或人ヨリ聞込ミタルコトナルカ内地ヨリ十五六才ニナル娘三千名ヲ徴集シテ戰地ニ送ツタトコロ尚不足ヲ生シタノテ今度ハ更ニ朝鮮ヨリ朝鮮人ノ娘約三千名ヲ徴集シテ戰地ニ送ルソウダカラ年頃ノ娘ヲ持ツ親ハ早ク其ノ娘ヲ他ニ片付ケタ方カ良イ貴女ニモ當十五六才ニナル娘カ居ルカ若シ嫁ニヤル考ヘナラハ自分カ適當ナトコロニ世話シ

朝鮮總督府刑務所

0952

テ遣ル」ト申聞ケ以テ今次支那事變ニ際シ皇軍ノ威
信ヲ失墜セシメ銃後ノ人心ヲ攪亂スルカ如キ軍事ニ關
スル造言飛語ヲ為シタルモノナリ
右被告人ノ所為ハ陸軍刑法第九十九條ニ該當スルヲ以テ
其所定刑期範圍内ニ於テ被告人ヲ禁錮四月ニ處スヘキモ
ノトス
仍テ主文ノ如ク判決ス

昭和十三年十一月三十日

全州地方法院群山支廳

朝鮮總督府判事　車均卿

右謄本也即日於同廳

朝鮮總督府裁判所書記代理　朴松來　印

朝鮮總督府刑務所

0953

24) 1938년형공제1034호(昭和十三年刑公第一〇三四號)

昭和十三年刑公第一〇三四號

判決

本籍住居共 全羅南道務安郡智島面防築里[redacted]

農業 朴尙仲

當六十年

本籍住居共 全羅南道務安郡押海面梅花里[redacted]

農業 權大洪

當二十三年

右者ニ對スル陸軍刑法違反被告事件ニ付朝鮮總督府檢事大坂盛夫關與審理ヲ遂ケ判決スルコト左ノ如シ

主文

裁判用紙　光州地方法院木浦支廳

被告人兩名ヲ各禁錮四月ニ處ス

犯罪事實

第一、被告人朴尙仲ハ昭和十三年七月七日（陰六月十日）頃布木行商人ヨリ目下處女ヤ寡婦ヲ政府ニ於テ調査中ナリトノ風說ヲ聞キ之ニ虛構ノ事實ヲ附加シ同年八月十七日（陰七月二十二日）頃務安郡智島面防築里ノ自宅ニ於テ偶々小作料徵收ニ來レル同郡押海面梅花里權白永及徐炳彦ノ兩名ニ對シ「居里區長朴眞斗方ニ來レル公文ヲ見タルカ政府ニ於テハ處女ヤ寡婦ヲ調査シ滿州方面ニ送ルコトトナリ同區長ハ目下之カ調査中ニシテ幷ハ此等婦女子ヲ戰場ニ送リ皇軍ノ慰問、炊事、洗濯、裁縫、傷兵ノ看護等ニ當ラシムルモノナルヘシ」ト虛妄ノ言ヲ爲シ

第二、被告人權大洪ハ同年八月二十日（陰七月二十五日）頃父權日永ヨリ右朴尙仲ノ話

1409

ヲ傳聞シ其ノ眞僞ヲモ質サス同日午後九時頃居里梅花里ノ路上ニ於テ同里鄭小南、趙珉同、黄大珍等ニ對シ「大變ナルコトアリ先日父カ智島面ニ行キタルニ同島ニテハ處女ヤ寡婦数十名ヲ戰場ニ送リ皇軍ノ慰問、炊事、洗濯、傷兵ノ看護ニ當ラシムルタメ徴集方ノ公文來リテ區長ハ目下之カ調査中ノ由」ナル旨放言シ

以テ何レモ今次事變ニ際シ軍事ニ關シ造言飛語ヲ爲シタルモノナリ

適用法條

各陸軍刑法第九十九條

昭和十三年十二月十二日

光州地方法院木浦支廳

朝鮮總督府判事

裁判用紙

光州地方法院木浦支廳

1410

25) 1938년형공제500호(昭和十三年刑公第五〇〇號)

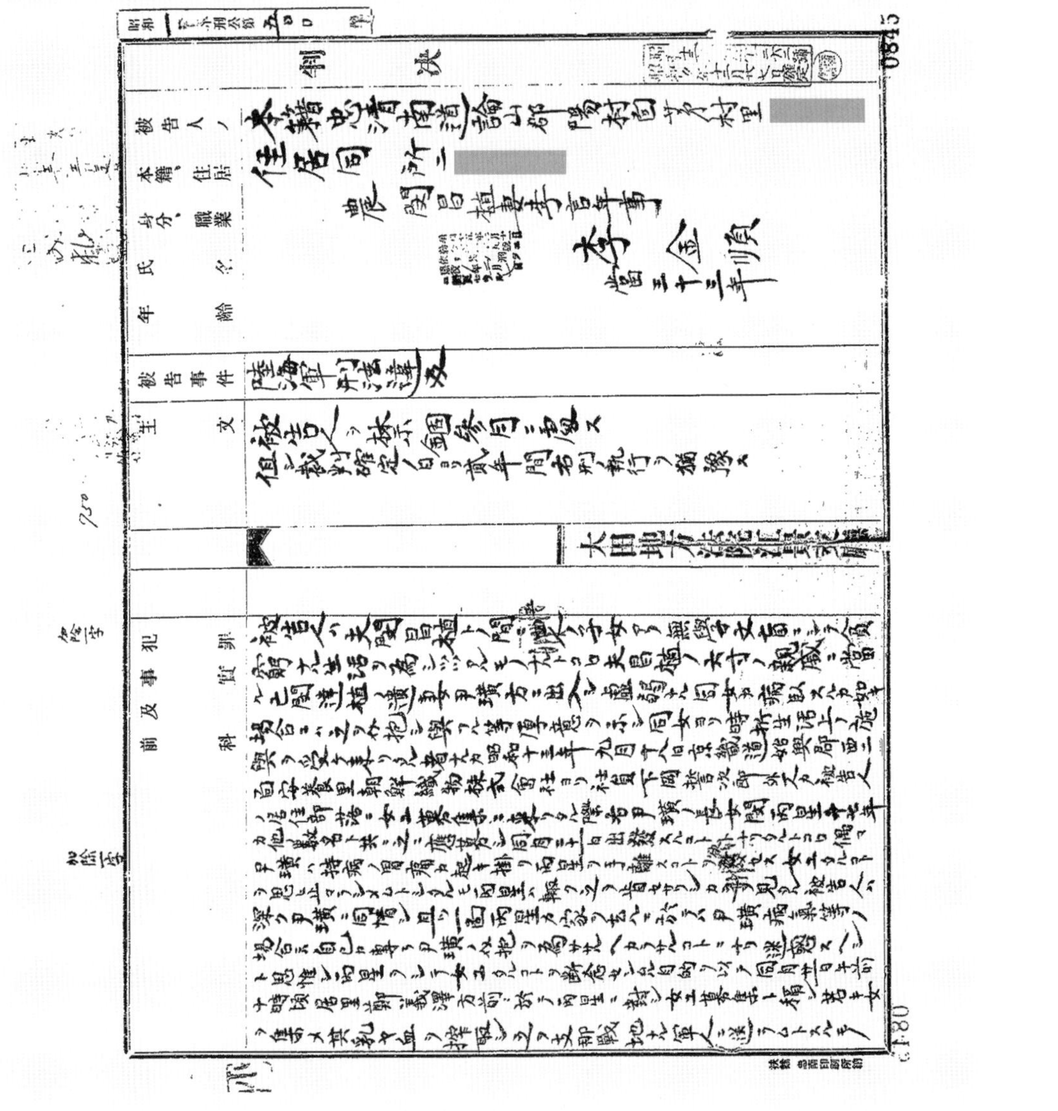

判決

被告人ノ本籍、住居、身分、職業、氏名、年齢

本籍 忠清南道論山郡陽村面○○里
住居 同所
農 閔昌植事 李昌植事 李金順 当三十三年

被告事件 陸軍刑法違反

主文 被告人ヲ禁錮四月ニ處ス 但シ此ノ裁判確定ノ日ヨリ貳年間右刑ノ執行ヲ猶豫ス

大田地方法院論山支廳

犯罪事實及前科

751

ニシテ果テハ滿洲ニ身賣セラルルニ至ルヘキ旨ヲ告ケタルニ雨星ハ之ニ恐レテ女工トナルコトヲ見合ハスヘシト云ヒタルモ他ノ女カ應募シ同日午前十一時頃自動車ニテ出發セムトシツツアルヲ見テ再同行セムトスルカ如キ氣色ナルヨリ他ノ女等ヲモ等シク應募ヲ斷念セシムル目的ヲ以テ同時刻頃同部落路上ニ於テ他ノ女工應募者ヲ見送ニ集リ居リタル部落民十數名居合セタル所ニ於テ再ヒ前同様ノ趣旨ヲ放言シ以テ現下ノ事變ニ際シ軍事ニ關シ造言飛語ヲ為シタルモノナリ

大田地方法院江景支廳

適用法條

陸軍刑法第九十九條 海軍刑法第百條 刑法第五十四條第一項 第十條（最モ重キ陸軍刑法第九十九條ノ刑ヲ以テ處斷）第廿五條 刑事訴訟法第三百五十八條第二項

昭和十三年十二月廿七日 朝鮮總督府檢事 永田敏男 關與判決

大田地方法院江景支廳
朝鮮總督府判事

0846

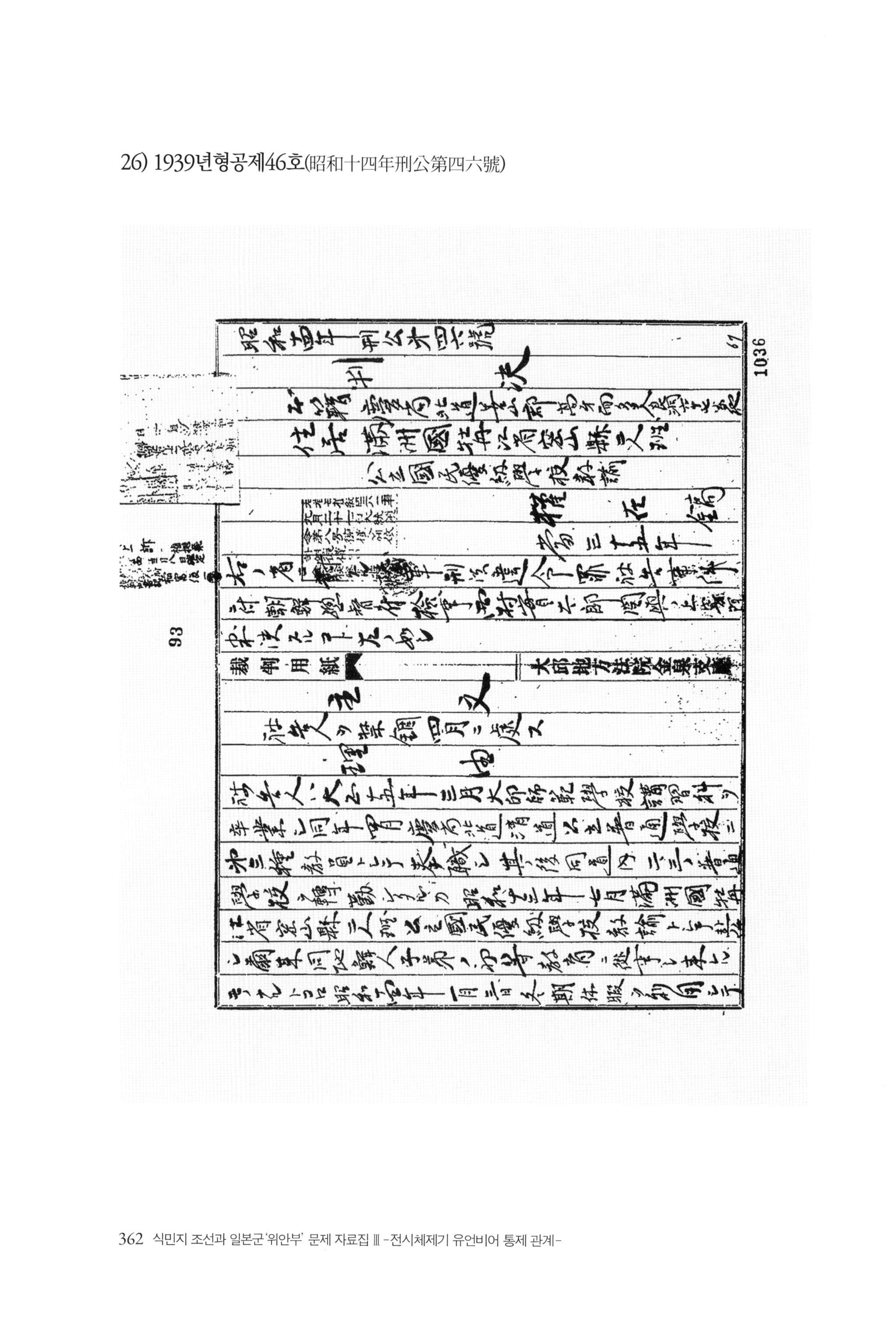

26) 1939년형공제46호(昭和十四年刑公第四六號)

1036

昭和十四年刑公第四六號

判決

裁判用紙 大邱地方法院金泉支廳

主文

理由

93

93

上訴 昭和十六年三月八日 権抛棄 確定

判決言渡 昭和十六年三月八日

金永淳

昭和十五年八月二日 創氏改名 安東在鎬

1037

判決

…山郡高平面多美良洞六十七番地

…江省密山縣二人班

…學校教諭

權 在 鎬

當三十五年

右ノ者ニ對スル[illegible]事件ニ付朝鮮總督府檢事西村貞太郎關與ノ上審理ヲ遂ケ判決スルコト左ノ如シ

裁判用紙 大邱地方法院金泉支廳

主文

被告人ヲ禁錮四月ニ處ス

理由

被告人ハ大正十五年三月大邱師範學校講習科ヲ卒業シ同年四月慶尚北道清道公立普通學校ニ第三種教員トシテ奉職シ其ノ後同道内二、三ノ普通學校ニ轉勤シタルカ昭和十三年七月滿洲國牡丹江省密山縣二人班公立國民優級學校教諭トシテ赴任シ爾來同地鮮人子弟ノ初等教育ニ從事シ來リシモノナルトコロ昭和十四年一月三日冬期休暇ヲ利用シテ

61

1036

94

歸鮮シ先ツ慶尚北道善山郡亀尾面元坪洞居住
ノ妾金有年方ニ到リタルカ偶隣家ニ居住シ豫テ
親交アル元坪公立尋常小學校訓導裵永度ヨリ
招カルルママ同日午前十時半頃同人方ヲ訪レ同日午後
一時頃迄同家ニ於テ右裵永度ヲ始メ右小學校訓導
諸岡親義外數名ト共ニ新年ノ酒宴ヲ為シ雜談中
(一)「蘇滿國境地帯附近ニ駐屯セル日本軍隊ハ非
常ナル辛苦ヲ嘗メ居リテ物資欠乏ノ為メ人間ノ腿[illegible]
ヲスラ天麩羅ニシテ食シ居ル状態ナリ」(二)「日蘇
兩軍ハ河ヲ隔テテ極メテ近距離ニ對峙シ居リ蘇

裁判用紙　　大邱地方法院金泉支廳

聯側ニ於テハ堅固ナルトーチカヲ設備シ居リ之ニ
對應スル為メ日本軍ニアリテモ連日ノ如ク馬車
ニテ多量ノ木材ヲ國境ノ秘密地帯ニ搬入シツツアリ
(三)「國境地帯ニアリテハ日本軍隊ハ絶大ナル權力
ヲ有シ横暴ヲ振舞ヒ多クノ人間ノ生命スラモ
自由ニ為シ居ル有様ナリ」ト語リ以テ今次ノ
支那事變ニ際シ軍事ニ關シ造言飛語ヲ為シタ
ルモノナリ
右ノ事實ハ判示(一)乃至(三)ノ点ヲ除キ被告人カ當公
廷ニ於テ判示ト同旨ノ供述ヲ為ストノ證人諸岡親義

1038

95

ニ對スル檢事ノ訊問調書中判示酒宴ノ席上被
告人カ判示(一)ト同旨ノ言ヲ為シタル旨ノ供述記載
アルト被告人ニ対スル檢事ノ訊問調書中自分ハ
判示酒宴ノ席上判示(二)ト同旨ノ言ヲ弄シタルコト
相違ナキ旨ノ證人朴相照ニ對スル檢事ノ訊問調
書中被告人カ判示(三)ト同旨ノ話ヲ為シタルコト
相違ナキ旨ノ各供述記載アルトニヨリ之ヲ認ムル
ニ證據十分ナリ
法律ニ照スニ被告人ノ判示所為ハ陸軍刑法
第九十九條ニ該當スルヲ以テ其ノ所定刑期範圍內

裁判用紙　大邱地方法院金泉支廳

ニ於テ被告人ヲ禁錮四月ニ處スヘキモノトス
仍テ主文ノ如ク判決ス

昭和十五年三月八日

大邱地方法院金泉支廳

朝鮮總督府判事 [illegible]

1039

27-1) 1940년형공제335호(昭和十五年刑控第三三五號)

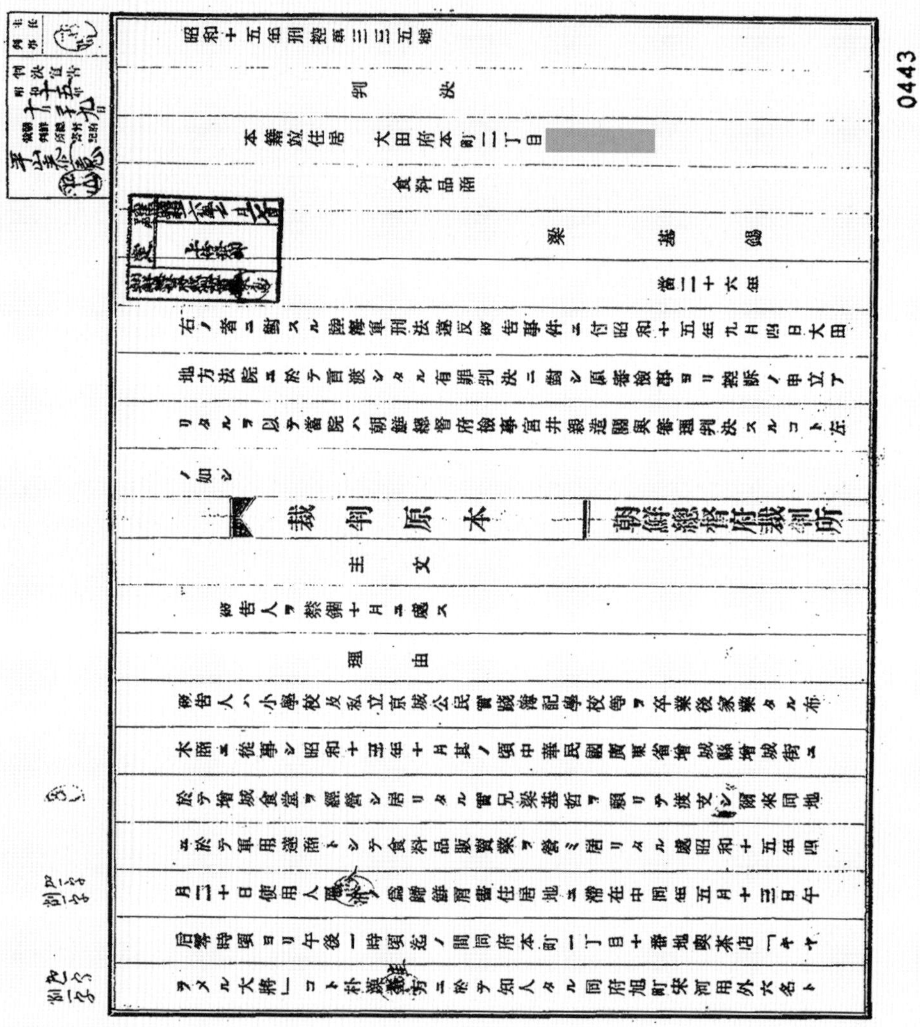

0443

昭和十五年刑控第三三五號

判決

本籍竝住居 大田府本町二丁目

食料品商

梁基鎬

當二十六年

右ノ者ニ對スル陸軍刑法違反被告事件ニ付昭和十五年九月四日大田地方法院ニ於テ言渡シタル有罪判決ニ對シ原審檢事ヨリ控訴ノ申立アリタルヲ以テ當院ハ朝鮮總督府檢事宮井親造關與審理判決スルコト左ノ如シ

裁判原本 朝鮮總督府裁判所

主文

被告人ヲ禁錮十月ニ處ス

理由

被告人ハ小學校及私立京城公民實踐簿記學校等ヲ卒業後家業タル布木商ニ從事シ昭和十三年十月頃中華民國廣東省增城縣增城街ニ於テ增城食堂ヲ經營シ居リタル實兄梁基哲ヲ頼リテ渡支シ爾來同地ニ於テ軍用達商トシテ食料品販賣業ヲ營ミ居リタル處昭和十五年四月二十日使用人[illegible]ヲ爲歸鮮肩書住居地ニ滯在中同年五月十三日午后零時頃ヨリ午後一時頃迄ノ間同府本町一丁目十番地喫茶店「キサヲメル大將」コト朴[illegible]方ニ於テ知人タル同府旭町朱河用外六名ト

雜談中廣東ノ狀況ニ及フヤ被告人ハ右ノ者等ニ對シ事實無根或ハ確實ナル根據ナキニ拘ラス

「廣東方面ニ於テ日本軍カ支那人部落ヲ占領ノ際兵隊ハ勿論從軍商人等ニ於テモ支那住民ノ所持金或ハ豚鷄等ヲ略奪スル自分モ一同從軍シテ豚ヤ鷄等ヲ略奪シテ來タコトカアル斯樣ナ方法テ廣東方面ニ於テハ金儲ハ容易テアル」

「廣東方面ニ於テ或日本兵カ占領地內ノ支那住民ヨリ「オートバイ」一台ヲ略奪シ來リ乙ヲ大田ヨリ渡航セル金泰鉉ニ預ケタコトカアル」

「廣東方面ノ日本軍某部隊長ハ其ノ占領地內ノ支那住民ヨリ自動車一台ヲ略奪シ來リ乙ヲ大田ヨリ渡航セル黃某ニ預ケタルカ其ノ後右ノ事實ヲ憲兵隊ニ發見サレ黃某ハ大變ナ目ニ遭ツタ」

「或日本兵ハ其ノ占領地內ノ支那人ヨリ金時計一個ヲ略奪シテ土中ニ埋藏シ置キ後日之ヲ掘リ出シテ賣却ノ上內地ニ送金シタ而シテ其ノ後憲兵隊ノ發見スルトコロトナリ右兵士ハ懲役ニ處セラレタ」

「自分ノ從弟梁在鳳ハ日本兵ト同道シ支那人ヲ脅迫シテ時價百圓以上ノ虎ノ皮ヲ金三十圓ニテ買受ケタ」

「支那軍カ日本軍人ヲ殺ス時ニハ「ラヂオ」ニ依リ唯今才蘭等日本人ノ耳ヲ斬ル口ヲ斬ル目ヲ拔取ル首ヲ斬ルト云ヒ日本軍カ支那ノ捕虜ヲ殺ス時ニハ一列ニ竝ヘテ日本刀テ首ヲ斬リ落シテ居ル」

「日本兵ハ暇カアレ今時手榴彈ヲ持出シテ之ヲ漁獲ニ使用スル等少シ
モ兵器ヲ惜マナイ」
「日本兵カ支那人部落ヲ占領シタ時ハ兵隊ハ勿論從軍商人等ニ於テ
モ支那人美女ヲ自由ニ抱イテ寢ル」
旨ノ談話ヲ爲シ以テ現下ノ日支事變ニ際リ陸軍並海軍ノ軍事ニ關シ
造言飛語ヲ爲シタルモノナリ
證據ヲ按スルニ判示事實中被告人カ判示學校ヲ卒業シ判示家業ノ
手傳ヲ爲シタル後判示日時判示梁甚哲ヲ賴リ渡支シ判示場所ニ於テ
判示職業ニ從事シ居タルカ判示ノ如キ事情ヨリ歸鮮シ肩書住居地ニ
滯在中判示日時場所ニ於テ判示ノ者等ト雜談ヲ爲シタルコトハ被告

裁判原本 朝鮮總督府裁判所

人ノ當公廷ニ於ケル判示同旨ノ供述ニ據リ明ニシテ其ノ際談廣東ノ
狀況ニ及フヤ被告人カ右ノ者等ニ對シ判示ノ如キ言辭ヲ弄シタルコ
トハ檢事ノ證人宋河用ニ對スル訊問調書中私ハ判示日時場所ニ於テ
梁甚錫ヨリ「廣東方面ニ於テ日本軍カ支那人部落ヲ占領シタ際其ノ
部隊ハ勿論從軍シタ商人等モ支那住民ノ所持金品或ハ豚鷄等ヲ略奪
スルシ自分モ亦一同從軍シテ豚ヤ鷄等ヲ略奪シテ來タコトカアル斯
樣ナ方法テ廣東方面ニ於テハ金儲ハ容易テアル」「自分ノ從弟梁在
鳳ハ日本兵ト同道シ支那人ヲ脅迫シテ時價百圓以上ノ虎ノ皮ヲ三十
圓テ買ツタ」「支那軍カ日本軍人ヲ殺ス時ハ「ラヂオ」テ唯今オ前
等日本人ノ耳ヲ斬ル口ヲ斬ル目ヲ拔取ル首ヲ斬ルト放送シ日本軍カ

0440　0445

捕虜タル支那兵ヲ殺ス時ハ一列ニ並ヘテ日本刀テ皆首ヲ斬リ落シテ居ル」等ノ話ヲ聞キタル旨ノ供述記載、檢事ノ證人朴漢圭ニ對スル訊問調書中判示日時支那ヨリ歸リタル梁基錫カ吳萬成外數名ト私方ニ來リ支那ニ於ケル金儲ノ話ヲシテ居リタルヨリ私モ其ノ席ニ坐リテ話ヲ聞キタルカ其ノ際「廣東方面ニ於テ或日本兵カ占領地內ノ支那住民ヨリ「オートバイ」一台ヲ略奪シ來リ之ヲ大田カラ渡航シタ金泰鉉ニ預ケタコトカアル」「廣東方面ノ日本軍某部隊長ハ其ノ占領地內ノ支那住民ヨリ自動車一台ヲ略奪シ來リ之ヲ大田ヨリ渡航セル黃某ニ預ケタカ其ノ後右事實ヲ憲兵隊ニ發見サレ黃某ハ大變ナ目ニ遭ツタ」「或日本兵ハ占領地內ノ支那人ヨリ金時計一個ヲ略奪シ之

朝鮮總督府裁判所

ヲ土中ニ埋藏シ置キ後日之ヲ掘リ出シテ賣却ノ上內地ニ送金シタカ後日憲兵隊ニ發見サレ懲役ニ處セラレタ」「日本兵ハ暇カアルト手榴彈ヲ取出シテ之テ魚ヲ獲ツタリシテ少シモ兵器ヲ惜マナイ」等ノコトヲモ聞キタル旨ノ供述記載、檢事ノ證人吳萬成ニ對スル訊問調書中私ハ判示日時場所ニ於テ梁基錫ヨリ軍事ニ關スル話ヲ聞キタルカ其ノ際「日本兵カ支那部落ヲ占領シタ時ハ兵隊ハ勿論從軍商人等モ支那人ノ美女ヲ自由ニ抱イテ寢ル」トノコトヲモ聞キタルコトアル旨ノ供述記載ヲ綜合シテ之ヲ認メ得告人ノ語リタルトコロカ事實無根或ハ確實ナル根據ナキコトハ檢事ノ被疑者梁基錫ニ對スル第一回訊問調書中私ハ判示日時場所ニ於テ判示ノ者等ニ對シ判示ノ如キ

0446

159

話（支那軍カ日本軍人ヲ殺ス時ハ「ラヂオ」ニ依リ唯今オ前等日本人ノ耳ヲ斬ル口ヲ斬ル目ヲ抜取ル首ヲ斬ルト云フトノ點ヲ除ク）ヲ爲シタルカ日本軍カ支那ノ捕虜ヲ日本刀テ斬リタリトノ點、手榴彈ニテ魚ヲ獲リタリトノ點及日本軍人從軍済人等カ占領地ニテ支那人美女ヲ自由ニ抱イテ寝ルトノ點ヲ除ク其ノ他ノコトハ他人ヨリ聞知シタルニ過キサル話ナリ尤モ私モ從軍シタル際豚ヤ鶏ヲ略奪シタト話シタルカ夫レハ嘘ニシテ私ハ金ヲ出シテ買ヒタルヲ略奪シタト嘘ヲ言ヒタル旨ノ供述記載、同第二回訊問調書中私ハ判示日時場所ニ於テ判示ノ者等ニ對シ軍事ニ關シ出鱈目ニ話シ悪カリシト思フ旨ノ供述記載、原審公判調書中被告人ノ私ハ昭和十四年十一月頃増城ヨ

裁判所 朝鮮總督府裁判所

リ約二里離レタル所ニテ安藤部隊ノ討伐ニ從軍シタル際日本軍カ支那ノ捕虜ノ首ヲ日本刀ニテ斬ルノヲ目撃シタルカ夫レカ果シテ眞ニ捕虜ナリヤ或ハ「スパイ」等ノ如キ者ナリヤハ判ラサリシ旨竝占領地ニ於テハ支那ノ娘達ノ密淫賣カ多ク居リ少シ金ヲ出セハ自由ニ買ヘルノテ其ノコトヲ判示ノ如ク支那人美女ヲ自由ニ抱イテ寝ルト言ヒタルカ表現方法悪カリシ旨ノ供述記載、被告人ノ當公廷ニ於ケル日本兵カ時々食糧ニ窮シタル場合手榴彈ヲ用ヒテ魚ヲ獲ルコトアルモ兵器ハ惜ミテ使用スル旨竝支那軍カ日本軍人ヲ殺ス時ニハ「ラヂオ」テ只今オ前等日本人ノ耳ヲ斬ル口ヲ斬ル目ヲ抜取ル首ヲ斬ルト云フトノコトハ南寧陥落ノ際廣東在留ノ某朝鮮人ヨリ聞知シタリ而

0447

シテ私カ判示宋河用等ニ話シタルコト他人ヨリ聞知シタルモノ
ハ眞僞ノ程ハ不明ニテ只聞キタル通リニ話シタル旨ノ供述ヲ綜合シ
テ之ヲ認ム

然ラハ判示事實ハ其ノ證明アルモノトス

法律ニ照スニ被告人ノ判示所爲中陸軍ノ軍事ニ關シ造言飛語ヲ爲
シタル點ハ陸軍刑法第九十九條ニ、海軍ノ軍事ニ關シ造言飛語ヲ爲
シタル點ハ海軍刑法第百條ニ各該當スル處右ハ一個ノ行爲ニシテ二
個ノ罪名ニ觸ルル場合ナルヲ以テ刑法第五十四條第一項前段第十條
ニ則リ犯情重キ前者ノ罪ノ刑ニ從ヒ其ノ所定刑期範圍內ニ於テ被告
人ヲ懲役十月ニ處スヘキモノトス

裁判原本　朝鮮總督府裁判所

仍テ主文ノ如ク判決ス

原審檢事ノ控訴理由アリ

昭和十五年十月二十九日

京城覆審法院刑事第一部

裁判長朝鮮總督府判事 畑 [illegible]

朝鮮總督府判事 古川和男

朝鮮總督府判事 [illegible]

270

0448

27-2) 1940년형상제120호(昭和十五年刑上第一二〇號)

(裁判用紙)

0449

昭和十五年刑上第一二〇號

判決

本籍並住居 大田府本町二丁目二十七番地

食料品商

榮 基 鍾

當二十七年

右ノ者ニ對スル陸海軍刑法違反被告事件ニ付昭和十五年十月二十九日京城覆審法院ニ於テ言渡シタル判決ニ對シ被告人ヨリ上告ヲ爲シタルニ因リ當院ハ朝鮮總督府檢事米原先關與判決スルコト左ノ如シ

主文

朝鮮總督府裁判所

本件上告ハ之ヲ棄却ス

理由

辯護人水島揚藏上告趣意第一點ハ原判決ハ被告人ニ對シ判示事實ニ對シ陸軍刑法ト海軍刑法トニ違反スル所爲アリト認メ兩刑法ヲ適用シタルモ判示事實ニ依レハ判示日本軍人トカ日本兵トカ兵隊又ハ某部隊長トカハ何レモ陸軍々隊又ハ陸軍々人ヲ指稱スルモノナリヤ海軍部隊又ハ海軍々人ヲ指稱スルモノナルヤ明瞭ナラス寧ロ全般ヨリ見レハ陸上部隊ノミヲ指稱シタルモノノ如シ然ラハ此點ニ付被告人カ海陸何レノ意味ニ於テ談話ヲ爲シタルモノナリヤヲ明瞭ニシテ事實ヲ確定シ然ル後之ニ對シ法條ヲ適用スヘキ筋合ナルニ拘ハラス漫然陸海軍兩刑法

(裁判用紙) 二

ニ觸ルルモノト認定擬律シタルハ審理不盡又ハ擬律ノ錯誤アリ破毀セラルヘキモノト思料スト謂フニ在レトモ

原判示事實ハ總テ之レ廣東方面ニ於ケル皇軍ニ關スル事項ニシテ而モ特ニ陸海兩軍ノ孰レニ關スルモノナルヤ判然區別スルコト無ク漠然皇軍ニ關スル虛構ノ事實ヲ捏造シ或ハ根據ナキ傳聞事實若ハ實在事實ヲ誇張シ因テ以テ皇軍ノ軍紀ノ嚴整ヲ疑ハシメ或ハ士氣ノ沮喪ヲ誘起スルカ如キ言辭ヲ弄シタルモノト謂フヘキヲ以テ右所爲ハ現下事變ニ際シ陸海兩軍ノ軍事ニ關スル造言飛語ヲ爲シタルモノニ該リ被告人ノ判示所爲ハ卽チ一面陸軍刑法第九十九條ニ觸ルルト同時ニ他面海軍刑法第百條ニ觸ルルモノトス左レハ原審カ之ヲ刑法第五十四條第一項前段ノ所謂想像的併合罪トシテ處斷シタルハ正當ニシテ毫モ法律適用ノ錯誤アルコト無ク論旨ハ其ノ理由ナシ

朝鮮總督府裁判所

同第二點ハ原判決ハ刑ノ量定甚シク不當ナリト思料スヘキ顯著ナル事由アリ(一)原判決ノ認定ニ係ル判示事實ハ重要ナル點ニ於テ誇張セラレタル點アリ卽チイ、「廣東方面ニ於テ日本軍カ支那部落ヲ占領ノ際兵隊ハ勿論從軍商人等ニ於テモ支那住民ノ所持金或ハ豚鷄等ヲ略奪スル自分モ一同從軍シテ豚ヤ鷄等ヲ略奪シテ來タ」云々トアルモ被告人ハ談話ノ際略奪ト云フ言葉ヲ使用シタルコトナク又支那住民ノ所持金ヲ略奪シタル旨話シタルコトナシ單ニ日本軍隊ノ占領地區ニ於テ一時住民カ逃避スル爲メ主ノ知ラサル鷄、豚類ヲ徵發スル意味ヲ話シタルニ

0450

173

過キサルコト原審公判調書中ノ被告人ノ辯解ニ依リ明カナリ被告人ハ元來略奪ト云フ日本語ノ意味ヲ知ラス取ルト云フ意味ニ解シ司法警察官、檢事ニ對シ之ヲ肯定シタルモノナルヲ以テ實際被告人カ談話シタル言葉トハ相違シ居ルモノニシテ被告人ノ話シタル言葉ハ單ニ「日本軍占領地區ノ住民ノ懺去ニ係ル鷄豚ヲ使用ニ供スルコトカ出來ル」トノ意味ニ外ナラサルモノナリ、ロ、「支那軍カ日本軍人ヲ殺ストキニハ「ラジオ」テ只今御前等日本人ノ首ヲ斬ル耳ヲ斬ル口ヲ斬ル目ヲ抜取ルト云ヒ日本軍カ支那ノ捕虜ヲ殺ス時ニハ一列ニ並ヘテ日本刀テ皆首ヲ斬リ落シテ居ル」トノ判示事實ニ付原審公判調書被告人ノ供述ニ依レハ右前半ノ事實ハ昭和十五年一月南寧陷落ノ際ニ廣東在留ノ朝鮮人氏名不詳者ヨリ之ヲ傳聞シ事實ト信シ居リタルモノナリ又後半ノ事實ハ昭和十四年十一月頃被告人カ增城ヨリ約二里許離レタ所ニテ某部隊カ捕虜カ「スパイ」カハ知リマセヌカ支那兵ノ首ヲ日本刀テ斬リ落スノヲ目擊シタル故其ノ事ヲ面白オカシク皆ニ話シタルモノニシテ右ハ何レモ被告人ニ於テハ無根ノ事實トハ思ハス之ヲ確信シ居リタル言リ興味的ニ談話シタルモノト推知セラレ然カモ支那兵ノ慘忍性ヲ言ハントシタルモノトモ解セラレ其間惡意ト認ムヘキモノナシ、ハ、「日本兵ハ暇カアルトキハ手榴彈ヲ持出シテ之ヲ持出シテ之ヲ漁獵ニ使用スル等少シモ兵器ヲ惜マナイ」トノ判示事實ニ付原審公判調書被告人ノ供述ニ依レハ「其ノ點ハ日本兵カ食糧ニ窮シタ場合ハ手榴彈ヲ使ツ

朝鮮總督府裁判所

0451

テ魚ヲ捕ルコトカアルト話シタルニ過キサル旨辯解シ居リテ被告人ノ
供述カ警察官、又ハ檢事調書ニ誇張シテ記述セラレタルモノト推知セ
ラルルモノナリ、二、「日本兵カ支那人部落ヲ占領シタ時ハ兵隊ハ勿
論從軍商人等ニ於テモ支那人ノ美女ヲ自由ニ抱イテ寢ル」旨ノ判示事
實ニ付テハ原審公判調書被告人ノ供述トシテ「右ノ話ハ良民ノ婦女ヲ
拐取引絡スルト云フ意味テハナク占領地域内ニ居ル密淫賣婦ヲ安イ金
テ抱イテ寢ル」ト云フ意味ニ話シタルコトカ漸次誇張セラレタルモノ
ニシテ被告人談話ノ趣旨ハ右辯解ノ通リナリシモノト推知セラル以上
原判決判示ニ係ル被告人ノ造言飛語中悪質ト認メラルルモノハ其ノ實
被告人ニ於テハ極メテ輕キ意味ノ漫談トシテ以上辯解ノ如ク話シタル

モノナルヲ以テ判示ノ程度ヨリハ實際ハ犯情輕微ナリシモノナリ(二)原
審公判調書中被告人ノ供述ニ依レハ被告人ハ廣東ヨリ朝鮮ニ歸省スル
ニ際シ軍事當局其ノ他何レノ官憲ヨリモ特ニ防諜ニ關スル警告ヲ受ケ、
タルコトナク被告人ノ經歷知識ヨリスルモ戰地ニ於テ見聞シタルコト
ヲ如何ナル程度ニ談話スレハ合法的ナルヤノ點ニ付認識明瞭ヲ缺キ居
リタルヨリ遂ニ思モ及ハサル造言飛語ノ罪ニ問ハルルニ至リタル次第
ナリ(三)被告人ハ昭和十三年二月南支那廣東省南寧ニ渡航シ二、三ケ月
ノ後出征軍隊ノ食料品御用商人トナリ昭和十五年四月二十日ニ至リタ
ルモノニシテ其間獻身的ニ軍ノ指示命令ニ服シテ現地ノ購辦ニ應シ時
々自己ノ使用人タル支那人ヲ伴ヒ匪賊討伐ノ際軍ノ通譯ノ任務ニ服シ

又ハ軍隊ニ木炭ノ献納ヲ爲ス等相當ニ我出征軍隊ニ貢献スルトコロア
リ而シテ一面ニ於テハ此努力ニ依リ相當ナル利益ヲ齎ラシ更ニ豆腐製
造、パン製造ノ擴張ヲ命セラレ其ノ準備用務ヲ以テ現地ヲ出發シ大阪
ヲ經テ歸鮮シ其準備ヲ終ヘ急遽再ヒ南支渡航ヲ爲サムトシツツアル中
實ニ思ヒモ及ハス本事件ノ發生ヲ見タルモノニシテ被告人ハ實ニ出征
軍隊ヨリ最大ノ恩寵ヲ受ケ更ニ其ノ御用商賣擴張ノ爲メ歸鄕シタルモ
ノナルカ故ニ日本軍隊ハ勿論日本帝國ニ對シ絕對的ニ忠誠ヲ盡スヘキ
境遇ニアリタルモノナレハ斷シテ惡意ヲ以テ我出征軍隊又ハ軍人ノ名
譽信用ヲ毀損スヘキ言動ヲ爲ス能ハサルモノナリ然ルニ偶々酒氣ニ乘
シ戰地ニ於ケル手柄話ニ花カ咲キ實ニ被告人自身モ意外トスル本件事
端ヲ惹起シタル次第ニシテ事ノ輕率不謹愼ニ付テハ被告人ニ於テ懺
悔悟ノ極ニ達シ居ルモノナリ(四)被告人ハ本件檢擧ヲ受ケ勾束セラルルヤ
ヤ遂ニ病ニ冒サレ長ク大田道立病院ニ入院シ今猶舊体ニ復サザル狀態
ニアリ又一方一日モ速ニ本件ノ解決ヲ待チ再ヒ南支廣東方面ニ渡航シ
大ニ出征軍隊ノ御用ニ奉仕セムコトヲ祈願シ居ル次第ナリ以上諸事情
ヲ參酌スレハ第一審判決カ被告人ニ對シ刑ノ執行猶豫ノ言渡ヲ爲シ被
告人ヲシテ勇躍再渡航ノ上國家ノ爲メ奉仕セシムトセラレタルハ被告
人ノ感激ニ堪ヘサルトコロナリシカ不幸原審判決ニ於テ實刑ヲ科セラ
レタルハ刑ノ量定甚ニ失スルモノト思料スルヲ以テ御院ニ於テ更ニ事
實御審理ノ上被告人ニ對シ刑ノ執行猶豫ノ言渡アラムコトヲ切望スル

朝鮮總督府裁判所

(裁判用紙)

五

0453

加十字

126

（裁判用紙）

次第ナリト謂フニ在リ

然レトモ記録ヲ精査シ被告人ノ犯情其ノ他諸般ノ情状ヲ仔細ニ考覈ス
ルモ原判決ノ量刑ヲ目シ甚タシク不当ナリト思料スヘキ顕著ナル事由
アルコトヲ認メ難シ論旨ハ其ノ理由ナシ

仍テ上告ヲ理由ナキモノトシ刑事訴訟法第四百四十六条ノ規定ニ則リ
主文ノ如ク判決ス

昭和十六年十二月十七日

高等法院刑事部

裁判長朝鮮総督府判事　原　正　鼎

朝鮮総督府判事　高　橋　隆　二

朝鮮総督府裁判所

朝鮮総督府判事　舟　田　誠　一　郎

朝鮮総督府判事　池　田　良　之　助

朝鮮総督府判事　増　村　文　雄

右謄本也

同日於同庁

朝鮮総督府裁判所書記　茨木小三郎

0454

28-1) 1941년형공제909호(昭和十六年刑公第九〇九號)

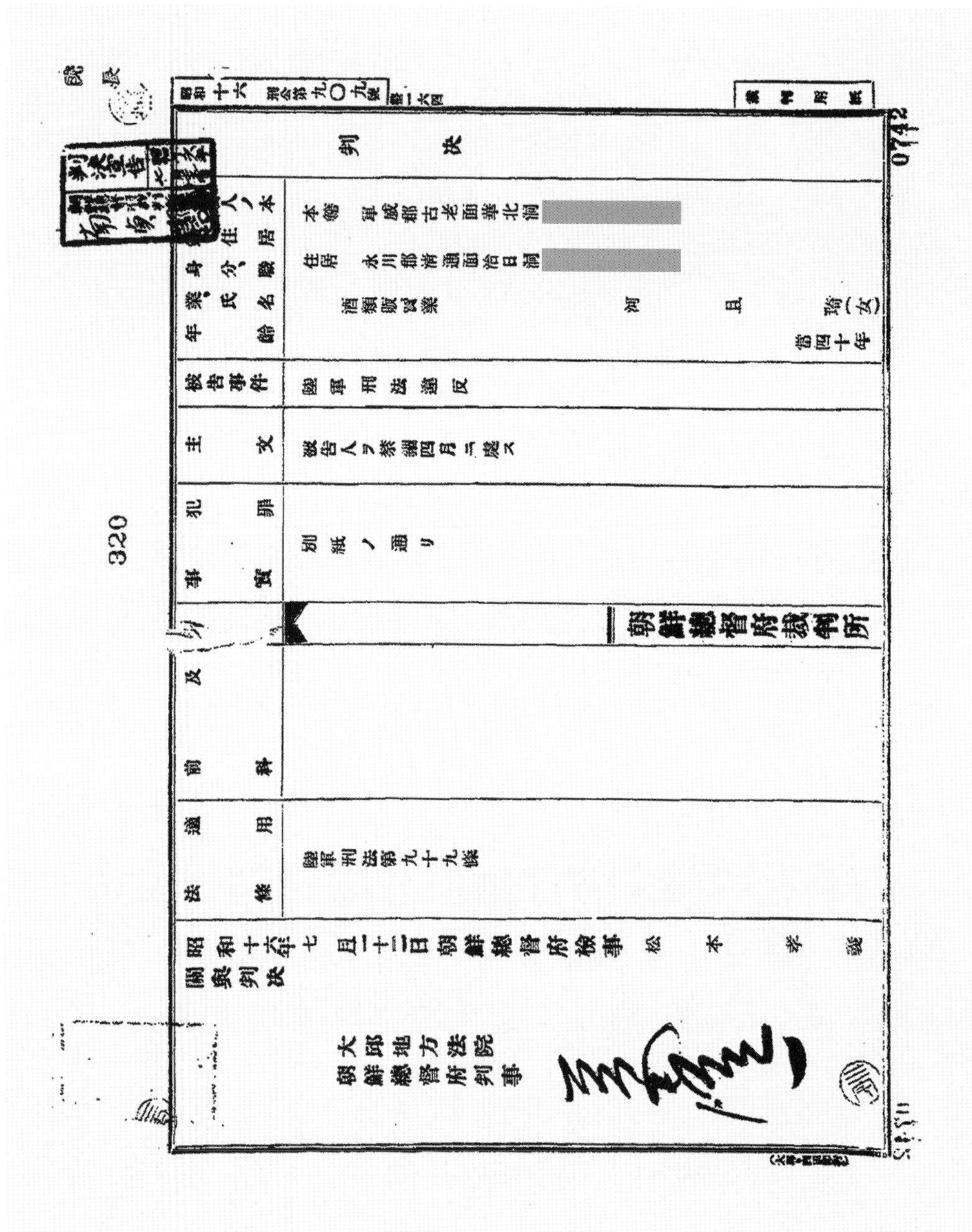

昭和十六 刑公第九〇九號

判決

本籍 軍威郡古老面華北洞

住居 永川郡清通面治日洞

酒類販賣業

河且瑶（女）

當四十年

被告事件 陸軍刑法違反

主文 被告人ヲ禁錮四月ニ處ス

犯罪事實 別紙ノ通リ

法條適用 陸軍刑法第九十九條

昭和十六年七月二十二日 朝鮮總督府檢事 松本孝 關與判決

朝鮮總督府裁判所

大邱地方法院 朝鮮總督府判事

320

慶尙北道ニ於テハ昭和十六年五月始頃道内各面ヲ單位トシ男女別ニ青年隊ヲ組織シ之ニ時局下ニ適當ナル指導監督ヲ加フルコトトナリ面内各洞ニ於テ其ノ適格者ニ對シ之カ入隊方勸誘ヲ開始スルヤ被告人ハ其ノ頃居洞内ノ噂ニテ其ノコトヲ仄聞シ肩書居洞山本仁山方ニ至リ同人ニ對シ最近當局ニ於テ十七、八歳ナル未婚ノ娘ヲ募集シ北滿州ニ連行シテ目下戰爭中ノ日本軍將兵ノ爲炊事又ハ慰安ヲ爲サシムル計畫アリ依テ早ク貴下ノ娘石順（當十六年）ヲ結婚セシムルカ安全ナリト虛罔ノ事實ヲ申向ケ以テ今次事變ニ際シ軍事ニ關シ造言飛語ヲ爲シタルモノナリ

大邱 地方 覆審 法院

0743

28-2) 1941년형공공제240호(昭和十六年刑控公第二四〇號)

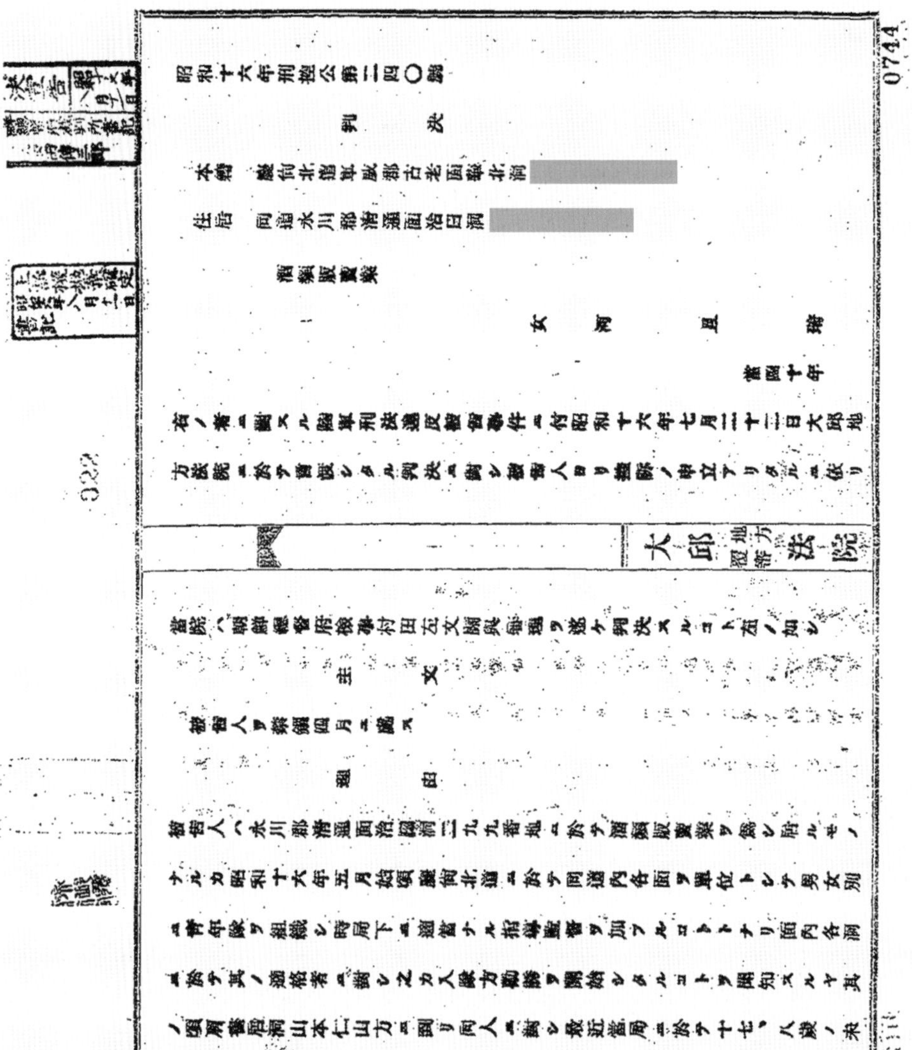

昭和十六年刑控公第二四〇號

判決

本籍 慶尚北道軍威郡古老面華北洞

住居 同道永川郡清通面治日洞

酒類販賣業

文河且瑞

當四十年

右ノ者ニ對スル陸軍刑法違反被告事件ニ付昭和十六年七月二十二日大邱地方法院ニ於テ言渡シタル判決ニ對シ被告人ヨリ控訴ノ申立アリタルニ依リ當院ハ朝鮮總督府檢事村田左文關與審理ヲ遂ケ判決スルコト左ノ如シ

主文

被告人ヲ禁錮四月ニ處ス

理由

被告人ハ永川郡清通面治日洞二九九番地ニ於テ酒類販賣業ヲ爲シ居ルモノナルカ昭和十六年五月頃慶尚北道ニ於テ同道内各面ヲ單位トシテ男女別ニ青年隊ヲ組織シ時局下ニ適當ナル指導監督ヲ加フルコトトナリ面内各洞ニ於テ其ノ適格者ニ對シ之カ入隊方勸誘ヲ開始シタルコトヲ聞知スルヤ其ノ頃同面居洞山本仁山方ニ到リ同人ニ對シ最近當局ニ於テ十七、八歳ノ未婚ノ娘ヲ募集シ北滿洲ニ進行シテ目下戰爭中ノ日本軍將兵ノ爲炊事又ハ慰安ヲ爲サシムル計畫アリ依テ早ク貴下ノ娘石順（當十六年）ヲ結婚セシムルカ安全ナリト虛罔ノ事實ヲ申向ケ以テ今次事變ニ際シ軍事ニ關シ造言飛語ヲ爲シタルモノナリ

證據ヲ按スルニ判示事實ハ被告人ノ當公廷ニ於ケル自分ハ判示日頃山本仁山方ニ到リタルコトアル旨自己ノ仲介ニ依リ右山本ノ娘石順ト林在模トヲ結婚セシメタルコトアル旨ノ供述、檢事ノ被告人ニ對スル被疑者訊問調書中判示同旨ノ供述記載竝司法警察官事務取扱ノ山本仁山ニ對スル被疑者訊問調書中同人ノ供述トシテ判示日頃被告人カ自分方ニ來リ娘石順ノ嫁入ノ

大邱地方法院 覆審

話ヲ爲シタル際同人ハ近頃仄聞スルトコロニヨレハ十七、八歲ノ未婚ノ娘ヲ募集シテ戰地ニ進行シ皇軍ニ奉侍セシメ炊事看護等ヲ爲サシムル計畫アルニヨリ早ク娘石順ヲ結婚セシメテ如何ト申シタル旨ノ記載ヲ綜合シテ之ヲ認ム

法律ニ照スニ被告人ノ判示所爲ハ陸軍刑法第九十九條ニ該當スルヲ以テ所定刑期範圍内ニ於テ被告人ヲ禁錮四月ニ處スヘキモノトス

仍テ主文ノ如ク判決ス

被告人ノ控訴ハ理由ナシ

昭和十六年八月十一日

324

大邱覆審法院刑事第一部

裁判長朝鮮總督府判事 安田重雄

朝鮮總督府判事 高原富藏

朝鮮總督府判事 越川純吉

大邱地方法院覆審法院

右謄本也

昭和十六年八月十五日

大邱覆審法院刑事部

朝鮮總督府裁判所書記 [signature]

三

0746

29) 1941년형공제868호(昭和十六年刑公第八六八號)

551

昭和十六年刑公第八六八號

判決

本籍　光州府東町

住居　木浦府溫錦洞

日稼　金松竹

當三十九年

右者ニ對スル陸軍刑法違反被告事件ニ付朝鮮總督府檢事今泉勘七關與審理判決スルコト左ノ如シ。

主文

被告人ヲ禁錮四月ニ處ス

但シ未決勾留日數中三十日ヲ右本刑ニ算入ス

裁判用紙　光州地方法院木浦支廳

理由

被告人ハ昭和十五年[illegible]十七日其ノ夫死亡後日稼ニ依ル收入ヲ以テ一家ヲ支ヘ來リタル處家族ハ國民學校二年在學中ノ當十歳ノ女兒ノミナルヲ以テ被告不在中ノ留守居其ノ他家事處理ノ不便ヲ痛感シ居タル折柄偶々昭和十六年五月五日頃肩書自宅ニ於テ被告人方一室ヲ間借中ノ丁[illegible]ガ被告人ニ對シ「最近戸口調査ニ來リタル巡査カ自己ノ娘朴南禮當時十七年ノ氏名年齡等詳細ニ調査シタルカ何事ナラム」ト相談的口吻ヲ洩シタルニ乘シ右朴南禮ノ保護ニ名ヲ藉リ之ヲ被告人方ノ留守居兼家事ニ使役セムトシ右[illegible]ニ對シ「光州京城方面ヘノ旅行中朝鮮總督府ニテ第一線軍隊ノ慰安ニ當ラシムル爲京城地方ノ十四歳乃至十八歳ノ鮮人處女ヲ強制募集シ居ルヲ見タルガ木浦ニ於テモ同

0671

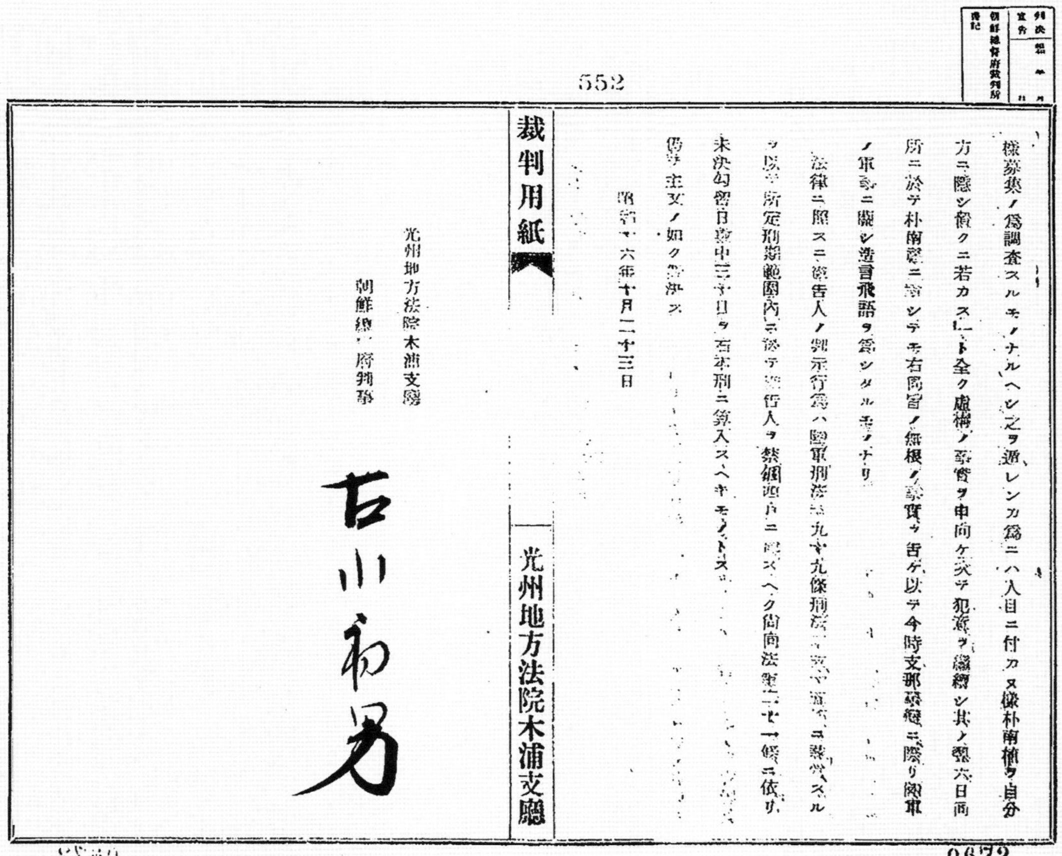

552

裁判用紙

様募集ノ為調査スルモノナルヘシ之ヲ避レンカ為ニハ人目ニ付カヌ様朴南植ヲ自分方ニ隠シ置クニ若カスト全ク虚構ノ事實ヲ申向ケ以テ犯意ヲ継続シ其ノ翌六日同所ニ於テ朴南植ニ對シテモ右同旨ノ無根ノ事實ヲ告ケ以テ今時支那事變ニ際リ陸軍ノ軍事ニ關シ造言飛語ヲ為シタルモノナリ

法律ニ照スニ被告人ノ判示行為ハ陸軍刑法第九十九條刑法第五十五條ニ該當スルヲ以テ所定刑期範圍内ニ於テ被告人ヲ禁錮四月ニ處スヘク尚同法第二十一條ニ依リ未決勾留日数中三十日ヲ右本刑ニ算入スヘキモノトス

仍テ主文ノ如ク判決ス

昭和十六年十月二十三日

光州地方法院木浦支廳

朝鮮總督府判事

古川和男

光州地方法院木浦支廳

0672

30) 1943년형공제6호(昭和十八年刑公第六號)

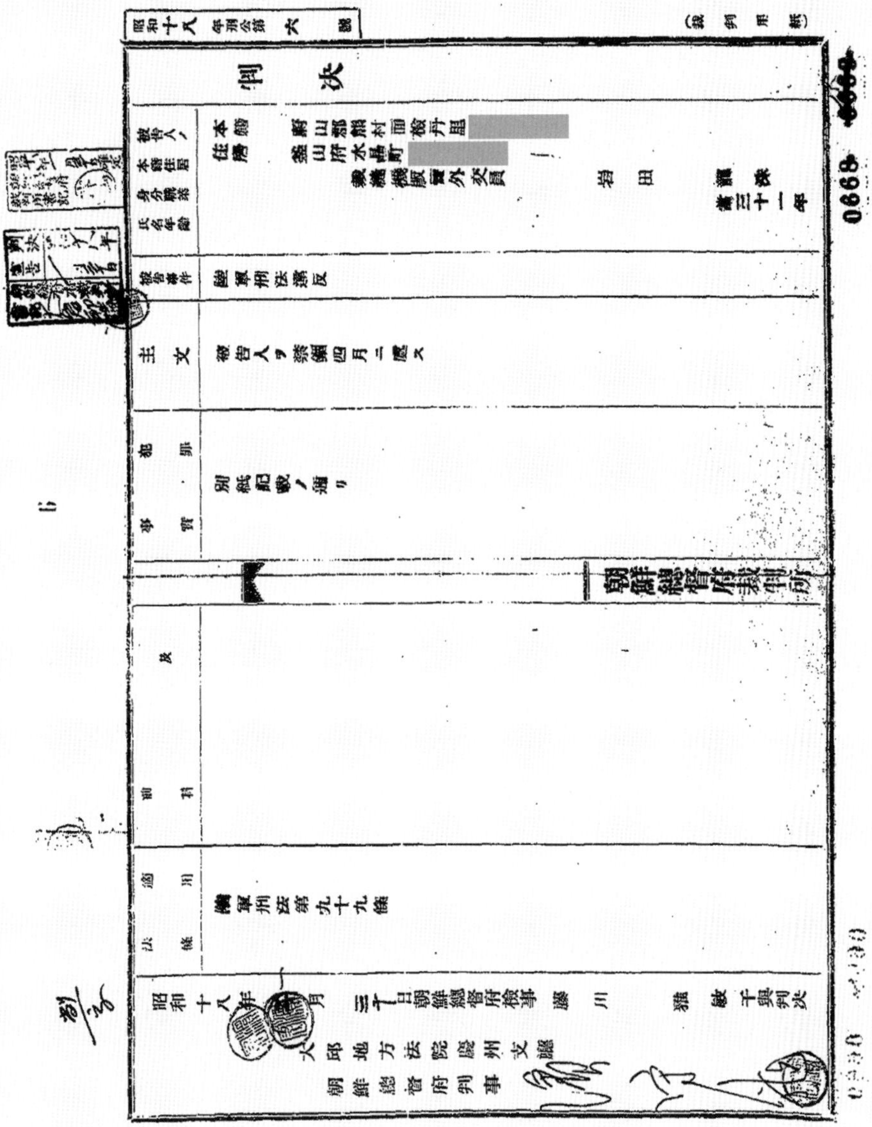

犯罪事實及前科

被告人ハ昭和十七年七月ヨリ釜山府草梁町丘山[illegible]商會ノ販賣外交員ト爲リ同年十二月十九日慶尚北道迎日郡只杏面鶴溪里川本奉出ノ案内ニテ同里飲食店夏山花仙方ニテ飲酒中同日午后九時頃右川本奉出、夏山花仙及同部落民林石俊吳盛鶴外一名計五名ヲ相手ニ雜談中

(一)私ノ町ノ（釜山府水晶町）後ノ山ニハ支那事變以來兵隊カ駐屯シテ居テ時々荷物ヲ車ニ積ンデ往來スルカ其ノ山ノ松林ニハ一般ノ者カ薪ヲ取リニ行カレナイ様ナルニ今月十日（昭和十七年十二月十日頃）頃ノ事釜山府佐川町ニ居ル四十歳位ノ朝鮮人婆サン一人カ偶々其ノ山ヘ松葉搔キニ行ツタ處制服軍人四名カ下リテ來テ其ノ婆サンニ對シ情交ヲ迫ツタノテ婆サンハ年カ寄ツテ居ルカラ駄目ダト拒絶シタケレトモ軍人ハ聞カス年カ寄ツテ居テモヨイカラト言ヒツヽ無理ニ迫ツタノテ其ノ婆サンハ力カ及ハスシテ遂ニ四人ヨリ強姦サレテ卒シテ家ニ歸ツテ臥テ居ルカ其ノ婆サンノ息子ハ此ノ事ヲ憤慨シテ警察ヘ訴ヘルト言フカ婆サンハ相手ハ軍人デアルシ又ハ自分ノ恥ヲ世間ニ曝スコトニナルカラト言ツテ訴ヘルコトヲ止メテ居ルカ軍人モ餘[illegible]無法ナコトヲスルモノデアルト申シ次テ

(二)同シク水晶町内ニ内地人寡婦カ居住シテ居ルガ軍人達カ晝夜ノ別ナク同家ニ出入シ情交アル模様ニシテ同寡婦ノ行[illegible]イコトヲスルモノナリト語リ以テ戰時ニ際シ軍事ニ關シ造言蜚語ヲ爲シタルモノナリ

大邱地方法院慶州支廳

0669

31) 1943년형공제209호(昭和十八年刑公第二〇九號)

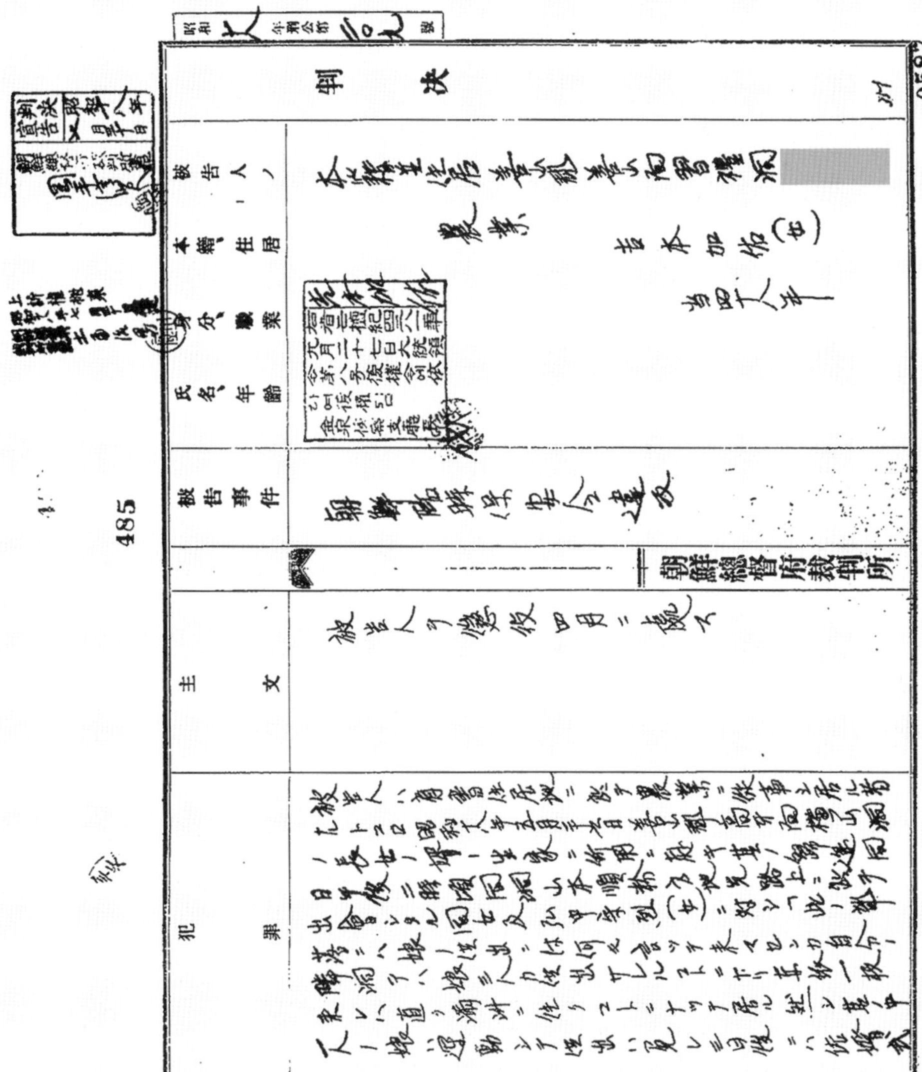

判決

被告人ノ本籍、住居、身分、職業、氏名、年齡

農業

吉本加佑(也)

当四十八年

被告事件

朝鮮臨時保安令違反

朝鮮總督府裁判所

主文

被告人ヲ懲役四月ニ處ス

犯罪

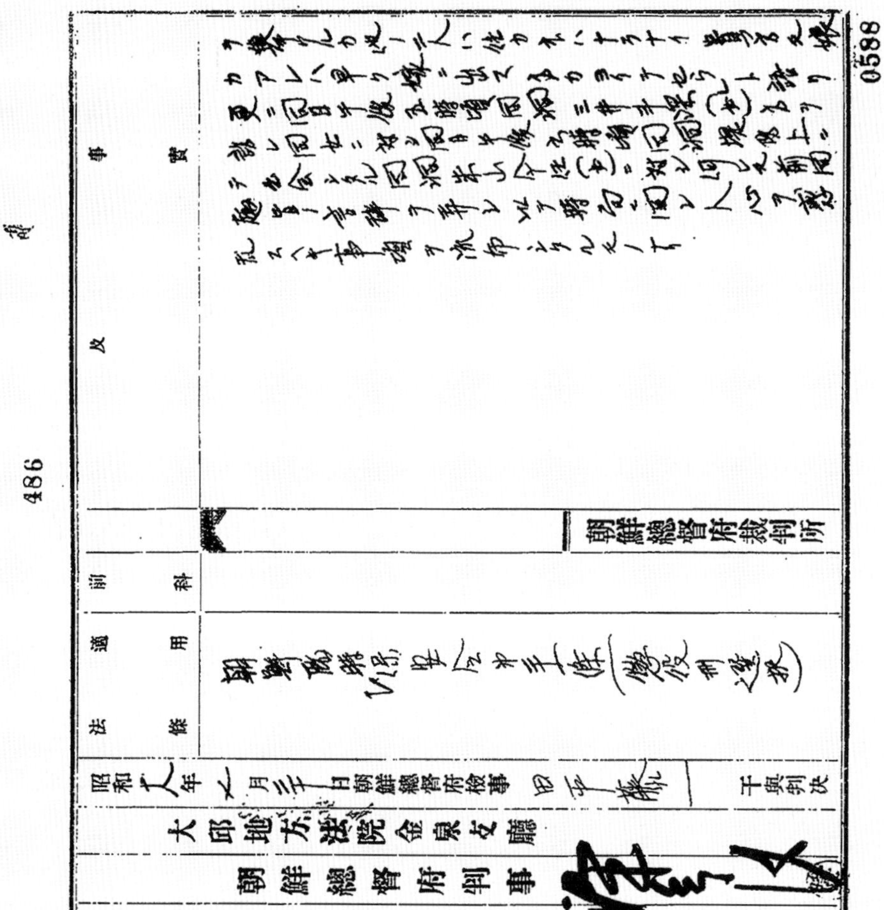
486
0588
法條適用
前科
事實及
昭和　年　月　日朝鮮總督府檢事
干與判決
大邱地方法院金泉支廳
朝鮮總督府判事
朝鮮總督府裁判所

32) 1943년형공제1062호(昭和十八年刑公第一○六二號)

昭和十八年刑公第一〇六二號　第一六六號　裁判用紙

略式命令

被告人ノ本籍 住居身分職業 氏名年齡	本籍 慶尚北道星州郡草田面七仙洞番地不詳 住居 同 道漆谷郡若木面觀湖洞番地不詳 農業 判决コト 朴禹東 當二十七年
被告事件	朝鮮臨時保安令違反
科スヘキ刑及附隨ノ處分	被告人ヲ罰金三十圓ニ處ス 但シ右罰金ヲ完納スルコト能ハサルトキハ三十日ノ期間勞役場ニ留置ス
罪トナルヘキ事實	被告人ハ福書住居地ニ於テ農業ヲ營ミ居ル者ナルトコロ昭和十八年八月十三日午後五時頃居洞高山鳳俊方後方畑作業中ニ於テ同人外四名ニ對シ時局關係ニテ近頃未婚處女ノ供出ガ行ハレル私ノ隣ノ崔老人ノ末女モ行先ハ知ラナイガ供出サレルノデ郷里ニテ結婚モサレス供出サレルハ惜シイト虚構ノ事實ヲ申向ケ時局ニ關シ造言飛語ヲ爲シタルモノナリ
法條適用	朝鮮臨時保安令第二十條(罰金刑選擇)刑法第十八條

朝鮮總督府裁判所

被告人ハ此ノ命令ノ謄本ノ送達アリタル日ヨリ七日内ニ正式裁判ノ申立ヲ爲スコトヲ得

昭和十八年九月十七日

大邱地方法院

朝鮮總督府判事 長澤[illegible]鶴

0864

33) 1943년형공제392호(昭和十八年刑公第三九二號)

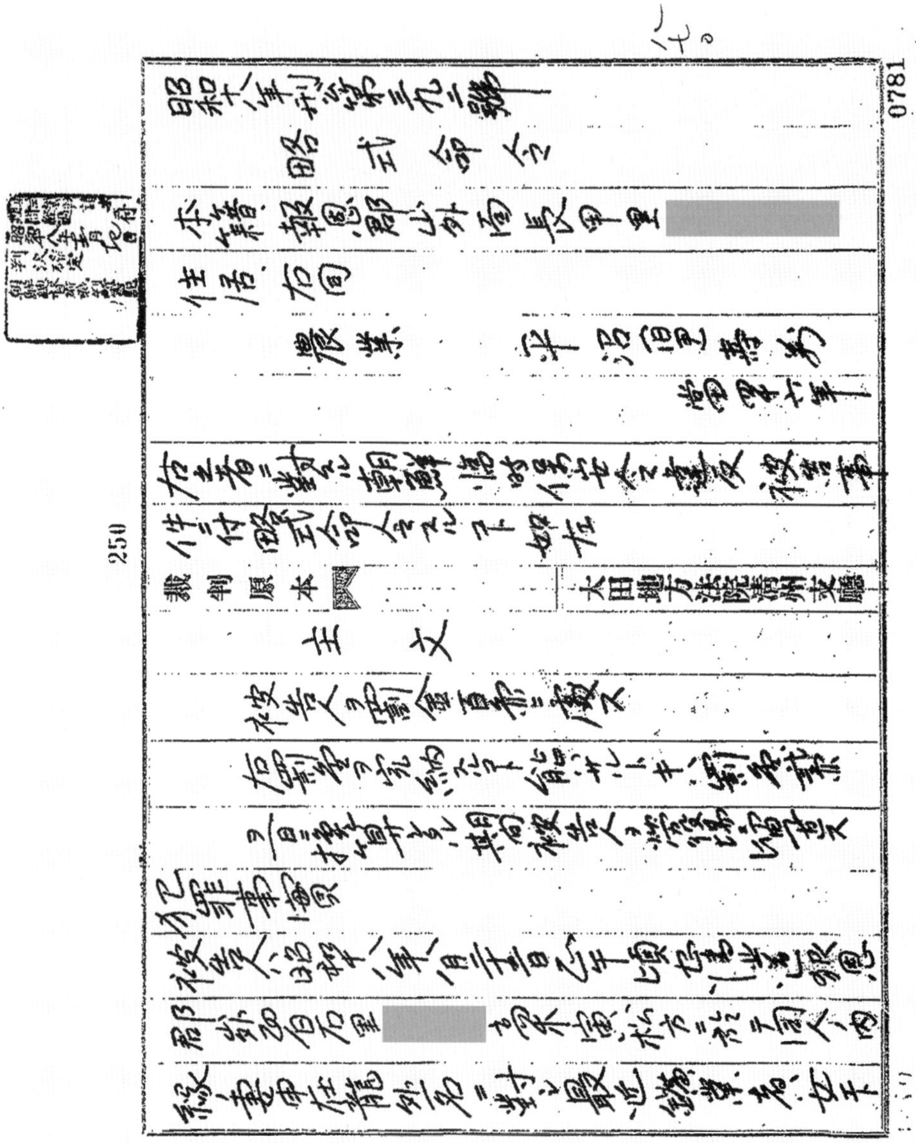

昭和十八年刑公第三九二號

略式命令

本籍 報恩郡山外面長甲里

住居 右同

農業 平沼(旧李)壽男

當卅六年

右之者ニ對スル朝鮮臨時保安令違反被告事件ニ付略式命令スルコト左ノ如シ

裁判原本

大田地方法院清州支廳

主文

被告人ヲ罰金百圓ニ處ス

右罰金ヲ完納スルコト能ハサルトキハ罰金貳圓ヲ一日ニ換算シタル期間被告人ヲ勞役場ニ留置ス

犯罪事實

被告人ハ昭和十八年八月二十三日午後頃報恩郡山外面白石里　高木寅松方ニ於テ同人ノ内縁ノ妻申仁龍外一名ニ對シ最近鑛業者ハ女子

削字　削字　251

シテ募集シタル娘ヲ帰ラス時ハ血ヲ取リテ帰宅
セシムル為其娘ハ帰宅モ後縁許モナクシテ死亡スルト
ノ虚構事実ヲ放言シ暗ニ女工応募ヲ拒否ス
ヘキコトヲ示唆シ以テ時局ニ関シ造言飛語ヲ為シ
タルモノナリ

適用法條
朝鮮臨時保安令第二十条（罰金刑選択）
刑法第十八条

裁判原本

被告人ハ此ノ命令謄本ノ送達アリタル日ヨリ七日内
ニ正式裁判申立ヲ為スコトヲ得

昭和十八年十二月二十七日

大田地方法院清州支廳
朝鮮総督府判事 [illegible]

0782

34) 1943년형공제377호(昭和十八年刑公第三七七號)

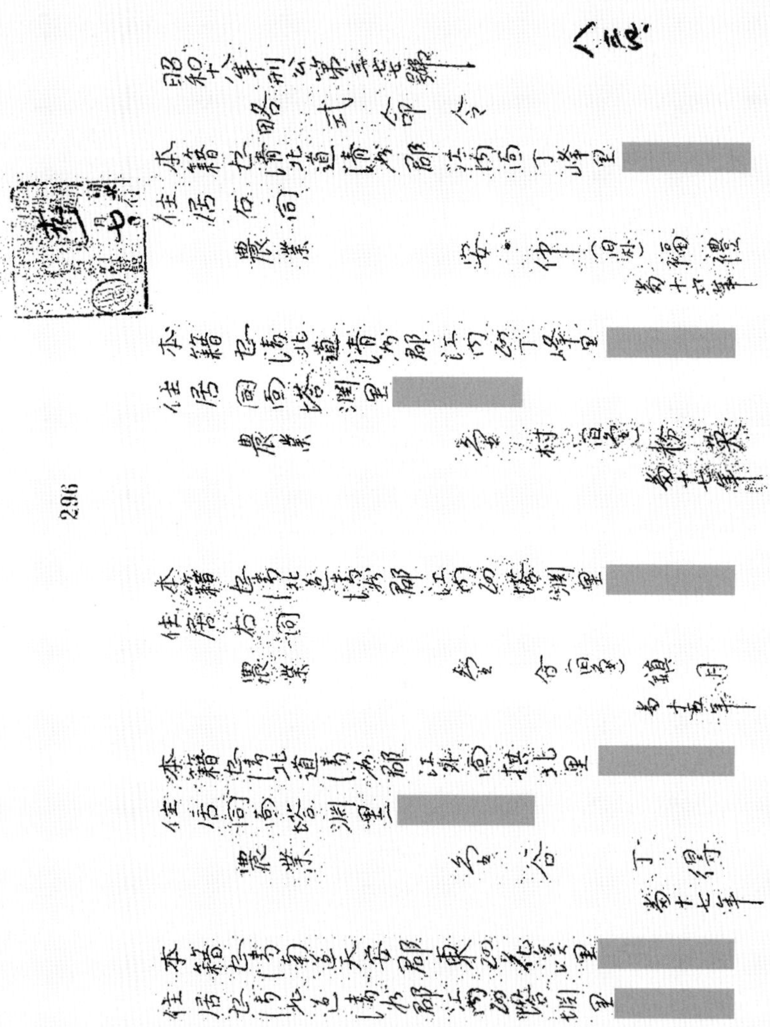

昭和十八年刑公第三七七號

略式命令

本籍 忠清北道清州郡江内面丁峰里

住居 右同

農業 安仲（旧朴）福禮

当四十□年

本籍 忠清北道清州郡江内面丁峰里

住居 同面塔淵里

農業 多村（旧金）榮來

当二十七年

本籍 忠清北道清州郡江内面塔淵里

住居 右同

農業 金谷（旧金）鎭同

当三十五年

本籍 忠清北道清州郡江外面相北里

住居 同郡同面塔淵里

農業 金谷 丁得

当二十七年

本籍 忠清南道大田郡東面□□里

住居 忠清北道清州郡江内面塔淵里

296

0827

297

農業　松本（旧李）世鐘
当二十三年

右之者等ニ對スル安寧秩序ニ對スル罪被告事件ニ付略式命令スルコト如左

主　文

被告人安仲福禮同金村粉英ヲ各罰金百圓ニ
被告人金谷鎮月同金谷丁得及同松本世鐘ヲ
各罰金七十圓ニ各處ス
被告人松本世鐘ハ右罰金ヲ完納スルコト能ハサルトキ
四圓ヲ壹日ニ換算シタル期間労役場ニ留置ス

(一)被告人安仲福禮ハ昭和十八年四月中日不詳肩書居宅庭先ニ於テ居里相被告人金村粉英外二名ニ対シ「工場ニテ女工ヲ募集シテ居ルカ夫レハ娘達ヲ南洋群島ニ連レ行キ兵隊ノ飯焚ヤ洗濯ヲサス為メナル」旨ノ虚構ノ事實ヲ放言シ以テ時節柄女工募集ニ関シ造言飛語ヲ為シ

(二)被告人金村粉英ハ昭和十八年四月中日不詳肩書居宅ニ於テ實姉金村安禮及相被告人金谷鎮月等ニ對シ「今娘達ヲ募集シテ居ルカ夫レハ南洋群島ノ守備隊ノ飯焚ヤ洗濯ヲサセル為メデアリ且殘ハ娘一人

0828

宛ラ大勢ノ兵隊ノ居ル室ニテ慰サセラレル」旨ノ虚構ノ事
實ヲ放言シ以テ時節柄女工募集ニ関シ造言飛言
ヲ爲シ

(三)被告人名谷鎮月ハ昭和十八年四月中日不詳肩書居宅
ニ於テ居里相被告人名谷千得ニ対シ「今部落ニテ娘
達ヲ募集シテ居ルカ夫レハ戦地ノ守備隊ノ飯焚ヤ
洗濯ヲサセ又夜ハ慰安婦ニスル爲メナル」旨ノ虚構事實
ヲ放言シ尚ホ犯意継続シテ其ノ頃居里張錫鳳方庭
先ニ於テ居里名谷七男ニ対シ右同様ノ虚構ノ事實ヲ
放言シ以テ其都度時節柄女工募集ニ関シ造言飛語—

語ヲ爲シ

(四)被告人名谷千得ハ昭和十八年四月中日不詳肩書居里
李初徐方工事場ニ於テ居里松本世鍾ニ対シ「今部落
ニテ娘達ヲ募集シテ居ルカ夫レハ南洋群島ノ軍隊ノ飯焚
ヤ洗濯ヲサセル爲メナル」旨ノ虚構ノ事實ヲ放言シ以テ
時節柄女工募集ニ関シ造言飛語ヲ爲シ

(五)被告人松本世鍾ハ昭和十八年四月中日不詳肩書居里
李敏雨方ニ於テ同人ノ長女松本根戌ニ対シ「此部落ニ今
南洋群島ノ戦地ノ将兵達ノ飯焚ト洗濯ヲサスル爲メ娘
達ヲ募集ニ来テ居ル」旨ノ虚構ノ事實ヲ放言シ以テ

0829

299

時節柄妄ニ募集ニ関シ造言飛語ヲ為シタルモノナリ
適用法條
被告人安伊福、[illegible]同金谷鍾月ニ対シ
朝鮮臨時保安令第二十条（罰金刑選択）
朝鮮少年令第十三条
被告人金谷丁得ニ対シテハ右法條ノ外刑法第五十五條
被告人松本世鍾ニ対シテハ
朝鮮臨時保安令第二十条（罰金刑選択）刑法第十八条
被告人等此ノ命令ノ謄本ノ送達アリタル日ヨリ七日内ニ正式
裁判ノ申立ヲ為スコトヲ得

昭和十八年十二月十八日
大田地方法院清州支廳
朝鮮総督府判事 河原新

0830

35) 1943년형공제364호(昭和十八年刑公第三六四號)

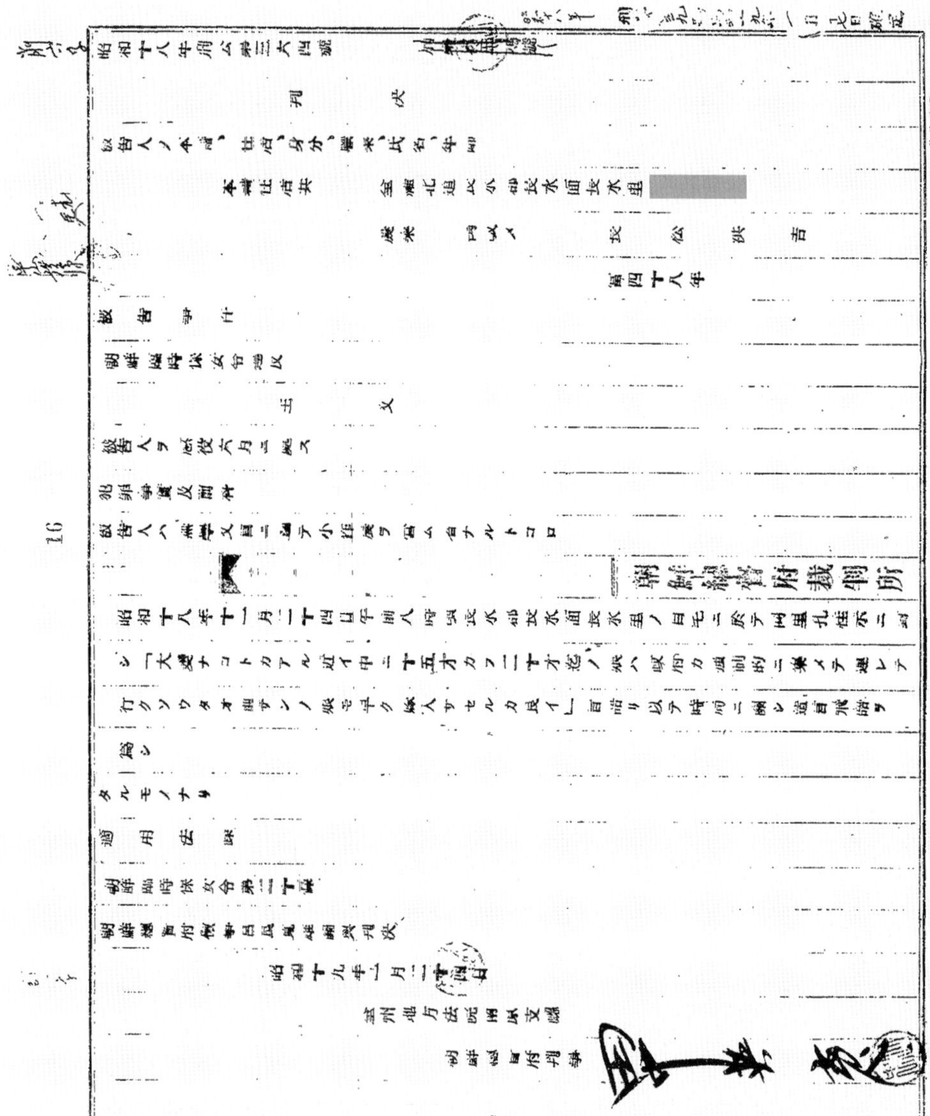
昭和十八年刑公第三六四號

判決

被告人ノ本籍、住居、身分、職業、氏名、年齡

本籍住居共 全羅北道扶安郡扶安面扶安里[illegible]

農業 [illegible] 長松洪吉

當四十八年

被告事件

朝鮮臨時保安令違反

主文

被告人ヲ懲役六月ニ處ス

犯罪事實及罪科

被告人ハ無學文盲ニ過テ小作農ヲ営ム者ナルトコロ

昭和十八年十一月二十四日午前八時頃扶安郡扶安面扶安里ノ自宅ニ於テ同里孔性示ニ對シ「大変ナコトカアル近イ中ニ十五才カラ二十才迄ノ娘ハ政府カ強制的ニ集メテ連レテ行クソウタオ前サンノ娘モ早ク嫁入サセルカ良イ」旨語リ以テ時局ニ關シ造言飛語シタルモノナリ

適用法條

朝鮮臨時保安令第二十條

朝鮮總督府檢事[illegible]關與判決ス

昭和十九年一月二十四日

全州地方法院井邑支廳

朝鮮總督府判事

朝鮮總督府裁判所

0343

36) 1944년형공제171호(昭和十九年刑公第一七一號)

昭和十九年刑公第一七一號

略式命令

本籍 全羅北道井邑郡七寶面時山里 [redacted]

住所 同 道任實郡釜岩面釜岩里 [redacted]

日稼

韓設メ 清本圭許

當二十七年

被告事件

朝鮮臨時保安令違反

科スヘキ刑及附隨ノ處分

全州地方法院

被告人ヲ罰金五十圓ニ處ス

右罰金ヲ完納スルコト能ハサルトキハ五十日間勞役場ニ留置ス

罪トナルヘキ事實

被告人ハ無學文盲ニシテ日稼勞働ニ從事中ノ者ナルトコロ犯意繼續ノ上

(一) 昭和十八年十一月中旬不詳日午前十一時頃肩書住居地居住ノ洪照煥方客室ニ於テ同里韓令用外二名ニ對シ「全南光州及井邑等ハ生娘ノ供出ヲ盛ニヤツテ居ルソウダ先般七寶面テモ生娘二名ノ供出ヲヤツタカ其ノ關係デ今年ハ生娘ノ結婚カ多イソウダ七寶面ニ住シテ居ル自分ノ從妹モ早ク結婚ヲヤツタヨ」ト申向ケ

(二) 同年十一月中旬不詳日午前十時頃同里洪本洋根居室ニ於テ洪本洋根外一名ニ對シ右ト同様ノ事實ヲ申向ケ

335

以テ時局ニ關シ人心ヲ惑亂スヘキ事項ヲ流布シタルモノナリ。

適用シタル法條

朝鮮臨時保安令第二十一條罰金刑選擇刑法第五十五條第十八條

被告人ハ此ノ命令ノ縮本ノ送達アリタル日ヨリ七日内ニ正式裁判ノ申立ヲ爲スコトヲ得

昭和十九年三月三日

全州地方法院

朝鮮總督府判事

全州地方法院

1074

37) 1944년형공제214호(昭和十九年刑公第二一四號)

1127

昭和十九年刑公第二一四號

略式命令

本籍 全羅北道完州郡助村面知塞里番地不詳

住居 同道金堤郡金堤邑校洞里

飲食店板場

李波メ 樋本彰鉉

當三十年

被告事件 朝鮮臨時保安令違反

科スヘキ刑及附隨ノ處分

被告人ヲ罰金五十圓ニ處ス

全州地方法院

右罰金ヲ完納スルコト能ハサルトキハ五十日間勞役場ニ留置ス

罪トナルヘキ事實

被告人ハ金山郡東山公立普通學校第四學年ヲ中途退學シ爾来各地ノ飲食店ニ雇ハレ居リタルカ昭和十八年十二月頃ヨリ金堤郡金堤邑校洞里四六三番地飲食店木浦館コト員原貫華方ニ板場トシテ住込ミ現在ニ至レルモノナルトコロ昭和十九年二月九日右木浦館調理場ニ於テ同店ノ酌女金澤君子及ヒ同高山松竹ノ兩名ニ對シ何等確實ナル根據ナクシテ「全州ニ行ツテ見タラ娘ハ全部供出サレルサウニナツテ居タ金堤テモ近イ中ニ娘ハ全部供出サセラレルテアロウカラ貴女達モ早ク郷里ヘ歸ツテ嫁入シタ方カヨイ」ト申向ケ以テ時局ニ關シ造言飛語ヲ爲シタルモノナリ

適用シタル法條

朝鮮臨時保安令第二十條罰金刑選擧刑法第十八條

被告人ハ此ノ命令ノ謄本ノ送達アリタル日ヨリ七日内ニ正式裁判ノ申立ヲ爲スコトヲ得

昭和十九年三月二十二日

全州地方法院

朝鮮總督府判事

全州地方法院

1128

38) 1944년형공제270호(昭和十九年刑公第二七〇號)

昭和十九年刑公第二七〇號

判決

本籍 全羅南道高興郡浦頭面長水里

住居 咸鏡南道咸州郡興南邑九龍里明牒寮內

日本窒素肥料株式會社本宮工場試驗工

吳峯根、松原小治郎コト

吳 宗 槿

當二十九年

右ノ者ニ對スル朝鮮臨時保安令違反詐欺被告事件ニ付當院ハ朝鮮總督府檢事江本大教關與審理判決スルコト左ノ如シ

主 文

被告人ヲ懲役五年ニ處ス

理 由

被告人ハ(1)昭和九年七月二日光州地方法院順天支廳ニ於テ詐欺竊盜業務橫領罪ニ依リ懲役一年六月ニ處セラレ昭和十一年一月十日右刑ノ執行ヲ終リ(2)昭和十二年二月十九日同廳ニ於テ業務橫領私文書僞造行使詐欺罪ニ依リ懲役一年ニ處セラレ昭和十三年二月十九日右刑ノ執行ヲ終リ(3)同年十二月十二日同廳ニ於テ橫領詐欺罪ニ依リ懲役二年ニ處セラレ昭和十五年七月十一日右刑ノ執行ヲ終リ(4)同年十月四日釜山地方法院馬山支廳ニ於テ詐欺竊盜業務橫領罪ニ依リ懲役三年ニ處セラレ昭和十八年十月四日右刑ノ執行ヲ終リタルモノニシテ其ノ頃ヨリ興南日本窒素肥料株式會社本宮工場試驗工ニ雇ハレ居リタルモノナルトコロ昭和十九年二月十四日頃歸鄕ノ途次光州其ノ他ニ立寄リタル際

第一 (一)昭和十九年二月十六日午後二時頃明治町五丁目百二十九番地中央旅館ニ於テ同旅館主

光州地方法院

277

金海命龍ニ對シ「日本窒素肥料株式會社ハ軍部直轄ノ軍需工場ニシテ多數ノ女工ヲ雇ヒ居リ今回朝鮮ニ徴用令施行サレ一般國民ヲ徴用スルコトトナリ同會社テハ男女勞務者特ニ十六才乃至十九才ノ女子ヲ多數徴用スルコトトナリタル爲全鮮各道ニ徴用勞務者ノ管理責任者ヲ派遣シ自分ハ全南地區擔當責任者トシテ來光シタル」旨告ケ以テ時局ニ關シ造言飛語ヲ爲シ

(二)同月十八日午前十一時頃同府鶴岡町百六十五番地光南人事紹介所主國本夢九方ニ於テ同人ニ對シ「自分ハ滿洲憲兵隊慰安所ニ居ル者ナルカ今回多數ノ十四才乃至二十五才ノ女子ヲ慰安婦トシテ募集スル爲來光シタルカ今ヨリ各地ヲ巡廻セネハナラヌカ募集ニ應セサルトキハ全部強制徴用スルコトトナリ居ル」旨告ケ以テ時局ニ關シ造言飛語ヲ爲シ

第二(一)第一ノ(二)掲記ノ日時場所ニ於テ前記國本夢九ニ對シ同人ヲ指定取扱人ト爲スヘキ事

光州地方法院

實ナキニモ拘ラス之アルモノノ如ク裝ヒ「慰安婦募集ニ關スル指定取扱人トナシ相當ノ收益方取計フヘキニ付準備金ヲ提供セラレ度キ」旨虚構ノ事實ヲ申向ケ同人ヲシテ其ノ旨誤信セシメ因テ即時同所ニ於テ準備金名義ノ下ニ金三十圓ノ交付ヲ受ケ之ヲ騙取シ

(二)同月十九日午前一時頃全羅南道光山郡孝池面事務所ヲ訪問シ同面書記金山洛石ニ對シ自分ハ興南窒素肥料株式會社本宮軍事工場ヨリ職員ノ遺家族慰問及時局坐談會開催ノ爲來所セル旨虚言ヲ申向ケ同人其ノ他ノ面事務員等ヲ安心セシメタル上同月二十一日同所ニ於テ

(1)前記金山洛石ニ對シ自分ノ會社ニ於テハ今春光州出張所ヲ特設スルカ同所長ニ就職斡旋スル旨申シ履歴書ヲ徴シタル上更ニ光州ニ國民服地ノ準備ナキニモ拘ラス之アルモノノ如ク裝ヒ「光州ニ國民服地ノ準備アル故之ヲ斡旋シ遣ルカラ先金ヲ

交付セラレ度キ」旨虚構ノ事實ヲ申向ケ同人[illegible]服地代先金名義ノ下ニ金十圓ノ

交付ヲ受ケ之カ騙取シ

(2)同面給仕金山容復ニ對シ前同樣ノ方法ヲ以テ同人ヨリ金四十七圓ノ交付ヲ受ケ之

ヲ騙取シ

(8)同面雇員金城容台ニ對就職ヲ斡旋スヘキ意思ナキニモ拘ラス之アルモノノ如ク裝

ヒ就職ヲ斡旋スヘキニ付金員ヲ交付セラレタキ旨」虚構ノ事實ヲ申向ケ同人ヲシ

テ其ノ旨誤信セシメ因テ即時同所ニ於テ同人ヨリ金二十七圓五十錢ノ交付ヲ受ケ

之ヲ騙取シ

(4)前記金出福石ニ對シ返却ノ意思ナキニモ拘ラス之アルモノノ如ク裝ヒ「光州ニ國

民服地ヲ取リニ行ツテ來ルカラ貴殿ノ自轉車ヲ貸シテ吳レ度キ」旨虚構ノ事實ヲ

申向ケ同人ヲシテ其ノ旨誤信セシメ因テ即時同所ニ於テ貸借名義ノ下ニ其ノ所有

光州地方法院

ニ係ル自轉車一台價格百二十圓位ノモノノ交付ヲ受ケ之ヲ騙取シ

(5)同月二十九日午後八時頃全羅南道靈岩郡新北面葛谷里三百二十四番地國丙洙方ニ

於テ同人ニ對シ前記(1)同樣ノ方法ニ依リ同人ヲ詐罔シ服地代名義ノ下ニ金三十圓

ノ交付ヲ受ケ之ヲ騙取シ

(6)同日同里三百二十番地平山得洙方ニ於テ同人ニ對シ前同樣ノ方法ニ依リ同人ヲ詐

罔シ服地代先金名義ノ下ニ金十圓ノ交付ヲ受ケ之ヲ騙取シ

(三)同月二日午前十時頃同郡潘南面下村里金屋奉洙方ニ於テ同人ニ對シ自分ハ興南窒素

肥料株式會社ノ社員ナルカ自己ノ會社ニハ石鹼地下足袋靴下等ハ潤澤ニアルニ付入

用ナラ配給シ遣ル旨虚構ノ事實ヲ申向ケ同人ヲシテ其ノ旨誤信セシメ因テ即時同所

ニ於テ物品代金名義ノ下ニ金六圓六十錢ノ交付ヲ受ケ之ヲ騙取シ

タルモノニシテ第一及第二ノ所爲ハ夫々犯意繼續ニ係ルモノトス

1040

279

法律ニ照スニ被告人ノ判示所爲中第一ノ所爲ハ朝鮮臨時保安令第二十條刑法第五十五條ニ
第二ノ所爲ハ刑法第二百四十六條第一項第五十五條ニ各該當スルトコロ前者ニ付所定刑中
懲役刑ヲ選擇シ前示(8)(4)ノ前科アルヲ以テ同法第五十六條第一項第五十九條第五十七條ニ
則リ累犯加重ヲ爲シ以上ハ刑法第四十五條前段ノ併合罪ナルヲ以テ同法第四十七條第十條
ニ則リ重キ詐欺ノ罪ノ刑ニ法定ノ加重ヲ爲シタル刑期範圍内ニ於テ被告人ヲ懲役五年ニ處
スヘキモノトス

仍テ主文ノ如ク判決ス

昭和十九年四月十五日

光州地方法院

朝鮮總督府判事 丹山根宮(印)

光州地方法院

1041

39) 1944년형공제402호(昭和十九年刑公第四◯二號)

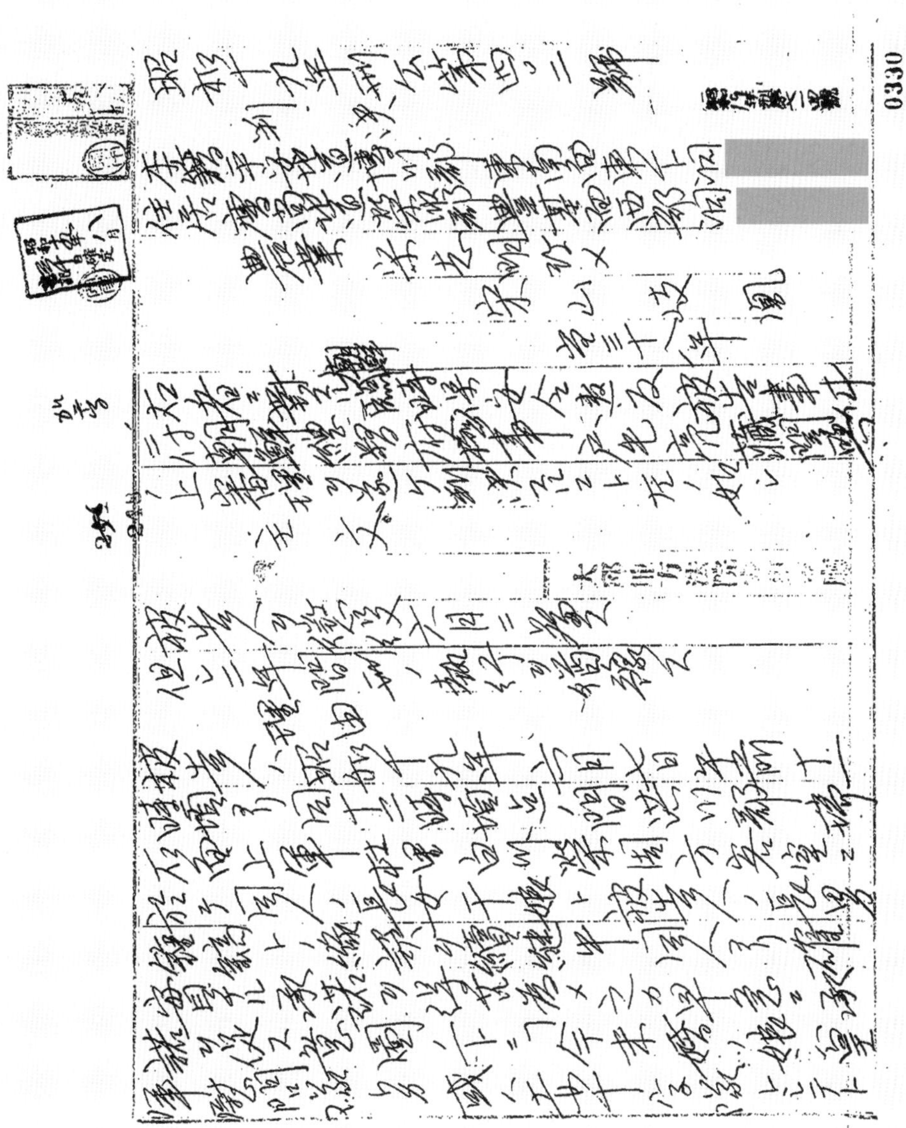

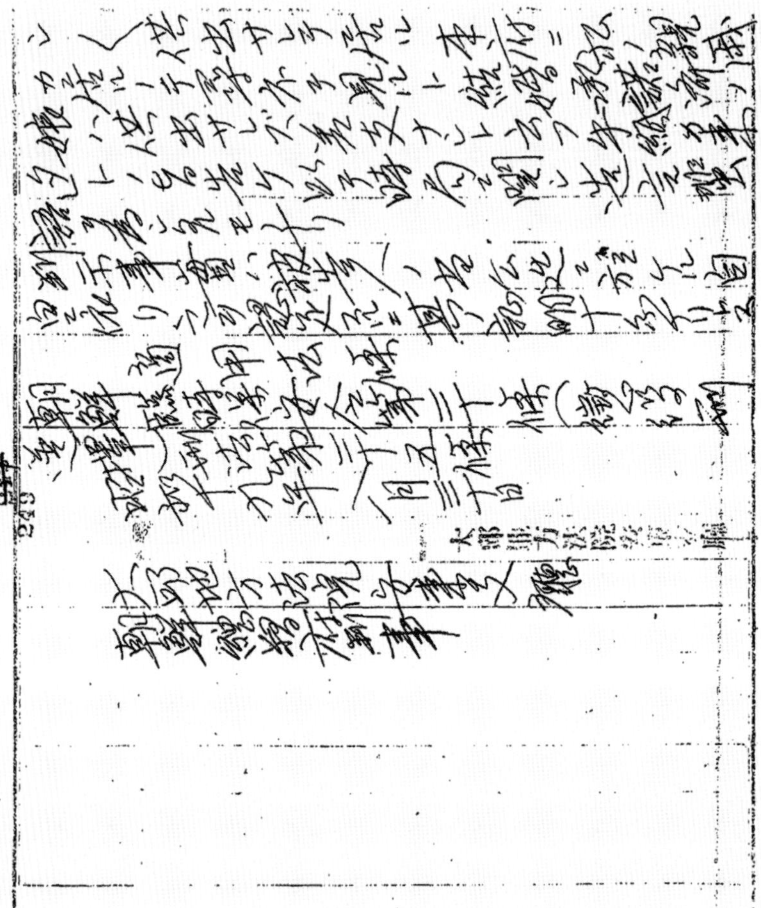

40) 1944년형공제451호(昭和十九年刑公第四五一號)

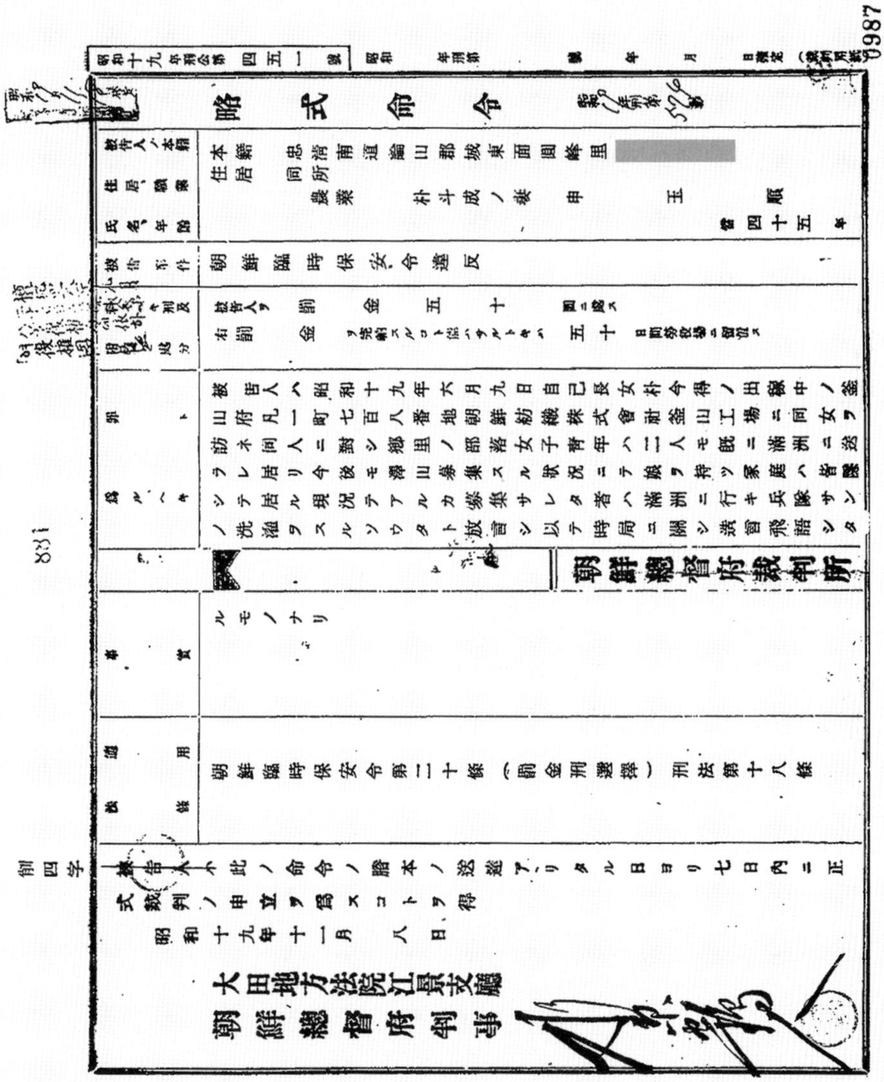

昭和十九年刑公第 四五一 號

略式命令

昭和19年刑第526號

被告人ノ本籍、住居、職業、氏名、年齡：本籍 忠淸南道論山郡拔東面[illegible] 住居 同所 農業 朴斗成ノ妻 申王順 當四十五年

被告事件：朝鮮臨時保安令違反

刑及被告人ヲ罰金五十圓ニ處ス
右罰金ヲ完納スルコト能ハサルトキハ五十日間勞役場ニ留置ス

罪トナルヘキ事實：被告人ハ昭和十九年六月九日自己長女朴今得ノ出嫁中ノ釜山府凡一町七百八番地朝鮮紡織株式會社釜山工場ニ同女ヲ訪ネ同人ニ對シ郷里ノ部落ニ女子等年ハ二一人モ既ニ滿洲ニ送ラレ居リ今後モ澤山募集スル狀況ニテ娘ヲ持ツ家庭ハ皆隊シテ居ル現況テアルカ募集サレタ者ハ滿洲ニ行キ兵隊サンノ洗濯ヲスルソウタト放言シ以テ時局ニ關シ造言飛語シタルモノナリ

朝鮮總督府裁判所

法令ノ適用：朝鮮臨時保安令第二十條（罰金刑選擇）刑法第十八條

被告人ハ此ノ命令ノ謄本ノ送達アリタル日ヨリ七日內ニ正式裁判ノ申立ヲ爲スコトヲ得

昭和十九年十一月八日

大田地方法院江景支廳
朝鮮總督府判事 [signature]

41) 1945년형공제121호(昭和二十年刑公第一二一號)

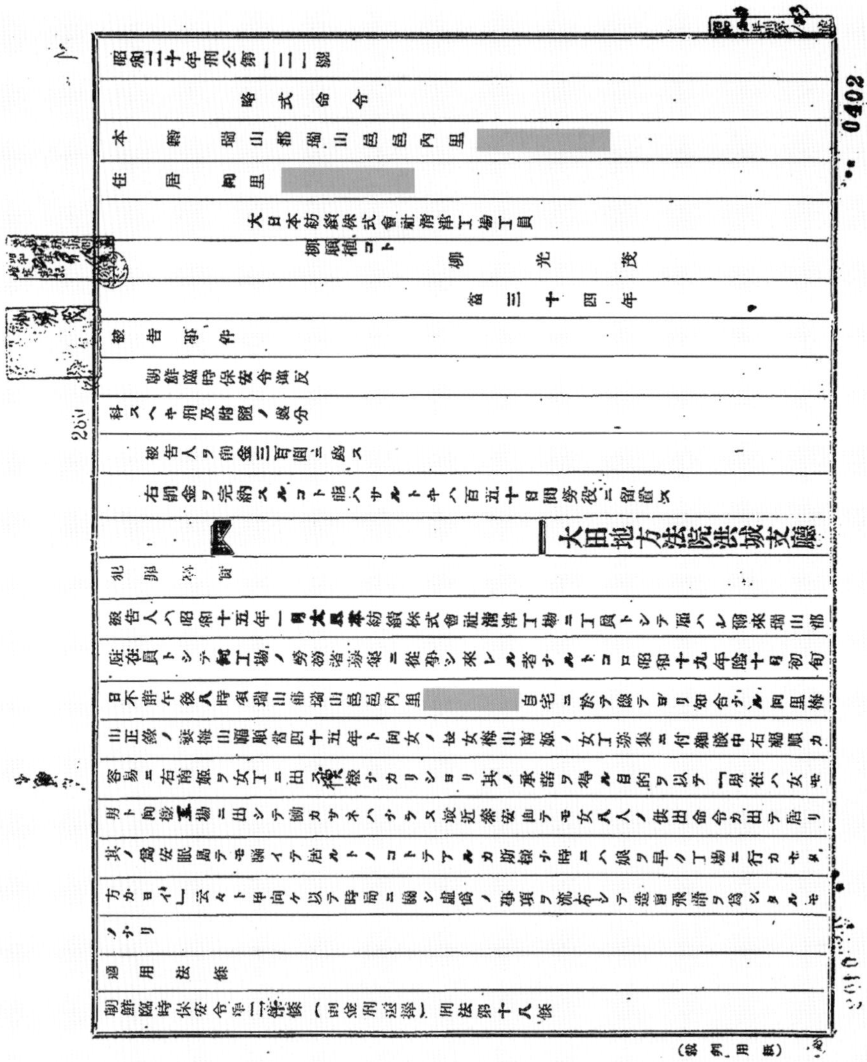

昭和二十年刑公第一二一號

略式命令

本籍 瑞山郡瑞山邑邑内里

住居 同里

大日本紡績株式會社淸津工場工員

柳原植コト 柳光茂

當三十四年

被告事件

朝鮮臨時保安令違反

科スヘキ刑及附隨ノ處分

被告人ヲ罰金三百圓ニ處ス

右罰金ヲ完納スルコト能ハサルトキハ百五十日間勞役ニ留置ス

大田地方法院洪城支廳

犯罪事實

被告人ハ昭和十五年一月大日本紡績株式會社淸津工場ニ工員トシテ雇ハレ爾來瑞山郡駐在員トシテ同工場ノ勞務者募集ニ從事シ來レル者ナルトコロ昭和十九年陰十月初旬日不詳午後八時頃瑞山郡瑞山邑邑内里自宅ニ於テ從テヨリ知合ナル同里柳川正義ノ妻柳川順姫當四十五年ト同女ノ長女柳川南姫ノ女工募集ニ付雜談中右柳順カ容易ニ右南姫ヲ女工ニ出捧セサリシヨリ其ノ承諾ヲ得ル目的ヲ以テ「現在ハ女モ男ト同樣工場ニ出シテ働カサネハナラヌ最近泰安邑デモ女八人ノ供出命令カ出テ居リ其ノ爲安眠島デモ騒イテ居ルトノコトデアルカ斯様ナ時ニハ娘ヲ早ク工場ニ行カセル方カヨイ」云々ト申向ケ以テ時局ニ關シ虛僞ノ事項ヲ流布シテ造言飛語ヲ爲シタルモノナリ

適用法條

朝鮮臨時保安令第二十條（罰金刑選擇）刑法第十八條

（裁判用紙）

251

被告人ハ此ノ命令ノ謄本ノ送達アリタル日ヨリ七日内ニ正式裁判ノ請求ヲ為スコトヲ得

昭和二十年三月二日

大田地方法院洪城支廳

朝鮮總督府判事

大田地方法院洪城支廳

(裁判用紙)

0403

42) 1945년형공제168·234·289호(昭和二十年刑公第一六八·二三四·二八九號)

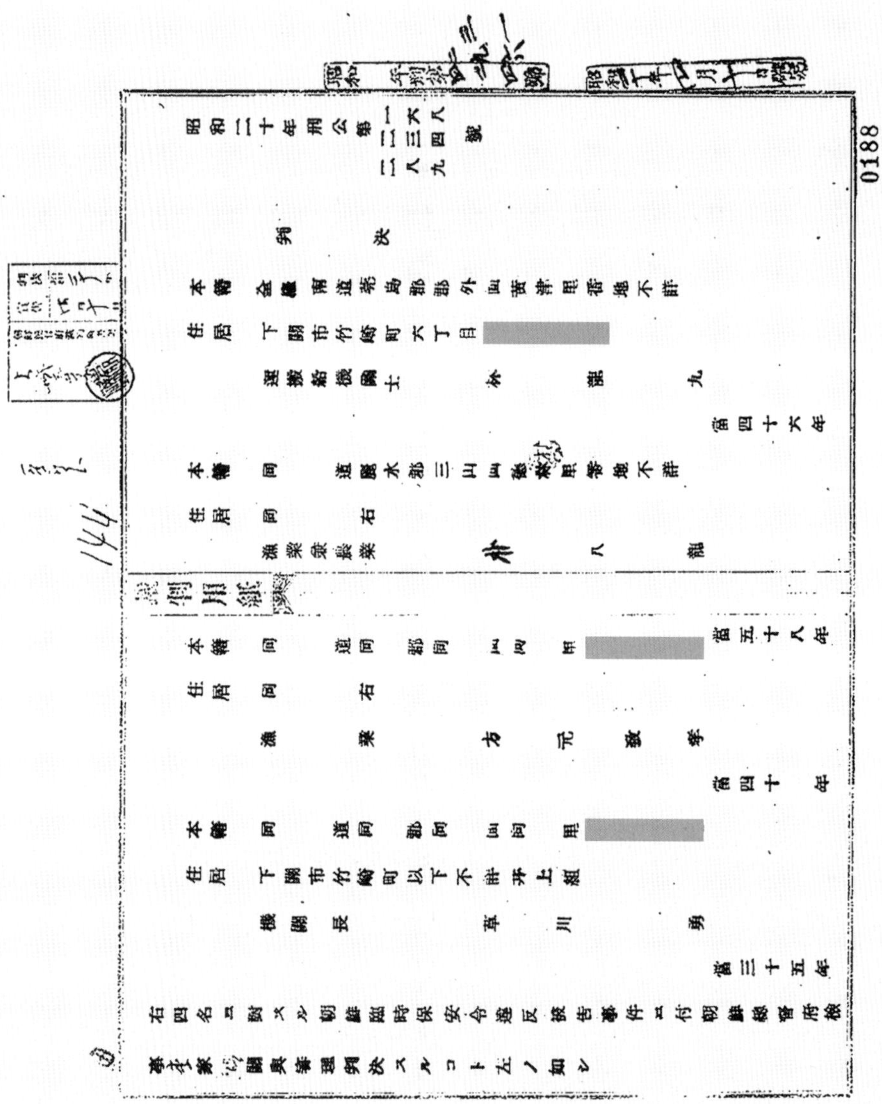

0188

昭和二十年刑公第一六八
二三四
二八九號

判決

本籍 全羅南道莞島郡郡外面黄津里番地不詳
住居 下關市竹崎町六丁目
運搬船機關士 徐 謹 九
當四十六年

本籍 同道麗水郡三山面德村里番地不詳
住居 同右
漁業兼船長 朴 八 龍

本籍 同道同郡同面同里
住居 同右
漁業 方 元 致 字
當四十年

本籍 同道同郡同面同里
住居 下關市竹崎町以下不詳井上組
機關長 李 川 勇
當三十五年

右四名ニ對スル朝鮮臨時保安令違反被告事件ニ付朝鮮總督府檢事[illegible]關與審理判決スルコト左ノ如シ

主文

被告人林龍九ヲ懲役六月ニ處ス

被告人朴八龍同方元致孝同草川勇ヲ各罰金千圓ニ處ス

若シ右罰金ヲ完納スルコト能ハサルトキハ各二百日間

勞役場ニ留置ス

理由

第一 被告人林龍九ハ昭和十九年六月二十六日麗水港ヨリ濟州
島行ノ汽船[illegible]陽丸ニ乘船シ巨文島ニ向フ途中同船甲板上
ニ於テ氏名不詳ノ朝鮮人ガ二名ノ談話ヲ聞キタリト稱シ
其ノ話ノ内容タル「燕山沖ニハ水[illegible]ヲ往ク敵潛水艦來リ
大砲ニテ捕鯨會社ノ一船ヲ撃破シ上陸シテ男子等ヲ皆殺
シ婦女子等ハ捕ヘテ[illegible]シタ上殺シタ」旨ヲ
昭和十九年六月二十六日[illegible]午后五時頃麗水郡三山面德村里
所在自已ノ前住所ニ於テ[illegible]金本武本ニ對シ
(二)同月二十七日午后九時頃[illegible]所庭先ニ於テ同里朴八龍並
ニ自已ノ姿金剛ニ對シ
(三)同月二十八日頃時間不詳同里呉會滿方附近路上ニ於テ同
里方元致孝ニ對シ
各申向ケ
第二 被告人朴八龍ハ昭和十九年六月二十七日午后九時頃居思
林龍九方庭先ニ於テ同人ヨリ前項記載ノ通リ聞知シタル
話ノ内容ヲ其儘同月二十八日午后四時頃肩書自宅ニ於テ

0189

147

同里原元滿春ニ對シ話聞カセ

第三被告人方元致孝ハ昭和十九年六月二十八日午后六時頃居

里呉會滿方附近路上ニ於テ被告人林龍九ヨリ前記ノ通リ

聞知シタル話ノ内容ヲ其儘同月二十九日午后一時頃居里

後方山畑ニ於テ同里金山弘吉及國本盛夫ニ對シ申聞ケ

第四被告人草川勇ハ昭和十九年六月二十八日午后五時頃麗香

自宅ニ於テ居里金山弘吉ヨリ「黒山島ニ最近敵ノ潛水艦

カ現ハレ捕鯨會社ヲ砲擊破壞シ乘組員等ハ上陸シテ男子

等ヲ殺害シ婦女子等ハ之ヲ捕ヘテ強姦シタ」云々ノ（可）

ク旨話聞カセラレ其ノ翌二十九日午前七時三十分頃同面

巨文里船主平山秉玉方ニ於テ同人ノ妻眼瀧同里石山孝雄

光州地方法院順天支廳

及同面德村里三山近守ノ兩名ニ對シ右話ノ内容ヲ其ノ儘

申聞ケ

以テ孰レモ各時局ニ關シ人心ヲ惑亂スヘキ事項ヲ流布シタルモノ

ナリ

右事實ハ各被告人等ノ當公廷ニ於ケル自供ニ依リ之ヲ認ム

法ニ照ラスニ右所爲ハ各朝鮮臨時保安令第二十一條（被告人林龍九ニ對シテハ刑法第五十五條ヲ適用ス）被告人林

龍九ニ對シテハ所定刑中懲役刑ヲ選擇シ其ノ他ノ被告人ニ對

シテハ各罰金刑ヲ選擇シ所定刑期又ハ金額內ニ於テ各量刑シ

被告人林龍九ヲ懲役六月ニ其ノ他ノ被告人等ヲ各罰金千圓ニ

處スヘク罰金不完納ノ場合ニ付テハ刑法第十八條ノ規定ヲ適用

スヘキモノトス

0190

仍テ刑事訴訟法第三百五十八條ノ規定ニ依リ主文ノ如ク判決ス

昭和二十年四月十日

光州地方法院順天支廳

朝鮮總督府判事 津田[illegible]

光州地方法院順天支廳

43) 1945년형공제515호(昭和二十年刑公第五一五號)

(判決續紙用紙 民刑)

174

昭和二十年刑公第五一五號

略式命令

本籍 慶尚北道慶州郡慶州邑沙正里

住居 同 邑路西里

無職 重光女斗湮 當三十五年

本籍 慶尚北道蔚山郡珍良面阿沙洞

住居 同 道慶州郡慶州邑路西里

無職 平海女界贒 當二十六年

大邱地方法院慶州支廳

本籍 大邱府錦町

住居 慶州郡慶州邑路東里

日稼 吉田女貴旋 當二十二年

本籍 大邱府鳳山町

住居 慶州郡慶州邑西部里

無職 東本女桂香 當二十三年

安寧秩序ニ對スル罪被告事件

科スヘキ刑及附隨ノ處分

0289

175

被告人等ヲ懲役八月ニ各處ス

理由ト爲ルヘキ事實

第一 被告人重光斗環ハ昭和二十年四月十八日午前十一時頃慶州郡慶州邑路西里李吉人平海駿警方稼働ニ於テ同人ニ對シ虚偽ナルコトヲ知リ乍ラ「數日前慶州邑鳳凰台附近居住ノ女二名カ終列車テ下リテ慶州驛前ヲ通ルト突然兵隊二人カ現ハレテ同女等ヲ捕ヘントシタ爲一人ノ女ハ逃レ他ノ一人ハ捕ヘラレテ兵隊二人カラ交互ニ強姦セラレタカ世間ヘ恥カシクテ何等文句モ云ハスニ默ツタソウテアル」ト放言シ

第二 被告人平海駿賢ハ同月二十八日午後三時頃同邑路東里被告人吉田貴姫方横

側ニ於テ同人ニ對シ虚偽ナルコトヲ知リ乍ラ「數月前鳳凰台附近ノ女二名カ終列車テ下リテ慶州市場通リヲ通リ掛ルト兵隊二人カ捕ヘントスルノヲ一人ノ女ハ逃レ他ノ一人ハ捕ヘラレテ兵隊二人カラ交互ニ強姦セラレテ妊娠ヲ受ケタソウテアル」ト放言ス

第三 被告人吉田貴姫ハ同年五月七日午後十一時頃同邑西部里被告人東本桂香方ニ於テ同人ニ對シ虚偽ナルコトヲ知リ乍ラ「數日前慶州鳳凰台附近ノ女二名カ終列車テ下リテ慶州市場通リヲ通リ掛ルト兵隊三人カ來乍ラ捕ヘントスルノテ一人ノ女ハ逃レ一人ノ女ハ捕ヘラレテ兵隊三人カラ交互ニ強姦セラレテ傷害ヲ受ケ病臥シテ居ルソウテアル」ト放言ス

(裁判用紙)

(判決謄本用紙 民刑)

0290

第四 被告人宮本桂秀ハ同月十二日午後八時頃同邑西部里居宅ニ於テ李[illegible]乙伊ニ對シ更ニ翌十三日午前七時三十分頃同邑李[illegible]乙伊方飲食場ニ於テ同人長女月[illegible]張山小仙ニ對シ虛僞ナルコトヲ知リ乍ラ夫々「數日前鳳凰台附近ノ女二名カ旅行先カラ終列車デ歸リ途中市場ノ邊リニ於テ兵隊二人ニ出會ヒ捕ヘントスルノデ一人ノ女ハ逃レ他ノ一人ハ捕ヘラレテ强姦セラレ歩クコトモ出來ス[illegible]ツテ歸ツタカ傷害ヲ受ケテ病臥シテ來ルソウテアル」ト放言シ以テ夫々戰時ニ際シ人心ノ惑亂ヲ誘發スヘキ虛僞ノ事實ヲ流布シタルモノナリ

適用シタル法條

刑法第百五條ノ三

大邱地方法院慶州支廳

被告人等ハ此ノ命令ノ謄本ノ送達アリタル日ヨリ七日内ニ正式裁判ノ申立ヲ爲スコトヲ得

昭和二十年六月十八日

大邱地方法院慶州支廳

朝鮮總督府判事 [signature]

II-2. 경성지방법원 검사국, 「사상에 관한 정보」

1) 강원도 경찰부, 「육군형법 위반 사건 검거에 관한 건」, 『1938년도 치안상황』, 1938

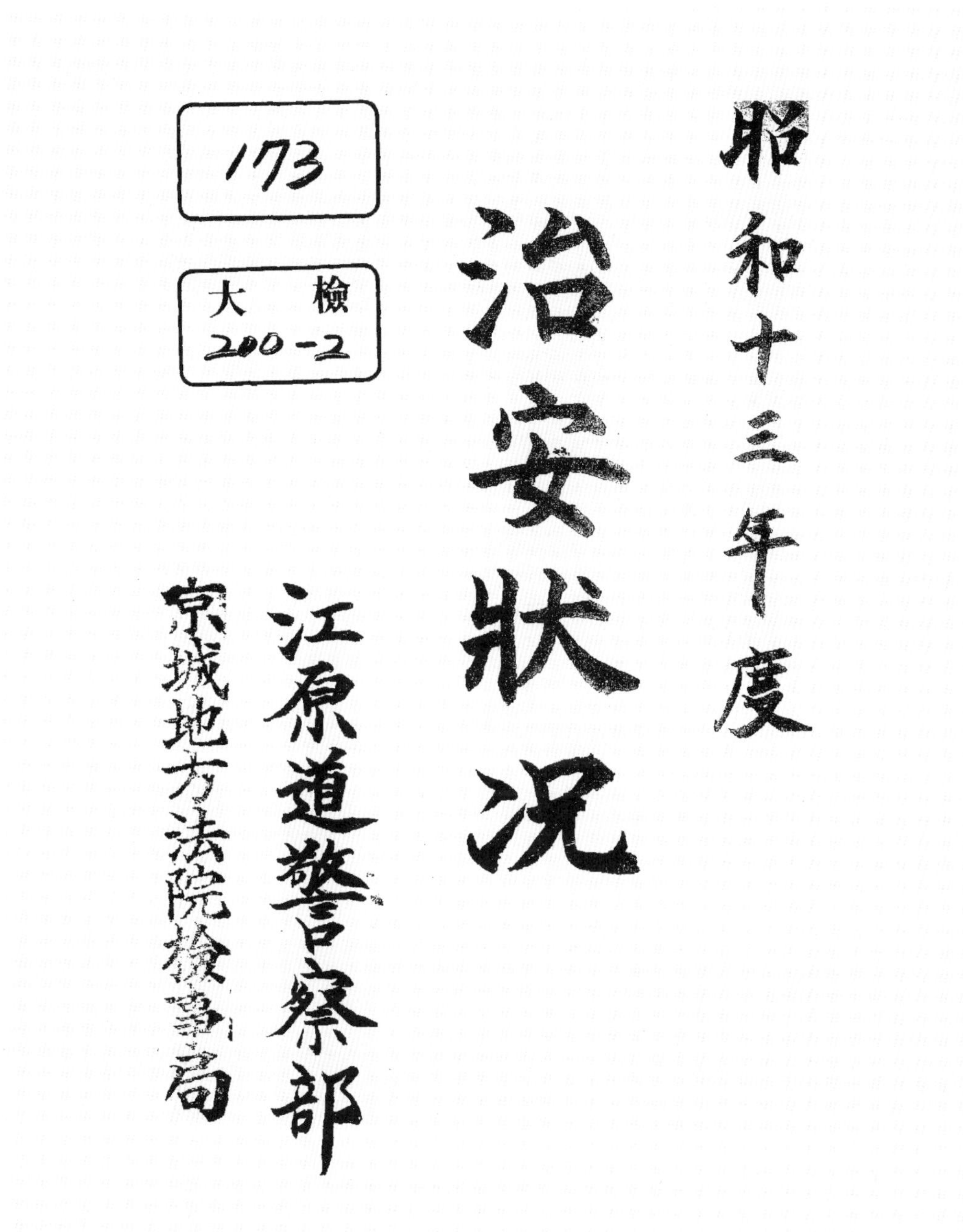
昭和十三年度
治安状況
江原道警察部
京城地方法院檢事局
173
大檢
200-2

思想係

寧司第二三五四號

昭和十三年十月二十日

寧越警察署長

検事正代理

京城地方法院検事正 殿

陸軍刑法違反事件検擧ニ關スル件

本籍 慶尚北道奉化郡春陽面半口峙里

住居 右同

農業 李壽根 當五十八年

本籍 江原道寧越郡下東面內里

住居 右同

地檢秘 13.10.25 第1686號

寧越警察署

本籍 江原道寧越郡下東面内里 番地不詳

農業 林正正 當四十八年

住居 右 同

鄭月峰ノ母

無職 崔 氏 當六十四年

本籍 江原道寧越郡下東面外龍里

住居 右 同

農業 嚴仁變 當四十八年

一、犯罪事實ノ概要

一、被疑者李壽根ハ昭和十三年九月十三日（陰暦七月二十日頃）頃慶尚北道奉化郡春陽面牛口

峙里字朴達峙下ニ於テ從來面識ヲ有スル寧
越郡下東面内里林正三ト出會道連レトナ
リ慶尚北道榮州郡韶川面韶川市場ニ向フ
途中林正三ニ對シ最近日本軍ト支那軍ハ
激戰中ナルカ軍隊ニ於テハ食事ノ配給ニ
困難ヲ生シ當局ニ於テハ之カ對策トシテ
鮮内未婚前ノ娘（處女）ヲ調査之ヲ強制的
ニ戰地ニ輸送食炊キニ從事セシムルト共ニ
一方ニ於テハ未婚前ノ處女ヲ調査處女ノ口
腔ニ鐵管樣ナモノヲ入レ血液ヲ採リ出シ戰
地ニ送ルコト丶ナリ目下調査中ナルカ既ニ

寧越警察署

自己ノ姪二人モ之ニ加ハルコトヽナリタリ下虚構ノ流言ヲ吹聴以テ日支事變ニ際シ軍事ニ關スル造言飛語ヲ爲シ

（乙）被疑者林正三ハ李壽根ヨリ前記流言ヲ聞知昭和十三年九月十八日寧越郡下東面内里姜卓元外二名ニ對シ前掲流言ヲ恰モ眞實ノ如ク吹聴流布スルト共豫テ居里朴金龍ノ長女朴玉粉當十六年ト自己ノ三男林金相當十八年ト約婚中ナルカ若シ結婚式ヲ遅延セハ戰地ニ輸送セラルル虞アレハ之ヲ遁レルカ爲ニハ早急ニ結

婚式ヲ擧行スル方カ得策ナリト稱シ去ル九月二十日急ニ結婚式ヲ擧クル等奔走シ以テ日支事變ニ際シ軍事ニ關スル造言飛語ヲ爲シ

(3)被疑者崔氏ハ居里李白元ヨリ同人ノ長男李仁澤ノ結婚媒介ヲ依頼サレ昭和十三年十月七日寧越郡下東面外龍里嚴秉震ノ長女玉蓮當十六年ヲ媒介スヘク嚴東震ニ交渉ノ結果拒絶セラレ何等カノ方法ヲ以テ之カ婚約ヲ成立セシムヘク嚴秉震ノ姪タル同里嚴仁燮ニ對シ最近當局

寧越警察署

ニ於テハ未婚前ノ處女ヲ鮮内ヨリ調査シ處女ノ口腔ニ鐵管様ノモノヲ入レ血液ヲ採リ出シ戰地ノ軍人ニ送付スル目的ヲ以テ目下調査着手中ナレハ之ヲ免レル爲ニハ早急ニ結婚式ヲ擧クル外他ニ方途ナシト稱シ同人ヲ通シ結婚媒介ノ勸誘ヲ依託スル等虚構ノ流言ヲ流布因ツテ日支事變ニ際シ軍事ニ關スル造言飛語ヲ爲シ

(4) 被疑者嚴仁變ハ昭和十三年十月七日前揭流言ヲ崔氏ヨリ聞知同日午後五時頃寧越郡上東面碌田里釀造場ニ於テ同里鮮民

教外一名ニ對シ前掲流言ヲ流布シ以テ日支
事變ニ際シ軍事ニ關スル造言飛語ヲ爲シ
タルモノナリ
以上ノ通リ相當各所ニ流布シタル形跡アルヲ
目下被疑者ヲ勾束（崔氏ハ老衰ナルヲ以テ不拘
束ノ儘取調中）取調中ニ付一應報告ス
追テ樣式報告ハ取調完了ト同時ニ進達
致可ニ付申添フ

寧邊警察署

2) 경성지방법원 검사국, 「조언비어 및 절도 피고사건 검거에 관한 건」, 『1938년도 사상에 관한 정보』, 1938

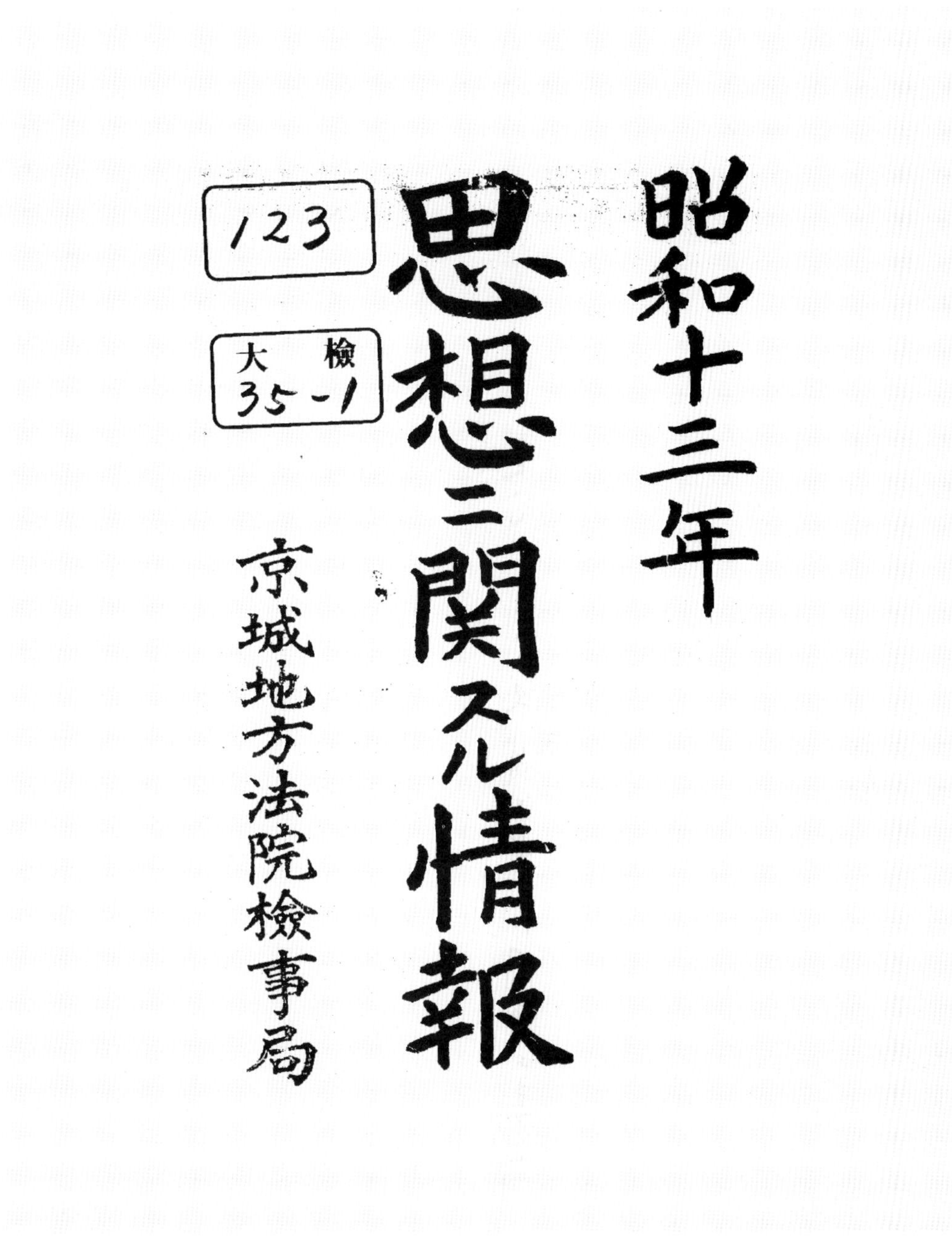
昭和十三年

思想ニ関スル情報

京城地方法院檢事局

123

大檢 35-1

検事正

次席検事

思想係検事

京外秘第二五二三號

昭和十三年十月七日

京畿道警察部長

警務局長殿
京城地方法院檢事正殿
各道警察部長殿
京城憲兵隊長殿
牡丹江省警務廳長殿
管下各警察署長

地檢秘 13.10.7 第1596號

造言蜚語並竊盜被疑事件被擧ニ關スル件
對八月三日附京外秘第一九〇八號容疑人ニ關スル件
（警務局、咸鏡南、北道、牡丹江省ノミ）

本籍　咸鏡南道長津郡新南面中興里

住所　北滿牡丹江市新安街二一號

洋服職工　崔烈　コト

崔龍烈　當二十三年

右者本年七月二十九日京城府義州通一ノ一三〇西道旅館ニ投宿中同宿中ノ鮮人數名ニ對シ皇軍ヲ侮辱スルガ如キ不穩ノ言動ヲ弄シタルヤノ聞込

アリ翌七月三十日當部ニ任意同行取調タル處本名ハ左記ノ如ク本年七月十九日午前六時頃任所地ヨリ京城ニ赴ク途次列車中ニ於テ同車中ノ乘旅人乘客（男、年齢五十歳位）ノ所持金三百圓ヲ竊取シタル外前記西道旅館ニ止宿中仝月廿九日午後七時三十分頃仝旅館ニ於テ當時仝旅館經營者任榮鎬當二十三年及同宿中ノ鮮人宿泊客二名ニ對シ在滿日本兵ハ自暴自棄滿女子ニ暴行凌虐ヲ加ヘ或ハ連戰連敗ノ狀況ナリ等ト駐滿日本軍隊ヲ侮誘スルカ如キ造言ヲ放チタル事實明瞭トナリタルヲ以テ造言飛語及竊盜被疑事件トシテ十月七日送局意見ヲ附シ身柄拘束一件書類ト共ニ京城地方法院檢事（貴）局宛事件ヲ送致シタルニ付

右報告「通報」「通達」ス

記

一、被疑者ノ本籍、住所、職業、氏名、年齢

本籍　咸南長津郡新南面中興里

住所　北滿牡丹江市新西長安

居所　京城府義州通一ノ一三〇番地　西道旅館內

洋服職工　崔烈コト

崔[illegible]烈　當二十三年

二、經歷ノ概要
本名ハ本籍地ニ於テ出生八歳ノ時父ト共ニ間島省穎井村ニ移住十三歳ノ時仝地青共靴下製造工場ニ被雇サレ昭和十年八月頃ヨリ住所地牡丹江省牡丹江市ニ移居仝市昌徳街居住巴洋服店裁工トシテ被雇サレ現在ニ至リタルモノナリ

三、家出ノ動機、目的
本名ハ嘗テヨリ体育ニ興味ヲ持シ常ニ亜鈴運動、氣合術等ヲ研究シ居タリシカ住所地ニ於テハ適當ナル体育研究機關ナク研究意ノ如クナラス且現在ノ職業面白カラサル爲徒ニ轉職後體育ノ研究ヲ爲スヘク決心シ七月九日午後九時三十分頃（時間不詳）牡丹江驛發列車ニテ京城ニ向ヒタルモノナリ

四、犯罪事實
ノ本名ハ前記巴洋服店ヨリ自己ノ貯金六十圓及持合セ金十圓金七十圓ヲ所持シ住所地ヲ出發途次城津郡城津邑□町　友人崔國元
咸興府城川町四丁目從姉ノ婚家李洪蓮、仝府本町二丁目叔父崔昇永
咸川郡下岐川面灑峰里從兄崔初烈方ヲ夫々訪問一泊乃至四泊シ仝月十八日午後十一時廿七分咸興驛發列車ニテ京城ニ向ヒタルカ途十九

日午前六時頃列車カ鐵原附近ヲ進行中同車中ノ鮮人乘客氏名不詳一
男年齢五十歳位）カ洋服袴後ポケットニ現金ヲ入レアルヲ現認、而モ記
友人及親戚訪問等ノ無遠外ニ所持金ヲ費シ殘金僅少トナリ心細クナ
リタル爲俄カニ盗心ヲ起シ該鮮人ノ袴後ポケットヨリ現金三百圓ヲ
竊取入城後運動具、蓄音機、仝レコード、詰襟洋服、クローム流側
時計一箇（合計價格百四十九圓）等ヲ購入セル外七月廿九日肩書住
所地居住妻金貞福[illegible]體育大會ニ出場優勝シ得タル賞金ナリトテ金百
三十圓ノ通常爲替ヲ取組ミ送金セルノミナラス餘十二圓八錢ヲ殘シ
他ハ悉ク酒色、飲食代ニ費消セリ

2 尙本名ハ去ル七月廿九日午後七時三十分頃常時仝旅館主人任榮鎬及
仝宿中ノ鮮人宿泊客二名ニ對シ「斯カル言辭ヲ警察官カ立聞カハ具
合惡シ」ト前置キシ

(イ)現在牡丹江省掖河ニハ第十四師團カ駐屯シ居レルカ兵士等ハ何時
死スルヤ知レサル爲自暴自棄トナリ其ノ行動タルヤ言語ニ絶スル
モノアリ即チ彼等ハ白晝大道ニテ家庭婦人タルト花柳界ノ女タル
トノ區別ナク抱擁、接吻スル等人ヲシテ赤面セシムル行爲ヲ敢テ
爲シツツアリ云々

(ロ) 現在滿洲長白山中ニハロシヤ共産党ノ本部カアリ晝夜ノ別ナク策
動ヲ續ケツヽアルカ日本軍ハ前後數回ニ渉リ潰滅セシムヘク攻撃
シタルモ連戰連敗ニ終リ現在ハ全ク手ヲ附ケ得ス拱手傍觀シ居ル
有様ナリ云々

(ハ) 滿洲事變當時日本軍ハ占領セル部落ヲ次々ニ燒拂ヒ其ノ部落ノ婦
女子ヲ一ヶ所ニ集メ之ニ暴行ヲ加ヘタル後銃劍ニテ突キ刺シ火ノ
中ニ投込ミ居タル様ハ實ニ野獸其ノモノノ如ク非人道ノ極ミナリ
而カモ女達ハ貞操ヲ兵士達ニ捧クレハ生命ノミハ救ケラレルモノ
ト思ヒ彼等ノ暴行ヲ甘ンシテ受ケ居タル様ハ實ニ可憐ナリキ云々

等駐滿日本軍部隊ヲ侮謗スルカ如キ造言蜚語ヲ放チタルモノナリ

以上

意見書

本籍　咸南長津郡新南面中興里

住所　北満牡丹江省牡丹江市新(西)長安街四〇番地

洋服職工　益烈コト

崔　龍　烈　當二十三年

一、刑事處分、起訴猶豫又ハ訓戒放免ヲ受ケタル事實ノ有無

被疑者ハ該當事實無シト自供ス

一、犯罪事實

ノ被疑者ハ京城ニ於テ就職ノ上體育研究ヲ爲スヘク現金七十圓ヲ所持
シ昭和十三年七月九日住所地ヲ出發途次城津郡城津邑雨町
地友人崔鍾元、咸興府城川町四丁目從姉ノ婚家李洙蓮、仝府本町二
丁目叔父崔昇永、咸州郡下岐川面隱峰里從兄崔初烈方ヲ訪問夫々一
泊乃至四泊宛ヲ爲シタル後仝月十八日午後十一時廿七分咸興驛發列車ニテ
京城ニ向ヒタルカ翌七月十九日午前六時頃乘車セル列車カ京元線鐵
原驛附近ヲ進行中同車向合セニ座席ヲ占メ就寢中ノ鮮人乘客氏名不
詳ノ男年齢五十歳位ノ洋服後ポケットヨリ朝鮮銀行券カ裸ノ儘露
出セルヲ觀取俄ニ盜心ヲ起シ之ヲ竊取スヘク決意シ其ノ熟睡中ヲ奇

一字訂正

五字挿入
二字削除

貨トシ該ポケット中ヨリ朝鮮銀行券百圓札二枚仝十圓札十枚金三百圓ヲ竊取入城後運動具、蓄音機、仝レコード、詰襟洋服、クローム腕側時計（合計價格百四十九圓）ヲ購入セル外七月廿九日滿洲國牡丹江市新西長安街居住妻金貞福苑體育大會出場優勝シ得タル賞金ナリト虚僞ノ通信ニ添ヘ通常爲替ニテ金百三十圓ヲ送金他ハ悉ク酒色、飲食代ニ費消シ現在金十二圓八錢ヲ殘シ居ルノミニシテ仝七月廿九日午後七時三十分頃京城府義州通一丁目一三〇番地西道旅館ニ止宿中仝旅館ニ於テ當時仝旅館主人任榮鎬當二十三年外同宿中ノ鮮人宿泊客二名ニ對シ

(イ)現在牡丹江省液河ニハ第十四師團カ駐屯シ居レルカ兵士等ハ何時死スルヤ知レサル爲自暴自棄トナリ其ノ行動タルヤ言語ニ絶スルモノアリ彼等ハ白晝大道ニテ家庭婦人タルト花柳界ノ女タルトノ區別ナク抱擁、接吻スル等人ヲシテ赤面セシムル行爲ヲ爲シツツアリ

(ロ)現在滿洲國長白山中ニハロシヤ共産党ノ本部カアリ晝夜ノ別ナク策動ヲ續ケツツアルカ日本軍ハ而後數回ニ渉リ之ヲ攻撃シタルモ連戰連敗ニ終リ現在ハ全ク手ヲ附ケ得ス拱手傍觀シ居ル有樣ナリ

(ハ)滿洲事變當時日本軍ハ占領セル部落ヲ次々ニ焼拂ヒ其ノ部落ノ婦女子ヲ一ケ所ニ集メ各自彼女等ニ暴行ヲ加ヘタル後銃劍ニテ突キ刺シ火ノ中ニ投込ミ居タル様ハ實ニ野獸其ノモノノ如ク非人道ノ極ミナリ而カモ女達ハ貞操ヲ兵士ニ捧クレハ生命ノミハ救ケラレルモノト思ヒ彼等ノ暴行ヲ甘ンシテ受ケ居タル様ハ實ニ可憐ナリシナリ

ト駐滿日本軍部隊ヲ侮謗スル造言蜚語ヲ爲シタルモノナリ

本事件ハ刑法第二百三十五條及陸軍刑法第九十九條ニ該當スル犯罪ニシテ就中駐滿日本軍部隊ヲ侮謗スルカ如キハ皇軍ノ威嚴ヲ傷クルノミナラス非常時局下ニ於テ銃後國民思想ヲ攪亂スルモノナルニ付起訴相成可然モノト思料ス

昭和十三年十月七日

京畿道警察部

司法警察官

朝鮮總督府京畿道警部補　高原菊次

京城地方法院検事正　玉　名　友　彦　殿

3) 경성지방법원 검사국, 「조언비어자 처벌에 관한 건」, 『1939년 사상에 관한 정보철』, 1939

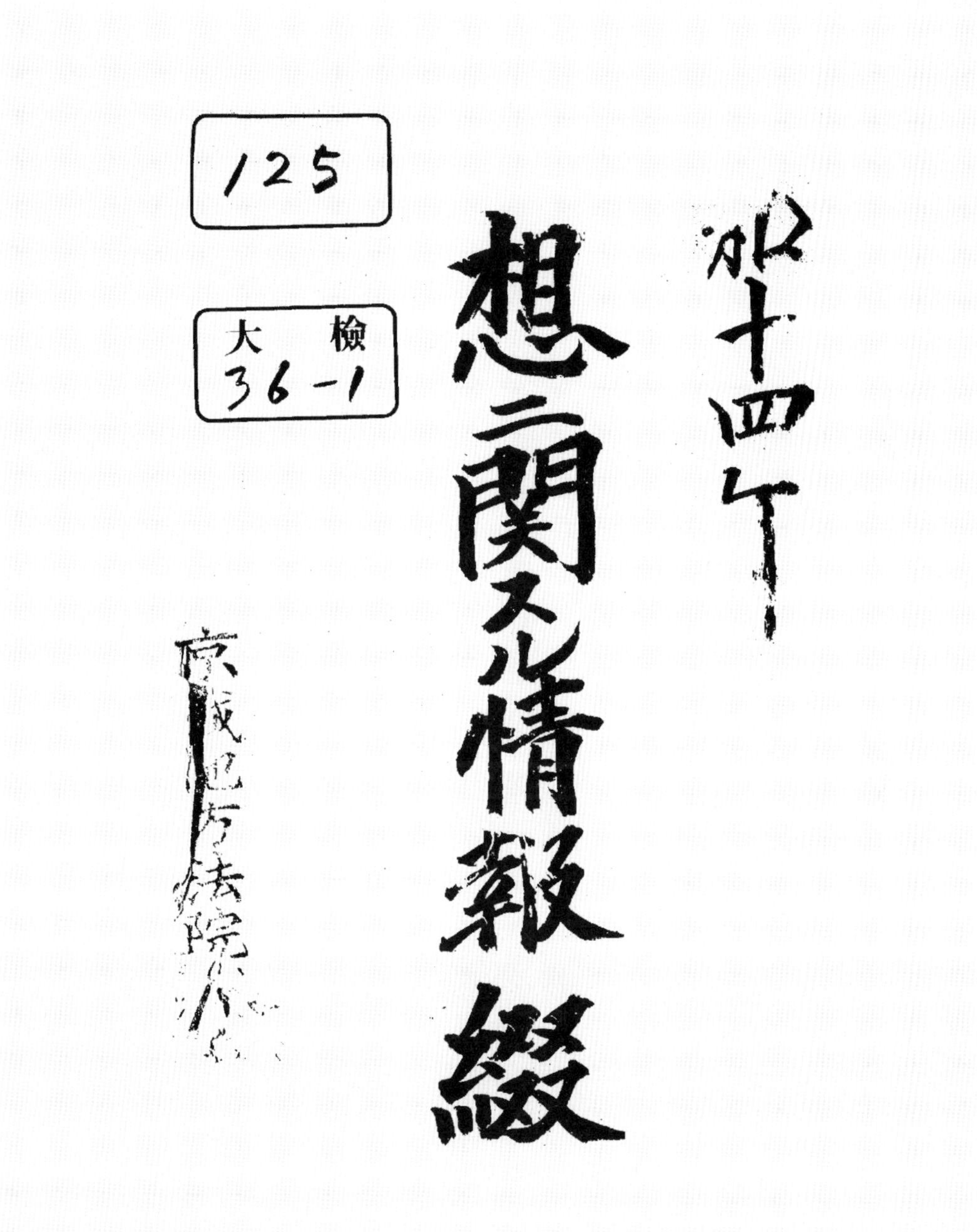
125

大検
36-1

十四年

想ニ関スル情報綴

京城地方法院

思想係検事

次席検事

検事正

京高秘第二三〇三號

昭和十四年九月十三日

京畿道警察部長

警務局長殿

京城地方法院検事正殿

地検 秘 14.9.14 第1632號

流言蜚語者處罰ニ關スル件

要旨
「第一線ノ娼妓ハ軍人ト共ニ戰爭ニ參加シ危險ナレハ今後皇軍慰安所ノ娼妓トハナラス」ト軍事ニ關スル流言ヲ爲シ事實ヲ虛報シ拘留七日ニ處ス

京城府西大門町二丁目

元娼妓 申順任
當二十四年

右者家庭貧困ノ爲父母ノ意ニ從ヒ昭和十三年三月府內西大門町二丁目　徐萬奎ノ仲介ニテ中支南京所在皇軍慰安所娼妓トナリ本年八月中旬歸鮮セル者

ナルカ八月二十八日前記徐萬奎方ニ於テ同人ニ對シ
「第一線ノ娼妓ハ軍人ト共ニ戰爭ニ參加シタルコトアリテ實ニ危險ナレハ今後ハ如何ナルコトアルモ皇軍慰安所ノ娼妓トハナラス」ト軍事關スル流言ヲ爲シ事實ヲ虛報シタルコト所轄鍾路警察署ニ於テ探知シタルヲ以テ本名ヲ同行取調タルニ、本名ハ前記娼妓就勞中一日七十名位ノ客ヲ受持タサレタル關係上身体ニ無理ヲ生シ食欲減退シ複痛腰痛アリ身体衰弱シ病臥シタルコト屢々ニシテ本年八月中旬辜シテ前借金ヲ完濟歸鮮セルコト判明セルカ流言虛報ヲ爲シタル動機ニ關シテハ
「再度娼妓ニ賣ラルル虞レアルヲ以テ之ヲ回避スル爲殊更仲介者徐萬奎方ニ至リ斯ル言辭ヲ弄シタル旨」
洩シ居リテ同情スヘキ點アルヲ以テ所轄鍾路署ニ在リテハ京城地方法院檢事正（貴官）ノ指示ヲ受ケ九月十一日警察犯處罰規則第一條第二十一號ニ違反トシテ拘留七日ニ處分シタルニ付
右報告ス

4) 경성지방법원 검사국, 「조언비어자 검거에 관한 건」, 『1939년 사상에 관한 정보철』, 1939

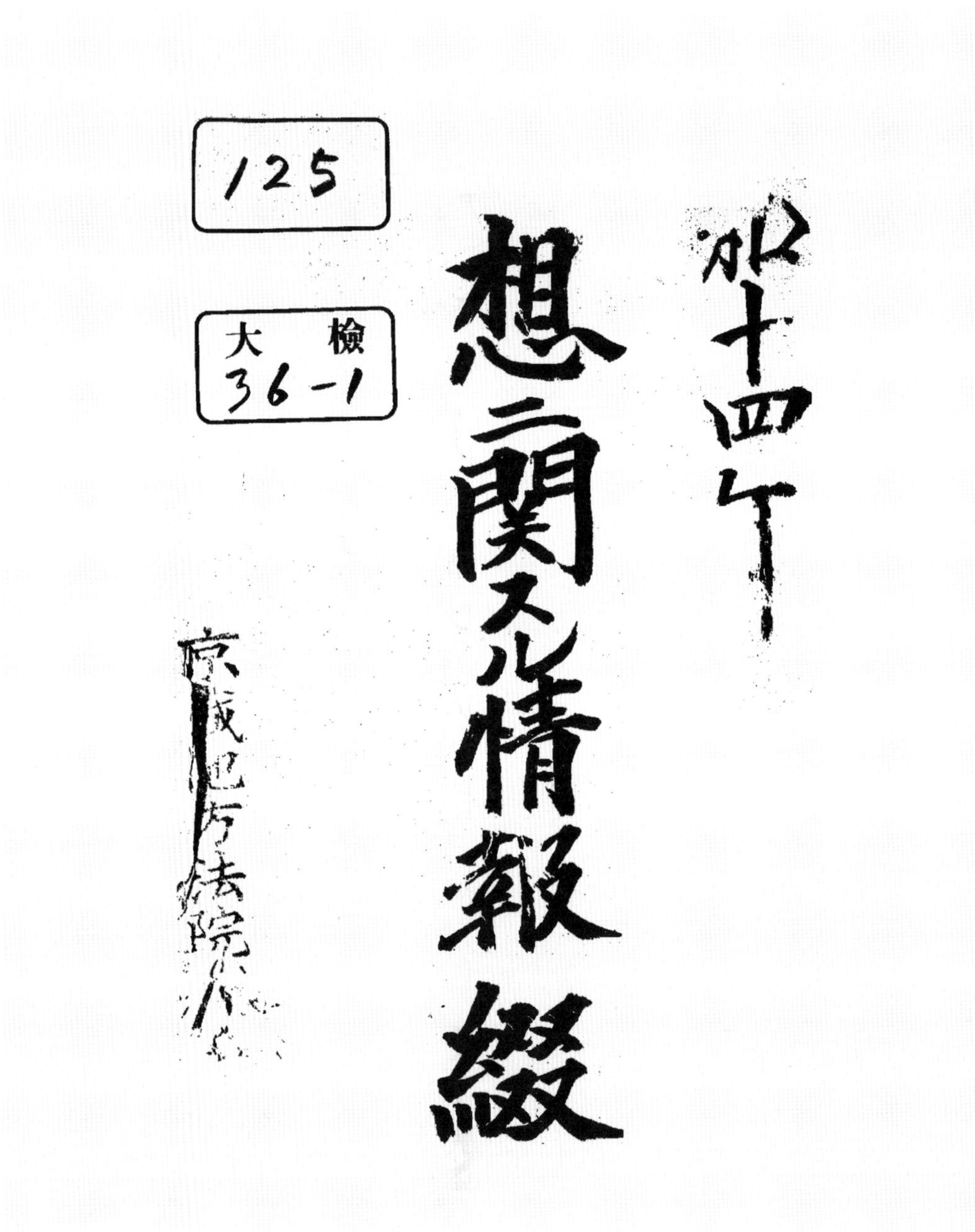
十四年
想ニ関スル情報綴
125
大検
36-1
京城地方法院

思想係検事

検事正代理

京高秘第二六八七號

昭和十四年十月二十七日

京畿道警察部長

警務局長殿

京城地方法院検事正殿

京城憲兵隊長殿

造言飛語者検挙ニ関スル件

始興郡西二面安養里

海草類行商　権崇基（廿）當四十三年

右者京城府永登浦町所在株式會社東洋紡績京城工場女工ヲ営利誘拐ノ目的ヲ以テ同工場ニ至リ女工ノ親戚ナリト称シ面會ヲ求メ

地検秘 14.10.28

左記ノ如キ造言飛語ヲ為シ以テ女工五名ヲ同工場ヨリ脱出自宅ニ潜伏セシメ居タルコトヲ所轄永登浦警察署ニ於テ探知九月二十七日検挙取調ノ結果同人ノ所為ハ陸軍刑法第九十九條及刑法第二百二十五條第二百二十八條ニ該当スル犯罪ノ證據明瞭トナリタルヲ以テ本月二十一日身柄拘束起訴意見ヲ附シ京城地方法院検事正（貴官）宛事件ヲ送致シタルニ付

右報告「通報」ス

記

一、此ノ頃満洲ニハ大キナ戦争カアッテ多数ノ軍人カ戦死スル為ニ人カ尠クナッテ困ツテ居ル故ニ政府ハ若イ女ヲ集メテ戰地ニ送リ子供ノ出産ヲ圖リ人口ヲ殖スト謂フコトテアル此ノ工場ノ女工等モ其ノ爲ニ滿洲ノ戰地ニ送ラルル筈タ

二、此ノ頃滿洲ニ大キナ戰爭カアルノテ安養驛前ニハ戰地ニ送ル軍服ヲ製造スル洋服工場カ設ケラレテ女工ノ募集中テアル其ノ洋服工場ハ女工ノ賃銀モ他ノ工場ヨリ高給テアリ食費ヲ控除シテ月額六円位ニナル

Ⅱ-3. 고등법원 검사국 사상부, 『대동아 발발 후의 특수범죄 조사 조언비어 및 불경사건』, 1943

昭和十八年五月

大東亞戰爭勃發後ニ於ケル特殊犯罪調

（—造言飛語及不敬事件—）

秘

取扱注意

高等法院檢事局思想部

目次

京城地	傭人（女） 金野仙順 十九年	本名ハ內緣ノ夫アル者ニシテ昭和十七年一月姑ニ叱責セラレ家出ヲ爲シ京城府內ヲ徘徊中同府臥龍町石原成造ガ之ヲ傭入ルベク自宅ニ連行シ家出理由ヲ問ヒタルトコロ恥心ヨリ眞相ヲ秘シ且未婚女ナルコトヲ裝バンガ爲同人夫婦等ニ對シ「本籍地楊平ニ於テ未婚女子ヲ募集シ滿洲方面ニ送リ兵隊ノ炊事婦ニナストノ噂ガアリ之ヲ免レル爲家出シタ」ト放言ス。	陸軍刑法違反 昭和一七、八、四 起訴猶豫
北青支	醫師 岩本倉憲 三十三年	昭和十七年一月七日頃咸南端川邑西上里自宅ニ於テ知人三名ニ對シ「昨年十二月下旬頃平壤聯隊ノ金大佐ガ私服デ家族同伴ノ上京城行列車ニ乘車シ車中同乘セル某ト座席ノ事カラ口論ヲ爲シタガソノ男ハ名刺ヲ出シ警察官ナル旨ヲ告ゲ金大佐ヲ西平壤驛前警察官駐在所ニ連行シ住所氏名等ヲ尋ネタトコロ大佐ガ感情ニ趨リ取調ノ非ヲ鳴ラシ應答セザリシ爲右警察官ハ昂奮ノ餘リ手掌ニテ大佐ノ顏面ヲ連打シタ。大佐ハ卽時之ガ實情ヲ平壤聯隊ニ通話シタノデ二十分後同聯隊カラトラツクニ兵隊ヲ滿載シテ現場ニ急派シ右駐在所勤務警察官及平壤警察署長外全署員ヲ聯隊ニ同行監禁シタ。右事實ヲ知ツタ知事警察部長ハ百方策ヲノジテ聯隊ニ極力陳謝シ釋放方ヲ懇請シタ結果漸ク許容セラレタ」ト放言ス。	陸軍刑法違反 昭和一七、四、二四 禁錮八月 三年間執行猶豫
京	農業	昭和十七年一月九日官吏ヲ裝ヒ供出ニ藉ロシテ他人ヨリ物品ヲ騙取スル目的ヲ以テ江原道洪川郡化村面君業里農趙龍鳳方ニ侵入シ稅務署員ガ家宅搜索ヲナスモノ	陸軍刑法違反

六九

廳名	職業氏名年齡	事實ノ概要	處分結果	備考
州地	西原健 三十四年	年額クカ知レナイガ結局日本ハドウナルデアラウカ、如何樣ニナツテモ良イガ事變及戰爭ガ終ル迄後百年モ生キテキテ結果ガ見タイモノダ」ト放言ス。	昭和一七、五、一三 起訴猶豫	
平壤地	旅館業 山本在德 二十八年	山本在德ハ昭和十七年三月十五日頃平壤府東町二番地薪炭商安東憲方事務所ニ於テ同人外一名ニ對シ「現在憲兵隊ニ於テシンガポール方面行貸座敷營業者ヲ募集中ニシテ既ニ第一回分ハ出發シタガ第二第三第四回位迄ハ憲兵隊デ許可スル筈デアル」ト放言ス。	朝鮮臨時保安令違反 昭和一七、五、五 山本在德 罰金五百圓	
	薪炭商 安東憲 二十九年	安東憲ハ同月二十日同府竹園町支那料理店萬昌樓ニ於テ右造言ヲ更ニ金本昌龍外一名ニ傳説ス。	昭和一七、四、一 安東憲 起訴猶豫	
順天支	無職（女） 林米順 四十七年	林米順ハ昭和十七年四月上旬頃全南麗水邑東町自宅ニ於テ長女敬愛外一名ニ對シ「鍾浦デ子供ヲ連レタ風呂歸リノ女ガ兵隊三名ニ強姦セラレ女ハ半死半生ノ目ニ會ツタサウダガ女ガ夜出歩クノハ止メタ方ガ良イ」ト放言ス。	陸軍刑法違反 昭和一七、一〇、七 林米順 禁錮四月	
	無職（女） 金光又良根 二十五年	金光又良根ハ昭和十七年六月上旬頃全南麗水邑東町德山化藥方ニ於テ同女外一名ニ對シ「鍾浦デ夜警中ノ鮮女ガ兵隊三人ニ強姦サレ半死半生ノ目ニ遭ヒ後デ警察ニ行ツタラ治療セヨトテ金ヲ十圓呉レタサウダ」ト放言ス。	昭和一七、九、三〇 金光又良根 起訴猶豫	

七四

忠州支	裁縫業（女） 山本乙順 二十八年	昭和十七年四月二十三日居里忠北忠州郡仰城面龍浦里面書記金谷誠方ニ於テ同人ノ妻外一名ニ對シ「日本デハ出征軍人ノ妻ヤ寡婦ニ對シテ國ノ爲男ヲ備ツテ子供ヲ造ラセテヰルサウダ」ト放言ス。	陸軍刑法違反 海軍刑法違反 朝鮮臨時保安令違反 昭和一七、五、二九 懲役六月	
清州支	清州第一公立中學校生徒 田村滎國 十八年	昭和十七年五月五日全校生徒ノ徒歩行軍中軍歌「勝タゾ日本」ヲ齊唱シツヽ忠北清州郡四州面昭岩里昭岩堤附近ニ差蒐リタル際前同歌詞ニ模シ級友澤田操外數名ニ對シ「負ケタゾ日本斷ジテ負ケタゾ」ト放歌ス。	陸軍刑法違反 海軍刑法違反 昭和一七、一一、三〇 起訴猶豫	
新義州地	無職 韓宮鳳淳 十九年	昭和十七年五月十二日平北義州郡枇峴面所在枇峴警察官駐在所內ニ於テ首席巡査鶴留淸二ニ對シ「昨年北支デ初メテ日本軍隊ニ接シタ時ハ兵隊ガ好キデ軍屬ニデモナリ度イ氣持デアツタガ軍隊生活ノ內幕ガ解ル樣ニナリ厭ニナツタ、初年兵ガ二年兵ニ殴ラレ顔ガ歪ンダリ軍曹ガ中尉ニ軍刀デ殴ラレ入院シタリ又食物ヲ少シシカ與ヘナイノデ兵隊ハ御用商人ノトコロヘ來テ餓鬼ノ樣ニ食ベル、ソレヲ見ルト軍隊生活ハ厭ダ」ト放言ス。	陸軍刑法違反 昭和一七、八、三一 起訴猶豫	
鐵原支	無職（女） 大山千惠子 二十二年	昭和十七年五月十七日江原道平康郡平康面東邊里自宅ニ於テ大城貞玉ニ對シ「コノ前典中里デ山菜摘ミニ行ツタ女二人ガ兵隊達カラ强姦サレテ氣絶シテヰタノヲ村ノ人達ガ背負ツテ歸ツテ來タ」ト放言ス。	安寧秩序ニ對スル罪 昭和一七、九、一八 罰金百五十圓	

七五

罪名	職業氏名年齢	事實ノ概要	處分結果	備考
鐵原支	無職（女） 大城貞玉 十九年	昭和十七年五月十八日前同東邊里自宅ニ於テ金山順子外一名ニ對シ前項同趣旨ノ流言ヲ傳說ス。	安寧秩序ニ對スル罪 昭和一七、八、二七 罰金百圓	
同	無職（女） 金山順子 三十一年	昭和十七年五月十八日前同東邊里自宅ニ於テ星山永植ニ對シ前項同趣旨ノ流言ヲ傳說ス。	安寧秩序ニ對スル罪 昭和一七、八、二七 罰金百圓	
同	勞働 星山永植 二十七年	昭和十七年五月十八日前同東邊里自宅ニ於テ妾李玉姬外一名ニ對シ前項同趣旨ノ流言ヲ傳說ス	安寧秩序ニ對スル罪 昭和一七、八、二七 罰金百圓	
同	無職（女） 李玉姬 十九年	昭和十七年五月十九日前同東邊里竹山郁哉方ニ於テ同人ノ妻竹山圭子ニ對シ前項同趣旨ノ流言ヲ傳說ス。	安寧秩序ニ對スル罪 昭和一七、八、二七 罰金百圓	
海州	職工見習 李家寬一	昭和十七年六月九日黃海道延白郡延安邑模成里鄭谷川學鎭方ニ於テ同人外二名ニ對シ「現在京城デハ兵隊ノ自動車ガ通行人ニ傷害ヲ加ヘ或ハ轢殺シタ場合被害者側ガソノ責任ヲ問フトオ前ガ其處ニ居タカラ惡イノダ	陸軍刑法違反 昭和一七、六、二〇	

七六

支	—	ルガ鮮内ニハ數百名ノ鮮人スパイガ潜入シ平壌部隊デモ困惑シテキル自分モ身邊ガ非常ニ危險デアルカラ拳銃ヲ所持シテキル」ト放言ス。		
海州地	大工見習 岡本昌元 二十年	昭和十七年十月十九日平南鎭南浦府港内傳馬船内ニ於テ大野致明外二名ニ對シ「船乘ハ危イヨノ間鎭南浦近海ニアル椒島附近デ日本ノ汽船ガ敵ノ魚雷ニ射タレ沈沒シタ、ソレガ爲鎭南浦警察署巡査ガ鐵砲ヲ持ツテ出動シタ」ト放言ス。	海軍刑法違反 昭和一七、一二、二六 懲役一年 二年間執行猶豫	
釜山地	職工 永留藤太 三十四年	昭和十七年十一月十日職場タル釜山鐵道工場内客車部工場内ニ於テ同僚新井重五外三名ニ對シ「兵隊訓練ノ時昔ハ手デ毆ツタガ最近ハ劍デ毆ルカラトテモ酷イ」ト放言ス。	陸軍刑法違反 昭和一七、一二、二四 懲役十月 二年間執行猶豫	內地人
同	大山琨煥 六十四年	昭和十七年十二月十一日慶南梁山郡梁山面中部里金村宇斗方ニ於テ國本大三等ニ對シ「梁山テモ娘ノ募集ガアルソレハ娘ヲ南洋ノ陸軍ノ戰場ニ送リ日本ノ兵隊一人〳〵ニ一名宛付ケテ兵隊ノ洗濯ヲ爲サシメタリ又兵隊ト關係シテ内鮮人ノ雜種ヲ多ク作ラセル爲デアル」ト放言ス。	陸軍刑法違反 昭和一八、一、一九 懲役六月	
慶		昭和十七年十二月十九日迎日郡只杏面鶴溪里飮食店夏山花仙方ニ於テ川本奉出外四名ニ對シ「自分ノ居住スル釜山府水晶町後方ノ山ニハ事變以來多數ノ陸軍ノ兵		

七九

廳名	職業氏名年齢	事實ノ概要	處分結果	備考
州支	裁縫機販賣外交員 岩田龍洙 三十一年	隊ガ駐屯セル爲該山ノ松林ニハ一般人ガ薪採取不能ノ狀態デ昭和十七年十二月十日頃四十歳位ノ鮮女ガ該山ヘ松葉採取ニ赴キタル處軍人四名ガ來テ同女ニ情交ヲ迫リタルニ依リ同女ハ之ヲ拒絶シタルモ遂ニ該軍人等ハ交互ニ同女ヲ强姦シタルガ同女ノ息子ハ之ニ憤慨シ警察ヘ告訴セントシタルモ同女ハ相手ガ軍人ナルノミナラズ自己ノ恥ヲ晒ラスコトトモナルノデ之ヲ諦メ制止シタトノコトナルガ軍人ナリトイヘ餘リニ無法ノ所爲ヲナスモノナリ」「釜山府水晶町内ニ內地人ノ寡婦ガ居住セルガ釜山駐屯ノ軍人ガ晝夜ノ別ナク同家ニ出入シ同女ト情交アル模樣ナリ」ト放言ス。	陸軍刑法違反 昭和一八、一、三〇 禁錮四月	
大田地	元忠北堤川郡農會技手 平岡元相 二十二年	昭和十八年一月三日大田府春日町一丁目中央旅館ニ於テ學友梅原延燾ニ對シ「現在日本ト米英ハ戰爭中デアリ双方ニ言分ガアルガ何レノ言分ガ眞カ判ラヌシ又何レガ勝ツカ判ラヌ米國ガ勝テバ米國ニ味方シタ者ガ利巧ナ者ト云ヘル云々」ト放言ス。	陸軍刑法違反 海軍刑法違反 公判中	

八〇

8 其ノ他

廳名	職業氏名年齢	事實ノ概要	處分結果	備考
釜山地	稲荷社神職 田中長次郎 三十二年	昭和十六年十二月十五日釜山府内ニ於テ首藤三男ニ對シ「京畿道平澤地方ニ於テハ最近鮮人暴徒ガ蜂起シ朝鮮獨立萬歲ヲ唱ヘ大騒ギヲ演ジテ居ル」旨ヲ語リ以テ人心ノ惑亂ヲ誘發スベキ虚僞ノ事實ヲ流布ス。	安寧秩序ニ對スル罪 昭和一七、二、二七 禁錮四月	内地人
晋州支	農業 金本榮甲 二十九年	昭和十六年十二月二十六日居里慶南晋州郡文山面葛村里飲食店朴本吉雄方ニ於テ同人外一名ト飲酒中同人等ニ對シ「戰爭ガ斯樣ニ長引クト内地人ノ男ハ殆ンド戰死シ二、三年後ニハ男一人ニ對シ女四十五人以上ノ割合トナリ朝鮮ハ必ズ獨立スル」ト放言ス。	安寧秩序ニ對スル罪 朝鮮臨時保安令違反 昭和一七、四、二四 罰金千圓	
大田地	菓子行商 卓燮鉉 六十二年	昭和十六年十二月三十一日居里忠南牙山郡溫陽邑内ニ於テ數名ニ對シ「自分ハ靴下ノ公定價格超過販賣事犯ニ依リ罰金[illegible]圓ニ處セラレタガ當局ハ人民ヨリ一錢デモ多ク徴收シタ上之ヲ戰費ニ使用スル。戰爭ガ斯樣ニ永ク續ケバ我々ノ所持スル物ハ全部徴收セラレ樣ルニナル」ト放言ス。	朝鮮臨時保安令違反 昭和一七、四、七 懲役八月	
鐵	無職	昭和十七年一月一日居里江原道金化郡遠東面長淵里路上ニ於テ議合ノ婦人ニ對シ「女子ガ十三歲ニ達スルト	朝鮮臨時保安令違反	

一八四

原支	閔壽千 五十五年	勤勞報國隊ニ入隊セシムルガソノ服役狀態ヲ見タガ實ニ慘酷デ目モ當テラレナイ。故ニ兩親達ハ出鱈目ニ娘ヲ嫁ニヤッテ居ル。貴女モ早ク長女ヲ嫁ニヤルガ得策デアラウ」ト放言ス。	昭和一七、二、二一 懲役一年六月 罰金五十圓	醫師規則違反、住居侵入、略取未遂ト併合
同	農業 東原寔朝 五十七年	昭和十六年十二月十二日江原道金化郡近南面馬峴里旅人宿ニ於テ同宿人二名ニ對シ「內地デハ全部ノ男子ガ出征シ勞働ハ總テ女子ガヤッテ居ルガ朝鮮モヤガテハ左樣ニナルデアラウ。最近朝鮮デハ處女ノ結婚スルモノガ多イガソレハ女子勤勞報國隊ニ入隊スルト生命ノ危險アル軍事方面ノ仕事ニ從事サセル爲兩親ガ娘ノ報國隊ニ入隊スルノヲ忌避スル爲結婚サセルカラダ。現在デハ男子ハ一定ノ住居ナク各地ヲ放浪シ女子ハ早婚スルノガ最モ賢明デアル」ト放言ス。	安寧秩序ニ對スル罪 陸軍刑法違反 昭和一七、二、四 懲役八月	
居昌支	印刷所店員 本山鳳鶴 十九年	昭和十七年一月八日慶南居昌郡廳會議室ニ於テ擧行セラレタ陸軍特別志願兵口述試驗ニ出頭シ同受驗者十三名ト雜談中同人等ニ對シテ諧謔ヲ弄シ「今年ヨリ娘ノ配給ガ出ルゾ」ト放言ス。	朝鮮臨時保安令違反 昭和一七、二、一二 起訴猶豫	
定州支	牛仲買業 平山元京 六十二年	昭和十七年一月二十四日止宿先タル平北定州邑城內洞東田昌植方ニ於テ同業者李永祿外二名ニ對シ「黃色ナ金（黃色十錢又ハ五錢白銅貨ノ意）ヲ持ッテ行クト處女ヲ(?)定與レル云々」ト放言ス。	朝鮮臨時保安令違反 昭和一七、五、二二 罰金三十圓	

一八五

廳名	職業氏名年齡	事實ノ概要	處分結果	備考
慶州支	文房具商兼新聞支局長 金本又吉 二十五年	昭和十七年五月二十七日ヨリ六月三日迄ノ間四回ニ亘リ慶北慶州邑東部里自宅其ノ他路上等ニ於テ川原壽雄ニ對シ「米英俘虜監視隊ハツマラナイモノデアル。監視隊ニ行ッテ來テモ何ノ役ニモ立タヌカラ應募ヲ斷念セヨ」ト放言ス。	陸軍刑法違反 昭和一七、七、九 禁錮四月	
海州地	無職（女） 大島志亮 三十七年	昭和十七年五月三十日頃黃海道甕津郡新院面佳菊里自宅ニ於テ「甕津地方ニ於テハ處女達ヲ遠イ所ニ送ルト云フガ、前ニ男子ヲ近イ所デ數日間働カセルト裝ヒ內地ニ連レテ行キ仕事ヲサセ腹ガ減ッテ困ルト云フカラ妹信亮ヲ何處カノ女敎員カ幼稚園ノ保姆ニデモ入レ早ク嫁ニヤラネバナラヌ」ト同道安岳邑居住中ノ實母ニ對スル書信ニ認メ之ヲ郵送披見セシム。	朝鮮臨時保安令違反 昭和一七、八、四 罰金三十圓	
鎭南浦支	鐵工所旋盤工 慶谷永淑 二十二年	昭和十七年五、六月頃日不詳通勤先タル鎭南浦府元町所在中央鐵工所工場內ニ於テ同僚職工安村壽浩外二名ニ對シ「戰爭ハ何時終ルカ判ラヌシ敵ノ飛行機ハ何時來ルカ判ラヌノダカラ餘リ忙シク仕事バカリセズ煙草デモ喫ヒナガラヤレ」ト放言シ同年七月十七日同工場內ニ於テ遲刻シタル爲工場主金城正武ヨリ叱責セラルヽヤ同人ニ對シ「少シ位遲レテモ良イデハナイカ、何時敵ノ飛行機ガ來テ爆彈ヲ落スカモ知レナイノニ」ト放言ス。	朝鮮臨時保安令違反 昭和一七、八、一〇 罰金百圓	

一九二

管轄	職業・氏名・年齢	事実	処分
院支	二十六年 農業 金城文國 四十六年	ニ中一人ノ紳士ガ來テ警察官駐在所ニ行ツテ判斷シテ貰ヘト云ツタノデ直ニ派出所ニ訴ヘ其ノ子供ヲ見タ處間違ヒナク自分ノ子供デアツタガ死ンデ居タノデ直ニ病院ニ連レテ行ツテ見ルト子供ノ屍體ノ腹ノ中ニ阿片ガ一杯詰メテアツタ云々」ト放言ス。 昭和十七年十二月十七日黃海道鳳山郡洞仙面朝陽里松本孝源方ニ於テ同人外四名ニ對シ前記同趣旨ノ流言ヲ傳說ス。	各罰金百圓
咸興地	酌婦（女） 田一錦順 二十五年	昭和十八年一月十五日咸興ヨリ咸南長津郡北面梨上里ニ赴ク途中旅客自動車內ニ於テ同乘中ノ氏名不詳鮮婦人四名ニ對シ「江原道デハ十七、八歲ニナツタ娘ノ中カラ綺麗ナ者ヲ選ビ出シ無理ニ戰爭スル所ニ送ルカラ十五、六歲ニナツタ娘ハ盛ニ結婚式ヲ擧ゲテ居ル」旨放言ス。	朝鮮臨時保安令違反 昭和一八、二、二二 起訴猶豫
瑞興支	理髮業 清川元記 五十一年	昭和十八年一月十七日黃海道平山郡南川邑南川里南宮復方ニ於テ同人外四名ニ對シ「今回煙草ノ値上ガ發表サレタガ或人ガ邑內新南川里漢藥商金本俊炯方ニ於テ今回ノ煙草値上ヲ豫言シ之ヲ言ヒ觸ラシタ爲懲役六月ニ處セラレタトノ話デアル云々」ト放言ス。	朝鮮臨時保安令違反 略式請求中
釜	土木業	昭和十八年一月十八日蔚山邑事務所ニ於テ同邑書記松枝靜外二名ニ對シ「今般釜山ニ於テ勤勞報國隊ノ作業	朝鮮臨時保安令違反

一九七

일제침탈사 자료총서 97

식민지 조선과 일본군'위안부' 문제 자료집 Ⅲ
–전시체제기 유언비어 통제 관계–

초판 1쇄 인쇄 2021년 12월 20일
초판 1쇄 발행 2021년 12월 31일

엮은이 동북아역사재단
편역자 박정애
펴낸이 이영호
펴낸곳 동북아역사재단

등록 제312-2004-050호(2004년 10월 18일)
주소 서울시 서대문구 통일로 81 NH농협생명빌딩
전화 02-2012-6065
팩스 02-2012-6189
홈페이지 www.nahf.or.kr
제작 · 인쇄 역사공간

ISBN 978-89-6187-690-2 94910
978-89-6187-589-9 (세트)